AF173083

Susanne Lütz (Hrsg.)

Governance in der politischen Ökonomie

Governance
Band 6

Herausgegeben von

Arthur Benz
Susanne Lütz
Uwe Schimank
Georg Simonis

Susanne Lütz (Hrsg.)

Governance in der politischen Ökonomie

Struktur und Wandel
des modernen Kapitalismus

VS VERLAG FÜR SOZIALWISSENSCHAFTEN

Bibliografische Information Der Deutschen Nationalbibliothek
Die Deutsche Nationalbibliothek verzeichnet diese Publikation in der
Deutschen Nationalbibliografie; detaillierte bibliografische Daten sind im Internet über
<http://dnb.d-nb.de> abrufbar.

1. Auflage August 2006

Alle Rechte vorbehalten
© VS Verlag für Sozialwissenschaften | GWV Fachverlage GmbH, Wiesbaden 2006

Lektorat: Frank Schindler

Der VS Verlag für Sozialwissenschaften ist ein Unternehmen von Springer Science+Business Media.
www.vs-verlag.de

Umschlaggestaltung: KünkelLopka Medienentwicklung, Heidelberg
Druck und buchbinderische Verarbeitung: Krips b.v., Meppel
Gedruckt auf säurefreiem und chlorfrei gebleichtem Papier
Printed in the Netherlands

ISBN-10 3-531-15111-8
ISBN-13 978-3-531-15111-3

Vorwort

Globalisierung, Liberalisierung und der zunehmende Wettbewerb zwischen nationalen Märkten setzen das Institutionengefüge heutiger Marktwirtschaften zunehmend unter Druck. Kommt es zur Angleichung der Wirtschaftsstrukturen angelsächsischer und kontinentaleuropäischer Länder? Welche Dynamiken kennzeichnen den Umbau von Institutionen auf der Ebene von Wirtschaftssektoren, regionalen Produktionszusammenhängen oder auch die Transformation von Wirtschaftssystemen in Osteuropa? Diese Fragen stehen nicht nur im Zentrum der aktuellen Wirtschaftspolitik, sondern auch im Mittelpunkt der auf die politische Ökonomie gerichteten Governance-Debatte, welche die Wirtschaft in eine Vielzahl nicht-marktförmiger Institutionen eingebettet sieht.

Im Zentrum empirischer Governance-Studien stehen das einzelne Unternehmen, seine Binnenstrukturen und Transaktionen mit der Umwelt. Die Ebenen solcher Formen industrieller Ordnung können jedoch unterschiedlich sein. Sie reichen von nationalen Konfigurationen einer Marktwirtschaft über branchenspezifische, aber auch branchenübergreifende Zusammenarbeit von Unternehmen bis hin zu regionalen Produktionsclustern. Die Economic Governance-Forschung fragt danach, durch welche Mixtur von Governance-Typen sich Wirtschafts- und Produktionszusammenhänge auszeichnen, wie leistungsfähig diese im Ländervergleich sind und welche Reorganisationsprozesse diese gegenwärtig durchlaufen.

Der vorliegende Band vermittelt einen Überblick über das Analyseinstrumentarium und den aktuellen Stand der auf die Wirtschaft bezogenen Governance-Forschung in verschiedenen Anwendungsfeldern. Die Autoren diskutieren „varieties of capitalism" im Ländervergleich, Probleme der Wirtschaftstransformation in Osteuropa, den Umbau staatsnaher Infrastruktursektoren in Deutschland sowie Governance-Probleme regionaler Wirtschaftscluster. In der Einleitung werden die zentralen Befunde der Einzelbeiträge zusammengefasst sowie weiterführende Forschungsperspektiven aufgezeigt.

Mit diesem Band liegt das erste Lehrbuch zur Governance-Diskussion in der politischen Ökonomie vor. Es wurde als Lehrtext für den Master-Studiengang „Politische Steuerung und Koordination (Governance)" an der FernUniversität in Hagen verfasst und für die Buchfassung inhaltlich überarbeitet. Wir bedanken uns bei den Autorinnen und Autoren herzlich für ihre Mitarbeit und wünschen den Lesern und Leserinnen eine anregende Lektüre.

Hagen, im Juni 2006

Arthur Benz
Susanne Lütz
Uwe Schimank
Georg Simonis

Inhaltsverzeichnis

8

Abbildungsverzeichnis

Tabellenverzeichnis

Einleitung: Governance in der politischen Ökonomie

Susanne Lütz

1 Dimensionen der Governance-Diskussion

Der „Governance"-Begriff hat in der Politikwissenschaft, der Soziologie und auch der Ökonomie in den letzten Jahren wachsende Popularität erfahren (vgl. als Überblick Benz 2004a; Lange/Schimank 2004). Im Kern richtet sich das Interesse der Governance-Debatte auf die Art und Weise, wie kollektives Handeln in der Politik, der Gesellschaft oder auch der Ökonomie koordiniert wird und wie leistungsfähig unterschiedliche Formen institutioneller Arrangements diesbezüglich sind. In der politikwissenschaftlichen, im engeren Sinne staats- bzw. steuerungstheoretisch ausgerichteten Governance-Diskussion richtet sich das Zentrum der Aufmerksamkeit auf Formen sozialer Handlungskoordination, die an der Schnittstelle von Staat und Gesellschaft zu verorten sind:

> „Governance meint dann das Gesamt aller nebeneinander bestehenden Formen der kollektiven Regelung gesellschaftlicher Sachverhalte: von der institutionalisierten zivilgesellschaftlichen Selbstregelung über verschiedene Formen des Zusammenwirkens staatlicher und privater Akteure bis hin zu hoheitlichem Handeln staatlicher Akteure" (Mayntz 2004a: 66).
> „Governance bedeutet Steuern und Koordinieren (oder auch Regieren) mit dem Ziel des Managements von Interdependenzen zwischen (in der Regel kollektiven) Akteuren" (Benz 2004b: 25).

Koordinations- und Regelungsformen zwischen Staat und Gesellschaft stellen aus Sicht der Governance-Perspektive keinen Selbstzweck dar, sondern dienen der Erfüllung öffentlicher Aufgaben, der Regelung kollektiver Sachverhalte, kurz, der Bearbeitung kollektiver Probleme. Es ist genau dieser „Problemlösungsbias", den die Governance-Debatte mit der älteren Theorie politischer Steuerung teilt (Mayntz 2004a: 74, vgl. auch Beyer in diesem Band). Hier wie dort steht die gelungene oder misslingende *Regelung* im Zentrum des Interesses; demgegenüber rücken politische Motive des Machterwerbs und Machterhalts um seiner selbst Willen und damit Herrschaftsaspekte in den Hintergrund der Betrachtung.

Regelungsstrukturen zwischen Staat und Gesellschaft werden in der politikwissenschaftlichen Debatte hinsichtlich ihrer Funktionsweise und bezüglich ihrer Wirkungen auf die in ihnen agierenden Akteure beleuchtet. Das politische Handeln einzelner Akteure tritt in dieser Sichtweise etwas in den Hintergrund; vielmehr werden diese als integriert und eingebettet in eine Governance-Struktur betrachtet, welche bestimmte Anreize und Restriktionen für das Akteursverhal-

13

ten setzt. Aufgabe des Governance-Forschers wäre es dann, die Beschaffenheit von Governance-Konfigurationen zu rekonstruieren, diese hinsichtlich ihrer Auswirkungen auf das Handeln der ihr unterworfenen Akteure zu untersuchen und ihre Leistungsfähigkeit vergleichend zu bewerten. Die Governance-Perspektive ist damit stärker als die ältere Theorie der politischen Steuerung einer institutionalistischen Denkweise verhaftet (vgl. Mayntz 2004b: 4). Die tendenzielle Unterbelichtung der Akteursebene kann, wie wir in diesem Band sehen werden, zum Problem werden, wenn die Entstehung und vor allen Dingen der Wandel von Governance-Strukturen in den Blick genommen werden soll. Gerade die Frage nach Dynamiken und Veränderungen in bestehenden Regelungsstrukturen sowie deren Überleben unter Bedingungen zunehmender Marktintegration und wachsenden Wettbewerbsdrucks ist mittlerweile in den Mittelpunkt der Diskussion um Governance-Strukturen in der Wirtschaft gerückt (vgl. Streeck/Thelen 2005).

Institutionen der
wirtschaftlichen
Koordination

Damit sind wir beim Gegenstand dieses Band angelangt. Die auf „institutionelle Steuerung von Wirtschaft" (vgl. Schneider/Kenis 1996: 11) fokussierte Governance-Forschung geht davon aus, dass wirtschaftliches Handeln nicht ausschließlich über den *Markt*, sondern durch eine Vielzahl nicht-marktförmiger Koordinationsformen organisiert werden kann. 1937 wies Ronald Coase darauf hin, dass neben dem Markt auch die Unternehmensorganisation und damit die Firma zur Verwirklichung „effizienter" Transaktionen in der Wirtschaft beiträgt. Diese Überlegungen wurden von Oliver Williamson (1985) zum Forschungsprogramm der Institutionenökonomie ausgebaut. Mit Governance bezeichnet Williamson institutionelle Regelungen in und zwischen Unternehmen, die der Verringerung von Transaktionskosten dienen. Die Einführung des Governance-Konzeptes in den Wirtschaftswissenschaften spiegelt eine Sichtweise wirtschaftlicher Transaktionen wider, die sich von der der Neoklassik erheblich unterscheidet. Der scheinbare Automatismus des Marktmechanismus, die „unsichtbare Hand", ist nicht unter allen Umständen eine effiziente Form der Koordination wirtschaftlicher Transaktionen. Spezielle Güter können nicht in beliebiger Arbeitsteilung hergestellt werden, sondern erfordern eine Organisation der Produktionsaktivitäten in und zwischen Unternehmen. Neben der bereits erwähnten *Unternehmenshierarchie* gerieten somit bilaterale Beziehungen zwischen Unternehmen, Unternehmenskooperationen oder auch regionale Produktionscluster und damit *Netzwerke* in den Blick der Governance-Debatte, die sich auf diese Weise auch zur Industrie- und Wirtschaftssoziologie sowie zur Managementforschung öffnete. Die Neokorporatismusforschung zeigte, dass auch *Verbände* unter bestimmten Bedingungen wirtschaftliche Koordinationsleistungen erbringen und zur Produktion von Club- oder gar Kollektivgütern für ihre Mitglieder beitragen können (Streeck/Schmitter 1985a und b). Damit ändert sich das Bild des Marktes von einem anonymen Tauschmechanismus hin zu einem in Institutionen und Regeln eingebetteten System, das nicht zuletzt auf der Fixierung von Eigentumsrechten basiert, aber auch auf Regeln, die faire Tauschverhältnisse schaffen. Der *Staat* ist somit als Instanz, die sowohl Eigentumsrechte definiert als auch deren Einhaltung garantiert, und nicht zuletzt als Produzent öffentlicher Güter fundamentaler Bestandteil der institutionellen Umwelt des Marktes.

14

Im Blickpunkt der auf die Wirtschaft ausgerichteten Governance-Perspektive stehen das einzelne Unternehmen, seine Binnenstrukturen, vor allem jedoch seine Transaktionen mit der Umwelt. Je nach Art der Transaktion kann es sich hierbei um regionale Produktionscluster, branchenspezifische, aber auch branchenübergreifende Zusammenarbeit von Unternehmen oder nationale Konfigurationen einer Marktwirtschaft handeln. Die Ebenen solcher „sozialen Systeme der Produktion" (Hollingsworth/Boyer 1997), „sozioökonomischer Regime" (Hollingsworth et al. 1994: 5) oder Formen „industrieller Ordnung" (Herrigel 1996) sind damit je nach funktionaler Einheit eines Produktionszusammenhanges unterschiedlich. Die Economic Governance-Forschung fragt nach Formen sozialer Einbettung wirtschaftlicher Aktivitäten, nach den Konfigurationen von Governance-Typen in Wirtschafts- und Produktionszusammenhängen und nach der komparativen Leistungsfähigkeit unterschiedlicher Varianten der institutionellen Steuerung von Wirtschaft.

Einbettung von Unternehmen in ihre Umwelt

Demnach lassen sich drei Ebenen einer Governance-orientierten Betrachtung der Wirtschaft unterscheiden: die Makro-, Meso- und Mikroebene.

Ebenen der empirischen Betrachtung:

Die auf die nationale *Makroebene* gerichtete Governance-Perspektive geht davon aus, dass eine nationale politische Ökonomie durch eine spezifische Konfiguration von Institutionen gekennzeichnet ist. Lange Zeit waren die nationalen politischen Grenzen weitgehend deckungsgleich mit den ökonomischen in dem Sinne, dass ein Großteil ökonomischer Transaktionen immer noch innerhalb nationalstaatlicher Grenzen stattfand. Diese Kongruenz von ökonomischer Marktstruktur und politischer Regelungsstruktur wird im Zuge von Globalisierung und Europäisierung mittlerweile in Frage gestellt. Konstitutiv für die auf nationale Institutionen der politischen Ökonomie gerichtete Governance-Perspektive ist jedoch die Vorstellung, dass es nicht eine einheitliche Form von Kapitalismus gibt, sondern viele mögliche. Vergleichende institutionelle Governance-Ansätze ordnen nationale politische Marktwirtschaften mit hinreichender institutioneller Ähnlichkeit in dieselbe Kategorie.

Nationale Makroebene

Michel Alberts „Capitalisme contre Capitalisme" (1991) brachte (aus Sicht eines Praktikers) erstmals den Begriff der „Varieties of Capitalism" in die Debatte ein. Albert unterscheidet zwei Grundtypen des Kapitalismus – das durch Prinzipien wie Individualismus, Präferenz für kurzfristige Erträge und Flexibilität gekennzeichnete angelsächsische Modell und das „rheinische" (auch Japan miteinschließende) Kapitalismusmodell, welches auf längerfristigen Verpflichtungen und Konsensorientierung basiert. Vivien Schmidts Typologie unterscheidet wiederum zwischen „market, managed and state capitalism" (Schmidt 2002), wohingegen Vertreter der Regulationsschule „marktbasierte, sozialdemokratische, kontinentaleuropäische, asiatische und Mittelmeermodelle" des Kapitalismus ausmachen (Amable 2003, Hollingsworth/Boyer 1997). Bei dem hinsichtlich seiner Heuristik am weitesten entwickelten, gleichzeitig auch am heftigsten umstrittenen Ansatz handelt es sich um die „Varieties of Capitalism" (VoC)-Perspektive von Peter A. Hall und David Soskice (Hall/Soskice 2001a; Soskice 1999a und b; vgl. dazu ausführlich den Beitrag von Richard Deeg in diesem Band). Der Ansatz geht davon aus, dass sich eine Marktwirtschaft aus einer Reihe von einander komplementären und funktional zusammenhängenden Subsystemen zusammensetzt, die in ihrer nationalen Konfiguration einen komparativen

Vielzahl von Typologien

Leistungsvorteil ausmachen. Hierzu zählen ein bestimmtes Produktionssystem, eine spezifische Form der Unternehmensverfassung und -finanzierung (durch Banken oder Kapitalmärkte) sowie der Beziehungen von Unternehmen untereinander, ein Modell der industriellen Beziehungen und eine Form der Organisation von Arbeitsbeziehungen sowie von Aus- und Weiterbildungsaktivitäten.

Unkoordinierte vs. koordinierte Ökonomien

Je nach der Art und Weise, wie diese unterschiedlichen Subsysteme organisiert sind, lassen sich zwei Idealtypen nationaler Marktwirtschaften unterscheiden: der *liberale-unkoordinierte (auch angelsächsische)* Kapitalismus, in dem Marktakteure ihre Transaktionen primär über Hierarchien und wettbewerbliche Märkte koordinieren und ein insgesamt geringer Grad an staatlicher Intervention vor allem auf die Sicherung des Wettbewerbes zielt (typische Länder sind hier die Vereinigten Staaten, Großbritannien, Australien, Irland und Neuseeland). Demgegenüber werden im kontinentaleuropäischen Modell des *koordinierten (auch rheinischen)* Kapitalismus ökonomische Beziehungen zum großen Teil durch nicht-marktförmige Organisationsstrukturen wie der Kooperation und der strategischen Interaktion zwischen Firmen koordiniert. Der Staat interveniert fallweise, etwa aus sozial- und industriepolitischen Motiven heraus, in das Wirtschaftsgeschehen, wird allerdings durch die verbandliche oder netzwerkförmige Selbstorganisation der Wirtschaft auch entlastet. Als paradigmatische Verkörperung dieses Kapitalismustyps gilt Deutschland, weitere Länder sind Schweden, Schweiz, Niederlande, Norwegen, Österreich, Dänemark und Japan (vgl. Hall/ Soskice 2001b: 17-21).

Sektorale Mesoebene

Eine auf die wirtschaftliche *Mesoebene* ausgerichtete Analyse von Governance-Strukturen nimmt Wirtschaftssektoren oder regionale Produktionszusammenhänge in den Blick. Eine Wirtschaftsbranche stellt ein Aggregat von Unternehmen dar, welche ein bestimmtes Spektrum von gleichartigen oder verwandten Produkten oder Dienstleistungen herstellen und auf den Markt bringen. Unter Governance-Aspekten sind die Normen und Institutionen von Interesse, die die Koordination von Transaktionen und produktiven Tätigkeiten innerhalb von Sektoren und über Sektorgrenzen hinweg befördern. Die „Governance of Industries" wurde in der amerikanischen Wirtschaftssoziologie zu Beginn der 1990er Jahre ein Thema (Campbell et al. 1991; Hollingsworth et al. 1994). Gefragt wurde, durch welche Mixtur von Governance-Mechanismen einzelne Wirtschaftssektoren in unterschiedlichen Ländern gekennzeichnet sind und durch welche Variablen das sektorale Governance-Set erklärbar ist. Im Ergebnis zeigte sich, dass sektorale Besonderheiten wie die Größe der Firmen oder die Art der angebotenen Güter nur sehr allgemeine Rückschlüsse auf die Zusammensetzung der sektoralen Governance-Struktur zulassen. So zeigte der Sektorvergleich, dass große Firmen Verbände weniger zur eigenen Selbstorganisation benötigen als kleine und mittlere Unternehmen. Nicht zufällig sind die Unternehmen der Automobilindustrie in keinem Land besonders stark organisiert, denn die Automobilbranche ist in den meisten Ländern oligopolistisch strukturiert. Allerdings werden sektorale Besonderheiten fast immer durch nationale Spezifika überlagert: In der Governance-Struktur der amerikanischen Maschinenbauindustrie dominieren beispielsweise große, vertikal integrierte Firmen, die untereinander in scharfer Konkurrenz stehen. Demgegenüber sind die deutschen Maschinenbauunternehmen klein- und mittelständisch und kooperieren in Fragen des Produktdesigns durchaus auch miteinander.

Die sektorale Analyseebene spielt auch eine zentrale Rolle bei der Untersuchung wirtschaftlicher *Transformationsprozesse*. Susanne Schmidt (vgl. Kapitel 3 in diesem Buch) beleuchtet die Transformation ausgewählter so genannter „staatsnaher" Wirtschaftssektoren wie der Telekommunikation, der Elektrizität, des privaten Versicherungswesens und des Straßengüterverkehrs im Zuge von Privatisierung und Liberalisierung des Dienstleistungsgewerbes durch die EU. Mayntz/Scharpf (1995: 13) definieren staatsnahe Sektoren als

marktnahe vs. staatsnahe Sektoren

> „gesellschaftliche Funktionsbereiche, die nicht zum Kernbestand der hoheitlichen Staatsfunktionen gehören, für die der Staat jedoch ein Maß an Verantwortung übernommen hat, das
> - weiter geht als die ordnungspolitische, konjunkturpolitische und strukturpolitische Verantwortung des Staates für die Leistungsfähigkeit marktwirtschaftlicher Sektoren oder als die – alle Sektoren erfassende – gesundheitspolitische, umweltpolitische oder verbraucherpolitische Verantwortung des Staates;
> - aber weniger weit geht als die unmittelbare Leistungserbringung durch den der politischen Verantwortung hierarchisch unterstellten und aus dem allgemeinen Steueraufkommen finanzierten Staatsapparat."

Inhaltlich handelt es sich dabei um höchst heterogene Dienstleistungsbereiche, von Bahn, Post, Telekommunikation, Energieversorgung, Rundfunk und Fernsehen, vom Bildungswesen über die Verkehrssysteme bis zur Agrarwirtschaft. Quantitativ – gemessen in Anteilen an der Gesamtbeschäftigung oder im Beitrag zum Sozialprodukt – haben diese Sektoren in den hoch entwickelten westlichen Gesellschaften während der Nachkriegsjahrzehnte ein Gewicht erreicht, das dem der marktwirtschaftlich verfassten Sektoren nahe kommt. Czada/Lehmbruch (1998) beispielsweise untersuchten die Formen und Mechanismen der Transformation der politischen Ökonomie Ostdeutschlands, die sich im Zuge des deutschen Vereinigungsprozesses einstellten. Gegenstand der Analyse waren ausgewählte Wirtschaftssektoren und insbesondere ihre institutionellen Schnittstellen zwischen dem politischen System und dem der Produktion und Distribution von Gütern und Dienstleistungen. Die Untersuchung ergab u.a., dass der Transformationsverlauf sich abhängig vom Grad der „Markt- oder „Staatsnähe" eines Wirtschaftssektors signifikant unterschied. Für die Art und Weise der Sektortransformation im Rahmen der deutschen Vereinigung erwies sich von Belang, welche Kompetenzen der Staat und speziell die westdeutschen Akteure besaßen, sektorspezifische Eigentumsrechte zu definieren und damit Eigentumsverhältnisse in einer Weise neu zu definieren, die über die Festlegung ordnungspolitischer Rahmenbedingungen wie Privateigentum, Vertragsfreiheit und Wettbewerbswirtschaft hinausging. Je staatsnaher die Sektoren organisiert waren, desto geringer auch die zwischen Ost und West bestehende Differenz der Sektorstruktur und desto reibungsloser die Vereinigung mit ähnlich zugeschnittenen DDR-Sektoren. Demgegenüber unterlag die Transformation der übrigen, eher marktnahen Wirtschaftszweige oft problematischen Rahmenbedingungen wie unklaren Zuständigkeiten, umstrittenen Eigentumsrechten, Konflikten zwischen Regelsystemen und variierenden ökonomischen Bedingungen, die zusammengenommen zu ergebnisoffeneren und von politischer Intervention bestimmten Transformationsverläufen führten.

Kollektive Wettbewerbsgüter in Regionen

Nicht nur Wirtschaftssektoren, sondern auch regionale Produktionszusammenhänge sind Gegenstand von Governance-orientierten Mesostudien. Seit Mitte der 1990er Jahre hat sich ein stärker international vergleichend ausgerichteter Forschungszweig herausgebildet, der regionale Ökonomien als lokale Produktionssysteme begreift, in denen überwiegend mittelständische Firmen mit komplementären Teilaufgaben kooperieren. Durch den Verbund können sich KMUs als komplexe Einheit gegenüber der denkbaren Alternative eines vertikal integrierten Großunternehmens behaupten. Allerdings mangelt es Klein- und Mittelbetrieben häufig an spezifischen Ressourcen, um ihre Wettbewerbsvorteile auch tatsächlich zur Geltung zu bringen. Hierzu zählen spezielles Know-How bei der Einführung neuer Technologien, Informationen über die aktuellen Entwicklungen auf den Absatz- und Beschaffungsmärkten, die Kapitalbeschaffung oder die regelmäßige Qualifizierung der Beschäftigten. Im Rahmen einer regionalen Ökonomie lassen sich solche Defizite jedoch durch die Bereitstellung kollektiver Güter ausgleichen, die auf diese Weise zur Erhöhung der Wettbewerbsfähigkeit der beteiligten Unternehmen beitragen (Voelzkow 1999: 56f). Regionale Ökonomien erlangen also komparative Leistungsvorteile, je nachdem wie sie „kollektive Wettbewerbsgüter" produzieren (vgl. dazu Kapitel 4 dieses Bandes). Der Vergleich regionaler Ökonomien in Deutschland, Italien, Großbritannien und Frankreich zeigt, dass die Produktion solch regionaler Kollektivgüter institutionell sehr unterschiedlich organisiert werden kann, also funktionale Äquivalente hinsichtlich möglicher Formen industrieller Ordnung bestehen (Le Galès/Voelzkow 2001: 9). Die neuere Regionalökonomie fragt also danach, wie unterschiedliche Formen regionaler Ökonomien (industrielle Distrikte, Netzwerkfirmen, empirische Cluster) konfiguriert sind, wovon der jeweilige Mix aus Governance-Mechanismen abhängt und welche Leistungsvorteile dieser erzeugt (vgl. Crouch et al. 2001 und 2004).

Mikroebene Corporate Governance

Aus der Perspektive der *Mikroebene* der Unternehmensorganisation sind die internen und externen Mechanismen zur Steuerung und Kontrolle von Unternehmen von Interesse. Im Mittelpunkt der momentan wieder aufgelebten *Corporate Governance*-Diskussion stehen Strukturen und Praktiken der Steuerung und Kontrolle insbesondere von börsennotierten Großunternehmen (vgl. Goyer 2001; Hopt/Prigge 1998; O'Sullivan 2001). Inhaltlich geht es dabei um Bestimmungen, die den unternehmensinternen Entscheidungsprozess aufgliedern, die Zusammensetzung und Kompetenzverteilung zwischen Entscheidungsgremien festlegen und die Offenlegung von Informationen über Entscheidungsprozesse und -ergebnisse gegenüber Aktionären und der Unternehmensöffentlichkeit regeln. In den Innen- und Außenbeziehungen von Unternehmen sind spezifische Muster der Koordination und Aufteilung von Macht und Einfluss zwischen den verschiedenen, am Unternehmensgeschehen beteiligten Akteuren angelegt. Diese institutionellen Muster, die die Rolle von Managern, Anteilseignern, Kreditgebern, Beschäftigten, kooperierenden Unternehmen und nicht zuletzt dem Staat in der Entwicklung der Unternehmenspolitik definieren, entstehen aus dem Zusammenspiel politischer und rechtlicher Faktoren, z.B. der gesetzlichen Bestimmungen zur Organisation einer Aktiengesellschaft, ökonomischer Kräfte und Institutionen wie den Eigentümerstrukturen und gesellschaftlichen Beziehungen. Weil so der Rahmen für die Strategieentwicklung und Ressourcenallokation in Unternehmen abgesteckt wird, ist die Corporate Governance von eminenter Bedeutung für die Verteilung von Einkommen und Status, die Beschäftigungssituation und das Wirtschaftswachstum in nationalen politischen Ökonomien (Gourevitch/Shinn 2005).

Outsider- vs. Insider-Systeme

Die Art und Weise, wie die Kontroll- und Steuerungsbeziehungen in Unternehmen organisiert sind, hängt jedoch sehr stark von der in einer nationalen Marktwirtschaft vorherrschenden Mixtur an Governance-Mechanismen ab; die Unternehmensverfassung ist somit bis zu einem gewissen Grad Spiegelbild eines nationalen Modells von Kapitalismus. Analog zur Unterscheidung zwischen dem „unkoordinierten" Kapitalismus der angelsächsischen Länder und dem „koordinierten" Kapitalismus der kontinentaleuropäischen Staaten differenziert die vergleichende sozial- und wirtschaftswissenschaftliche Forschung daher auch zwischen zwei Corporate Governance-Modellen: *marktorientierten „Outsider"-Systemen* und *netzwerkorientierten „Insider"-Systemen* (Franks/Mayer 1995; Hall/ Soskice 2001a; van den Berghe 2002). In dem ersten Modell befördern marktbasierte Steuerungs- und Kontrollmechanismen die Ausrichtung der Unternehmenspolitik an möglichst hohen Dividenden. Die Unternehmensfinanzierung erfolgt maßgeblich über den Kapitalmarkt, der die häufige Ausschüttung kurzfristig anfallender Gewinne an Aktionäre belohnt. So stellt der Aktienkurs den zentralen Bewertungsmaßstab der Arbeit des Managements dar, das bei ineffizienter Geschäftsführung mit einem Übernahmeangebot und dadurch mit einem Verlust der Verfügungsgewalt über das Unternehmen rechnen muss. Der Anteilsbesitz ist breit gestreut unter einer Vielzahl von Investoren, die dem Unternehmen fern stehen und kaum direkt Einfluss nehmen. Anders gestaltet sich die Situation im kontinentaleuropäischen System, wo die Eigentümerstrukturen eine hohe Konzentration aufweisen und Firmen nicht selten durch Kapital- und Personalverflechtungen verbunden sind. Das Vorhandensein von „geduldigem Kapital" durch langfristig orientierte Großaktionäre und Bankkredite macht Preismechanismen weniger bedeutsam für die Unternehmensführung. Vielmehr sind das Unternehmen und sein Management verankert in einem breiteren Netzwerk von Interessen und Akteuren, was sich in einer stärker kollektiv orientierten Unternehmensstrategie niederschlägt, welche oft auch sozial- oder industriepolitischen Zielen Rechnung zu tragen hat. Welche Gruppen als Insider steuernd auf die Unternehmensführung einwirken, differiert: Während das Management in Deutschland den Konsens mit einer größeren Anzahl von Stakeholdern – neben Großaktionären auch Banken und Arbeitnehmern – suchen muss, sind in romanischen Ländern wie Frankreich Familieneigentümer und politisch-bürokratische Eliten zentral.

Fragestellungen der Governance-Debatte

Zusammenfassend lassen sich folgende Fragestellungen formulieren, die im Mittelpunkt einer auf Governance-Strukturen ausgerichteten Analyse der Wirtschaft stehen:

- Wie sieht die Konfiguration von Governance-Mechanismen in einem betrieblichen, regionalen, sektoralen oder nationalen Produktionszusammenhang aus? Und wovon hängt die jeweilige Governance-Konfiguration ab?

- Wie leistungsfähig ist die Governance-Konfiguration in dem jeweiligen Produktionszusammenhang? Produzieren bestimmte Governance-Muster bestimmte Arten von Innovationen? Gibt es Effizienzvorteile durch einen bestimmten Governance-Mix? Wie sehen die komparativen Wettbewerbsvorteile von Governance-Konfigurationen im internationalen Vergleich aus?
- Wie stabil oder wandlungsfähig erweisen sich Governance-Konfigurationen unter dem Einfluss von Globalisierung, Europäisierung und der auf verschiedenen politischen Ebenen vorangetriebenen Liberalisierung? Werden nationale Varianten des Kapitalismus einander ähnlicher? Was sind die Antriebskräfte und Mechanismen der Transformation des Kapitalismus?

Ausgehend von einer Charakterisierung der Grundtypen der Governance-Perspektive und einem Überblick über ihre historischen Vorläufer in den Abschnitten 2 und 3 werden die oben genannten Fragen in den Abschnitten 4 bis 6 noch einmal aufgegriffen. Es wird herausgearbeitet, welche Antworten die Beiträge dieses Bandes darauf geben und welche Perspektiven sich für die zukünftige Governance-Forschung abzeichnen.

2 Bausteine institutioneller Steuerung der Wirtschaft

Märkte Warum sollten Märkte überhaupt sozial und institutionell „eingebettet" sein? (vgl. zum Begriff der „Einbettung", Granovetter 1985). Nach Vorstellung der neoklassischen Ökonomie ist gerade der freie und von jeder Art politischer Intervention unbelastete *Markt* Garant einer effizienten Allokation von Gütern, Dienstleistungen und Kapital. Der Markt bietet individuellen und korporativen Akteuren, welche Eigentumsrechte an bestimmten Ressourcen besitzen, die Möglichkeit, sich freiwillig in freiem, aber durchaus rechtlich erzwingbarem Austausch zu engagieren. Da der Preis alle tauschrelevanten Informationen beinhaltet, kann der Tausch zwischen Transaktionspartnern stattfinden, die einander vollkommen unbekannt sind, aber dennoch die Vorteile ihrer Transaktion klar erkennen können. Der idealtypische Wettbewerbsmarkt ist damit die Arena, in der jede Partei gleichberechtigt ihre selbstdefinierten Ziele und Bedürfnisse realisieren kann, ohne sich über die Art der Zielverfolgung mit anderen Akteuren abstimmen zu müssen. Gerade weil Marktakteure sich individuell rational verhalten, produzieren sie jedoch oftmals Nebeneffekte (negative Externalitäten), die unbeteiligte Dritte schädigen und deshalb aus gesamtgesellschaftlicher Perspektive unerwünscht sind. Ein weiterer Nachteil rein marktmäßiger Koordination liegt darin, dass der Markt die Rahmenbedingungen, auf denen Transaktionen basieren (wie etwa die Verteilung von Eigentumsrechten oder die Festlegung marktmäßiger Spielregeln), nicht selbst produzieren kann.

Firmenhierarchien Auch unter Effizienzaspekten ist der Markt als Koordinationsmechanismus nicht immer ein geeigneter Weg zur Koordination wirtschaftlicher Transaktionen. In Abgrenzung von der Neoklassik formulierte die Neue Institutionenökonomik Bedingungen, unter denen dies nicht erwartbar ist (vgl. Williamson

20

1975, 1985). Transaktionen, die Unsicherheit über ihre Resultate implizieren, häufig auftreten und substantielle, transaktionsspezifische Investitionen wie Geld, Zeit und Energie benötigen (*asset specificity*), beinhalten Transaktionskosten, die eine marktförmige Koordination belasten. Diese Überlegung führt bei Williamson (in Weiterführung der Gedanken von Coase, vgl. Coase 1937) zur fundamentalen Unterscheidung zwischen Markt und *(Firmen-)Hierarchie* als Modellen ökonomischer Ordnung: wenn der Produktionsprozess aus einer Vielzahl sich wiederholender Transaktionen besteht, die Herstellung spezifisches Wissen erfordert und im Ergebnis hohe Skalenerträge produziert, ist es günstiger, diesen in-house abzuwickeln statt einzelne Produktionsschritte zu externalisieren und von Zulieferern hinzuzukaufen. An die Stelle des Marktes tritt die Firma, welche den Produktionsprozess administrativ-hierarchisch organisiert und überwacht. Firmen entstehen gemäß dieser Logik entweder als Ergebnis von Strategien vertikaler Integration, die Unsicherheit in der Beziehung zwischen produzierendem Unternehmen, Zulieferern und Händlern reduzieren sollen oder auch durch Zusammenschluss von Unternehmen derselben Branche, mit dem Ziel, Skalenerträge zu erzielen und dadurch Profite zu steigern. Zugespitzt ersetzt hier die sichtbare Hand des Managements die unsichtbare Hand des Marktes. Akteure handeln innerhalb administrativer Verfahren und Arbeitsrollen, die durch Vorgesetzte definiert werden. Entsprechend ist die Kommunikation innerhalb von Hierarchien durch die eigene Position innerhalb der vorgegebenen Autoritätsstruktur geprägt. Der intraorganisatorische Austausch dient deshalb einerseits der Erfüllung vorgegebener Aufgaben, ist andererseits aber auch durch Überlegungen des persönlichen Aufstieges in der Organisation motiviert. Die Firmenhierarchie strebt wie auch der Markt hohe Produktivität und schnelle Rentabilität des eingesetzten Kapitals an, ist also auf die Maximierung allokativer Effizienz ausgerichtet. Demgegenüber haben andere, weniger leicht quantifizierbare Effizienzkriterien wie eine Verbesserung der Produktqualität, Innovativität oder eine Anhebung des Qualifikationsniveaus der Beschäftigten (so genannte „X-Effizienz" (Leibenstein 1976, 1978) einen eher nachrangigen Stellenwert in der Prioritätenliste einer idealtypischen Firmenhierarchie.

In dieser dichotomen Gegenüberstellung von Markt und Hierarchie erscheinen Betriebe als losgelöst aus dem größeren sozialen Zusammenhang. Ihre Außengrenzen werden durch konkurrierende Firmen definiert; in den Binnenbeziehungen übt das Management Autorität über beschäftigte Mitarbeiter aus. Das Bild von Unternehmen als „Inseln geplanter Koordination in einem Meer von Marktbeziehungen" (Powell 1996: 215) prägte lange Zeit nicht nur die Wirtschaftswissenschaft, sondern auch die Managementpraxis. Seit Mitte der 1980er Jahre hat sich dies geändert. Eine in der Wirtschaftssoziologie und -geografie, der Managementforschung und politischen Ökonomie entstehende Debatte erweiterte die Bandbreite von Typen institutioneller Steuerung um *Netzwerke* (vgl. etwa Hollingsworth et al. 1994; Ouchi 1980; Powell 1996), *Verbände* (Streeck/ Schmitter 1985a) sowie den *Staat* (vgl. zur bisher umfassendsten Typologie Hollingsworth/Boyer 1997).

In *Netzwerken* findet die Allokation von Ressourcen weder durch diskrete Tauschprozesse noch durch administrative Anweisungen statt. Wichtiger als die Sicherheit, dass Leistungen preislich bemessen und entlohnt werden, erscheint

Weitere Governance-Typen

Netzwerke

das Vertrauen in den Kooperationspartner und in die Komplementarität seiner Ressourcen. Beides gewährleistet, dass eigene Leistung zu einem späteren Zeitpunkt mit einer Gegenleistung vergolten wird. Netzwerkpartner sind weder notwendigerweise integriert in eine formale Organisation, noch agieren sie völlig autonom voneinander auf einem anonymen Markt. Der sowohl lockere als auch längerfristige Charakter von Netzwerkbeziehungen macht es möglich, Ressourcen auszutauschen, die nicht preislich kalkuliert und damit nicht einfach gekauft werden können (intangible Güter). Hierbei kann es sich um nicht kodifiziertes Wissen wie beispielsweise bestimmte handwerkliche Fertigkeiten handeln (tacit knowledge), aber auch um Kompetenzen, die erst durch die Bündelung komplementärer Ressourcen und daraus entstehenden Lerneffekten generiert werden. Gerade weil Netzwerkpartner hoffen, durch Bündelung von Ressourcen Vorteile zu erzielen, verzichten sie auf ihr Recht, den eigenen Vorteil auf Kosten anderer auszunutzen. Konflikte werden im Interesse des Erhalts der Kooperationsbeziehung also eher durch Diskurs oder Verhandlung als durch Verlassen des Netzwerkes gelöst; Sanktionen sind eher informeller als rechtlicher Natur.

Zahlreiche Formen der Unternehmenskooperation   Netzwerke zwischen korporativen Akteuren aus der Wirtschaft können vielfältiger Art sein. Die Beispiele erstrecken sich von Forschungs- und Entwicklungskooperationen, Joint Ventures oder strategischen Allianzen, die der Nutzung von Größenvorteilen in gemeinsamer Forschung und Produktion dienen (vgl. Sydow 1992; Lütz 1993; Hagedoorn 1993) bis hin zu dauerhaften Kooperationsbeziehungen mit Zulieferern und Abnehmern in so genannten „industriellen Distrikten" auf regionaler Ebene (vgl. Piore/Sabel 1985; Pyke et al. 1990; Pyke/Sengenberger 1992). Die Bandbreite der Kooperationsformen in Netzwerken reicht von eher strategisch motivierten Varianten der Ressourcenbündelung bis hin zu kulturell bzw. „gemeinschaftlich" eingebetteten Produktionszusammenhängen zwischen kleinen und mittleren Unternehmen, deren Beziehungen eher durch historisch gewachsene Solidarität gekennzeichnet sind. Nicht zufällig werden in der soziologischen Governance-Diskussion auch Begriffe wie „Gemeinschaft" (vgl. Streeck/ Schmitter 1985a) und „Clan" (Ouchi 1980) anstelle oder als Ergänzung des Netzwerkbegriffs verwendet. Durch ihre Zusammenarbeit erzeugen Netzwerkpartner Güter, die in erster Linie den Partnern selbst zugute kommen, also Gruppen- oder „Clubgüter" (Buchanan 1965). Der Übergang vom Clubgut zum Kollektivgut, von dessen Nutzung Dritte nicht mehr ausgeschlossen werden können, ist jedoch durchaus fließend. Er ist beispielsweise dann gegeben, wenn Forschungskooperationen zwischen Unternehmen in der Phase der anwendungsorientierten Grundlagenforschung zu Wissensfortschritten führen, von denen auch Nicht-Netzwerkpartner profitieren. Auch wenn durch Unternehmenskooperationen in regionalen Distrikten neue Arbeitsplätze entstehen oder Steuereinnahmen gesteigert werden können, sind dies Kollektivgüter, von denen die ganze Region profitiert. Erfolgreiche Kooperationszusammenhänge setzen sowohl in der Wirtschaft wie auch in der Politik immer einen gewissen Grad an Ausgrenzung Dritter voraus. Dass sich daraus *strong ties* zwischen den Netzwerkteilnehmern entwickeln, die über längere Zeiträume hinweg eher die Entwicklung neuer Weltsichten und Problemlösungen behindern als erleichtern und die Vorteile von Netzwerken ins Gegenteil verkehren, ist ein auch in der

22

Literatur über Unternehmenskooperationen immer wieder diskutiertes Phänomen (vgl. Grabher 1993).

Im Unterschied zu Netzwerken sind *Verbände* eine formalere und eher hierarchische Form gesellschaftlicher Koordination. Wirtschaftsverbände oder Gewerkschaften organisieren Marktakteure, die Produkte oder Dienstleistungen in identischen, ähnlichen oder benachbarten Märkten anbieten. Auf diese Weise verteidigen und fördern sie funktional definierte Anliegen von Akteuren, die sich auf Basis von Klassen-, Branchen- oder professionellen Interessen zusammenschließen. Verbände produzieren damit in erster Linie Güter, die ausschließlich ihren Mitgliedern zugute kommen, also „Clubcharakter" besitzen. Dabei handelt es sich um Lobbytätigkeiten gegenüber politischen Entscheidungsträgern, aber auch um „selektive Güter" wie die Bereitstellung von Informationen über Markt- und technologische Entwicklung. Als reine Dienstleistungsorganisationen entsprechen Verbände damit dem Idealbild pluralistischer Institutionen der Interessenvermittlung. Dass korporativ-verbandliche Akteure jedoch Leistungen erbringen können, die über den Kreis eigener Mitglieder hinaus auch Dritten zugute kommen und insofern den Charakter von Kollektivgütern besitzen, hat die Korporatismusdiskussion hervorgehoben. Verbände, die einen quasi-öffentlichen Charakter annehmen, der sie über bloße Lobbyorganisationen hinaushebt und zu „privaten Interessenregierungen" (Streeck/Schmitter 1985b) macht, verfügen über bestimmte Organisationseigenschaften wie ein (staatlich anerkanntes) Repräsentationsmonopol für eine bestimmte Klasse, einen Sektor oder einen Beruf sowie eine relative Autonomie gegenüber ihren Mitgliedern. Diese Autonomie wird durch staatliche Organisationshilfen wie beispielsweise eine garantierte Zwangsmitgliedschaft und deshalb abgesicherte Mitgliedsbeiträge unterstützt. Im Unterschied zu pluralistisch auftretenden pressure groups verfügen korporatistische Verbände deshalb über einen intermediären Status, der es ihnen erlaubt, zwischen Mitgliedern und Verbandsumwelt zu vermitteln und Vereinbarungen mit anderen Verbänden abzuschließen, auf deren Einhaltung sie ihre Mitglieder jedoch verpflichten müssen.

Während pluralistische Organisationen sich in erster Linie auf die Bündelung und Vermittlung der Interessen ihrer Mitglieder nach außen konzentrieren können, müssen korporatistische Organisationen vielmehr ihre Innen- und Außenbeziehungen gleichermaßen stabilisieren, die „Mitgliedschafts- und Einflusslogik" (Schmitter/Streeck 1981) ständig ausbalancieren. Nicht zufällig sind die Muster der innerverbandlichen Abstimmung und Konfliktregelung oftmals sehr komplex. Dachverbände der Gewerkschaften oder der Industrie achten auf paritätische Repräsentation ihrer Mitgliedsverbände im Vorstand und auf Abstimmung zwischen ausgehandelten „Entscheidungspaketen" anstelle von Einzelthemen. Klassisches Beispiel für Verbände mit Konzertierungsfunktionen sind die deutschen Dachorganisationen von Gewerkschaften und Arbeitgeberverbänden, die branchenbezogene Tarifabschlüsse, teils mit Vorbildcharakter für andere Wirtschaftssektoren, aushandeln. Als Vorteile einer korporatistischen Form der Lohnabstimmung gelten die zwischen Kapital und Arbeit symmetrischer verteilten Kosten und Nutzen der konjunkturellen Entwicklung, die lange Zeit gelungene Moderation makroökonomischer Größen wie Inflation und Arbeitslosigkeit sowie die nicht zuletzt deshalb niedrigen Streikraten. Gegenstand verbandlicher

Konzertierung kann auch die Abstimmung von Produktstandards sein – so handeln die Spitzenverbände des deutschen Bankgewerbes zusammen mit der staatlichen Bankaufsichtsbehörde Eigenkapitalstandards aus, die festlegen, durch welchen Umfang an Eigenkapital bestimmte Arten von Geschäftsrisiken abgesichert werden (Lütz 2002). Die deutschen Industrie- und Handelskammern sind schließlich Beispiel für quasi-öffentliche Verbände, die aufgrund ihrer Organisationsstruktur zur Produktion von Kollektivgütern in der Lage sind. So sorgt die (zumindest bislang) gesetzlich festgeschriebene Zwangsmitgliedschaft der Unternehmen eines Kammerbezirks für regelmäßige Mitgliedsbeiträge und entlastet die Kammern von der Mitgliederwerbung. Dafür übernimmt der Verband Aufgaben der Berufsbildung für die Unternehmen des Kammerbezirks (Groser et al. 1986). Gerade weil korporatistische Verbände nicht ständig um die Zustimmung ihrer Mitglieder werben müssen, um den Fortbestand ihrer Organisation zu sichern, besteht die Gefahr der Oligarchisierung der Verbandsspitze und ihrer Entkoppelung von der Mitgliederbasis. Dass korporatistische Modelle der Konzertierung Integrationsleistungen auf Kosten Nicht-Organisierter erbringen, wird zudem sowohl von linken als auch neoliberalen Korporatismuskritikern thematisiert. Während die einen den „selektiven Charakter des Korporatismus" in der Ausgrenzung von Nicht-Arbeitsfähigen oder -willigen bestätigt sehen (vgl. Offe 1984: 252; Esser/Fach 1981), kritisieren die anderen, dass „Leistungsträgern" die Kosten für konzertierte „Durchschnittslösungen" aufgebürdet werden. Die „Kollusion von Administration und Spitzenverbänden" kann zudem zum Funktionsverlust der Parlamente beitragen und dadurch weitere Legitimationsdefizite fördern (vgl. Offe 1984: 250) – ein Effekt, der in den 70er Jahren in der Debatte um ein mögliches „Gesetz zur Kontrolle der Verbände" immer wieder thematisiert wurde (vgl. Alemann/Heinze 1979).

Staat   Im Spektrum der auf institutionelle Steuerung der Wirtschaft zielenden Typen von Koordination ist der *Staat* ein zentrales Element. Ähnlich wie in der Firmenhierarchie dominiert hier die auf Anordnung und Kontrolle ausgerichtete Koordination der Mitglieder. Staatsbürger befolgen ebenso wie Mitglieder des Staatsapparates festgelegte Regeln und Verfahren. Im Unterschied zu anderen hierarchischen Organisationsformen kann sich der Staat jedoch auf sein legitimes Monopol der physischen Gewaltanwendung stützen, um die Einhaltung dieser Vorgaben in letzter Instanz zu erzwingen; damit verfügt er über Sanktionsmöglichkeiten, die weit über die privater Akteure hinausgehen. Der Staat spielt gegenüber allen anderen Koordinationstypen eine herausragende Rolle, weil er als klassischer Produzent von Kollektivgütern die minimalen Bedingungen setzt und erhält, ohne die Märkte, Unternehmen, Netzwerke oder Verbände nicht funktionsfähig wären. Er definiert Eigentumsrechte, etwa solche der Privatautonomie und der Vertragsfreiheit, und schafft somit die Voraussetzungen zur Teilnahme am Markt. Mit wettbewerbspolitischen Mitteln kann er prinzipiell Marktstrukturen beeinflussen und beispielsweise gegen Monopolbildungen ansteuern. Durch weite oder enge Auslegung des Kartellrechts kann er zudem Unternehmenskooperationen, aber auch Formen verbandlicher Selbstregulierung fördern oder unterbinden. Das Recht zur Steuererhebung verschafft ihm Einnahmen, die er zur Bereitstellung von Infrastrukturmaßnahmen (wie Straßenbau), zur industriepolitisch motivierten Forschungs- oder Wirtschaftsförderung, für Bildungsinvestitionen oder für Investitions- und Beschäftigungsprogramme aufwenden kann (vgl. umfassend zu den staatlichen Steuerungsinstrumenten, Benz 2001: 203-222). Indem der Staat Kollektivgüter produziert, die durch Private nicht oder nur unter bestimmten Bedingungen bereitgestellt werden, absorbiert er ökonomische Risiken, schafft Berechenbarkeit und Chancengleichheit unter den Nutzern. Kehrseite staatlich-hierarchischer Koordination ist die Gefahr zunehmender Bürokratisierung und Verselbständigung des Staatsapparates gegenüber den Bürgern und eine daraus resultierende Unkenntnis des Staates über die tatsächlichen Problemlagen in Gesellschaft und Wirtschaft.

In der Perspektive des Governance-Ansatzes sind Märkte also von einem Bündel nicht-marktförmiger Koordinationstypen durchzogen, die im Wirtschaftsalltag selten als Idealtypen, sondern häufig in gemischter Form auftreten. Wirtschaftliche Ordnung ist demzufolge erst zu verstehen, wenn die Wechselbeziehungen zwischen verschiedenen Koordinationstypen und deren Kombinationsformen berücksichtigt werden. Prinzipiell können sich die Wechselwirkungen zwischen unterschiedlichen Formen institutioneller Steuerung der Wirtschaft negativ oder positiv gestalten.

Negativ verhalten sich die einzelnen Koordinationstypen dann zueinander, wenn jeder Mechanismus den anderen entwertet oder dessen Funktionsweise untergräbt. Erfolgreiche Marktkonkurrenten sind in Netzwerken nicht-vertrauenswürdige Gauner, erfolgreiche Netzwerkteilnehmer wären auf kompetitiven Märkten naiv und töricht. Verbandliche Konzertierung oder Unternehmensnetzwerke können Märkte untergraben, indem sie klientelistische Arrangements und Absprachen ermöglichen, umgekehrt kann der Wettbewerb Vertrauensbeziehungen auflösen und zur Heterogenisierung von Interessen in Verbänden führen. Staaten können Märkte verzerren; umgekehrt können die Ergebnisse offener Konkurrenz im Widerspruch zu staatlicher Politik stehen. Staatliches Kartellrecht kann die Bildung von Unternehmensnetzwerken und korporatistischen Verbänden verhindern, umgekehrt können Verbände oder Firmen Teile des Staatsapparates für die Verfolgung eigener Interessen instrumentalisieren (capture).

Negative Wechselwirkungen zwischen Governance-Typen

Governance Typen können sich aber auch positiv zueinander verhalten und durch Kombination ihre Defizite wechselseitig ausgleichen. Wie geschildert, schafft der Staat die Rahmenbedingungen für die Teilnahme am Marktgeschehen und setzt Regeln, die Marktakteure zur Internalisierung ihrer negativen Externalitäten anhalten sollen. Umgekehrt verspricht der Einbau von Marktmechanismen in den Staat (etwa in Form leistungsorientierter Entlohnung) oder auch in die Firmenhierarchie (durch die Gründung von Profitcentern in divisionalisierten Unternehmen) Effizienz- und Flexibilitätsgewinne. Staatliche Organisationshilfen und Sanktionsdrohungen können verbandliche Selbstregulierung oder die Bildung von Unternehmensnetzwerken erst ermöglichen. Staatliche Auflagen hinsichtlich der Art und Anzahl der beteiligten Akteure können Tendenzen der Ausgrenzung entgegenwirken. Umgekehrt kann die Leistungserbringung durch Private zur größeren Problemnähe und zu Lerneffekten beitragen und dadurch mangelnde Flexibilität und Zielgenauigkeit bei der staatlichen Aufgabenerfüllung ausgleichen.

Positive Wechselwirkungen zwischen Governance-Typen

Tabelle 1 fasst die Merkmale der verschiedenen Typen institutioneller Steuerung noch einmal zusammen.

Tabelle 1: Governance-Typen im Überblick

	Markt	Firmen-hierarchie	Netzwerk	Verband	Staat
Zentraler Koordinationsmodus	- Preis - atomistische Konkurrenz	- Kontrolle - Anweisung	- Vertrauen - Ressourcenaustausch auf Basis von Reziprozität	- Intra- und interorganisatorische Konzertierung	- Hierarchische Kontrolle - Befehl
Normative Basis der Mitgliedschaft	- Verträge - Eigentumsrechte	- Arbeitsverhältnis	- Komplementäre Stärken	- Formale Mitgliedschaft	- Bürgerstatus
Art der Tauschbeziehung zwischen Mitgliedern	- Symmetrisch und anonym - Tauschgegenstand klar spezifiziert (tangible Güter)	- Asymmetrisch und nicht-anonym - Verfügung über Arbeitskraft gegen Entlohnung	- Symmetrisch und nicht-anonym - Tauschgegenstand unspezifisch (tacit knowledge, intangible Güter)	- Asymmetrisch und nicht-anonym - Lobbying oder selektive Anreize gegen Folgebereitschaft	- Asymmetrisch und anonym - Produktion kollektiver Entscheidungen gegen Folgebereitschaft
Konfliktregelung durch	- Abwanderung oder Gerichtsverfahren	- Anweisung - Befehl - Anreiz - Loyalität	- Diskurs - Verhandlung	- Paritätische Beteiligung - Paketabstimmung	- Zwang - staatliches Gewaltmonopol
Art des produzierten Gutes	- Privates Gut	- Privates Gut	- Gruppen-/Clubgut - Kollektivgut unter bestimmten Voraussetzungen	- Gruppen-/Clubgut - Kollektivgut unter bestimmten Voraussetzungen	- Kollektivgut
Vorteil	- Effiziente Allokation - niedrige Transaktionskosten	- Berechenbarkeit - Effizienz nur bei wiederholten Transaktionen, hoher Spezifizität oder Ressourcen, großer Unsicherheit und hohen Skalenerträgen	- Flexibilität - Lernprozesse möglich	- Symmetrische Verteilung von Vorteilen - Berechenbarkeit	- Risikominimierung - Berechenbarkeit - gleiche Behandlung aller
Nachteil	- „Marktversagen", v.a. Externalitäten - Kollektivgüter, die für reibungsloses Funktionieren des Marktes verantwortlich sind, können nicht selbst produziert werden (Olson 1971)	- Mangelnde Flexibilität - „X-Ineffizienz" (Leibenstein 1976, 1978)	- Ausgrenzung - Tendenz zur Kartellbildung (Grabher 1993)	- Oligarchisierung der Verbandsspitze - Ausgrenzung - Kartellbildung auf Kosten Nichtorganisierter - fördert Entparlamentarisierung von Politik	- „Staatsversagen" - Tendenz zur Bürokratisierung - Oligarchisierung der politischen Führung - mangelnde Zielgenauigkeit

Quelle: Eigene Zusammenstellung nach Powell 1996: 221; Streeck/Schmitter 1985b: 137; Hollingsworth et al. 1994: 4-8; Hollingsworth/Boyer 1997: 15-17

Den kombinatorischen Möglichkeiten sind also kaum Grenzen gesetzt. Erst das Zusammenspiel marktmäßiger mit nicht-marktförmigen Koordinationsformen macht die eigentliche „Gestalt" eines Wirtschaftssektors, einer Wirtschaftsregion oder eines nationalen Modells von Marktwirtschaft aus. Die Governance-Forschung prüft empirische Produktionszusammenhänge deshalb in Hinblick auf die jeweils vorfindbare Konfiguration von Koordinationstypen, fragt nach deren Leistungsfähigkeit und Funktionsbedingungen sowie nach deren Stabilität oder Veränderung im Zeitablauf.

3   Historische Vorläufer der Governance-Perspektive

In der deutschen Soziologie und politischen Ökonomie ist die Erkenntnis, dass kapitalistische Strukturen immer auch durch nicht-marktförmige Institutionen organisiert sind, nicht neu. Emile Durkheim verwies mit seinem Begriff der nicht-vertraglichen Voraussetzungen des Vertrages auf die normativen Grundlagen von Marktbeziehungen. Max Webers Theorie einer fortschreitenden Rationalisierung der westlichen Kultur und Zivilisation lieferte weitere Argumente für eine institutionalistische Perspektive auf die moderne Ökonomie. In „Wirtschaft und Gesellschaft" (1922) diskutiert Weber wirtschaftliches Handeln im modernen Kapitalismus analog zur modernen Staatsadministration als prägnantes Beispiel für die formale Rechenhaftigkeit, zweckrationale Organisation normativer Ordnungen und geregelte Arbeitsteilung, wie sie die Rationalität moderner Institutionen eben insgesamt kennzeichnet. In seiner „Wirtschaftsgeschichte" (1923) zeigt Weber, dass die Entstehung des rationalen Kapitalismus die Entwicklung institutioneller Regelungen im Hinblick auf Eigentum, Recht und Finanzen zur Voraussetzung hatte. Karl Polanyi (1944) wiederum argumentiert, dass der angeblich sich selbst regulierende Markt des 19. Jahrhunderts bereits durch staatliche Rahmenbedingungen bedingt war, die sowohl für die Entstehung als auch für die Bändigung des Marktsystems als konstitutiv erscheinen.

Wichtige Grundlagen für eine Typologie nationaler Marktwirtschaften auf der Basis ihrer institutionellen Verfasstheit legten die Arbeiten von Rudolf Hilferding (1910) und Andrew Shonfield (1965). Beide zeigten, dass ökonomische Planungs- und Lenkungskapazitäten sowohl durch Selbstorganisation von Wirtschaft und Finanzkapital als auch durch Intervention des Staates in das Wirtschaftsgeschehen aufgebaut werden konnten. So interpretierte Hilferding in seinem Buch „Das Finanzkapital" aus marxistischer Perspektive die ausgeprägte Kartell- und Trustbildung in der deutschen Wirtschaft nach dem Ersten Weltkrieg als Indiz des Übergangs zu einem „Monopolkapitalismus". Eine monopolistisch strukturierte Industrie entwickele im Bündnis mit den Banken als Kapitalgeber wirtschaftliche Planungskapazitäten, könne dadurch besser als ein System anarchischen Wettbewerbs das kapitalistische System stabilisieren und auf diese Weise letztlich den „Sieg des Sozialismus" hinauszögern.

Andrew Shonfields Klassiker „Modern Capitalism" (1965) war richtungsweisend für die weitere Diskussion zum Thema „Economic Governance", zeigte er doch, dass westliche Industriestaaten den Wiederaufbau der Wirtschaft in den ersten beiden Nachkriegsjahrzehnten nicht dem freien Spiel der Marktkräfte

Vorläufer für Typologien nationaler Volkswirtschaften: Rudolf Hilferding

Andrew Shonfield: Nationale Stile der Intervention in die Wirtschaft

überließen, sondern auf vielfältige Weise planend in den Marktprozess eingriffen und auf diese Weise zu stetig steigenden Wachstumsraten beitrugen. Je nach Staatstradition und dem Grad an verbandlicher oder gesellschaftlicher Selbstorganisation unterschied Shonfield unterschiedliche nationale Stile der Intervention in die Wirtschaft.

Deutschland

In Anlehnung an Hilferdings Arbeiten charakterisierte Shonfield den *deutschen* Kapitalismus als hochgradig organisiert und die Steuerung der Wirtschaft als kooperativ. Zentralisierte Spitzenverbände mit halb-öffentlichem Status in Industrie und Finanzsektor tragen zu einem hohen Grad an Selbstregulierung bei. Planungsfunktionen werden de facto von den deutschen Universalbanken übernommen, welche als Kreditgeber Kapital in bedürftige Industriebranchen lenken und als Anteilseigner und Aufsichtsratsmitglied ihrer Schuldnerfirmen sektorale Restrukturierungsprozesse überwachen und koordinieren.

Frankreich

Demgegenüber waren in *Frankreich* Planungsphilosophie sowie die dazugehörigen Institutionen traditionell sehr ausgeprägt. Eine elitistische, konspirative Form von Planung gründete auf der Zusammenarbeit einer kleinen Zahl Eingeweihter in Verwaltung und Industrie, während das Parlament, ein Großteil der politischen Exekutive, aber auch die organisierten Interessen von Kapital und Arbeit umgangen wurden. Der französische *dirigisme* ist Ausdruck einer schlagkräftigen nationalen Bürokratie, die über ein Höchstmaß an Freiheiten verfügt.

Großbritannien

In *Großbritannien* erleichterte die unitarische Staatsstruktur und das auf Mehrheitswahlrecht gestützte Zwei-Parteiensystem im Prinzip ein zentralisiertes Durchgreifen der Regierung. Gleichwohl bevorzugte der britische Staat in aller Regel eine „arms length"- Beziehung zur Wirtschaft und verzichtete deshalb auf formalisierte, industriepolitisch motivierte und vor allem längerfristig koordinierte Formen der Intervention. Fehlender Paternalismus und Informalität an Stelle formal fixierter Rechte kennzeichnen im System der Arbeitsbeziehungen in ähnlicher Weise die herrschende Praxis staatlicher Nicht-Intervention.

USA

Die *Vereinigten Staaten* teilen mit Großbritannien die Vorstellung einer natürlichen Dominanz der Privatsphäre vor der des Öffentlichen. Wenn der Staat in das Marktgeschehen eingreift, dann nur mit dem Ziel, dessen Funktionsfähigkeit zu erhalten und beispielsweise Kartellbildungen zu unterbinden. Anders als in Großbritannien ergibt sich daraus eine legalistische Regulierungskultur, in der etwa unabhängige Regulierungsbehörden darüber wachen, dass Verbraucher und Anleger ausreichend informiert sind, um ihre Konsum- und Investitionsentscheidungen treffen zu können (vgl. dazu auch Czada/Lütz 2003). Die Ausübung öffentlicher Autorität über die Ökonomie hat insofern einen „unpolitischen Charakter", als diese wesentlich von der Judikative und unabhängigen Teilen der Bundesbürokratie statt von der Regierung selbst praktiziert wird und keine dezidiert industriepolitischen Ziele verfolgt.

Alfred Chandlers Typologie: Managerial Capitalism in den USA

Während Andrew Shonfield die Diversität in der Organisation kapitalistischer Systeme maßgeblich in unterschiedlichen Formen und Graden staatlicher Intervention ins Marktgeschehen sah, entwickelte Alfred Chandler (1978, 1990) eine Kapitalismustypologie, die den Akzent eher auf Strukturen ökonomischer Organisation und Produktion legte. Demnach entspricht die Struktur der amerikanischen Wirtschaft einem hochgradig wettbewerblichen *managerial capitalism*, der durch autarke und stabile Firmenhierarchien gekennzeichnet ist. Das

28

bürokratische Großunternehmen verdanke seinen Aufstieg nicht zuletzt dem Siegeszug der Massenproduktion, denn es erwies sich (ganz im Sinne der Neuen Institutionenökonomik) als die ideale Organisationsform, um standardisierte Güter zu produzieren und auf großen, homogenen Märkten zu vertreiben. Zudem begünstigte ein rigides staatliches Kartellrecht das Größenwachstum amerikanischer Unternehmen, denn kooperative Formen der Produktion wurden auf diese Weise unterbunden.

In Westeuropa und Japan waren die Märkte kleiner und wuchsen langsamer; das Interesse an schneller Übernahme von Techniken der Massenproduktion war deshalb geringer, ebenso wie die Anreize, die hierfür geeigneten Marketing- und Vertriebsstrukturen aufzubauen. In Großbritannien verblieben Unternehmen nach dem Zweiten Weltkrieg ausgeprägter als in den USA im Familienbesitz und das Management in der Hand der Firmengründer. Die Herausbildung des britischen *personal capitalism* wurde nicht zuletzt durch die Tradition staatlicher Nicht-Einmischung in das Wirtschaftsgeschehen begünstigt, welche enge, personenbasierte Verflechtungen eher tolerierte als unterband.

Personal Capitalism in Großbritannien

In Deutschland wiederum investierten Firmengründer im verarbeitenden Gewerbe ähnlich wie in den USA in den Ausbau von Unternehmenshierarchien, die Produktions-, Marketing- und Vertriebskapazitäten integrierten. Aufgaben der Unternehmensleitung wurden hier zwischen Firmengründern und extern rekrutierten Managern aufgeteilt. Chandler zufolge waren auch die organisatorischen Kapazitäten der deutschen Industrie ein internationaler Wettbewerbsvorteil, der einen schnellen Wiederaufbau der deutschen Industrie nach dem Ersten Weltkrieg ermöglichte. Während die amerikanischen Firmenhierarchien untereinander aggressiv um Marktanteile konkurrierten, bevorzugten die deutschen Unternehmen die Kooperation, schlossen sich zu Kartellen oder in Verbänden zusammen. Zudem zeigte sich das Management im deutschen Modell des *cooperative managerial capitalism* aufgeschlossener für die Belange der eigenen Arbeitnehmer als in den USA.

Cooperative Managerial Capitalism in Deutschland

Alfred Chandlers und Andrew Shonfields Typologien ergänzen einander, denn sie heben jeweils unterschiedliche Aspekte der Governance-Struktur westlicher Industrieländer hervor. Unterscheiden lassen sich hierbei einerseits kapitalistische Ökonomien, deren institutionelle Struktur eher durch marktmäßige Beziehungen sowohl zwischen Unternehmen als auch im System industrieller Beziehungen gekennzeichnet ist und in denen der Staat entweder nicht in die Wirtschaft interveniert oder dies nur zur Erhaltung des Wettbewerbs tut (idealtypisch USA, mit Abstrichen fällt auch Großbritannien in diese Kategorie). Demgegenüber sind Marktwirtschaften wie Deutschland oder auch Japan durch einen hohen Grad an Selbstorganisation der Industrie gekennzeichnet, die entweder in Verbänden zusammengeschlossen ist oder netzwerkförmig untereinander bzw. mit externen Banken kooperiert. Ähnlich kooperativ sind auch die Arbeitsbeziehungen organisiert. Der Staat interveniert fallweise, etwa aus sozial- oder industriepolitischen Motiven heraus, in das Wirtschaftsgeschehen, wird durch den hohen Grad an industrieller Selbstregulierung jedoch auch von Eingriffen entlastet (vgl. ausführlicher zu historischen Vorläufern der Governance-Diskussion und insbesondere der „Varieties of Capitalism"-Debatte den Beitrag von Richard Deeg in diesem Band).

Ökonomien mit marktförmiger oder kooperativ-organisierter Struktur

Für die Regionalökonomie waren die Arbeiten von Alfred Marshall wegweisend. Bereits 1919 argumentierte dieser entgegen dem damaligen „mainstream" in der Ökonomie, dass selbst in Zeiten der Massenproduktion nicht nur der Großbetrieb und damit die Firmenhierarchie ein Modell zur Sicherstellung von Produktivität und Profitabilität war. Frühindustrielle Wirtschaftsregionen in Mittelengland waren nicht zuletzt deshalb überdurchschnittlich erfolgreich, weil hier eine Vielzahl von Kleinbetrieben ihr Warenangebot durch arbeitsteilige Kooperation kundenorientiert ausdifferenzieren konnte (Marshall 1919).

Mitte der 1980er Jahre rückte die Region als Wirtschaftszusammenhang angeregt durch industriesoziologische Arbeiten zu neuen, flexiblen Produktionskonzepten in den Vordergrund. Michael Piore und Charles Sabel formulierten in ihrem 1985 erschienenen Buch „Das Ende der Massenproduktion" die These, dass sich im Zuge des ökonomischen Strukturwandels flexible Produktionstechniken entwickeln, die denen ähneln, welche Mitte des 19. Jahrhunderts (etwa in der amerikanischen Textilindustrie) bereits existierten. Während diese flexiblen Produktionsformen in den USA in den 80er Jahren des 19. Jahrhunderts durch die fordistische Massenproduktion abgelöst wurden, konnten sie sich in europäischen Regionen wie Baden-Württemberg oder der italienischen Emilia Romagna erhalten. Zielt die standardisierte Massenproduktion auf große und stabile Produktmärkte und arbeitet mit weitgehend standardisierten Prozesstechnologien, so richtet sich die „flexible Spezialisierung" auf die Bereitstellung von Produkten für unterschiedliche Konsumentenwünsche und operiert mit schnell wandelnden Technologien. Flexible Produktionsformen benötigen nicht nur höherqualifiziertere Arbeitnehmer als die standardisierte Massenproduktion, sondern auch stabile Kontakte zu Zulieferern und Kunden, um über Kundenwünsche und Bedingungen ihrer Umsetzung informiert zu bleiben. Daraus ergibt sich ein Bedarf an Einbettung in ein stabiles Kooperationsnetzwerk, das zur räumlichen Zusammenballung funktional interdependenter Betriebe in Form von Produktionsclustern führt.

In der Wirtschaftsgeografie, Managementforschung, aber auch der politikwissenschaftlichen Debatte rückten Fragen nach Möglichkeiten und Grenzen der regionalen Förderung „endogener Wirtschaftspotentiale" ins Zentrum der Aufmerksamkeit. Angeregt durch den wirtschaftlichen Erfolg von Regionen wie Silicon Valley oder der Route 128 wuchs das wissenschaftliche Interesse an den institutionellen Rahmenbedingungen der Förderung neuer Technologien insbesondere auf regionaler Ebene (vgl. Hall/Markusen 1985; Saxenian 1985 und 1994). Industrie- und Technologieparks, Gründer- und Innovationszentren erschienen als viel versprechende Kristallisationspunkte für die Bündelung komplementärer Ressourcen aus Industrie und Wissenschaft und die Bildung regionaler Netzwerke des Technologietransfers (vgl. Dose/Drexler 1988; Voelzkow 1991). Während die Wirtschaftssoziologie und -geografie eher Formen, Muster und die Leistungsfähigkeit regionaler Unternehmenskooperationen thematisierte, betrachtete die politikwissenschaftliche Debatte regionale Unternehmensvernetzungen als Instrument der Regionalpolitik und rückte die Frage nach deren Steuerbarkeit in den Mittelpunkt des Interesses (Hucke/Wollmann 1989).

In den 1980er Jahren rückte die Frage nach der Leistungsfähigkeit dezentraler Steuerungsformen auch in den Mittelpunkt der auf die Ebene einzelner Wirt-

30

schaftssektoren gerichteten Governance-Debatte. Die deutsche „Modell Deutschland" Debatte richtete den Blick auf Fragen industrieller Strukturanpassung in Branchen wie der Stahlindustrie und auf institutionelle Muster der dortigen Krisenregulierung (vgl. Esser et al. 1983). Demgegenüber nahm die angelsächsische Neokorporatismusdiskussion (vgl. Streeck/ Schmitter 1985b; Cawson 1985) die Leistungsfähigkeit korporatistischer Verbände in den Blick und damit die Arten von Kollektivgütern, die Verbände dann produzieren können, wenn sie organisatorisch stabilisiert sind und als „private Interessenregierungen" auftreten. Hierzu zählen Maßnahmen der Aus- und Weiterbildung, die Festlegung von Produkt- und Prozessstandards oder auch Preisfestsetzung in wettbewerbsbeschränkten Branchen wie der pharmazeutischen Industrie. Auch Länder, die nicht als korporatistisch gelten und deren Governance-Struktur eher durch marktförmige Koordinationsmuster gekennzeichnet ist (wie beispielsweise Kanada oder Großbritannien) rückten nun ins Zentrum des wissenschaftlichen Interesses. In Kanada wurden „mesokorporatistische" Strukturmuster auf der Ebene einzelner Provinzen entdeckt (vgl. Coleman 1985), während in Großbritannien selbst im Schatten einer neoliberalen Wirtschaftspolitik auf der Makroebene korporatistische Strukturen im Bereich der industriellen Aus- und Weiterbildung ausgemacht wurden (vgl. Vickerstaff 1985). Weitergeführt wurde die Analyse sektoraler Governance-Strukturen dann in der amerikanischen Wirtschaftssoziologie und der bereits genannten Diskussion um „Governance of industries" (Campbell et al. 1991; Hollingsworth et al. 1994) sowie in der auf sektorale Wandlungsprozesse fokussierten Europa- und Transformationsforschung (vgl. die Beiträge von Schmidt und Beyer in diesem Band).

4 Struktur und Performanz von Governance-Konfigurationen

Aus der Perspektive des Governance Ansatzes ist von Interesse, wie die Konfiguration von Governance-Elementen innerhalb eines Produktionszusammenhangs aussieht und wie leistungsfähig diese im Hinblick auf ihre ökonomische Performanz sind. Die Messung von Performanz ist letztlich eine komplexere Aufgabe als auf den ersten Blick ersichtlich, denn die gewählten Performanzindikatoren hängen auch vom betrachteten Untersuchungsgegenstand bzw. Produktionszusammenhang, von der Zeitperiode und nicht zuletzt von der normativen Position des Betrachters ab.

Probleme der Messung von Performanz

Gängige, auf nationale Kapitalismusmodelle angewandte ökonomische Performanzindikatoren sind das Wachstum des Bruttosozialproduktes, das Bruttosozialprodukt pro Kopf, die Produktivität und die Beschäftigungsquote. Hall und Soskice (2001b) betrachten über diese Indikatoren hinausgehend aber auch die Zahl und sektorale Zuordnung der innerhalb eines kapitalistischen Idealtyps erteilten Patente, die für sie Indikatoren für eher „radikale" oder „inkrementelle" Innovationen darstellen und damit national variierende Produktionsprofile anzeigen. Schwieriger wird die Bemessung von Performanz, wenn andere Kriterien als die Maximierung allokativer Effizienz in den Blick genommen werden. Hier-

Performanzkriterien

zu zählen Kriterien wie die Verbesserung der Produktqualität, der Innovativität oder der Anhebung des Qualifikationsniveaus der Beschäftigten, also weniger leicht quantifizierbare Faktoren der so genannten „X-Effizienz" (Leibenstein 1976 und 1978). In der auf regionale Wirtschaftscluster bezogenen Governance-Forschung wird neben einer hohen Wachstumsrate einer Region auch die breite Streuung endogener Innovationskapazitäten als Zeichen regionaler Leistungsfähigkeit betrachtet (Crouch/Voelzkow 2004: 1). Wenn Management- und technische Qualifikation in einem regionalen Großunternehmen gebunden sind, so können diese bei Abwanderung der Firma oder bei Schließung des Standortes für die Region verloren sein. Sind diese Innovationskapazitäten in einem regionalen Cluster verankert, können sie die Abwanderung oder den Zusammenbruch einzelner Unternehmen überleben und somit die Region insgesamt wirtschaftlich stabilisieren. Die Institutionen eines regionalen Unternehmensnetzwerkes sollten demzufolge kleine und mittlere Unternehmen mit Informationen der Marktentwicklung oder der Einführung neuer Technologien versorgen und ihnen helfen, die potenziellen Innovationsvorteile des regionalen Clusters zu realisieren.

Andere Kriterien der Performanz ergeben sich bei Governance-Studien, die Prozesse der Privatisierung und Liberalisierung von Wirtschaftssektoren oder von nationalen Produktionszusammenhängen in den Blick nehmen. Der „Erfolg" der Liberalisierung von Dienstleistungssektoren wie der Telekommunikation, der Elektrizität oder auch des Versicherungssektors wird ja nicht zuletzt an der Frage gemessen, ob infolge der Vermarktlichung des Sektors die Prämien bzw. Preise des Telefonierens oder Strombezugs für die Abnehmer gesunken sind (vgl. den Beitrag von Susanne Schmidt in diesem Band). Damit geraten auch die Unterschiede der Verteilungseffekte von Governance-Konfigurationen in den Blickpunkt, die sich für bestimmte Gruppen von Wirtschaftsakteuren ergeben können. So werden die im internationalen Vergleich eher hohen Tarife für Strom, Telefon, aber auch Dienstleistungen im Rahmen des Güterfernverkehrs in Deutschland mit dem traditionellen Modell der „verbandlichen Selbstregulierung im Schatten des Staates" begründet, welches letztlich eine Form des staatlich autorisierten Produzentenkartells darstelle. Von einer stärkeren Durchdringung der sektoralen Governance-Konfiguration mit Marktmechanismen wird entsprechend eine ausgeprägtere Berücksichtigung der Konsumenteninteressen erhofft.

In Prozessen der Wirtschaftstransformation in Osteuropa werden hingegen Indikatoren für den Grad an erfolgter Liberalisierung beleuchtet. Hierzu zählen die Aufhebung von Preiskontrollen, die Liberalisierung des Außenhandels, die Wettbewerbspolitik, die Privatisierung der Groß- und Kleinunternehmen oder auch die Kapitalisierung des Aktienmarktes (vgl. den Beitrag von Jürgen Beyer in diesem Band). Zugespitzt könnte also, je nach normativer Sichtweise des Betrachters, auch der Grad an bereits erfolgter Konvergenz einer Governance-Konfiguration in Richtung auf ein liberales Marktmodell zum Performanzkriterium erklärt werden. Alternativ könnten aber auch soziale Kriterien wie beispielsweise der Grad an gleicher oder ungleicher Verteilung von Familieneinkommen zum Indikator des Erfolgs einer Wirtschaftstransformation werden.

Governance-Strukturen und Performanz

Lässt sich ein klarer Zusammenhang zwischen einem Typ von Governance-Konfiguration und wirtschaftlicher Performanz feststellen? Die Befunde der Governance-Forschung sind diesbezüglich ähnlich kontingent wie hinsichtlich der Definition von Performanzkriterien. Allerdings zeigt sich im Vergleich der auf verschiedene Ebenen gerichteten Governance-Perspektive, dass lediglich der auf nationale Governance-Typologien abstellende Zweig der Debatte, und hier sehr ausgeprägt der „Varieties of Capitalism" Ansatz (vgl. Hall/Soskice 2001a), nationale Wettbewerbsvorteile aus der Existenz „institutioneller Reinformen" von Governance-Konfigurationen ableitet. Diese Vorstellung begründet sich nicht zuletzt aus der Annahme, dass sich die Institutionen der einzelnen Produktionssphären komplementär zueinander verhalten. Institutionelle Komplementarität bedeutet, dass der Nutzen oder die Effizienz einer Institution die einer anderen verstärkt. Beispielsweise wird die Verpflichtung zu langfristiger Beschäftigung in der Sphäre der industriellen Beziehungen dann gestärkt, wenn im System von Corporate Governance durch die Anteilseigner wenig Druck auf das Management ausgeübt wird, kurzfristige Profite zu maximieren. Wenn Institutionen in einer Sphäre erfolgreich sind, besteht für die beteiligten Akteure ein Anreiz, auch die komplementären Institutionen zu reproduzieren. Je deutlicher ein Land einem liberalen oder koordinierten Idealtyp eines Kapitalismusmodells entspricht, je passförmiger seine Institutionen also aufeinander abgestimmt sind, desto größer sein komparativer Wettbewerbsvorteil hinsichtlich der Produktion bestimmter Typen von Innovationen.

Liberale, unkoordinierte Marktwirtschaften, so die Annahme, haben einen Wettbewerbsvorteil bei der Produktion *radikaler Innovationen*, welche grundlegende Veränderungen im Produktionsprozess oder der Entwicklung grundsätzlich neuer Produkte beinhalten. Dabei wird an sich schnell wandelnde Technologiesektoren wie z.B. Biotechnologie, Halbleiter oder Telekommunikation gedacht, in denen die Wettbewerbsfähigkeit eines Sektors es erfordert, hochgradige Risiken einzugehen und möglichst schnell neue Produkte zu entwickeln. Liberale Ökonomien fördern radikale Innovationen durch offene und flexible Arbeitsmärkte, die die Einstellung qualifizierter Arbeitskräfte ermöglichen, welche für die Entwicklung völlig neuartiger Produkte erforderlich sind oder auch durch einen großen und dynamischen Kapitalmarkt, welcher es Firmen kurzfristig ermöglicht, Kapital zu mobilisieren oder in alternative Produktlinien zu investieren.

Radikale Innovationen in liberalen Ökonomien

Demgegenüber liegt der spezifisch nationale Wettbewerbsvorteil koordinierter Ökonomien in der Produktion *inkrementeller Innovationen*, verstanden als kontinuierliche, aber kleinere Veränderungen von Produkten und Produktionsprozessen. Beispiele hierfür finden sich im Maschinen- und Werkzeugbau oder in der Automobilindustrie, wo es auf kontinuierliche Qualitätsverbesserung von Produkten ankommt. Die für organisierte Ökonomien typischen engen und langfristigen Beziehungen zwischen Firmen, Zulieferern, Kunden, aber auch dem Management und den Beschäftigten tragen zum Austausch von Informationen und Wissen und zur Produktion inkrementeller Produktinnovationen bei.

Inkrementelle Innovationen in koordinierten Ökonomien

Hall und Soskice haben versucht, den Zusammenhang von nationaler Governance-Konfiguration und Innovationstyp durch Daten über die in Deutschland und den USA zwischen den frühen 1980er und 1990er Jahren vergebenen Patente zu belegen. Demnach konzentrierten sich die in den USA erteilten Patente auf Sektoren, in denen radikale Innovationen dominieren, in Deutschland hingegen auf inkrementelle Innovationen (Hall/Soskice 2001b: 36-44). In einer jüngeren

Performanz durch Kohärenz der nationalen Governance-Konfiguration

Studie gingen Hall und Gingerich (2004) der Frage nach, wie erfolgreich unterschiedliche Typen nationaler Volkswirtschaften sind. Die in der VoC-Literatur identifizierten Kerninstitutionen liberaler bzw. organisierter Ökonomien wurden korreliert mit Wachstumsraten des Bruttosozialproduktes über die letzten zwei Jahrzehnte. Die Studie ergab, dass Länder wirtschaftlich umso erfolgreicher waren, je ähnlicher ihre Governance-Konfiguration einer der beiden Idealtypen war, je „reiner" sich das nationale System also in institutioneller Hinsicht darstellte. Demgegenüber erscheinen Länder mit „gemischten" Governance-Konfigurationen, welche sich nicht einfach in die beiden Grundtypen einordnen lassen, als wirtschaftlich weniger effizient – ein Befund, der in der wissenschaftlichen Debatte Kritik hervorgerufen hat (vgl. den Beitrag von Richard Deeg in diesem Band) und der in der auf regionale, sektorale Produktionszusammenhänge oder deren Transformation gerichteten Governance-Forschung so nicht geteilt wird.

Performanz durch institutionelle Inkohärenz

Studien zur Struktur regionaler Wirtschaftscluster belegen, dass auch wirtschaftlich erfolgreiche Regionen weniger durch „institutionelle Reinformen", sondern durch einen unterschiedlich gewichteten Mix aus Markt, Unternehmenshierarchie, Netzwerken, verbandlicher Steuerung und Staat gekennzeichnet sind, welcher sich zudem im Zeitablauf verändern kann. Hierarchische Elemente sind in regionalen Netzwerken dann enthalten, wenn größere Unternehmen mit ihren Zulieferern vertikal kooperieren; denkbar sind aber auch ausgeprägte Formen von Arbeitsteilung zwischen kleineren Unternehmen an einem Ort oder einer Arbeitsmarktregion und schließlich eher marktförmige Kontakte zwischen kleinen und mittleren Unternehmen einer Branche oder Wertschöpfungskette, die in einem regionalen Cluster räumlich konzentriert vorzufinden sind (vgl. Le Galès/Trigilia 2004: 336 ff). Die Struktur regionaler Wirtschaftscluster wird bis zu einem gewissen Grad durch die Merkmale des nationalen Kapitalismustyps bestimmt. So begünstigen in Deutschland die Organisation der dualen beruflichen Bildung in Form der betrieblichen Ausbildung und der Berufsschule, aber auch öffentliche Einrichtungen der Forschungs- und Technologieförderung die Reproduktion von Wissen und von Institutionen über Regionen hinweg und tragen dazu bei, dass regionale Unterschiede in einer in Europa einzigartigen Weise eingeebnet werden. Dies schließt jedoch nicht aus, dass die Konfiguration regionaler Wirtschaftscluster signifikant vom nationalen Kapitalismusmodell abweicht, sich also *institutionelle Inkohärenzen* zeigen (vgl. dazu genauer Abschnitt 5). So ist die Medienwirtschaft in London stark verbandlich-korporatistisch organisiert und wird zudem durch eine aktive öffentliche Förderpolitik begleitet. Demgegenüber weicht die in Köln angesiedelte Film- und Fernsehproduktion u.a. aufgrund ihres hohen Anteils an selbständigen „Arbeitskraftunternehmern" erheblich vom deutschen koordinierten Modell ab (Glassmann/Voelzkow 2006).

Institutionelle Inkohärenz in Transformationsstaaten

Jürgen Beyer zeigt in seinem Beitrag, dass sich die Überlegungen der VoC-Debatte nicht ohne weiteres auf Länder übertragen lassen, die sich in der Transformation vom Sozialismus hin zu einer marktwirtschaftlichen Wirtschaftsordnung befinden. Die Transformationsforschung hat weniger eine „Varieties of Capitalism" als vielmehr eine „Varieties of Post-socialist Capitalism" offenbart, welche sich auf dem Kontinuum zwischen liberalem und koordinierten Kapitalismus verorten lässt. Die Vielfalt von Begriffen und Charakterisierungen, die von „tycoon capitalism", „gangster capitalism" bis hin zu „corporatist capitalism" reichen, deutet darauf hin, dass die postsozialistischen Transformationsländer noch relativ weit von einem liberalen oder koordinierten Kapitalismusmodell westlicher Prägung entfernt sind – oder dieses auch nie erreichen werden. So interpretiert David Stark (1996) institutionelle Wandlungsprozesse als Rekombinationsvorgänge aus „Alten" und „Neuem" mit dem Ergebnis der Entstehung eines neuen Typs gemischter Wirtschaft als spezifisch osteuropäisches Kapitalismusmodell (vgl. Stark 1996). Insgesamt, so der Befund von Jürgen Beyer, lässt sich jedoch keine einheitliche postsozialistische Kapitalismusvariante identifizieren, auch wenn manche Länder eher „liberale" und andere eher „koordinierte" Varianten der Organisation von Marktwirtschaft aufweisen. Ähnlich vielfältig wie die ökonomischen Organisationsformen sind auch die politischen Systeme Osteuropas, die von liberalen Wettbewerbsdemokratien bis hin zu reinen Autokratien reichen.

Susanne Schmidt wiederum zeigt in ihrem Beitrag, dass ein Governance-Mix nicht per se zur Effizienz beitragen muss. So zeichneten sich staatsnahe Wirtschaftssektoren wie Telekommunikation, Elektrizität, das Versicherungswesen oder der Straßengüterverkehr in Deutschland vor der Liberalisierung durch ausgeprägte Selbstregulierung durch die relevanten Produzentenverbände aus, welche mit umfangreicher staatlicher Regulierung gekoppelt war. Dadurch ergab sich eine starke Position für die „Produzentenkoalitionen", welche in einem kartellisierten und auf vielfältige Weise wettbewerbsbeschränkten Markt überhöhte Tarife verlangen konnten. Geschützt wurden die Anbieterinteressen nicht zuletzt durch die vielfältigen institutionellen Vetopunkte im deutschen politischen System, denn für die meisten Sektoren stellte die Zustimmungspflicht des Bundesrates zu zentralen Liberalisierungsschritten eine Hürde für schnelle Reformen dar.

Sektoraler Governance-Mix nicht notwendigerweise effizient

5 Stärken und Schwächen des Governance-Ansatzes

Die Governance-Perspektive hat der institutionell vergleichenden politischen Ökonomie wichtige Impulse gegeben. Von zentraler Bedeutung ist der Befund, dass kapitalistische Ökonomien von einer Reihe nicht-marktförmiger Institutionen durchdrungen sind, welche spezifische Anreize und Restriktionen für das Handeln der Akteure mit sich bringen, die einem nationalen, sektoralen oder regionalen Produktionszusammenhang angehören. Auf diese Weise beeinflusst das Institutionengefüge einer nationalen politischen Ökonomie maßgeblich deren Produktionsformen, die Stärken und Schwächen bestimmter Wirtschaftssektoren und Marktsegmente und dadurch die ökonomische Performanz einer Volkswirtschaft.

Die Analyseperspektive des Governance-Ansatzes erlaubt es, Debatten zusammenzuführen, die Probleme der „Einbettung von Wirtschaft" aus unterschiedlichster Sicht thematisieren, jedoch üblicherweise nicht voneinander Kenntnis nehmen. Dies gilt beispielsweise für die Regionalökonomie, die auf Sektortransformation fokussierte Governance-Debatte oder auch für die neuere sozialwissenschaftliche Corporate Governance-Forschung. Zwar behandeln diese

Zusammenführung unterschiedlicher Diskussionsstränge

Diskussionen unterschiedliche Untersuchungsgegenstände, jedoch steht in allen Debatten die Frage nach der Struktur von Governance-Konfigurationen, ihrer Performanz und/oder Dynamik bzw. ihrer Transformation im Mittelpunkt des Interesses.

Heuristik für den Ländervergleich

Der „Varieties of Capitalism" Ansatz zeichnet ein komplexes Bild der in einer nationalen Marktwirtschaft herrschenden Dynamiken, weil er das Institutionengefüge einzelner Produktionssphären untersucht und fragt, welche Implikationen sich aus der Wechselwirkung zwischen unterschiedlichen Sphären für die Unternehmen ergeben. Weil das nationale Institutionenset historisch gewachsen ist und zudem bestimmte komparative Wettbewerbsvorteile für die jeweilige Marktwirtschaft bedingt, so die Annahme, ist es nicht beliebig austauschbar. Daraus hat sich eine Heuristik entwickelt, die es ermöglicht, ländervergleichend zu untersuchen, welche kapitalistischen Funktionselemente durch welche Mixtur von Governance-Typen organisiert werden. Dadurch können aktuelle Unterschiede in der institutionellen Ausgestaltung moderner Marktwirtschaften erfaßt werden.

Verknüpfbarkeit mit anderen theoretischen Ansätzen

Der Ansatz bietet zudem die Chance, hinsichtlich der policy-Präferenzen ökonomischer Akteure relativ klare Hypothesen zu formulieren, sofern es um Entscheidungs- und Gesetzgebungsprozesse geht, die sich auf die Gestaltung oder auch den Umbau des Ordnungsrahmens einer nationalen Marktwirtschaft beziehen. Der VoC-Ansatz nimmt eine systemische Perspektive ein und fragt, was eigentlich die innere Kohärenz eines jeweiligen Kapitalismustyps ausmacht. Aus dieser Makroperspektive werden Annahmen über die strukturell vorhandenen Anreize für das Verhalten der ökonomischen Akteure abgeleitet; so wird unterstellt, diese seien daran interessiert, die komparativen Leistungsvorteile ihrer nationalen politischen Ökonomie zu erhalten und deshalb bestrebt, die institutionelle Konfiguration ihrer Ökonomie zu reproduzieren und diese auch nach außen zu verteidigen.

Policy-Forschung

Daraus ergeben sich Möglichkeiten der Verknüpfung der Governance-Perspektive mit der Policy-Forschung. Callaghan/Höpner (2005) beispielsweise nutzen den VoC-Ansatz, um Annahmen über die Konfliktkonstellationen zu formulieren, die sich zwischen den Abgeordneten des Europäischen Parlamentes in der Frage der Angleichung nationaler Übernahmeregeln herauskristallisierten. Fioretos (2001) wiederum argumentiert, dass Großbritannien eine „opting-out" Klausel von der Sozialcharta des Vertrages von Maastricht anstrebte, weil diese den liberalen Institutionen des eigenen Kapitalismusmodells widerspricht.

Europaforschung

Internationale Beziehungen / Regimedebatte

Arbeiten zur internationalen Bankenregulierung zeigen, dass Nationalstaaten auch in internationalen Verhandlungen Regulierungsmodelle anstreben, die ihrer Wirtschaft Wettbewerbsvorteile verschaffen oder Kernelemente der Governance-Struktur ihrer politischen Ökonomie zumindest nicht negativ tangieren. Die USA sind bei der Harmonisierung internationaler Standards der Bemessung von Finanzrisiken dafür eingetreten, die Risikokalkulation stärker auf das Urteil von Ratingfirmen zu gründen, weil amerikanische Firmen größtenteils über Schuldnerratings verfügen und der schnelle Übergang zu einem neuen Regulierungsmodell für die amerikanischen Banken deshalb einen Wettbewerbsvorteil bedeutet hätte. Demgegenüber stand Deutschland dem Übergang zu einem ratingbasierten Modell der internationalen Bankenregulierung deshalb kritisch gegenüber, weil die deutsche, stärker mittelständisch strukturierte Wirtschaft nicht in vergleichbarer Zahl über Ratings verfügt und man eine Verteuerung der Kredite an den Mittelstand durch ein stärker risikosensibles Modell der Bankenregulierung befürchtete (vgl. Lütz 2002: 193-203). Die Beispiele zeigen, dass der VoC-Ansatz dazu beitragen kann, Hypothesen über nationale Präferenzen in multilateralen Verhandlungen zu entwickeln und insofern anschlussfähig an intergouvernementale Argumente in der Europaforschung oder an die Regimedebatte in den internationalen Beziehungen ist.

Weitere, für die Kopplung mit der Governance-Perspektive relevante Theoriestränge sind der historische Institutionalismus und auch Theorien institutionellen Wandels. Anknüpfend an die im „Varieties of Capitalism" Ansatz vorgenommene Unterscheidung bestimmter kapitalistischer Funktionselemente untersuchen neuere Studien deren Genese und gehen der Frage nach, warum Systeme der Berufsbildung, der Unternehmensverfassung oder der industriellen Beziehungen in verschiedenen Ländern unterschiedlich organisiert sind und welche Faktoren zur Herausbildung national unterschiedlicher Pfade des Kapitalismus beigetragen haben (vgl. etwa die Beiträge in Streeck/Yamamura 2001; Thelen 2004). Eine neuere, ursprünglich stark durch die Wohlfahrtsstaatsforschung beeinflusste Diskussion konzentriert sich auf die Frage nach Pfadabhängigkeit oder Wandel von Governance-Konfigurationen und nimmt dabei die Akteur- und Konfliktkonstellationen in den Blick, die zur mehr oder weniger weitgehenden Transformation der nationalen Governance-Konfigurationen führen (Streeck/ Thelen 2005). Ein ähnlicher Fokus der Betrachtung zeigt sich auch in den Beiträgen von Susanne Schmidt und Jürgen Beyer in diesem Band. Allerdings erfordert diese auf die Dynamik in Governance-Konstellationen abstellende Analyseperspektive, dass einige der Annahmen des „Varieties of Capitalism" Ansatzes aufgegeben werden müssen (vgl. dazu ausführlicher den nachfolgenden Abschnitt 6).

Historischer Institutionalismus

Theorien institutionellen Wandels

Dem Vorteil der Governance-Perspektive, nämlich Kategorien für einen komparativ-statischen Vergleich des Institutionengefüges moderner Volkswirtschaften und dessen Performanz zur Verfügung zu stellen, steht entsprechend der Nachteil entgegen, den Wandel desselben nur schwer analytisch erfassen zu können. Die allgemeine Kritik entzündet sich dabei insbesondere an der systemischen und auf die interne Kohärenz kapitalistischer Strukturen gerichteten Sicht des VoC-Ansatzes. Die Annahme relativer Statik nationaler Kapitalismusmodelle resultiert in dieser Analyseperspektive aus der Vorstellung, einzelne kapitalistische Funktionselemente und auch die sie kennzeichnenden Institutionen seien einander komplementär; weil gerade diese Komplementarität national spezifische Wettbewerbsvorteile bedinge, seien Unternehmen immer bestrebt, diese Vorteile durch ihr Handeln zu erhalten und werden deshalb bestehende Strukturen reproduzieren. Abweichungen vom bestehenden Pfad lassen sich nur als Reaktion auf exogene Schocks erklären (Hall/Soskice 2001b: 62).

Wandel schwer erfassbar

In der theoretischen Debatte um die Plausibilität der Komplementaritätsannahme (vgl. Crouch et al. 2005) werden unterschiedliche Argumente für eine eher „lockere Kopplung" einzelner Produktionssphären und ihrer Institutionen präsentiert. Wolfgang Streeck und Robert Boyer beispielsweise betonen, dass Institutionen nicht als komplementär zueinander konzipiert werden, sondern

Kritik an Komplementaritätsannahme: Lose statt enge Kopplung von Institutionen

oftmals durch einen Prozess der Improvisation, des Experimentierens und der stetigen Modifikation entstehen. Rückblickend mag das institutionelle Design kohärent und ökonomisch effizient erscheinen – dies ist jedoch noch keine Erklärung für die Art und Weise seiner Genese.

Institutionen als Ergebnis von Kompromissen zwischen gesellschaftlichen Schlüsselgruppen

Zum einen verfolgen die Akteure, welche Institutionen aufbauen, oftmals andere Ziele als Komplementarität und tragen vielmehr Konflikte über das jeweils angestrebte Institutionendesign aus. Bruno Amable sieht Institutionen als Ergebnis eines Gleichgewichts und Kompromisses zwischen den soziopolitischen Schlüsselgruppen an, welche den jeweils dominanten „gesellschaftlichen Block" bilden. Institutioneller Wandel entstehe dann, wenn die herrschenden Akteure die Chance sehen, diesen zielgerichtet in der gewünschten Weise zu beeinflussen oder wenn kein Interesse besteht, Wandel zu verhindern. Folglich sollten Institutionen im Hinblick auf die ihnen zugrunde liegenden Kompromisse und nicht ausschließlich unter dem Aspekt ihrer ökonomischen Performanz analysiert werden.

„Slack" ermöglicht Rekombination von Institutionen

Demgegenüber betonen Streeck, Boyer und Colin Crouch (vgl. Crouch et al. 2005) den eher lockeren Zusammenhalt der Institutionen unterschiedlicher Produktionssphären, der sich aus dem Vorhandensein von „slack" ergebe. Wandel in einer Produktionssphäre sei möglich, ohne notwendigerweise ein negatives feedback komplementärer Institutionen hervorzurufen. Oftmals würden Komplementaritäten neu entstehen, etwa wenn Akteure aktiv vorhandenes institutionelles Material mit neuem kombinierten und sich dadurch die Frage ergebe, durch welche Arten von Kopplung sich Komplementarität eigentlich auszeichne (Crouch). Institutionen in unterschiedlichen Produktionssphären würden oftmals durch unterschiedliche Eliten kontrolliert, weshalb ein Konsens über erwünschte oder gar effiziente Formen institutioneller Komplementarität gar nicht bestehe. Manche Sektoren oder auch Produktionssphären sind beispielsweise internationalisierter als andere, weshalb sich ein nationales Produktionsregime auch nicht leicht durch ein hierarchisches Zentrum steuern lasse (Streeck). Als Beleg hierfür mag die relative Dynamik im Umbau des Systems von Finanzbeziehungen und der Unternehmensverfassung angeführt werden, welche mit einer relativen Stabilität im System der beruflichen Bildung konstrastiert (vgl. den Beitrag von Richard Deeg in diesem Band). Insgesamt bestehen in kapitalistischen Ökonomien viel größere Inkohärenzen, als von den Anhängern des „Varieties"-Ansatzes ursprünglich angenommen wurde (vgl. mit diesem Befund auch Höpner 2001; Beyer 2002; Crouch/Farrell 2002).

Politische Systemvariablen erst neuerdings berücksichtigt

Der Governance-Ansatz ist im Kern keine politikwissenschaftliche Analyseperspektive, weshalb es auch nicht verwundert, dass im engeren Sinne politische Systemvariablen nicht notwendigerweise Teil der Betrachtung sind. In neueren Arbeiten wird allerdings der Zusammenhang zwischen dem organisierten Charakter einer Marktwirtschaft und ihrer Charakterisierung als Verhandlungs- bzw. Konkordanzdemokratie und dem unkoordiniert-liberalen Institutionengefüge der politischen Ökonomie und ihrer Verfassung als parlamentarisches System nach dem Vorbild der britischen Westminsterdemokratie diskutiert. Die jeweiligen kausalen Verknüpfungen sind allerdings noch weitgehend unterbelichtet. Susanne Schmidt zeigt in ihrem Beitrag, wie eng die Aufrechterhaltung der Governance-Strukturen staatsnaher Wirtschaftssektoren an die Vetostrukturen des deutschen Föderalismus gekoppelt war. So profitierten die Akteure des bisherigen Regulierungskartells von der Zustimmungspflicht gesetzlicher Änderungen durch die Bundesländer mit dem Ergebnis, dass sich einige Bundesländer zu Fürsprechern der Reformgegner machten. Ulrich Glassmann und Helmut Voelzkow wiederum diskutieren in ihrem Beitrag zu diesem Band die Bedeutung unitarischer oder föderaler Staatsstrukturen für die regionale Streuung bzw. Konzentration von Wirtschaftsclustern und die Bereitstellung kollektiver Wettbewerbsgüter.

Der auf die politische Ökonomie gerichtete Governance-Ansatz betrachtet den Staat als einen gleichberechtigten Koordinationstyp neben anderen, ähnlich wie auch die politikwissenschaftliche Governance-Diskussion. In der Heuristik des „Varieties of Capitalism" Ansatzes wird jedoch der Beitrag des Staates zur Organisation bestimmter Funktionselemente des modernen Kapitalismus deutlich unterbelichtet. Aus Sicht der VoC-Perspektive restringiert das nationale Institutionensetting die Möglichkeiten der Politik, zielgerichtet in die Wirtschaft zu intervenieren. In organisierten Ökonomien würde die Förderung radikaler Innovationen nicht die gleichen Effekte erzielen wie in liberalen Marktwirtschaften, weil die jeweils komplementären Institutionen nicht vorhanden sind: weder der Staat noch andere Akteure können in institutioneller Hinsicht „Lego" spielen. Andere Autoren wie Vivien Schmidt empfinden die Typologie des VoC-Ansatzes als zu unvollständig und unterscheiden neben den Typen des *Market or Managed Capitalism* als dritten Typus den *State Capitalism*, für den sie Frankreich als beispielhaft ansieht (vgl. V. Schmidt 2000). Aber auch in unkoordinierten Ökonomien wie den Vereinigten Staaten trägt der Staat mit Hilfe restriktiver Kartellpolitik dazu bei, die marktförmige Organisation der Wirtschaft aufrechtzuerhalten. Koordinierte Ökonomien wie Japan und Deutschland wiederum unterscheiden sich durch die Art und Weise der staatlichen Intervention in die Wirtschaft. In Japan war eine aktive Industriepolitik im Sinne der Subventionierung ausgewählter Wirtschaftsbranchen, günstiger Kreditfinanzierung und Refinanzierung der Banken immer schon Teil einer neomerkantilistischen Wirtschaftspolitik. Hinter dem japanischen *Developmental state* (Johnson 1995) verbirgt sich eine sektoral fragmentierte Ministerialbürokratie (vgl. Lehmbruch 1995), die sich der Förderung ihrer jeweiligen Industrieklientel verpflichtet fühlt. In Deutschland hat der Staat traditionell eher indirekt zur Stabilisierung nationaler und sektoraler Governance-Strukturen beigetragen. So wurden Netzwerke und Kooperationsbeziehungen zwischen Unternehmen immer wieder staatlicherseits angeregt und finanziell unterstützt. Korporatistische Bündnisse wurden durch Verleihung eines „öffentlichen Status" an die verbandlichen Verhandlungspartner oder durch Zertifizierung von Verhandlungsergebnissen stabilisiert.

In der Art und Weise, wie der Staat in die Wirtschaft interveniert, vollziehen sich derzeit grundlegende Veränderungen, die prinzipiell mit Hilfe von Kategorien des Governance-Ansatzes erfasst werden können, jedoch nicht mit denen der VoC-Perspektive. In Europa trat der Staat in Infrastruktursektoren wie der Telekommunikation, dem Energie- oder Verkehrssektor bislang als öffentlicher Eigentümer auf, der die Versorgung mit Infrastrukturleistungen als eigene Aufgabe begriffen hat und dabei nicht selten auch sozial- und verteilungspolitische Ziele verfolgte. Im Zuge der (nicht zuletzt durch europäische Politik forcierten) Deregulierung und Privatisierung dieser Sektoren verlieren Nationalstaaten Aufgaben der „Leistungserbringung" in diesem Bereich, werden jedoch für die Regulierung der zunehmend marktförmigen Transaktionen zwischen den Marktakteuren verantwortlich. Zu den Aufgaben europäischer „Regulierungsstaaten" gehört es nun, neuen Marktteilnehmern den Zugang zu bislang monopolistisch strukturierten Märkten zu ermöglichen und die Preisfestsetzung zu regeln, aber auch, wie etwa im Finanzsektor, Standards des Verbraucher- und Anlegerschutzes festzulegen und deren Einhaltung durch die Marktteilnehmer zu überwachen (vgl. zur Regulierung in den Infrastruktursektoren Grande/Eberlein 1999 und zum Bedeutungswachs der wirtschaftlichen Regulierung generell Czada et al. 2003). Inwieweit der Übergang vom „Leistungs- zum Regulierungsstaat" in Europa mit der vollständigen Aufgabe industriepolitischer Zielsetzungen einhergeht, ist derzeit noch eine offene Frage. Offenkundig unterscheidet sich regulatives Staatshandeln, das auf die Schaffung rechtlicher Rahmenbedingungen für Markttransaktionen setzt, jedoch von einer eher diskretionären Industriepolitik, die strukturpolitische Zielsetzungen mit Hilfe von Subventionen und staatlichen Beihilfen verfolgt. Sozial- und umweltpolitische Anliegen, wie sie im Gebot des Universaldienstes im Bereich der Telekommunikation oder auch in der Zulassung von alternativen Stromanbietern deutlich werden, haben im Aufgabenspektrum des Regulierungsstaates sicher einen eher untergeordneten Stellenwert.

„Methodologischer Nationalismus"

Der Governance-Ansatz greift aus Sicht von Vertretern der Internationalen politischen Ökonomie nicht zuletzt deshalb zu kurz, weil er die Einbettung nationaler Produktionszusammenhänge in europäische und/oder globale Märkte und Regulierungsinstitutionen konzeptionell nicht berücksichtigt (vgl. etwa Soederberg et al. 2005). Dies gilt in besonderem Sinne wiederum für den „Varieties of Capitalism" Ansatz, der die Hürden für Wandel innerhalb des Institutionengefüges kapitalistischer Ökonomien recht hoch ansetzt.

Anpassungsdruck durch Regimewettbewerb

Demgegenüber wird allenthalben hervorgehoben, dass die wachsende europäische, aber zunehmend auch globale Integration der Güter- und Kapitalmärkte die Spielräume für Strukturen kapitalistischer Vielfalt erheblich einschränkt: große und international tätige Firmenhierarchien können sich nationalen Produktionszusammenhängen zunehmend entziehen und stattdessen *regime shopping* unter den für sie kostengünstigsten Produktionskontexten betreiben. Wenn im Zuge von global sourcing- Strategien Zulieferer dort gefunden werden, wo die Lohn- und Arbeitskosten besonders niedrig sind, verlieren enge Verflechtungen zwischen Produzenten und Zulieferern an Bedeutung. Wenn global ausgerichtete Marktakteure an flexiblen, auf die Situation einzelner Betriebe ausgerichteten Lohnabschlüssen interessiert sind, schwindet die Basis für sektorale Arrangements wie den Flächentarifvertrag und letztlich auch die interne Verpflichtungsfähigkeit von Wirtschaftsverbänden gegenüber ihren Mitgliedern. Verbände, die bislang als private Interessenregierungen Aufgaben kollektiver Selbstregulierung übernahmen, geraten im Zuge wachsender Liberalisierung und Privatisierung von Wirtschaftssektoren, aber auch einer forcierten Wettbewerbpolitik der Europäischen Kommission unter Kartellverdacht. Der Staat wiederum hat nicht mehr die Möglichkeit, korporatistische Pakte alter Prägung finanziell abzustützen. Durch die Übertragung geldpolitischer Kompetenzen an die europäische

Zentralbank und die Verpflichtung zur konsequenten Preisstabilitätspolitik verliert er weitere Instrumente für eine kompensatorische Wirtschaftspolitik.

Gewinner des „Regimewettbewerbes" sind offenbar transnational tätige Firmenhierarchien und Staaten mit einer eher „liberalen" bzw. marktförmigen Organisation ihrer Wirtschaft. Demgegenüber zählen Länder, deren ökonomische Governance - Struktur bislang durch einen hohen Grad an wirtschaftlicher Selbstorganisation (in Form von Netzwerken oder Verbänden) sowie durch industrie- bzw. sozialpolitisch motiviertes Engagement des Nationalstaates gekennzeichnet war, offenbar zu den Verlierern (vgl. Albert 1991). Für Deutschland, das zusätzlich noch vereinigungsbedingte Kosten und Strukturanpassungen zu bewältigen hat, scheint diese pessimistische Prognose in besonderer Weise zuzutreffen (Streeck 1997). Organisierte Ökonomien als Verlierer?

Welche Implikationen ökonomische Europäisierung und Globalisierung letztlich für die Governance-Struktur nationaler Marktwirtschaften besitzen, ist derzeit Gegenstand einer ausgeprägten Debatte in der internationalen und der vergleichenden politischen Ökonomie. Vertreter der Konvergenzthese interpretieren die gegenwärtigen Veränderungen als Prozess durchgreifender Liberalisierung und Durchsetzung eines hegemonialen neoliberalen Kapitalismusmodells. Dieses werde nicht zuletzt durch soziale und politische Koalitionen, deren Diskurse und Praktiken weitergetragen, welche zur Restrukturierung heimischer Institutionen rund um den „Wettbewerbsstaat" führen. Zusammen mit den ökonomischen, durch Globalisierungsprozesse verursachten Restriktionen politischer Handlungsfähigkeit ergeben sich allenfalls „permissive Bedingungen" für Wandel, welche lediglich die Entstehung von „Varieties of Neoliberalism" und damit „Diversität innerhalb von Konvergenz" zulassen (vgl. Cerny 2004 und Cerny et al. 2005). Konvergenzthese

Demgegenüber gehen Autoren, die der „Varieties of Capitalism" Tradition eng verhaftet sind, eher von relativer Stabilität nationaler Institutionen gegenüber externem Anpassungsdruck aus. Diese resultiert zum einen aus der Vorstellung, die einzelnen Funktionselemente des Kapitalismus seien einander komplementär, weshalb einzelne Elemente auch nicht einseitig aus dem institutionellen Rahmen herausgelöst werden können. Zudem fungieren die jeweiligen Institutionen des Kapitalismus als „Sozialisierungsagenturen" und leiten das Handeln der Marktakteure durch Restriktionen und Gelegenheitsstrukturen an. Weil auch die Unternehmer und deren Verbände letztlich am Erhalt ihrer komparativen Vorteile interessiert sind, verlassen sie auch unter Internationalisierungsbedingungen nicht einfach ihre nationalen institutionellen Kontexte. Alternative Unternehmensstrategien können hingegen nur begrenzt verfolgt werden, denn die nationale institutionelle Ordnung wirkt als *adverse environment* (Jürgens et al. 2000). Zudem wird der Fortbestand bestehender Governance-Konfigurationen auch im Sinne des „historischen Institutionalismus" (vgl. Thelen/Steinmo 1992) mit historischen Pfadabhängigkeiten begründet. Weil diese Konfigurationen historisch gewachsen sind, etwa vom jeweiligen Zeitpunkt der Industrialisierung oder der Staatsentwicklung abhängen, konstituierten sie relativ beständige nationale Pfade, die den Weg der Anpassung einzelner Nationalstaaten an neue Rahmenbedingungen maßgeblich vorbestimmen (vgl. u.a. Zysman 1994). Aufgrund der historisch gewachsenen, institutionellen Filter würden in jedem Land sehr unter- Divergenzthese

41

schiedliche Lösungen auf ähnliche Problemlagen entwickelt statt einem internationalen *one best way* zu folgen. Nicht die Konvergenz hin zu stärkerer Marktförmigkeit von Governance-Strukturen, sondern vielmehr eine zunehmende *Divergenz* nationaler Anpassungsreaktionen sei die Antwort auf globale Herausforderungen (vgl. etwa Berger/Dore 1996; Crouch/Streeck 1997; Kitschelt et al. 1999; Soskice 1999a und b; Hall/Soskice 2001a).

Hybride? Eine dritte Perspektive, die sich ursprünglich wesentlich in Auseinandersetzung mit dem deutschen Kapitalismusmodell entwickelt hat, sieht nationale Ökonomien durchaus *Wandlungsprozessen* unterworfen, die letztlich zu neuen Mischungsverhältnissen von Governance-Typen in der Konfiguration nationaler Marktwirtschaften führen und auf diese Weise deren Modellcharakter verändern können. Gefragt wird, in welchen der vom „Varieties of Capitalism" Ansatz identifizierten Subsysteme des nationalen Produktionsregimes sich Erosionserscheinungen abzeichnen, welche Arten von institutionellem Wandel vorzufinden sind und welchen Antriebskräften dieser unterliegt (vgl. u.a. Streeck/Thelen 2005; Dyson/Padgett 2005 sowie den Beitrag von Deeg in diesem Band). Bislang zeichnen sich die deutlichsten Veränderungen in den Beziehungen zwischen Unternehmen und Banken sowie der Organisation von Unternehmensfinanzierung und -führung (*Corporate Governance*) ab, welche das Modell des koordinierten Kapitalismus seinem angelsächsischen Gegenüber immer ähnlicher werden lassen (vgl. Deeg 2001; Beyer 2002; Lütz 2005). Demgegenüber zeichnen sich Systeme der beruflichen Bildung bislang durch relative Stabilität aus. Zusammengenommen scheinen nationale politische Ökonomien unter zugespitztem Wettbewerbsdruck immer stärker zu „institutionellen Hybriden" zu mutieren, die in ihrer neuen Gesamtkonfiguration zwar wiederum einzigartig sind, in ihren Teilen jedoch anderen (liberalen) Modellen einer Marktwirtschaft ähnlicher werden. Ob dies so bleiben muss oder gar nur der Beginn einer Transformation ist, die an den „Rändern" beginnt, muss derzeit offen bleiben.

6 Zukünftige Forschungsperspektiven

Die in den vorherigen Abschnitten formulierte Kritik an der Governance-Perspektive lässt sich im Wesentlichen auf zwei Punkte zuspitzen: die mangelnde Berücksichtigung internationaler Produktionszusammenhänge und ihrer Auswirkungen auf nationale, sektorale oder regionale politische Ökonomien. Der zweite Punkt bezieht sich auf die mangelnde Konzeptualisierung des Wandels von Governance-Konfigurationen, ihrer Antriebskräfte und Prozessmuster. Welche Weiterentwicklungen des Governance-Ansatzes bieten sich hier an?

Rekonstruktion internationaler Produktionsregime Die Ausweitung der Governance-Typologie auf internationale Produktionszusammenhänge wird bislang noch wenig diskutiert. Prinzipiell bieten sich hier zwei Forschungsperspektiven an: die erste knüpft an die eingangs vorgestellte Typologie von Governance-Formen an und fragt, auf welchen politischen Ebenen (regional, aber auch sektoral, national, europäisch, global) welche Governance-Mixturen genutzt werden, um ökonomische Transaktionen zu koordinieren. Nach einer einfachen Hypothese müssten Marktmechanismen an Bedeutung gewinnen, je globalisierter die jeweiligen Markt- oder Unternehmenssegmente

42

sind, während kooperative, netzwerkartige Beziehungen zwischen Unternehmen am ehesten in regionalen Agglomerationen fortbestehen können. Dies muss allerdings nicht so sein; denkbar sind auch globale Unternehmenskartelle, die sich in oligopolistisch strukturierten Marktsegmenten herausbilden.

Der zweite, von Boyer/Hollingsworth (1997) vorgeschlagene Weg knüpft (stärker im Sinne der „Varieties"-Literatur) an die Unterscheidung einzelner Funktionselemente eines nationalen Modells der politischen Ökonomie an und fragt, welche Funktionen auf welchen politischen Ebenen mit welcher Mixtur von Governance-Formen realisiert werden. So würden Finanz-, aber auch Handelsbeziehungen zunehmend global und damit marktförmig organisiert und durch internationale Institutionen wie spezifische Regime oder die WTO reguliert. Fragen der allgemeinen Wettbewerbspolitik oder der Währungsordnung sind Regelungsgegenstände der Europäischen Union oder anderer regionaler Handelsblöcke, während die Arbeitsbeziehungen, die Steuerpolitik oder wohlfahrtsstaatliche Arrangements durch einzelne Nationalstaaten (und damit im Sinne der jeweiligen Modelllogiken) organisiert werden, Angelegenheiten der Aus- und Weiterbildung oder des Technologietransfers wären schließlich am ehesten noch subnational bzw. lokal zu organisieren (vgl. Boyer/Hollingsworth 1997: 473).

Eine sehr viel breitere Debatte wird in der vergleichenden institutionellen politischen Ökonomie hingegen geführt über die Transformation kapitalistischer Ökonomien und die Probleme, Wandlungsprozesse konzeptionell zu erfassen. Die Heuristik des Governance-Ansatzes erlaubt es, Mixturen von Governance-Elementen im Sinne „institutioneller Gleichgewichte" zu beschreiben, die den jeweiligen Anfangs- und Endpunkt von Transformationsprozessen markieren. Nicht erfasst werden hingegen die Kausalmechanismen, die die Transformation von Punkt A nach Punkt B antreiben. Governance-Analysen sind nicht selten durch einen impliziten Funktionalismus gekennzeichnet, der nicht zuletzt auf die institutionenökonomische Tradition des Ansatzes zurückgeht. Wenn Institutionen als „geronnene Lösung" für die Koordinationsprobleme wirtschaftlicher Akteure betrachtet werden, geraten die Prozesse, vor allem jedoch die Konflikte, welche zur Genese, Reproduktion, aber auch Transformation von Governance-Strukturen führen, aus dem Blickfeld. Diese Sichtweise zeigt sich sehr ausgeprägt im „Varieties of Capitalism" Ansatz, welcher einzelne kapitalistische Produktionssphären und deren Institutionen als systemisch miteinander verbunden und insofern als schwer veränderbar ansieht. Die Systemperspektive geht hier in einen Strukturdeterminismus über, welcher das Handeln der Akteure maßgeblich durch die Anreize und Restriktionen des nationalen Governance-Gefüges bestimmt sieht und wenig Raum für institutionelle Spannungen, Präferenzänderungen der Akteure oder Umbrüche von Leitbildern lässt.

Diese Einwände müssen jedoch nicht gegen die Anwendbarkeit des Governance-Ansatzes zur Analyse ökonomischer Reorganisationsprozesse sprechen; gefordert ist allerdings eine Erweiterung des betrachteten Variablenspektrums. Dazu gehört vor allem ein stärkerer Akteurbezug der Analyse im Sinne der Annahme, dass Strukturen eben auch das Ergebnis von Strategien, Konflikten oder nicht intendierten Effekten darstellen und sich entsprechend wandeln können. Dabei müsste die Wechselbeziehung zwischen Außen und Innen, d.h. zwischen

Konzeptualisierung des Wandels von Governance-Konfigurationen

Forderung nach stärkerem Akteurbezug

exogenen Umweltveränderungen und endogenen Reaktionen in den Blick genommen werden. Wandel wird ja bekanntlich nicht nur durch exogene Schocks verursacht, sondern auch durch Reaktion auf neue strukturelle Rahmenbedingungen, wie sie die Europäisierung von Rechtsetzungs- oder geldpolitischen Entscheidungskompetenzen bedeuten, welche wiederum die Vielfalt an denkbaren Strategieoptionen nationaler Akteure einschränken.

Berücksichtigung politisch-institutioneller Variablen

Aus politikwissenschaftlicher Sicht ergibt sich zudem die Forderung nach stärkerer Berücksichtigung politisch-institutioneller Variablen für die Erklärung des Zustandekommens, Aufrechterhaltens oder des Umbaus von Governance-Konfigurationen. Bereits in der Korporatismusdebatte der frühen 1980er Jahre wurde auf die Bedeutung des Parteiensystems für die Stabilisierung makrokorporatistischer Konzertierung verwiesen (vgl. Katzenstein 1985). Studien zur Reform des Wohlfahrtsstaates zeigen hingegen, dass die Reichweite von Reformen nicht zuletzt von der parteipolitischen Zusammensetzung der Regierung, vom Verbändekorporatismus und vom Ausmaß gegenmajoritärer Vetopositionen im politischen System abhängt (vgl. Czada 2003). Die Autoren dieses Bandes verweisen in ihren Beiträgen zudem auf Zusammenhänge zwischen föderalen oder unitarischen Staatsstrukturen und der Ausprägung sektoraler oder regionaler Governance-Konfigurationen (vgl. die Beiträge von Schmidt und Glassmann/Voelzkow).

Antriebskräfte des Wandels

Anknüpfend an das Plädoyer, die Dynamiken der Veränderung von Governance-Strukturen stärker in den Blick zu nehmen, werden in den folgenden Abschnitten die Befunde der neueren Governance-Forschung hinsichtlich der Antriebskräfte, Modi und Muster von Transformationsprozessen in der politischen Ökonomie skizziert. Welche Faktoren treiben den Umbau von Governance-Konfigurationen an bzw. erwiesen sich in Prozessen der Reorganisation von Governance-Konstellationen als zentral?

Veränderte Marktsituation und neue Akteure

Prinzipiell lassen sich exogene und endogene Faktoren unterscheiden, die Anstöße für den Umbau nationaler Governance-Muster geben. Zu den externen zählen sicherlich veränderte Marktbedingungen, die, wie im Finanzsektor, neue strategische Akteure wie beispielsweise ausländische institutionelle Investoren hervorbringen, welche gegenüber heimischen Unternehmen Druck auf steigende Renditen ausüben und dadurch zur Reorganisation der Beziehungen zwischen Großunternehmen und ihren Zulieferern beitragen. Glassmann/Voelzkow berichten, dass diese Entwicklung den italienischen Familienkapitalismus in Frage stellt, aber auch in Deutschland zur Restrukturierung der Beziehungen von Großunternehmen und ihren Zulieferern beiträgt. Deeg wiederum diskutiert den Einfluss institutioneller Investoren auf die Umgestaltung der Unternehmensverfassung in Ländern mit „insider"-Modellen der Unternehmensführung und -kontrolle sowie ihre Bedeutung für die Lockerung der traditionell sehr engen Finanzbeziehungen zwischen Banken und Unternehmen in Deutschland. In der Telekommunikation entstand ein neuer Markt nicht zuletzt durch technische Konvergenz mit der nicht regulierten Informationstechnik, was zum Aufstieg neuer Akteure wie der Computerindustrie, Diensteanbietern und Großanwendern führte und etablierte Produzentenkoalitionen unter Druck setzte.

Vielfältige Rolle der EU

Die EU beeinflusst den Umbau nationaler Governance-Strukturen auf vielfältige Weise. Susanne Schmidt zeigt in ihrem Beitrag, dass die Liberalisierung der Infrastruktursektoren maßgeblich durch das europäische Wettbewerbsrecht, Sonderkompetenzen der Europäischen Kommission sowie Entscheidungen des Europäischen Gerichtshofes vorangetrieben wurde. Zudem beeinflusste die EU nationale Reformprozesse auf sehr subtile Weise: allein durch die Verlagerung von Regelungskompetenzen auf eine andere Arena konnten nationale Vetospieler umgangen und die Liberalisierungsbefürworter gestärkt werden. So verlor das Bundesverkehrsministerium sein Monopol über Reforminitiativen, wohingegen das liberalisierungsfreudige Bundeswirtschaftsministerium nicht zuletzt mit Brüsseler Hilfe gestärkt wurde. Die Beispiele zeigen aber auch, dass sich exogene und endogene Antriebskräfte des Wandels nicht immer deutlich trennen lassen, sondern vielmehr gerade in der Verschränkung von beidem die Erklärung für die Reorganisation von Governance-Strukturen zu suchen ist. Jürgen Beyer zeigt in seinem Beitrag wiederum, dass die EU bei der wirtschaftlichen Transformation der osteuropäischen Staaten eher differenzierend als angleichend gewirkt hat. Transformationsverläufe wurden weniger gesteuert als im Nachhinein belohnt, sofern sie als erfolgreich bewertet wurden. Zudem hat die EU einen Liberalisierungswettbewerb zwischen den verschiedenen Beitrittskandidaten ausgelöst, der sich u.a. durch die unterschiedlichen Zeitpunkte und Bedingungen der Assoziierungsabkommen und die Selektivität der damit verbundenen Finanzhilfen bestimmte. So entstand im Bereich der privatisierten Unternehmen eine Vielfalt an neuen Strukturen der Unternehmensverfassung, die die der übrigen EU-Länder bei weitem übersteigt.

Anstöße für Transformationsprozesse können aber auch durch Krisen entstehen, beispielsweise dadurch, dass eine bestimmte Governance-Konfiguration, wie etwa ein regionales Wirtschaftscluster die sozialen Grundlagen seines Erfolges verliert, etwa wenn sich die Nachfrage nach produzierten Gütern verschiebt oder sich infolge vertikaler Integration Betriebsgrößen verändern (wie im Fall der Montanindustrie). Krisen

Kommen wir abschließend zu den Mustern und Formen des institutionellen Wandels, die in der auf die politische Ökonomie gerichteten Governance-Forschung diskutiert werden. In Abgrenzung von der Vorstellung, es ließen sich nur Situationen relativer Stabilität von solchen des Wandels unterscheiden, argumentieren Autoren wie Thelen (2002), Streeck/Thelen (2005) oder auch Ebbinghaus (2005), dass Wandel permanent stattfinde und sowohl inkrementeller als auch abrupter Wandel sowohl Kontinuitäten als auch Diskontinuitäten produzieren könne. Gerade Prozesse der Liberalisierung, wie sie den modernen Kapitalismus kennzeichneten, so Streeck/Thelen, vollziehen sich inkrementell, innerhalb bestehender Institutionen und ohne die Revolutionen, die noch für die erste Hälfte des 20. Jahrhunderts kennzeichnend waren. Institutionen müssten deshalb weniger statisch, gewissermaßen als „frozen residues" oder als „Kristallisationen politischer Konflikte" konzipiert werden, sondern vielmehr als Ergebnis permanenter, durch Akteure vorangetriebener Reproduktion. Transformation des Kapitalismus als stetiger Prozess

Im Prozess der osteuropäischen Systemtransformation erwiesen sich die Sequenzen einzelner Reformschritte sehr viel wichtiger zur Erklärung des Reformerfolges als das Reformtempo, so das Argument von Jürgen Beyer in diesem Band. Damit grenzt er sich zum einen von Vertretern der „Schock-Therapie", die die möglichst schnell durchgeführte Umsetzung eines ordoliberalen Kriterienka- Bedeutung von Sequenzen in Reformprozessen taloges (Liberalisierung, Inflationsbekämpfung und Privatisierung) als Erfolgsrezept der Systemtransformation propagierten ab, distanziert sich aber auch von Vertretern gradualistischer Positionen, die entweder die weitreichendsten Reformen oder die mit den größten ökonomischen Erfolgsaussichten zuerst durchführen wollten. Demgegenüber erwies sich die frühe Bekämpfung der Inflation eher als Vorteil, während eine zu frühe Freigabe der Preise eher von Nachteil für den Reformerfolg war.

Formen institutionellen Wandels:

Displacement

Welche Formen institutionellen Wandels lassen sich nun unterscheiden? Zu beobachten ist zunächst, dass bestehende Institutionen aufgelöst und durch andere ersetzt werden („displacement"). Eine solche Dynamik zeigt sich insbesondere im Bereich der Finanzbeziehungen zwischen Großbanken und -unternehmen, die eindeutig kurzfristiger, risikoaverser und insgesamt marktförmiger werden (vgl. Lütz 2005 sowie den Beitrag von Richard Deeg in diesem Band). Allerdings bedeutet „displacement" nicht notwendigerweise die Dominanz eines neuen Modells, sondern kann auch den graduellen Einbau „fremder" Modellelemente in das Institutionensystem einer politischen Ökonomie bedeuten. Deeg beschreibt, dass sich der Wandel im deutschen Finanzsektor durch die „Invasion" ausländischer Institutionen und Praktiken vollzieht, die von unternehmerisch auftretenden Akteuren, den Großbanken, vor allem in der Initiierungsphase aktiv kultiviert werden. Ein exogen induzierter Wandel muss insofern durch Akteure endogen vorangetrieben werden (Deeg 2005). Crouch/Keune (2005) beschreiben hingegen, dass displacement auch durch die Aktivierung bislang historisch unterdrückter Alternativen entstehen kann. Am Beispiel der ungarischen Region Györ zeigen sie, dass dort bereits während des staatssozialistischen Systems Marktpraktiken auf lokaler Ebene bestanden, die im Zuge der Wirtschaftstransformation von der neuen Elite aufgegriffen und weiterentwickelt wurden. Demnach begünstigt institutionelle Heterogenität und ein in einem Wirtschaftssystem bestehender Governance-Mix den Wandel hin zu einem möglicherweise in Zukunft dominanten Ordnungsmodell. Crouch/Keune knüpfen damit an die von Glassmann/Voelzkow in ihrem Beitrag benannten „produktiven Inkohärenzen" im Ordnungsgefüge moderner Volkswirtschaften an, die nach ihrer Auffassung Spannungen und Druck auf Transformationsprozesse erzeugen

Layering

Bestehende Institutionen können auch mit neuen institutionellen Elementen gekoppelt werden („layering") (vgl. Thelen 2000: 106). Beispiele hierfür finden sich in der Reform des Wohlfahrtsstaates, in der neue Elemente wie beispielsweise eine private Säule der Rentenversicherung dem bestehenden System hinzugefügt wurden. Das Andocken neuer Institutionen kann mit deren „differentiellen Wachstum" verbunden sein, etwa wenn der private Teil der Rentenversicherung schneller wächst als der öffentliche, wodurch eine graduelle Entwicklung des Systemwandels in Gang gesetzt werden kann (Streeck/Thelen 2005: 24).

Drift

Als „Drift" bezeichnen Streeck/Thelen die graduelle Modifikation von Institutionen, die nicht aus dezidiertem politischem Manövrieren, sondern vielmehr aus Abweichungen herrschender Praktiken von den allgemeinen Regeln oder aus so genannten non-decisions resultiert. Hacker nennt als Beispiel für drift das Zurückfahren von Sozialleistungen auf Seiten amerikanischer Arbeitgeber, die damit auf veränderte Anreize reagierten und auf diese Weise einen Prozess der

46

„Privatisierung von Risiken ohne Privatisierung des Wohlfahrtsstaates" mit angetrieben haben (Hacker 2005).

Conversion

Bestehende Institutionen bleiben in ihrer Form erhalten, ändern jedoch ihre inhaltliche Ausrichtung und Funktion. Konversion kann durch Veränderungen in der Umwelt ausgelöst werden, die Akteure mit neuen Problemen und Herausforderungen konfrontieren. Alternativ können Konversionsprozesse auch das Ergebnis von Machtveränderungen sein, wenn neue Eliten, die an der Entstehung von Institutionen nicht beteiligt waren, diese neuen Zwecken zuführen. Jonah Levy zeigt, dass der französische Staat seine dirigistischen Interventionsinstrumente nicht mehr wie noch in den 1980er Jahren zur Kapitallenkung bei gleichzeitiger Ausgrenzung von Arbeitnehmern nutzt, sondern einsetzt, um die Marktkräfte zu fördern und gleichzeitig die Verlierer industrieller Restrukturierung mittels umfangreicher Sozialprogramme zu kompensieren (Levy 2005).

Exhaustion

Mit „Exhaustion" wird schließlich der Zusammenbruch oder der Untergang von Institutionen bezeichnet. Dieser kann eintreten, wenn Institutionen Dynamiken auslösen, die gewissermaßen die Saat für ihren Zusammenbruch enthalten. So beschreibt Christine Trampusch (2005) die Frühverrentung in Deutschland als institutionelles Element, das zum Anstieg der Lohnnebenkosten und damit auch zur wachsenden Arbeitslosigkeit beitrug. Das Instrument war ursprünglich in einer Zeit der Vollbeschäftigung nur für eine geringe Anzahl von Fällen konzipiert worden, wurde jedoch im Zuge der deutschen Vereinigung überstrapaziert und zur Abfederung von Restrukturierungsprozessen eingesetzt. Institutionen können sich überleben, wenn ihr Wachstum Ressourcen aufbraucht, die sie eigentlich für ihre Existenz benötigen oder wenn es immer mehr Ausnahmen von einer Regel gibt, wodurch letztlich deren Legitimität in Frage gestellt wird (Streeck/Thelen 2005: 30).

Weitere forschungsleitende Fragestellungen

Ein fruchtbarer Ansatzpunkt für die weitere Governance-Forschung scheint mir die These zu sein, dass inkohärente Institutionen eine höhere Wandlungsfähigkeit aufweisen als ein kohärentes Institutionensystem. Institutionelle Heterogenität kann sich hier einmal auf das Mischungsverhältnis von Governance-Mechanismen beziehen. Welche Mixturen von Governance-Elementen sind besonders instabil und anfällig für Wandlungsprozesse, welche besonders robust und widerstandsfähig gegenüber Anpassungsdruck? Lassen sich hier über die jeweilige empirische Untersuchungseinheit (Nation, Sektor, Region) hinweg Verallgemeinerungen treffen? Im Sinne der Forderung nach stärkerer akteurtheoretischer Unterfütterung von Analysen institutionellen Wandels sollten zukünftige Governance-Studien systematischer den Zusammenhang zwischen Typen von Governance-Konfigurationen, Akteurkonstellationen und den oben dargestellten Typen institutionellen Wandels beleuchten -- welche Interaktionsstrukturen führen auf der Basis welcher Prozesslogiken zum Umbau welcher Mixturen von Governance-Elementen?

Ein zweite Lesart institutioneller Heterogenität bezieht sich auf das Verhältnis der einzelnen Subsysteme (im Sinne von Hall/Soskice 2001a) einer modernen Marktwirtschaft untereinander – welche Subsysteme erweisen sich als eher stabil, welche sind eher im Umbruch begriffen? Die auf die deutsche politische Ökonomie bezogenen Forschungsergebnisse deuten auf erhebliche Dynamik im Bereich der Unternehmensfinanzierung, der Corporate Governance, aber auch der industriellen Beziehungen hin, wohingegen sich das System der beruflichen Aus- und Weiterbildung durch größere Stabilität auszeichnet. An dieser Stelle wären weitere Studien gefragt, die die Tragfähigkeit dieser Befunde im Ländervergleich untersuchen.

Anknüpfend an die Frage nach der relativen Dynamik einzelner Subsysteme ist von Bedeutung, inwieweit sich (vormals komplementäre) Beziehungen zwischen den Subsystemen qualitativ verändern. Übt ein stärker marktförmig organisiertes System der Unternehmensfinanzierung und -verfassung einen Anpassungsdruck in Richtung auf zunehmende Dezentralisierung der industriellen Beziehungen aus, lösen sich vormals komplementäre Strukturen zwischen Subsystemen auf, stellen sich Spannungen zwischen Subsystemen ein, die durch relative Stabilität oder relative Dynamik gekennzeichnet sind oder bilden diese neue Komplementaritäten heraus?

Was ist die relevante „Einheit" von Produktionsregimen?

Die mittelfristig größte Herausforderung für die auf die politische Ökonomie ausgerichtete Governance-Forschung scheint mir jedoch darin zu liegen, das Verhältnis zwischen globalen, nationalen, sektoralen, regionalen oder auch unternehmensbezogenen Produktionszusammenhängen und deren Governance-Strukturen zu beleuchten. Wenn im Zuge von Globalisierung nationale Institutionengefüge zunehmend inkohärenter werden, Unternehmensstrategien sich je nach Unternehmensgröße, -sektor und Weltregion zunehmend ausdifferenzieren und auch die Handlungsspielräume für die nationale Politik, ökonomische Rahmenbedingungen zu setzen, je nach Politikfeld sehr unterschiedlich groß sein können, stellt sich die Frage nach der relevanten Ebene von Produktionsregimen. Betrachtet man nach wie vor die nationale Ebene und damit den nationalen Kapitalismustyp als prägendes Institutionengefüge und richtet den Blick auf die in diesem Modell entstehenden „Inkohärenzen"? Sollten im Mittelpunkt der Betrachtung eher der Wirtschaftssektor oder vielmehr global tätige Unternehmen und deren national variierende Konfigurationen von Governance-Elementen stehen? Nicht nur unter analytischen Gesichtspunkten, sondern auch unter dem Aspekt der politischen Gestaltbarkeit wirtschaftlicher Rahmenbedingungen ist die Identifikation der in Zukunft relevanten „Einheit" von Produktionsregimen eine zentrale Aufgabe der zukünftigen Governance-Forschung.

Aufbau des Bandes

Die Autoren dieses Bandes führen nachfolgend in die unterschiedlichen Gebiete der auf die politische Ökonomie gerichteten Governance-Perspektive ein. *Richard Deeg* vermittelt einen Überblick über Ansätze, die sich auf die nationale Ebene und damit auf die Kategorisierung von nationalen Volkswirtschaften hinsichtlich ihrer Governance-Konfigurationen konzentrieren. Er setzt sich zudem insbesondere mit den Stärken und Schwächen des „Varieties of Capitalism" Ansatzes auseinander.

Jürgen Beyer befasst sich mit Problemen und Prozessen der osteuropäischen Wirtschaftstransformation vom „Plan zum Markt". Dabei arbeitet er die Bedingungen des Erfolgs, aber auch des Misserfolgs von Transformationsprozessen heraus, diskutiert wesentliche Prozessmuster und demonstriert die Vielfalt an „quasi-kapitalistischen Modellen", die sich in den Ländern Osteuropas herausgebildet hat.

Susanne K. Schmidt beleuchtet am Beispiel der Transformation staatsnaher Infrastruktursektoren in Deutschland die Bedeutung der europäischen Ebene für sektorale Transformationsprozesse. Die EU erlaubte es, klassische Vetokoalitionen zu umgehen, und stärkte nicht zuletzt liberalisierungswillige Akteure in den betreffenden Sektoren.

Ulrich Glassmann und *Helmut Voelzkow* vermitteln einen Einblick in die regionale Governance-Diskussion. Regionale Wirtschaftscluster werden als Arrangements betrachtet, in denen die beteiligten Akteure durch ihre Zusammenarbeit „kollektive Wettbewerbsgüter" für die ansässigen Unternehmen produzieren. Glassmann/Voelzkow diskutieren Strukturen und Funktionsbedingungen unterschiedlicher Wirtschaftscluster im Ländervergleich.

7 Literatur

Albert, Michel, 1991: Capitalisme contre Capitalisme. Paris: Seuil.

Alemann, Ulrich von und Rolf G. Heinze (Hrsg.), 1979: Verbände und Staat. Opladen: Westdeutscher Verlag.

Amable, Bruno, 2003: The Diversity of Modern Capitalism. Oxford: Oxford University Press.

Benz, Arthur, 2001: Der moderne Staat. München/Wien: Oldenbourg.

Benz, Arthur (Hrsg.), 2004a: Governance – Regieren in komplexen Regelsystemen. Eine Einführung. Wiesbaden: VS-Verlag.

Benz, Arthur, 2004b: Einleitung: Governance – Modebegriff oder nützliches sozialwissenschaftliches Konzept?, in: Arthur Benz (Hrsg.), Governance – Regieren in komplexen Regelsystemen. Eine Einführung. Wiesbaden: VS-Verlag, 12-28.

Berger, Suzanne und Ronald Dore (Hrsg.): 1996: National Diversity and Global Capitalism. Ithaca/New York: Cornell University Press.

Berghe, Lutgart van den, 2002: Corporate Governance in a Globalising World: Convergence or Divergence? A European Perspective. Boston, MA.: Kluwer Academic Publishing.

Beyer, Jürgen, 2002: Deutschland AG a.D.: Deutsche Bank, Allianz und das Verflechtungszentrum großer deutscher Unternehmen. MPIfG Working Paper 02/04.

Boyer, Robert and J. Rogers Hollingsworth, 1997: From National Embeddedness to Spatial and Institutional Nestedness, in: J. Rogers Hollingsworth und Robert Boyer (Hrsg.): Contemporary Capitalism. Cambridge: Cambridge University Press, 433-485.

Buchanan, James M., 1965: An Economic Theory of Clubs, in: Economica 32, 1-14.

Callaghan, Helen und Martin Höpner, 2005: Parteien oder Nationen? Die europäische Integration und die politischen Dynamiken der Angleichung nationaler Übernahmeregeln. Unv. Manuskript.

Campbell, John L., J. Rogers Hollingsworth und Leon L. Lindberg, 1991: Governance of the American Economy. Cambridge: Cambridge University Press.

Cawson, Alan (Hrsg.), 1985: Organized Interests and the State. Studies in Meso-Corporatism. London/Beverly Hills: Sage.

Cerny, Philip C., 2004: Mapping Varieties of Neoliberalism. IPEG Papers in Global Political Economy. No. 12.

Cerny, Philip C., Georg Menz und Susanne Soederberg, 2005: Different Roads to Globalization: Neoliberalism, the Competition State, and Politics in a More Open World, in: Susanne Soederberg, Georg Menz und Philip C. Cerny (Hrsg.), Internalizing Globalization: The Rise of Neoliberalism and the Erosion of National Models of Capitalism. London: Palgrave.

Chandler, Alfred D., 1978: The Visible Hand. The Managerial Revolution in American Business. Cambridge, MA./London: Harvard University Press.

Chandler, Alfred D., 1990: Scale and Scope. The Dynamics of Industrial Capitalism. Cambridge, MA./London: Harvard University Press.

Coase, Ronald H., 1937: The nature of the firm, in: Economica N.S. 4, 386-405.

Coleman, William D., 1985: State corporatism as a sectoral phenomenon: the case of the Quebec construction industry, in: Alan Cawson (Hrsg.), Organized Interests and the State. London/Beverly Hills: Sage, 106-125.

Crouch, Colin und Henry Farrell, 2002: Breaking the Path of Institutional Development? Alternatives to the New Determinism, MPIfG-Discussion Paper 02/5.

Crouch, Colin, Patrick Le Galès, Carlo Trigilia und Helmut Voelzkow, 2001: Local Production Systems in Europe: Rise or Demise? Oxford: Oxford University Press.

Crouch, Colin, Patrick Le Galès, Carlo Trigilia und Helmut Voelzkow, 2004: Changing Governance of Local Economies. Oxford: Oxford University Press.

Crouch, Colin und Maarten Keune, 2005: Changing Dominant Practice: Making use of Institutional Diversity in Hungary and the United Kingdom, in: Wolfgang Streeck und Kathleen Thelen (Hrsg.), Beyond Continuity. Institutional Change in Advanced Political Economies. Oxford: Oxford University Press, 83-103.

Crouch, Colin und Wolfgang Streeck (Hrsg.), 1997: Political Economy of Modern Capitalism. Mapping Convergence and Diversity. London/Thousand Oaks: Sage.

Crouch, Colin, Wolfgang Streeck, Robert Boyer, Bruno Amable, Peter A. Hall und Gregory Jackson, 2005: Dialogue on "Institutional complementarity and political economy", in: Socio-Economic Review 3, 359-382.

Crouch, Colin und Helmut Voelzkow, 2004: Introduction, in: Colin Crouch, Patrick Le Galès, Carlo Trigilia, Helmut Voelzkow (Hrsg.), Changing Governance of Local Economies: Responses of European Local Production Systems. Oxford: Oxford University Press, 1-10.

Czada, Roland, 2003: Der "selektive" Korporatismus als institutionelles Arrangement, in: Sonja Buckel, Regina-Maria Dackweiler, Ronald Noppe (Hrsg.), Formen und Felder politischer Intervention. Zur Relevanz von Staat und Steuerung. Festschrift für Josef Esser. Münster: Westfälisches Dampfboot, 69-87.

Czada, Roland und Gerhard Lehmbruch (Hrsg.), 1998: Transformationspfade in Ostdeutschland. Beiträge zur sektoralen Vereinigungspolitik. Frankfurt am Main: Campus.

Czada, Roland und Susanne Lütz, 2003: Einleitung: Probleme, Institutionen und Relevanz regulativer Politik, in: Czada et al., Regulative Politik. Zähmungen von Markt und Technik. Reihe Grundwissen Politik, Band 28. Opladen: Leske+Budrich, 13-34.

Czada, Roland, Susanne Lütz und Stefan Mette, 2003: Regulative Politik. Zähmungen von Markt und Technik. Reihe Grundwissen Politik, Band 28. Opladen: Leske+Budrich.

Deeg, Richard, 2001: Institutional Change and the Uses and Limits of Path Dependency: The Case of German Finance. MPIfG Discussion Paper 01/6.

Deeg, Richard, 2005: Change from Within: German and Italian Finance in the 1990s, in: Wolfgang Streeck und Kathleen Thelen (Hrsg.), Beyond Continuity. Institutional Change in Advanced Political Economies. Oxford: Oxford University Press, 169-203.

Dose, Nicolai und Alexander Drexler (Hrsg.), 1988: Technologieparks. Voraussetzungen, Bestandsaufnahme, Kritik. Opladen: Westdeutscher Verlag.

Dyson, Kenneth und Stephen Padgett (Hrsg.), 2005: The Politics of Economic Reform in Germany: Global, Rhineland or Hybrid Capitalism? Special Issue of German Politics 14 (2).

Ebbinghaus, Bernhard, 2005: Can Path Dependence Explain Institutional Change? Two Approaches Applied to Welfare State Reform. MPIfG Discussion Paper 05/2.

Esser, Josef und Wolfgang Fach, 1981: Korporatistische Krisenregulierung im „Modell Deutschland", in: Ulrich von Alemann (Hrsg.): Neokorporatismus. Frankfurt am Main: Campus, 158-179.

Esser, Josef, Wolfgang Fach und Werner Väth, 1983: Krisenregulierung. Zur politischen Umsetzung ökonomischer Zwänge. Frankfurt am Main: Suhrkamp.

Fioretos, Orfeo, 2001: The Domestic Sources of Multilateral Preferences: Varieties of Capitalism in the European Community, in: Peter A. Hall und David Soskice (Hrsg.): Varieties of Capitalism. The Institutional Foundations of Comparative Advantage. Oxford: Oxford University Press, 213-244.

Franks, Julian und Colin Mayer, 1995: Ownership and Control, in: Horst Siebert (Hrsg.), Trends in Business Organization: Do Participation and Cooperation Increase Competitiveness? Tübingen: Mohr.

Gourevitch, Peter A. und James J. Shinn, 2005: Political Power and Corporate Control: The New Global Politics of Corporate Governance. Princeton/Oxford: Princeton University Press.

Goyer, Michel, 2001: Corporate Governance and the Innovation System in France, in: Industry and Innovation 8 (2), 135-158.

Glassmann, Ulrich und Helmut Voelzkow, 2001: The Governance of Local Economies in Germany. In: Colin Crouch et al., Local Production Systems in Europe. Rise or Demise? Oxford: Oxford University Press, 79-117.

Grabher, Gernot, 1993: The weakness of strong ties: the lock-in of regional development in the Ruhr area, in: Gernot Grabher (Hrsg.), The embedded firm. On the socio-economics of industrial networks. London/New York: Routledge, 255-278.

Grande, Edgar und Burkard Eberlein, 1999: Der Aufstieg des Regulierungsstaates im Infrastrukturbereich, in: Roland Czada und Hellmut Wollmann (Hrsg.): Von der Bonner zur Berliner Republik. Leviathan-Sonderheft 19. Opladen: Westdeutscher Verlag, 631-651.

Granovetter, Mark, 1985: Economic Action and Social Structure: The Problem of Embeddedness, in: American Journal of Sociology 91, 481-510.

Groser, Manfred, Josef Hilbert und Helmut Voelzkow, 1986: Die Organisation von Wirtschaftsinteressen im Kammersystem der Bundesrepublik Deutschland. Materialien zur Sozialwissenschaftlichen Planungs- und Entscheidungstheorie, Band 9, Bielefeld: Fakultät für Sozialwissenschaften.

Hacker, Jacob S., 2005: Policy Drift: The Hidden Politics of US Welfare State Retrenchment, in: Wolfgang Streeck und Kathleen Thelen (Hrsg.), Beyond Continuity. Institutional Change in Advanced Political Economies. Oxford: Oxford University Press, 40-83.

Hagedoorn, John, 1993: Strategic technology alliances and modes of cooperation in high-technology industries, in: Gernot Grabher (Hrsg.), The embedded firm. On the socioeconomics of industrial networks, London/New York: Routledge: 116-137.

Hall, Peter A. und Daniel W. Gingerich, 2004: Varieties of Capitalism and Institutional Complementarities in the Macroeconomy: An Empirical Analysis. Discussion Paper 5/04. Max-Planck Institute for the Study for Societies, Cologne.

Hall, Peter A. und David Soskice (Hrsg.), 2001a: Varieties of Capitalism. The Institutional Foundations of Comparative Advantage. Oxford: Oxford University Press.

Hall, Peter A. und David Soskice, 2001b: An Introduction to Varieties of Capitalism. In: Peter A. Hall und David Soskice (Hrsg.): Varieties of Capitalism. The Institutional Foundations of Comparative Advantage. Oxford: Oxford University Press, 1-68.

Hall, Peter A. und Ann Markusen (Hrsg.), 1985: Silicon Landscapes. Boston: Allen& Unwin.

Herrigel, Gary, 1996: Industrial Constructions. The sources of German industrial power. Cambridge: Cambridge University Press.

Hilferding, Rudolf, 1910: Das Finanzkapital. Eine Studie über die jüngste Entwicklung des Kapitalismus. Wien: Ignaz Brand & Co.

Hollingsworth, J. Rogers und Robert Boyer (Hrsg.), 1997: Contemporary Capitalism. The Embeddedness of Institutions. Cambridge: Cambridge University Press.

Hollingsworth, J. Rogers, Philippe C. Schmitter und Wolfgang Streeck (Hrsg.), 1994: Governing Capitalist Economies. Performance and Control of Economic Sectors. New York/Oxford: Oxford University Press.

Höpner, Martin, 2001: Corporate Governance in Transition: Ten Empirical Findings on Shareholder Value and Industrial Relations in Germany. MPIfG Discussion Paper 01/5.

Hopt, Klaus und Stefan Prigge, 1998: Vorwort, in: Klaus Hopt et al. (Hrsg.), Comparative Corporate Governance. The State of the Art and Emerging Research. Oxford: Oxford University Press, v-x.

Hucke, Jochen und Hellmut Wollmann (Hrsg.), 1989: Dezentrale Technologiepolitik? Technikförderung durch Bundesländer und Kommunen. Basel: Birkhäuser.

Johnson, Chalmers, 1995: Japan: Who governs? The Rise of the Developmental State. New York/London: W.W. Norton.

Jürgens, Ulrich, Katrin Naumann und Joachim Rupp, 2000: Shareholder Value in an Adverse Environment: The German Case, in: Economy and Society 29 (1), 54-79.

Katzenstein, Peter, 1985: Small States in World Markets. Industrial Policy in Europe. Ithaca/London: Cornell University Press.

Kitschelt, Herbert, Gary Marks und Peter Lange (Hrsg.), 1999: Continuity and Change in Contemporary Capitalism. Cambridge: Cambridge University Press.

Lange, Stefan und Uwe Schimank (Hrsg.), 2004: Governance und gesellschaftliche Integration. Wiesbaden: VS-Verlag für Sozialwissenschaften.

Le Galès, Patrick und Helmut Voelzkow, 2001: Introduction. The Governance of Local Economies, in: Colin Crouch, Patrick Le Galès, Carlo Trigilia, Helmut Voelzkow (Hrsg.): Local Production Systems in Europe: Rise or Demise? Oxford: Oxford University Press, 1-25.

Le Galès, Patrick und Carlo Trigilia, 2004: Conclusions, in: Colin Crouch, Patrick Le Galès, Carlo Trigilia, Helmut Voelzkow (Hrsg.): Changing Governance of Local Economies: Responses of European Local Production Systems. Oxford: Oxford University Press, 331-343.

Lehmbruch, Gerhard, 1995: Ressortautonomie und die Konstitution sektoraler Politiknetzwerke. Administrative Interessenvermittlung in Japan, in: Karlheinz Bentele et al. (Hrsg.): Die Reformfähigkeit von Industriegesellschaften. Frankfurt am Main / New York: Campus, 64-101.

Leibenstein, Harvey, 1976: Beyond Economic Man. A New Foundation in Microeconomics. Cambridge, MA: Harvard University Press.

Leibenstein, Harvey, 1978: General X-Efficiency Theory and Economic Development. New York: Oxford University Press.

Levy, Jonah, 2005: Redeploying the State: Liberalization and Social Policy in France, in: Wolfgang Streeck und Kathleen Thelen (Hrsg.), Beyond Continuity. Institutional Change in Advanced Political Economies. Oxford: Oxford University Press, 103-127.

Lütz, Susanne, 1993: Steuerung industrieller Forschungskooperation. Funktionsweise und Erfolgsbedingungen des staatlichen Förderinstrumentes Verbundforschung. Frankfurt am Main: Campus.

Lütz, Susanne, 2002: Der Staat und die Globalisierung von Finanzmärkten. Regulative Politik in Deutschland, Großbritannien und den USA. Frankfurt am Main: Campus.

Lütz, Susanne, 2005: The Finance Sector in Transition: A Motor for Economic Reform? In: German Politics 14 (2), 140-156.

Marshall, Alfred, 1919: Industry and Trade, London: Macmillan.

Mayntz, Renate, 2004a: Governance im modernen Staat, in: Arthur Benz (Hrsg.), Governance – Regieren in komplexen Regelsystemen. Eine Einführung. Wiesbaden: VS-Verlag, 65-76.

Mayntz, Renate, 2004b: Governance Theory als fortentwickelte Steuerungstheorie? MPIfG Working Paper 04/1.

Mayntz, Renate und Fritz W. Scharpf, 1995: Steuerung und Selbstorganisation in staatsnahen Sektoren, in: Renate Mayntz und Fritz W. Scharpf (Hrsg.), Gesellschaftliche Selbstregelung und politische Steuerung. Frankfurt am Main: Campus, 9-38.

Offe, Claus, 1984: Korporatismus als System nichtstaatlicher Makrosteuerung?, in: Geschichte und Gesellschaft 10, 234-256.

Olson, Mancur, 1971: The Logic of Collective Action. Public Goods and the Theory of Groups. Cambridge, MA: Harvard University Press.

O'Sullivan, Mary A., 2001: Contests for Corporate Control. Corporate Governance and Economic Performance in the United States and in Germany. Oxford: Oxford University Press.

Ouchi, William, 1980: Markets, Bureaucracies, and Clans, in: Administrative Science Quarterly 25, 129-141.

Piore, Michael J. und Charles F. Sabel, 1985: Das Ende der Massenproduktion. Berlin: Wagenbach.

Polanyi, Karl, 1944: The great transformation. New York/Toronto: Rinehart & Company.

Powell, Walter W., 1996: Weder Markt noch Hierarchie: Netzwerkartige Organisationsformen, in: Patrick Kenis und Volker Schneider (Hrsg.): Organisation und Netzwerk: Institutionelle Steuerung in Wirtschaft und Politik. Frankfurt am Main/New York: Campus, 213-273.

Pyke, Frank, Giacomo Becattini und Werner Sengenberger (Hrsg.), 1990: Industrial districts and inter-firm cooperation in Italy. Geneva: International Institute for Labour Studies.

Pyke, Frank und Werner Sengenberger (Hrsg.), 1992: Industrial districts and local economic regeneration. Geneva: International Institute for Labour Studies.

Saxenian, Annalee, 1985: The Genesis of Silicon Valley, in: Peter A. Hall und Ann Markusen (Hrsg.): Silicon Landscapes. Boston: Allen&Unwin, 20-34.

Saxenian, Annalee, 1994: Regional Advantage. Culture and Competition in Silicon Valley and Route 128, 2nd edition. Cambridge, MA: Harvard University Press.

Schmidt, Vivien A., 2000: Still Three Models of Capitalism? The Dynamics of Economic Adjustment in Britain, Germany and France, in: Roland Czada und Susanne Lütz (Hrsg.): Die politische Konstitution von Märkten. Wiesbaden: Westdeutscher Verlag: 38-73.

Schmidt, Vivien A., 2002: The Futures of European Capitalism. Oxford: Oxford University Press.

Schmitter, Philippe C. und Wolfgang Streeck, 1981: The organization of business interests. A research design to study the associative action of business in the advanced industrial societies of Western Europe. IIMV / WZB-Discussion Paper 81/13.

Schneider, Volker und Patrick Kenis, 1996: Verteilte Kontrolle: Institutionelle Steuerung in modernen Gesellschaften, in: Patrick Kenis und Volker Schneider (Hrsg.): Organisation und Netzwerk. Institutionelle Steuerung in Wirtschaft und Politik. Frankfurt am Main: Campus, 9-45.

Shonfield, Andrew, 1965: Modern Capitalism. The Changing Balance of Public and Private Power. London/Oxford: Oxford University Press.

Soederberg, Susanne, Georg Menz und Philip C. Cerny (Hrsg.), 2005: Internalizing Globalization: The Rise of Neoliberalism and the Erosion of National Models of Capitalism. London: Palgrave.

Soskice, David, 1999a: Divergent Production Regimes: Coordinated and Uncoordinated Market Economies in the 1980s and 1990s, in: Herbert Kitschelt et al. (Hrsg.): Continuity and Change in Contemporary Capitalism. Cambridge: Cambridge University Press, 101-134.

Soskice, David, 1999b: Globalisierung und institutionelle Divergenz: Die USA und Deutschland im Vergleich, in: Geschichte und Gesellschaft 25 (2), 201-225.

Stark, David, 1996: Recombinant Property in East European Capitalism, in: American Journal of Sociology 101 (4), 993-1027.

Streeck, Wolfgang, 1997: German Capitalism: Does it exist? Can it survive? In: Colin Crouch und Wolfgang Streeck (Hrsg.): Political Economy of Modern Capitalism. Mapping Convergence and Diversity. London: Sage: 33-54.

Streeck, Wolfgang und Philippe C. Schmitter, 1985a: Gemeinschaft, Markt und Staat – und die Verbände? Der mögliche Beitrag von Interessenregierungen zur sozialen Ordnung, in: Journal für Sozialforschung 25 (2), 133-159.

Streeck, Wolfgang und Philippe C. Schmitter (Hrsg.), 1985b: Private Interest Government. Beyond Market and the State. London/Beverly Hills: Sage.

Streeck, Wolfgang und Kathleen Thelen (Hrsg.), 2005: Beyond Continuity. Institutional Change in Advanced Political Economies. Oxford: Oxford University Press.

Streeck, Wolfgang und Kozo Yamamura (Hrsg.), 2001: The Origins of Nonliberal Capitalism. Germany and Japan in Comparison. Ithaca/London: Cornell University Press.

Sydow, Jörg, 1992: Strategische Netzwerke. Evolution und Organisation. Wiesbaden: Gabler.

Thelen, Kathleen, 2000: Timing and Temporality in the Analysis of Institutional Evolution and Change, in: Studies in American Political Development 14 (Spring), 101-108.

Thelen, Kathleen, 2002: How Institutions Evolve. Insights from Comparative Historical Analysis, in: James Mahoney und Dietrich Rueschemeyer (Hrsg.), Comparative Historical Analysis in the Social Sciences. Cambridge: Cambridge University Press, 208-240.

Thelen, Kathleen, 2004: How Institutions Evolve. The Political Economy of Skills in Germany, Britain, the United States, and Japan. Cambridge: Cambridge University Press.

Thelen, Kathleen und Sven Steinmo, 1992: Historical Institutionalism in comparative politics, in: Sven Steinmo et al. (Hrsg.): Structuring Politics. Historical Institutionalism in Comparative Analysis. Cambridge: Cambridge University Press, 1-32.

Trampusch, Christine, 2005: Institutional Resettlement: The Case of Early Retirement in Germany, in: Wolfgang Streeck und Kathleen Thelen (Hrsg.): Beyond Continuity. Institutional Change in Advanced Political Economies. Oxford: Oxford University Press, 203-229.

Vickerstaff, Sarah, 1985: Industrial training in Britain: the dilemmas of a neo-corporatist policy, in: Alan Cawson (Hrsg.), Organized Interests and the State. London/Beverly Hills: Sage, 45-65.

Voelzkow, Helmut, 1991: Mehr Technik in die Region. Neue Ansätze zur regionalen Technikförderung in Nordrhein-Westfalen. Wiesbaden: DUV.

Voelzkow, Helmut, 1999: Die Governance regionaler Ökonomien im internationalen Vergleich: Deutschland und Italien, in: Gerhard Fuchs, Gerhard Krauss und Hans-Georg Wolf (Hrsg.): Die Bindungen der Globalisierung. Marburg: Metropolis, 48-91.

Weber, Max, 1922: Wirtschaft und Gesellschaft. Tübingen: Mohr.

54

Weber, Max, 1923: Wirtschaftsgeschichte. Abriß der universalen Sozial- und Wirtschaftsgeschichte. München: Duncker & Humblot.

Williamson, Oliver E., 1975: Markets and Hierarchies: Analysis and Antitrust Implications. New York: Free Press.

Williamson, Oliver E., 1985: The Economic Institutions of Capitalism, New York: The Free Press.

Zysman, John, 1994: How Institutions Create Historically Rooted Trajectories of Growth, in: Industrial and Corporate Change 1 (1), 243-283.

Kapitel 1:
Governance and the Nation-State in a Global Era

Richard Deeg

Other chapters in this book focus on the role and changes in governance mechanisms at the regional level or within certain sectors of the economy. In this chapter we examine patterns of governance mechanisms at the national level in the advanced political economies. The national level is a central level of analysis in a political economy for several reasons. First, we are still in an era in which the nation-state is the most important unit in the political organization of human society. Second, national political borders are also traditionally economic borders in the sense that for much of the modern era economic activity has taken (and still does) place within nation-states. In other words, the 'boundaries' of economies coincided with the political boundaries of the state. The nation-state is also central because the institutions of economic governance were and (mostly) still are contained within national boundaries. Such governance institutions are also overwhelmingly the product of domestic political activity. None the less, the emergence of an increasingly global era raises challenges to our use of the nation-state as the fundamental level of analysis of political economy. In this chapter we examine analytical approaches developed to understand models of national economic governance or capitalism and how they have changed.

During the modern capitalist era many approaches have been developed to portray and understand the major institutional features that shape national political economies. Comparative institutional (governance) approaches have generally argued that each national economy constitutes a system or model of capitalism. These approaches have generally constructed typologies of models of capitalism, grouping national economies with sufficient institutional similarity into the same ideal-type category. Typologies serve several purposes: one is to underscore that major governance mechanisms and institutional features tend to combine in a limited number of ways. This may reflect the winnowing effect of an ongoing battle of systems, or it may reflect a functional need for institutions within a given national political economy to adhere to an underlying logic. Unlike Marxist or neo-marxist approaches which presume a single capitalist logic, comparative institutional approaches – including the Varieties of Capitalism (VoC) approach highlighted in this chapter – see many possible logics of capitalism. In other words, there is not a single form of capitalism but many. Thus the second function of typologies is to facilitate efforts to discover the underlying logic of different models of capitalism. This, in turn, enables us to understand and predict the process of economic and institutional change in each model. A third purpose of typologies is to facilitate understanding of the distinct sources of

typologies of models of capitalism

growth and economic dynamism present within each model. This, in turn, allows comparison of the competitive advantages and disadvantages of each model or system. Over the last two decades there have been many debates over which model of capitalism is "best." The Varieties of Capitalism approach takes the view that there is no single best system, since a variety of systems have proven themselves capable of acceptable levels of economic performance over long periods of time. This implies, in turn, that the future will continue to be characterized by diversity in capitalist systems.

The first section of this chapter examines the precursors and intellectual history to the variety of capitalism approach. The second section discusses the varieties of capitalism approach itself, as well as alternative approaches to comparative institutional analysis. The third section examines some of the key changes occurring in the institutions and governance mechanisms of advanced political economies during the more recent global era. The final section evaluates the theoretical strengths and weaknesses of the varieties of capitalism approach and suggests how it needs to be developed further.

1.1 Precursors to the Varieties of Capitalism Approach

neo-classical view of governance

The VoC approach, along with its precursors and contemporary alternatives, stands in contrast to the neo-classical understanding of political economies. The former group highlights the significance of institutions in shaping national economies while neo-classical economics denies the importance of institutions or sees them as hindrances to the functioning of free markets. In the neo-classical view, the price mechanism in competitive markets leads to the most efficient outcome (with some minor exceptions). There is only a small role for the state to play in correcting so-called market failures; other governance mechanisms are inefficient.

organized capitalism

The importance of non-market governance institutions in the functioning of modern capitalist systems was illustrated early by Rudolf Hilferding (1910; 1924). Hilferding argued that as capitalism developed concentration increasingly displaced competitive markets. Over time large industrial firms and banks dominated markets through their large size and the formation of cartels and trusts. Hilferding also observed the increasingly intimate connections between bank and industrial capital in the form of extensive bank loans to and ownership in firms, but also the widespread presence of bankers in corporate supervisory boards. These features placed banks in the 'commanding heights' of the economy and constituted what he called finance capital. During the interwar period, as the state became increasingly active as a regulator of the economy, and as concentration facilitated planned production in the private sector, the system evolved into *organized capitalism*.

Early comparative institutional approaches such as Hilferding's were strongly influenced by Marxist ontology, most importantly the notion of evolutionary stages of capitalism (historical materialism). Later approaches, including the VoC approach, increasingly distance themselves from such determinist historical conceptions (though they are not ahistorical). Nonetheless, Hilferding's

58

work was an important precursor to later non-marxist comparative institutionalist perspectives in that he illuminated institutional features of capitalism that later came to be seen as the essential ones shaping the character of national political economies. Hilferding also made obvious that coordinating institutions or governance mechanisms other than markets, especially hierarchy and networks, could produce economically superior outcomes.

Another important precursor to the VoC approach was the *modernization* approach. Andrew Shonfield's seminal 1965 treatise, *Modern Capitalism*, perhaps best captures this tradition. In this work Shonfield elucidated the diverse national institutional configurations that then existed and how these configurations represented distinct approaches to economic modernization. In each system Shonfield identified the actors with the strategic capacity to guide modernization through planning and inducing desired investment behavior by economic actors. In some cases, notably Germany, much of this capacity rested in the banks, but generally Shonfield was concerned with how *state* actors could intervene in diverse ways to govern their economies. How each state did this depended heavily on the particular institutional configuration – in good part historically derived – of both state and economy. In France, for example, the postwar planning commission (*Commissariat Général du Plan*) enhanced the traditional state capacity for long-term planning of public and private investment. But it was the ability of the state to strongly influence the flow of private investment capital through mostly indirect control over banks that gave it a high capacity to shape the economy. This emphasis on the state reflected the general fact that the postwar era was characterized by historically high levels of state economic intervention in the advanced capitalist economies – an era often referred to as 'embedded liberalism' (Ruggie 1982). Shonfield's study suggested further that political economies with stronger planning and coordinating capacities were (and would be) more successful than those without such capacities (which were thus forced to rely more on markets for guiding economic activity).

At a very broad level Shonfield's work suggested convergence toward a political-economic model based on mixed public and private ownership, strong planning capacities, and the increased role of associationally-organized capital and labor (in this sense presaging the later neo-corporatist literature), though the specifics in each national case would obviously vary substantially. Subsequent work in this tradition focused on elaborating in more detail the key institutions and state policies identified by Shonfield (e.g., Cohen 1977; Zysman 1983; Cox 1986; Hart 1992), or on the question of what made states 'strong' or 'weak' (Katzenstein 1978; Nordlinger 1981). An important development in this tradition was Zysman's *Governments, Markets, and Growth*, in which Zysman moved beyond the idiosyncratic national characterizations of Shonfield to a more streamlined three-part typology of advanced capitalism: state-led capitalism, market-led capitalism, and negotiated or managed capitalism. The typology was constructed using multiple institutional features, but the key distinguishing factor was the different role of the state in each type. Zysman's typology continues to remain influential in the contemporary governance literature (e.g., Schmidt 2002).

modernization approach

business studies of governance; Fordism

There is also a long tradition of *business studies,* that is, the study of the development of particular firms and industries, which has provided an important empirical basis for the VoC approach. While there are many works and authors in this vein, one of the most prominent is Alfred Chandler. From the 1960s forward Chandler conducted numerous and detailed studies of the evolution of corporations over long periods of time, primarily in the United States but also in other nations (1974; 1990). Chandler chronicled the rise of major American corporations and the development and evolution of dominant business organization models, most notably the rise of integrated managerial hierarchy – what he called 'managerial capitalism.' The emergence of stable and autarkic hierarchies in the U.S. was connected to the competitive nature of markets and extensive utilization of Fordist mass production (large, vertically-integrated firms producing standardized goods on Taylorized assembly lines). When comparing the U.S. to other nations, Chandler found a similar rise of corporate hierarchy but they were distinct in form and coupled with different approaches to production. In Germany hierarchical firms tended to cooperate more extensively with each other (via cartels for example), hence he termed this 'cooperative managerial capitalism.' In Britain the development of hierarchies dominated by professional managers was slower and thus 'personal capitalism' in which owner-industrialist played a large role remained prominent. Chandler did not focus on the institutional context in which firms evolved so much as the consequences of these. Chandler's typology of capitalism based on different forms of corporate hierarchy and the organization of production complemented the modernization approach's emphasis on the role of the state.

comparative and competitive advantage

Michael Porter, in his *The Competitive Advantage of Nations* (1990), brought the business studies and modernization approaches much closer together – and thus closer to the VoC approach. In his multi-nation study, Porter explored the institutional and social roots of industrial success. He made the important argument that nations tended to excel in certain industries over long periods of time, reflecting the accumulation of competitive advantages. Increased global trade only reinforced such advantages, thus in effect reinterpreting the Ricardian notion of comparative advantage into one of 'competitive advantage.' In Ricardian perspective comparative advantage – and the resulting global division of labor – is based on natural endowments (of capital and labor), while competitive advantage is rooted in accumulated institutional capacities reflected in technology and production skills. Porter also stressed the key role of the financial system in determining broader industrial capacities. In particular he advanced the argument that nations with financial systems dominated by securities markets, such as the U.S. and U.K. excelled at funding and promoting radical technological innovation because they were able to provide risk capital. Conversely, bank-dominated financial systems such as Germany's supported better long-term investments and investment in 'intangible assets' (assets not easily priced by the market) such as research and development efforts, employee training, organizational development and supplier relations, that provided a competitive advantage to firms. Porter's ideas are echoed quite clearly in the VoC arguments about the importance of finance and that different national institutional configurations support certain kinds of economic activity (production) better than others.

During the 1970s the *neo-corporatism* literature emerged to explain the divergent responses and capacities of different national political economies to manage the growing problems of inflation and unemployment (Schmitter 1974; Schmitter and Lehmbruch 1979; Berger 1981; Goldthorpe 1984). Whereas prior comparative approaches tended to emphasize the key role of the state, hierarchies, the organization of production, financial institutions and control over investment, this literature placed trade unions and collective wage bargaining institutions at the center of analysis. This literature documented and explored a widespread (but not universal) trend toward the inclusion of associationally-organized labor and capital into the formation and implementation of economic policy. At the core of this process was the ability of the three parties – state, capital, and labor – to negotiate durable pacts or agreements over wages and related social and economic policy issues. Primarily, though, neo-corporatism centered on wage or incomes policies that attempted to mitigate the inflationary effects of Keynesian demand stimulus through wage restraint. In exchange for such restraint, workers expected a commitment to full employment and improved social welfare benefits. It was argued by many that nations with a strong neo-corporatist capacity were better able to manage the problems of inflation and unemployment (Goldthorpe 1984; Scharpf 1991; Kurzer 1993).

Institutions were central to this analysis since successful neo-corporatism required not only the political will of actors to engage in bargaining, but a relatively centralized or concentrated union movement and similarly centralized representation of business interests. In other words, neo-corporatism worked only when there was a prior institutional basis for effective collective action in the form of *peak associations*. This enabled the representatives of capital and labor to negotiate on behalf of individual members and enforce their compliance with centrally bargained agreements. Later work showed the importance of central banks and an accommodating monetary policy in making neo-corporatist bargaining successful (Scharpf 1991), and the importance of the party system as well (Katzenstein 1985a; 1985b). Because of these institutional prerequisites, neo-corporatism was characteristic of the more coordinated European economies, i.e., those that relied to a much greater extent on non-market governance mechanisms.

The VoC literature is not directly concerned with neo-corporatist capacities, which have been generally seen as in decline since the early 1990s at the latest (see Streeck and Schmitter 1991), or at best continuing primarily at the regional or sectoral level of the economy (Streeck and Schmitter 1986; Cawson 1986). But the neo-corporatist emphasis on the structure and nature of a nation's labor movement and collective bargaining system provided the VoC approach with an understanding of how the industrial relations system interacts with other institutional features of a national political economy. In the present era the VoC approach sees neo-corporatist capacities – to the extent they still function – as working to sustain or protect the institutional foundations of coordinated market economies from erosion pressures. Indeed during the 1990s neo-corporatism appeared to undergo a revival as major social pacts became common again as a form of political exchange among capital, labor and the state (notably in Spain, Italy, Greece, Portugal, Ireland and also Scandinavia). But the more recent neo-corporatism differs from that of the 1970s and 1980s in two key dimensions: the first is the organizational basis for neo-corporatism and the second is the content of negotiation.

the new neo-corporatism

In the earlier era centralized peak associations of capital and labor negotiated primarily over wage issues in the context of Keynesian demand management and relatively closed national economies. However, declining inflation, the demise of Keynesianism, and the rise of monetarism and globalized financial markets rendered this traditional focus on incomes policy unimportant. Also, in most countries the self-organizing capacity of capital and especially labor has eroded in a more neo-liberal era. Thus current forms of neo-corporatism do not always require centralized peak associations as the key actors and their focus is on wage restraint, labor market flexibility, and restructuring and reining in the cost of social programs. The Hartz Reforms introduced during the early 2000s in Germany reflect the interlinkages among welfare, unemployment, and labor market reforms that are the subject of much neocorporatist bargaining in many European countries (though not in Germany, since organized labor's role in negotiating these reforms has been secondary and unsystematic). In the newer neo-corporatism the state also plays a greater role and the balance of political and economic power has shifted away from labor to capital. This is also acutely evident in the German case, where traditional neocorporatism has given way to more conflictual relations between capital and labor over public policy reforms (though not at the firm level where cooperation between labor and capital is still strong). Current neo-corporatism thus focuses much more on reducing wage and social costs to business in order to sustain corporate profits and competitiveness. In a much weaker political position now, workers are essentially on the defensive and use social pacts to protect existing jobs (or minimize job losses) and pay rather than to expand them (Molina and Rhodes 2002).

social systems of production

Another very important precursor to the VoC approach – and still a viable alternative – is the 'social systems of production' (SSP) approach (Piore and Sabel 1984; Dore 1986; Campbell et al. 1991; Hollingsworth et al. 1994; Crouch and Streeck 1997; Hollingsworth and Boyer 1997). Literature in this broad approach or school was developed in response to the rapid reorganization of industrial production observed in the 1980s as a result of factors such as technological change and the growth of global markets. This approach focused on the role of six basic mechanisms for coordinating or governing economic activity – market, hierarchy, communities, state, networks, and associations. Two key dimensions were used to distinguish these six mechanisms: 1. the degree to which they rely on actors' self-interest or on obligations of actors, and 2. the degree to which power is distributed horizontally or vertically. Each mechanism is seen as having identifiable strengths and weaknesses for supporting successful economic activity. Early work in this approach focused less on national differences in the mix of governance mechanisms employed than on identifying the mix present in given industrial sectors. This sectoral approach was justified in the belief that the mix of sectoral governance mechanisms found would reflect in part the functional requirements of the technology employed and market conditions specific to that sector. On the other hand, this approach recognized that national-level institutions also heavily condition the governance mix found in a given sector, thus

62

imparting strong similarities in governance across all sectors within that particular economy.

In practice this meant that the social system of production approach studied the production strategies of firms in the context of sectoral governance mechanisms, which in turn are 'embedded' in national noneconomic or social institutions. The SSP approach starts from two basic systems of production: The first is the Fordist system resting on high-volume production, low cost (or price) for competitiveness but at the cost of adaptability (which is generally viewed as declining in importance). The second is flexible production systems, of which there are actually two types; flexible specialization production and diversified quality mass production (Hollingsworth and Boyer 1997; also Piore and Sabel 1984). Flexible production systems base their competitiveness on being able to produce higher quality goods and adapt their products more rapidly to changes in demand. These systems require higher levels of trust and cooperation among actors which, in turn, requires greater use of non-market governing institutions. Here the SSP approach was drawing on insights generated by the French 'regulation theory' developed in the late 1970s and early 1980s (Aglietta 1979; Boyer 1986). Regulation theory was particularly interested in understanding the economic crisis of the 1970s. It proposed that the overall mode of regulation of an economy was defined by the interaction among five institutional features; the wage-labor nexus, forms of competition, money, public authority, and international relations. In regulation theory the dominant or leading mode of production and regulation in the postwar era was Fordism. Thus the economic crisis of the 1970s resulted from the breakdown of the Fordist mode of regulation due to technological change and the emergence of more flexible forms of production. The transformation of regulation modes was driven further by the rise of international capital mobility which meant that the 'money' dimension supplanted the 'wage-labor nexus' as the dominant institution among the five highlighted in this approach.

The SSP approach also later went beyond its strong sectoral orientation to explore to some extent the spatial dimension of governance patterns, that is, the existence of distinct institutional/governance configurations at the level of regions within countries, at that national level, at the regional level such as the EU, and at the global level. Hollingsworth and Boyer (1997) argued that increased globalization has eroded to some extent the national embeddedness of economic institutions. But they do not see this as leading to convergence across nations in their governance mixes so much as the emergence or increase of the 'nestedness' of social systems of production, i.e., a complex intertwining of institutions from the regional to national to global. At the same time, global competitive pressures get translated into pressures for broader societal change because of the very social nature of production in each country.

Presaging the VoC approach, some work within the SSP approach did divide countries into two broad types of capitalism; 'market capitalisms' which relied heavily on markets and hierarchies, and 'institutional capitalisms' which relied on a greater variety and more complex mix of governance mechanisms (Crouch and Streeck 1997; see also Streeck and Yamamura 2001). Indeed the term 'varieties of capitalism' is attributable to Michel Albert (1991) who can be

[margin: social embeddedness; regulation theory; flexible production]

[margin: "Rhine" versus "Anglo-Saxon" capitalism]

loosely ascribed to the SSP approach. Writing from the perspective of a practitioner, Albert suggested there were two basic varieties of capitalism, the Anglo-Saxon and the "Rhine" model (the latter includes Japan, despite geographic questionability). Albert surveys a wide range of political, economic, social, and cultural attributes of each model. He sees the Anglo-saxon model as dominated by individualism, a strong preference for short-term benefits or profits, and a persistent preference to maximize options or flexibility. In the Rhine model, long-term commitments, consensus and collective action are far more common. However, neither Albert nor the SSP approach have developed a comprehensive framework for systematically comparing capitalisms in this manner (nor is there agreement on the number of distinct capitalisms) and it is in this direction that the VoC approach picks up from the SSP approach.

An important recent extension of the SSP approach that, indeed, shares a great deal with the VoC approach is the work of Amable (2003). Similar to SSP and VoC, Amable utilizes five fundamental institutional domains to generate a typology of capitalisms: product market competition, the wage-labor nexus or labor market institutions, finance and corporate governance, social protection/welfare state, and the education/training system. Grouping capitalist economies based on their similarities in these institutional domains generates five models of capitalism:

1. market-based model
2. social-democratic model
3. Continental European Model
4. Mediterranean model
5. Asian model

Similar to the regulation school, Amable asserts a hierarchy among the key institutions. What he adds to the SSP approach is an explicit political dimension to models of capitalism which turns out to be very important to understanding change and evolution of capitalist system (a weakness of the VoC approach that will be discussed in section 1.4). Amable argues that the institutional choices/configurations (and the hierarchy) existing in a national economy reflect the preferences of the dominant social bloc. In this perspective institutional choices and change reflect the political coalitions that emerge and are successful in political competition with other coalitions. Further, the character of the political system itself (e.g., whether it concentrates or disperses power) will affect the likelihood of any given coalition's success as well as the likelihood of institutional change.

new institutional economics; transaction costs; principal-agent theory

A final and every important intellectual antecedent of the VoC approach is the new economics of organization or new institutional economics (Milgrom and Roberts 1992; Williamson 1975, 1985). Rejecting the restrictive assumption of neo-classical economics that markets were nearly always superior in allocative efficiency, this school sought to understand when and why actors used non-market institutions or governance mechanisms. The school developed several key analytical concepts that are central to the VoC approach: One is the notion of 'transaction costs' which refers to the investment of time, energy, and capital required to execute a given economic transaction. When transaction costs are high or frequent, so NIE, firms have an incentive to bring these transactions under direct hierarchical control which, while it has costs of its own, reduces overall costs associated with such transactions (thus representing a superior means of allocation over the market). Another key concept is 'asset specificity' which refers to the degree to which an asset can or cannot be turned to another purpose or the degree to which realizing returns on the asset requires cooperation with other actors. Highly specific assets are in some ways riskier, since their value is more vulnerable to shifts in market demand. Thus investment in specific assets is more likely to occur when they can be better protected from short-term shifts in markets. Governance mechanisms that foster long-term investment horizons and cooperation are thus superior at promoting such investment. A final important concept or theory in this literature is the 'principal-agent' theory. In this theory it is often efficient for actors (principals) to delegate authorities or responsibilities to other actors (agents). For this relationship to be successful the principal must have some capacity to 'monitor' the behavior of the agent to assure compliance with their agreement. If the agent shirks her responsibilities the principal must have a means to 'sanction' such non-compliance. As will be shown in section 1.3, these concepts are central to the analytical logic of VoC.

1.2 Liberal Market and Coordinated Market Economies and their Comparative Dis-/advantages

The VoC framework developed by Hall and Soskice differentiates itself from similar institutional approaches in several respects. The first and most important is that it focuses on the firm as the primary unit of analysis. Other prominent approaches focus on comparing national level institutions or on other actors in the economy, such as unions. Second, the VoC approach adopts actor-centered institutionalism in seeing the economy as characterized by diverse actors who seek to advance their interests in a rational manner (see Scharpf 1997). Third, the VoC approach sees each national economy as comprised of a variety of institutions that create a matrix of incentives and constraints to which actors must respond. More than other approaches, the VoC approach attempts to clarify the strategic interaction that occurs among actors and uses this to explain their decisions. Thus the VoC approach is guided by game-theory in predicting the effects of institutions upon actor behavior. In these last two respects the VoC approach is closer to the New Institutional Economics than to the more sociological approaches.

1.2.1 Relational View of the Firm

The VoC approach starts with the assumption that firms seek to develop core competencies and dynamic capabilities that enable them to produce and market goods or services profitability. The second assumption is the pursuit of these competencies and capabilities requires firms to develop and manage successful relationships with other actors. These include actors within the firm, namely employees, and multiple actors outside the firm such as suppliers, collaborators in production or research and development, unions, business associations and government. Following NIE and game theory, the VoC recognizes and underscores that these relationships create transaction costs and principal-agent problems. In other words, a firm cannot simply command other actors to act in the desired manner. Even where a firm may exercise hierarchical control, as it nominally does with its employees, it still needs to secure voluntary cooperation if it is to achieve maximum benefit from this relationship. In the end, then, the capabilities firms seek to develop are relational in that firms must solve coordination problems with other actors whose contributions are essential for success.

The relational view of the firm, then, leads the VoC approach to focus on a series of internal and external relations which solve *coordination problems* in five spheres central to firms' core competencies:

1. In *industrial relations* the key challenges facing firms are how to coordinate bargaining with workers over wages and the conditions of work. This includes how firms interact with external organizations that represent workers within the firm. These relationships affect wages and productivity that ultimately condition firm profitability and, at the level of the national economy, help determine macroeconomic outcomes such as employment and inflation levels.

2. In *vocational training and education* firms confront the problem of how to produce or secure a workforce with appropriate skills. For firms there are two central issues in this sphere; one is determining which kinds of skills its labor force should have and the other is determining how much the firm itself should invest in training its employees. Conversely, individual workers face similar problems such as deciding how much to invest in developing skills specific to their present employer and how much to invest in general, transferable skills.

3. The sphere of *corporate governance* covers the relationships between a firm and its owners, who provide equity, and between the firm and other external providers of finance. The challenge for firms in this sphere is to secure the financing necessary to develop their competencies. How firms solve coordination problems in this sphere determines the financial terms of the funds they secure and also the kinds of investment projects capital providers are willing to fund.

4. The fourth sphere is *inter-firm relations* which covers the relationships a firm establishes with other firms, most importantly suppliers and clients. These relationships are important to securing a firm's input, a market for its products, and access to technology. These relationships may include collaborative efforts in research and development of technologies. Firms face many risks in these relationships, not least of which is that the firm is exploited by another because the partner shirks responsibilities. These relationships are crucial to firm competitiveness and technological progress for individual firms and the whole economy.

5. Finally, firms face *employee coordination* problems in that firms need employees to not only possess requisite skills but also to cooperate well with

other employees. Coordination problems arise in this sphere in part because employees possess specialized information about different aspects of the firm that, if employed willingly and cooperatively, enhance the capacities of the firm. However, employees possessing specialized skills and knowledge might also choose to withhold these. In other words, hierarchical command is normally insufficient by itself to induce maximum contributions by employees to the firm; firms must also provide inducements and rewards to elicit this.

1.2.2   Liberal Market Economies versus Coordinated Market Economies

Using the ways in which firms solve these coordination problems as a basis for comparison, the VoC approach divides national political economies into two broad types: The first are liberal market economies (LME) in which firms generally solve their coordination problems through competitive market arrangements or hierarchical control. Hierarchical control puts firms in a strong position to solve its problems because there is an asymmetry of power or resources that enables it to assure desired outcomes under most conditions. In competitive markets relationships are arms-length in that they rest on a detailed and explicit agreement (formal, complete contract) between parties to the exchange in which the exact obligations of each are spelled out. Once these obligations are fulfilled, the relationship may easily end. Failures to fulfill contractual obligations are typically sanctioned through legal means. In competitive markets actors supply or demand goods or services based upon the prevailing price presented to them by the market.

liberal and coordinated market economies

The second are coordinated market economies (CME) in which firms rely more on non-market governance mechanisms to solve their coordination problems. As opposed to arms-length relationships, these modes of coordination typically entail longer-term relationships between actors that rest on less formal "relational or incomplete contracting:" obligations of each party may be explicit but also include more general obligations to cooperate over longer periods and to jointly resolve unforeseen challenges. Networks and associations also play a prominent role as coordination mechanisms. In general there is a tendency to use collaboration in building firm competencies over competitive relationships. Thus CMEs are characterized by higher levels of strategic interaction among economic actors in the sense that actors make decisions based upon what they expect other actors to do within an ongoing relationship, even though these actions are not perfectly predictable. Markets do not require strategic interaction because buyer and seller make decisions to exchange (or not) purely on prevailing price.

Institutions are central to the VoC approach because they structure the choices and incentives actors face in solving their coordination problems. Institutions are understood in the NIE (or new economics of organization) sense as rules, whether formal or informal, that all relevant actors understand and follow (see North 1990; Aoki 2001; Milgrom and Roberts 1992; Williamson 1975). Organizations are distinct from institutions, with the former being understood as durable entities of collective actors.

the nature of institutions

In LMEs firms rely primarily on hierarchy and markets as institutions for coordinating their activities. In CMEs firms use markets and hierarchies as well, but they also use other institutions to facilitate the longer-term and more open-ended relationships that characterize them. Firms need institutions in order to reduce the uncertainty that characterizes such relationships and to make *credible commitments* to each other. Such commitments are necessary because actors invest jointly in capacities that are vulnerable to unilateral withdrawal by one party. For example, a firm will invest a large amount of money in training facilities for its employees only if employees have committed to participating in the training. Employees, in turn, will only commit to such training if they expect to be rewarded by the firm for doing so. The NIE literature suggests that this requires institutions which can facilitate *information exchange* among actors, provide the capacity for actors to *monitor* each other's compliance with agreements, and create mechanisms for actors to *sanction* others who fail to cooperate as promised. Institutions typically utilized to create these three capacities include business and employer associations, trade unions, networks, and laws and regulations that facilitate information sharing and cooperation. The presence of such institutions enables firms to pursue strategies or competencies that market mechanisms alone would not make possible.

Hall and Soskice (2001) also highlight *deliberation* as an important institution in CMEs. Such institutions are understood as those that promote discussions among actors that facilitate agreements. The VoC understands the importance of deliberation less from a sociological and more from a game theoretic perspective: deliberation increases actors' knowledge about each other (information) and enhances confidence or trust that each side will hold to commitments. This becomes especially important when actors wish to collaborate in an endeavor that promises higher rewards but also carries higher risk. Deliberative institutions can also be very useful when collaborating actors are confronted with unforeseen circumstances for which there is no obvious response. The ability to deliberate effectively increases the chances that the collaboration can be sustained by reaching new agreements over how to cooperate.

The importance of deliberation also means that culture and history play important roles in facilitating coordination. VoC understands culture to mean a set of shared understandings. Like deliberation, shared understandings facilitate cooperation because they enhance actors' confidence in the likely behavior of their collaborators. History matters in the simple sense that institutional rules have been built up over time but also in the sense that historical experience builds up a set of common expectations which, in turn, facilitate actor coordination.

While the VoC approach draws heavily from NIE, it differs from it in some important respects. The most important one is that the VoC approach sees the institutions of a political economy as largely structural variables. In other words, because firms cannot easily change the overarching institutional structure of the political economy, their individual strategies are constrained by this structure. NIE generally sees structures as following from strategies (Chandler 1974). This leads the VoC approach to predict systematic differences in corporate strategy across national political economies and that these strategies will reflect the overall institutional structure at the national level. In other words, firms within an

LME, for example, will find it very difficult to follow many of the collaborative strategies found in CMEs because the institutions necessary for such collaboration are nonexistent or too weak within an LME. Such firms must therefore rely heavily on markets and hierarchies to solve their coordination problems. The general strategy that firms in LMEs will follow, then, is to invest in *switchable assets*, i.e. assets that can be turned to other purposes. While firms in CMEs will invest more in *specific and co-specific assets*, i.e., assets dedicated to a specific purpose and assets that only yield a return if actors follow through on intended cooperation. This difference in strategy translates into different capacities or competitive advantages for firms in each type of political economy.

The concept of institutional complementarity is also fundamental to the VoC approach. Two institutions are complementary when the presence (or efficiency) of one enhances the returns from (or efficiency of) the other. The VoC approach predicts that institutions in different spheres of the political economy will complement or enhance each other. For example, commitment to long-term employment in the industrial relations sphere is strengthened when in the corporate governance sphere there is less pressure by owners to maximize short-term profits. The VoC approach predicts further that economies will tend to be consistent across institutional spheres in terms of the dominant institutions for coordinating behavior. Thus LMEs will tend to rely consistently on market mechanisms in all spheres of firm coordination. There are likely multiple factors at work that create such institutional complementarity across spheres of the economy. One likely factor is that institutions successful in one sphere encourage actors to take a similar approach in others. When OECD countries are compared in their key institutions, they do cluster into the two predicted types. According to Hall and Soskice, LMEs include the US, UK, Australia, Canada, New Zealand, and Ireland; CMEs include Germany, Japan, Switzerland, the Netherlands, Belgium, Sweden, Norway, Denmark, Finland and Austria. These authors do find, however, that Mediterranean countries do not fit neatly into either the LME or CME category, in part because of extensive state intervention.

institutional complementarity

The VoC approach does not suggest that either type is inherently superior. Indeed, over longer periods of time both types of political economies have shown the capability of delivering positive economic performance, notably in terms of growth and employment. On the other hand, one of the innovations of the VoC approach is the stress it places on the systematic variation between these two types on other measures of performance. In innovation, for example, both types show a capacity for systematic innovation but of different kinds: LMEs excel at radical innovation while CMEs excel at incremental innovation. The two types also differ systematically in how they distribute income and employment.

1.2.3 Germany as the paradigmatic CME

In the finance and corporate governance sphere, it is argued by the VoC approach that CMEs are superior in providing 'patient capital,' that is, loans or equity that is provided for the longer term which enables firms to make long-term employment commitments and invest in projects that generate returns only after a longer period of time. Providers of such capital are willing to do so be-

patient capital; monitoring

cause they have access to inside information about the firms. This *information* enables them to *monitor* the firm's management and thus assure themselves that the capital is being utilized effectively for intended purposes. Capital providers gain this inside information directly and indirectly: Directly it is gained through significant ownership stake in the firm which entitles the provider to such information (often mediated through representation on a company's board of supervisors), or through extensive long-term lending to the firm which requires management to regularly report information. Indirectly information for monitoring can be garnered through monitoring the relationships a firm has with other firms within a network or within a business association (*network reputational monitoring*). The absence of hostile takeovers is also widely regarded as a complementarity institution facilitating patient capital, since the threat of takeover forces firms to maximize short-term profitability at the expense of long-term investments and commitments.

stakeholders   The internal structure of firms also reinforces the capacity for coordination. Corporate supervisory boards are co-determined and thus management must be responsive to multiple *stakeholders* in its strategies. Management decision-making within firms also tends to be done on a consensual basis and incentives for managers tend to reward the successful operation of business networks and long-term growth.

Firms in Germany and CMEs in general tend to employ production strategies that rely on relatively high levels of skilled labor and autonomy of individual workers. Skills and autonomy create workers who possess considerable knowledge that they could withhold to the detriment of the firm. Firms with such strategies are also vulnerable to the loss of employees. This is where the *industrial relations* system becomes crucial. Strong unions and collective bargaining help minimize the loss of employees to other firms by providing for relatively equal wages at equivalent skill levels across firms, thus reducing the incentive for employees to continually shop their skills to the highest bidder. Works councils and other institutions for employee involvement in management help resolve employee-employer disputes and contribute to continuity in working conditions, thus encouraging maximum contribution from employees.

Because of the importance of skilled labor in CMEs, education and training are vital to firm success. CMEs tend to rely more on the collective provision of education and training than LMEs. In Germany, for instance, an extensive system based on collaboration between industry-wide employer associations and trade unions forms the core of the education and training system. The collaborative system discourages free-riding by firms, thus ensuring all contribute to the production of skills in the labor force. It also ensures that workers develop industry-wide skills that benefits both workers and employers.

CMEs are also characterized by more extensive and numerous networks of inter-firm relations. Many of these are supplier-customer relations that go beyond the mere delivery of goods to include collaborative relations in product development and innovation. Because of long-term labor commitments, skilled personnel do not move among firms as much as in LMEs. Thus firms facilitate technology transfer through such collaborative relations. Quasi-public research organizations that cooperate with firms in research and development also facili-

70

tate technology transfer throughout firm networks. The legal system further facilitates relational contracting by providing dispute resolution mechanisms.

1.2.4   The United States as Paradigmatic LME

While it is possible for firms in LMEs to pursue non-market forms of coordination, the institutional supports for such tend to be significantly weaker than in CMEs. Thus in LMEs competitive markets are generally much stronger in all five spheres of firm coordination. Financial markets and corporate governance tend to encourage firms to focus on strategies that enhance short-term profits and 'shareholder value', namely raising and maintaining a high share price on the equity markets. The short term focus is encouraged by heavier reliance on equity markets as sources of finance and the presence of hostile takeovers which most threaten those firms that fail to maintain a high share price. Management decision-making structures and compensation also tend to reward short-term maximization.

shareholder value

In industrial relations firms rely more on individual market relations between worker and employee. LMEs are characterized by fewer employment protections which facilitate the dismissal of labor as part of firm adjustment strategies. Management tends to exert more hierarchical control over labor with no systematic provision for labor-management cooperation. Though many firms institute measures to facilitate cooperation these institutions exist solely at the discretion of management and are therefore easily overturned. Industry or economy-wide wage coordination is weak or non-existent in LMEs. All these factors combined create a more dynamic and fluid external (outside of firms) labor market which encourages employees to change jobs more frequently. Such a system encourages workers to invest in general skills transferable across firms rather than to invest in firm-specific skills. For employers this facilitates the reorientation of assets to new opportunities, but makes production strategies based on long-term employment more difficult.

flexible labour markets

The education and training system complements industrial relations in that it favors the development of general skills. Firms are reluctant to invest in industry-specific skills because workers may easily move to another firm before the first one realizes a gain on its investment. From a worker perspective, investing in industry or firm-specific skills may be more risky than investing in very general skills since there is less assurance of continued employment in a given job or field.

Inter-firm relations in LMEs tend to be less dense and rely far more on formal contractual relations. The legal system also tends to discourage many forms of firm collaboration in favor of maximizing competition among firms. With less inter-firm collaboration technology transfer takes place to a much greater degree through the movement of skilled labor across firms. It also tends to occur more through the purchase (licensing) of technology. Standard-setting for new technologies is more frequently determined by market competition than through collaboration.

The VoC approach acknowledges that not all national political economies fit tightly within these two models. It is further acknowledged that within these two types there are also significant variations. In Germany coordination often runs on a sectoral or industry basis (e.g., in employers associations), while in many Asian CMEs coordination tends to occur more heavily among groups of firms that are closely linked to each other but operate in different markets (e.g., the Japanese *keiretsu*). These institutional differences do have systematic and differential consequences for firms and workers in each political economy, but they are all distinguishable from LMEs by their comparatively high levels of strategic coordination facilitated by a dense network of non-market institutions.

1.2.5 Comparative Institutional Advantages

One of the strengths of the VoC approach is that it provides a theory to explain the widely observed fact that particular nations tend to specialize and excel in specific kinds of production or products: thus we associate consumer electronics with Japan; advanced computers with the United States; and machine tools with Germany. The VoC approaches constitutes a theory of comparative institutional advantage in that it argues that the overall institutional structure of a given political economy provides firms with identifiable advantages in engaging in specific kinds of productive activities. While these different institutional structures may be linked to differences in economic growth and technological development across nations, the VoC approach is principally concerned with identifying the competitive advantages conferred by different sets of institutions. Trade among nations actually enhances these advantages as firms intensify their efforts and focus their resources on production strategies and products for which their institutional environment facilitates greater efficiency.

radical and incremental innovation   The VoC approach highlights in particular the comparative advantages in inovation that LMEs and CMEs confer upon firms operating within them (though this is not the only institutional advantage that different systems confer). The VoC approach asserts that firms in LMEs have a comparative advantage in *radical innovation,* that is innovations that entail major changes in the production process or the development of entirely new products. Conversely, CMEs confer a comparative advantage in *incremental innovation*, understood as continuous but smaller changes in products and production processes. Different kinds of products require different kinds of innovation capacities. Thus nations tend to specialize in those products based upon the type of innovation the institutional framework best supports.

Radical innovation is most important in rapidly-changing technology sectors, such as biotechnology, semiconductors, new materials, medical engineering, and software development; in complex system-based products such as telecommunications, airlines, advertising, finance and entertainment. In these sectors competitiveness requires high risk-taking capacity and the ability to rapidly develop new products.

Incremental innovation is more important in maintaining competitiveness in the production of machine tools and machinery, process engineering, engines, consumer durables such as autos and capital goods in general. In such sectors competitive advantage lies with those firms that can continually improve the

72

product through new features or quality-enhancements while holding down or lowering unit costs.

The CME is better at incremental innovation because it utilizes skilled, secure labor down to the plant level which enables such workers to contribute to small product improvements at the production level. Close relations among firms, especially suppliers and clients further encourages incremental innovation through the sharing of knowledge and information. Incremental innovation through inter-firm relations is further supported by the fact that CMEs tend to encourage firms to engage in the production of products that complement rather than compete directly with products from firms in their network.

LMEs are not as conducive to incremental innovation for several reasons. The emphasis of financial providers on short-term profits and the hierarchical control of management undermine the security and autonomy of lower level workers that are necessary to elicit their full contribution to firm innovation. Job insecurity and labor mobility encourage workers to place their individual career chances over the development of their firm. Contract and anti-trust laws discourage inter-firm collaboration as well. On the other hand, LMEs foster radical innovation in many ways. Fluid labor markets make it easier for firms to acquire (and fire) the skilled labor necessary to adopt wholly new products. A large and more dynamic market for control over firms also enables firms to acquire skills and technology necessary for a given endeavor in a very short time. Likewise firms can dispose of such 'assets' relatively easily should they prove insufficiently profitable. This, in turn, frees up resources that can be redirected to entirely different products or strategies.

Hall and Soskice find initial supporting evidence for this theory in an examination of the distribution by sector (or technology class) of German and American patents between the early 1980s and early 1990s. The data show that German patents are disproportionately high in sectors characterized by incremental innovation. The distribution of American patents is a mirror opposite of the German; American firms have disproportionately high patents in sectors characterized by radical innovation.

1.2.6   The Political and Social Dimensions of CMEs and LMEs

The VoC approach suggests that government economic policy is also constrained – at least in the short term – by the coordinating capacities institutionalized within its political economy (Wood 2001). Government policies that try to incent firm behavior that is not otherwise supported by the institutional framework are not likely to succeed. For example, providing funds for radical innovation in a CME will not achieve the same result as in an LME because the other supporting (complementary) institutions are absent. Thus in LMEs governments concerned with increasing economic performance are likely to do better if they pursue policies that sharpen market competition. Conversely, in CMEs governments enhance growth prospects through policies that encourage and support non-market coordination. Further, in CMEs governments tend to share economic policymaking more with collective actors in the economy. This is because supporting non-market coordination effectively requires more extensive information and knowl-

political role of producer groups

edge about the needs of firms. Such information is possessed by economic actors collectively and thus the effective development and especially implementation of coordination-supporting policies is best achieved when economic actors are directly involved. Thus we find a prominent role in CMEs for producer-group organizations (business associations, chambers, etc.) in policy. This gives such groups a significant amount of structural political influence.

role of political system

It has also been noted that LMEs tend to have Westminster-type parliamentary systems that concentrate political power while CMEs tend to have more consensual or quasi-corporatist regimes. The causal linkages between regime type and political-economic organization of the economy are complex and not unambiguous. But the congruence between the two may reflect a mutually-reinforcing process. For example, consensual political regimes that embed significant power for producer groups may help ensure that the institutions that sustain non-market coordination are better protected from radical policy shifts that would undermine them. Conversely, states with concentrated political power may find it easier to introduce market-oriented policies that reinforce the comparative strengths of the LME model.

role of social policy

Conventional economic understanding typically portrays social policies as a cost on business that reduces profitability by introducing labor market rigidities. However, the VoC approach understands social policy as a potential contributor to positive firm performance in CMEs (Mares 2001 and 2003; Estevez-Abe et al. 2001). For instance, strong unemployment benefits and job protection measures sustain employer and employee commitment to the development and use of high and specific skills because these increase the probability workers with skills will retain their jobs, or if unemployed, will be able to wait until a new job in their existing occupation becomes available. Similarly, early retirement options enable firms to shed excess labor without resorting to mass layoffs, thus reinforcing a general expectation of long-term employment in a single firm. LMEs are characterized by low levels of social benefits which encourage workers to reenter the labor force more quickly, even at lower wages or in different occupations. This reinforces the fluid labor markets upon which the LME production model depends.

74

Tabelle 1.1: Key Features and Competitive Advantages of CMEs and LMEs

Sphere of Coordination Problem	Coordinated Market Economy — Key Institutions & Governance Mechanisms	Coordinated Market Economy — Associated Advantages and Disadvantages	Liberal Market Economy — Key Institutions & Governance Mechanisms	Liberal Market Economy — Associated Advantages and Disadvantages
Industrial Relations	• coordination of wage bargaining • high employment protection • employee representation in management	*Advantages*: low workforce turnover; high level of employee skill, including company-specific moderate wage increases; reduced risk of sunk investments *Disadvantages*: inflexible wages; rigid labor market	• flexible labor markets • low employment protection • decentralized wage bargaining • strong internal firm hierarchy	*Advantages*: flexibility in reallocating labor resources or changing corporate strategy *Disadvantages*: disincentive for sunk in cost training investments; reinforces market for firm control
Training & Education	• high level of expenditure • well-developed vocational training provided through cooperative arrangements involving unions and firms	*Advantages*: high skill level of employees; skill-intensive production strategies *Disadvantages*: lower inter-firm labor mobility	• vocational training outside of firms • emphasis on general skills • in-house training by firms	*Advantages*: reinforces mobility of workers and retraining *Disadvantages*: bimodal distribution of skills; lack of sunk training strengthens market for firm control
Finance & Corporate Governance	• concentrated ownership • cross-shareholdings • stakeholder approach • bank-based finance • bank-firm networks	*Advantages*: patient capital; asset-specific investments; long-term employment commitment; long-term inter-firm cooperation *Disadvantages*: less venture capital; less flexibility to reallocate firm resources	• security market-based • dispersed ownership • performance-oriented pay for management • information transparency	*Advantages*: abundant risk capital; focus on shareholder value; manager autonomy *Disadvantages*: short-term focus; riskier investment; disincentive for sunk investments between firms
Inter-firm Relations	• coordinating role for industry associations • extensive production networks • relational contracting • more product market cooperation	*Advantages*: incremental innovation; diversified quality production; technology diffusion *Disadvantages*: weaker external labor markets; high sunk investments	• formal contracts between firms • low inter-firm cooperation • technology transfer through market mechanisms	*Advantages*: more competitive markets; more radical innovation *Disadvantages*: less incremental innovation; product market instability
Employee Coordination	• employee participation through works councils or similar • long-term employment for management	*Advantages*: maximum work contribution; employee incentives align with firm interests *Disadvantages*: less management autonomy	• no co-determination • coordination through authority • shorter-term employment	*Advantages*: management autonomy in personnel matters *Disadvantages*: potentially less cooperative or dedicated employees

1.2.7   Contemporary Alternatives to Varieties of Capitalism

There are several contemporary alternative comparative institutional capitalism approaches to the VoC approach. The SSP approach discussed is probably the most prominent. The approach of Amable (which he calls Social System of Innovation and Production) is an important variant of this, as is the *national business systems* approach associated primarily with Whitley (1999).

common assumptions
among competing
approaches

There are a number of common assumptions and traits that all of these comparative institutional approaches share. The first is 'embeddedness' which highlights the fact that economic activity occurs within a social context and is mediated by institutions (Granovetter 1985; DiMaggio and Powell 1991). Embeddedness can also be understood to mean the extent to which economic transactions also serve non-economic functions (e.g. social cohesion) or are supported by non-economic social ties or obligations (Streeck and Yamamura 2001). This assumption leads all these approaches to look beyond states, markets and hierarchies as economic governance mechanisms.

A second common assumption is that institutional differences (governance mechanisms) impact economic outcomes. In other words, that the institutional organization of the political economy affects economic performance (competitiveness) at both the micro and the macro level. A corollary to this is the belief that different institutional configurations have advantages and disadvantages in fostering distinct economic activities, production strategies, etc. All of the approaches construct a typology of capitalisms based upon selected institutional features. Selected features vary somewhat among scholars, but all (or nearly all) include the financial system and labor market institutions.

A third shared assumption is that the key institutions governing an economy are interdependent. Thus institutions are not combined in haphazard fashion but reflect underlying 'complementarities.' Institutions are complementary when the returns to one institution are enhanced by the presence of another. Complementary institutions mutually reinforce each other. Another way to think of complementarity is when the coexistence of two (or more) institutions together affects the strategic choices of actors and/or will enhance the ability of actors to achieve their objectives. Indeed, it is the very existence of complementarity that makes the whole notion of distinct models of capitalism plausible, since complementarity implies there are a limited number of ways to combine institutional elements successfully. Moreover, complementarity explains in good part why institutions – and the actors who support them – are resistant to change and also why introducing new institutions into a system often leads to unintended consequences or failure to achieve the intended objective. Finally, the existence of complementarity also implies the existence of institutional tension, that is, when two institutions tend to undermine each other. Comparative institutional approaches generally argue that capitalist systems will minimize such tensions because of the economic inefficiencies they create.

key differences
among competing
approaches

There are also, of course, several dimensions along which different approaches vary systematically to one another. It is these differences that constitute the lines of debate among them:

- *The unit level of analysis.* As already discussed above, there is considerable variation in focus of analysis, ranging from firm-level, to regional, to sectoral, to national, to supranational region (e.g., EU) to global. For the most part, this distinction among approaches reflects scholars' choices about which to give primacy to, but few if any would argue that other levels of analysis are unimportant. Thus this is a minor point of distinction among them.
- *Relevant institutions.* A second difference is the choice of institutions different scholars consider definitive of political economies. While there is some overlap among them, there is no single agreement about which institutions should be compared.
- *The number of distinct models.* In part because of differences over institutions to include, there is also considerable difference over the number of distinct models of capitalism. The number of capitalisms also reflects the analysts' assumption about what constitutes a distinctive economic rationality or systemic logic. At one end we find the VoC approach associated with Hall and Soskice (2001) who find two basic models. Schmidt (2002) follows a tripartite approach drawing on Zysman's distinction among state-led, market-led, and managed capitalisms (Zysman 1983). Toward the other end we find Amable with five models of capitalism and Whitley (1999) with six national business systems.
- *The degree of complementarity.* A very important distinction among the different approaches is the degree of institutional complementarity they posit. At one end is the VoC approach which sees high levels of complementarity or institutional 'coupling.' Others, such as Amable, see the potential for lower complementarity or 'loose coupling.' This distinction matters since complementarity is widely linked to institutional change, with strong complementarity seen as a factor that works against institutional change. Thus if VoC is correct, capitalist systems are very resistant to change.
- *Mutability of Capitalist Systems.* In part because of different views on complementarity, there is also significant difference among the approaches in their views on how mutable or adaptable each model of capitalism is. While all share the belief that institutions are fairly robust, there is considerable difference among them in their estimation of how much each capitalist system has changed in light of various pressures, whether it be globalization or technology change. Closely related to this are the different mechanisms of change highlighted by each approach.
- *Role of institutions.* A final and important distinction is how different approaches see institutions affecting the behavior of actors. The SSP approach tends to highlight institutions as socializing agents, imparting norms and attitudes that facilitate distinct kinds of behaviors. Thus trust and reciprocity facilitate cooperative approaches in production. The modernization approach highlights the power dimension of institutions, in particular the power conferred upon particular actors and how they then utilize this to pursue economic goals. A third approach, common in neo-corporatism, is to view the institutions of a political economy as constituting a matrix of incentives and sanctions. Actors are assumed to respond to these incentives in

a predictable manner; thus if one knows which institutions are present, one can predict behavior. The VoC approach sees itself as distinctive from these others in that it sees institutions as most important for their function in shaping *strategic interaction* among actors. In other words, actors engage in a series of 'games' in which each actor's choices and decisions are contingent upon those of other actors. Thus the mechanisms for achieving each actor's goals are jointly determined. Institutions are the rules of the games that help actors come to agreements and, moreover, lead actors toward some solutions to their common problems over other possible solutions. Thus behavior cannot be read strictly off the map of institutions that can be observed.

1.2.8 Globalization and Change in CMEs and LMEs

The VoC approach acknowledges the competitiveness challenges presented to national political economies by the process of globalization. However, the VoC approach rejects the more common view that globalization forces all firms and national economies to become similar in their strategies, economic policies, and institutions, i.e., convergence. The VoC approach argues that firms in different institutional settings will respond differently to similar competitive pressures. It also argues that many firms, especially in CMEs, will not move production to low-wage locations because their competitive advantage in global markets rests on strategies that require supporting institutions; institutions found in their home countries but not typically in low-wage countries. The VoC approach suggests that firms will respond to globalization pressures in part by shifting some of their activities to other nations with an institutional environment more suitable for that particular activity. For example, firms in CME will move some research and development activities to LMEs in order to engage in more radical innovation. Beyond this, the VoC sees globalization as leading to an intensification of the distinctive logics of LMEs and CMEs: In LMEs firms will respond to more competition by pressuring governments for deregulation which helps lower direct costs and increase managerial flexibility. Conversely, the VoC approach predicts that economic and political actors in CMEs – including many firms - will resist radical market liberalization because this undermines the institutions that contribute to their comparative advantage. The different responses can be measured, for instance, in the marked decline in union strength in LMEs over the last two decades and the relative strength of unions and collective bargaining in CMEs.

In sum, the VoC approach does not see globalization as leading to radical changes in either CMEs or LMEs, though CMEs do face more pressure for change because it is comparatively easier for firms in CMEs to defect from coordination strategies by moving to LMEs. In particular global financial deregulation presents a greater threat to CMEs by removing the patient capital that is an important pillar. Nonetheless, the VoC approach predicts more gradual or *path dependent* change in both types of political economies. Institutional complementarities will both shape and constrain more radical change.

1.3 The Institutions of Capitalism between Stability and Change

The core institutions studied by the VoC and comparative institutional approaches more generally have undergone significant change in the past two decades. convergence and hybridization While change and evolution of institutions and political economies is constant and normal, this recent period has seen comparatively rapid change when contrasted to the relative stability of postwar economies between the early 1950s and 1970s. Measuring and understanding why and how such institutional changes occur is a central task in comparative political economy. Moreover, change provides a good test of the explanatory (and predictive) value of alternative approaches. One of the major questions occupying the field is whether there is convergence among national political economies in how they organize themselves, with most observers suggesting the bias is toward convergence on more market-oriented institutions. However, the evidence is not unequivocal and there is considerable debate. The emerging opposed argument to convergence is that of 'hybridization' in which certain institutions are adopted from elsewhere but then adapted to fit into the given institutional environment, thus creating a novel system. In this section we identify some of the major forces for change in different institutions (or institutional domains). We then summarize some of the major changes in these institutions but also continuities. It could be argued that to date the most dramatic changes among the core political economic institutions have occurred in the financial domain and in industrial relations. Education and training systems appear to exhibit more stability. Nonetheless, because of the interdependence or complementarity among different institutional domains all are affected to some degree when major changes occur elsewhere. The ultimate question is whether the myriad changes across different institutional domains are leading to qualitatively different systems of capitalism, or whether they represent a period of rapid evolution along established trajectories. At this point there is no agreed answer to this question.

1.3.1 The Revolution in Financial Systems

While some analysts may not use the word 'revolution' to describe changes in financial systems, all would agree that there have been dramatic changes since bank-based system of finance the 1970s in all advanced capitalist economies. We start from the simplified but useful distinction between two kinds of financial systems – bank-based and market-based. Bank-based systems are associated with coordinated market economies. In such systems banks as institutions generally dominate all aspects of financial markets, including corporate finance, retail banking, and securities markets. In bank-based systems banks also typically engage in 'relational banking' with corporate clients. Relationship banking indicates a long-term relationship between bank and client and the expectation that this relationship will continue. Moreover, it reflects an expectation of reciprocity and a commitment on the part of banks to stand by their clients in times of financial difficulty. In return, clients maintain close financial ties to the bank and pay a slight risk premium on the capital they receive (see Aoki 2001). As discussed in 1.2, relationship banking is central to a system of patient capital found in CMEs. The use of equity for finance is typically circumscribed in bank-based systems. There are several reasons for this, not all of which can be discussed here. One is that in CMEs major owners prefer not to dilute their control through heavy use of equity finance. When a small group of owners – blockholders – jointly control a firm they can derive advantages (rents) from access to inside information. Stable ownership also protects managers from short-term market pressures emanating from equity markets, thus facilitating the kinds of long-term investments and commitments to employees that define CMEs. Thus CMEs are generally characterized by concentrated ownership patterns in which most large firms, even listed firms, are controlled by a few major owners. Through practices such as unequal voting rights even listed firms limit the influence of small shareholders. Another reason is that long-term lending to firms by banks places the bank in a better position to monitor directly firm management (banks, of course, also profit from lending and other products and services they can sell to clients who have some obligation to favor them over competitors).

market-based
financial system
Market-based financial systems, on the other hand, are more oriented toward the use of markets to link savers and borrowers. In other words, banks or other financial institutions do not act to the same extent (as in bank-based systems) as 'intermediaries' between those who lend capital and those who borrow. Instead borrowers rely on markets for equities, bonds or other instruments to secure their external finance (as opposed to bank loans). In market-based systems ownership of firms tends to be more widely dispersed, i.e., fewer firms are controlled by a small group of blockholders. Widespread ownership, in turn, makes management more vulnerable to market sanctions in the form of declining share price (which they usually feel compelled to correct) or external takeover of the firm by another group of owners. On the other hand, widespread ownership often gives rise to 'principal-agent problems' in that a given individual small shareholder has little incentive to actively monitor and sanction management, instead preferring to sell their shares if they are unsatisfied. Under such conditions firm managers may find themselves with a high degree of autonomy from external influence (barring a hostile takeover attempt). The greater use of markets also means that relationship banking is not strong; rather, banks cultivate long-term client relations but without the implicit commitment to aid a client in trouble.

financial
globalization
In the first two postwar decades advanced capitalist economies could be fairly neatly placed into one of these two categories. Since the 1970s, however, both kinds of systems have undergone dramatic change, though bank-based systems are widely seen as having changed more. 'Financial globalization' is usually cited as the primary source of these changes. Indeed, while this is correct in a general sense, the phenomenon must be disaggregated in order to be properly understood. The beginning of financial globalization is intimately connected to the removal of capital controls (government restrictions on cross-border movements of money), a process begun in the late 1960s that accelerated during the 1980s. Capital controls were a central policy of the Keynesian-oriented economic regimes dominant from the 1930s to the 1970s. Controls were widely viewed as necessary to prevent speculative capital flows that might disrupt economies but also undermine domestic fiscal and monetary policies intended to manage the macroeconomy. Controls were also essential during the postwar

Bretton Woods regime of fixed exchange rates, since free capital movement would destabilize exchange rates. With relatively high capital controls, national financial systems were relatively isolated from each other during this mid-century period.

The breakdown of the Bretton Woods regime is central to this historical change. This has been the subject of much study (e.g., Helleiner 1994; Kapstein 1994), but here we need only be concerned with the fact that this system of fixed exchange rates and capital controls began to break down in the late 1960s. Several efforts during the 1970s to restore it – in whole or in part – failed. (The collapse of Bretton Woods is central to the emergence of European efforts to create a monetary union with a single currency; a goal ultimately realized with the Euro). The removal of capital controls during this period unleashed a dramatic process of change as the free movement of capital begat a self-reinforcing process of financial globalization, i.e., the increased cross-border movement of capital relative to measures of the real economy such as GDP. The end of restrictions made it possible for capital to move relatively freely in search of the highest returns. This, in turn, created real competition among nations and their financial systems to attract capital (or retain domestic capital). Bretton Woods system

Thus to an important degree financial globalization was furthered by a process of competitive deregulation of national financial markets as many nations sought to make their own financial center attractive to global capital. Thus early deregulation in the late 1970s in the U.S. was followed by London's "Big Bang" in 1986. Soon thereafter continental European nations began pushing for deregulation of their domestic markets as well. As cross-border capital movements increased there was further demand from investors, especially institutional investors (investment and mutual funds, pension funds, and banks and insurance firms when making non-strategic investments), to deregulate and harmonize regulation across financial centers so as to reduce transaction costs (Lütz 2002, Deeg and Lütz 2000; Moran 1991). Because institutional investors control ever growing amounts of capital, financial regulators (supported by borrowers) have responded to their preferences for greater transparency and fairness in equity markets, low trading (transaction) costs, and greater transparency in – and harmonized – corporate accounting. Harmonization in financial regulation occurred through decentralized adjustment to market pressures but also through international coordination in such bodies as the International Organization for Securities Cooperation (IOSCO). As a result of these processes, by the late 1990s there was considerable convergence across financial markets in their basic regulations (though important differences also remain). competitive deregulation; regulatory convergence; institutional investors

Separate from these competitive pressures, though closely related, was the Single Market initiative of the European Community which, of course, sought to create a single European capital market to go alongside free movement of goods, services, and labor (e.g., Story and Walter 1997). Thus starting in the late 1980s and through the mid-1990s a series of Directives were passed designed largely to foster free movement of capital, regulatory harmonization, and the use of equity markets. EU directives have also attempted to break down national barriers within the EU by facilitating cross-border mergers among financial institutions. Success in this particular respect has been fairly limited to date. The decision and European financial integration

preparation for EMU placed further importance for the EU on achieving integrated and more competitive capital markets in Europe.

common patterns of
change

All financial systems in advanced capitalist economies have changed substantially as a result of these pressures. While they have all changed in different
ways, common trends can be identified across all or most national economies
and these include:

- *Disintermediation/growth of Securities Markets.* Nearly all financial markets exhibit significant disintermediation since the early 1990s or even longer. Disintermediation refers to the process of reducing the role of banks as
  intermediaries between borrower and savers. Thus disintermediation means
  the simultaneous expansion of securities markets. The growth of such markets has been promoted from the demand side through change in regulation,
  tax laws, etc. that encourage individuals to invest their savings in securities
  such as stocks, bonds and increasingly mutual funds. The introduction
  and/or promotion of private pension savings in many nations has been a major boost to the demand side for securities. The growth of markets is also
  promoted on the supply side, mostly through the deregulation of markets
  leading to reduced trading costs and the proliferation of new financial products that are traded on markets, such as stock options, futures, and other so-
  called derivatives.
- *Securitization.* This refers to the process of transforming liabilities into
  tradable securities, thus supplying securities markets with more products to
  be purchased and traded among investors. Sometimes referred to as 'asset-
  backed securities,' these products include mortgage-backed securities
  (common in the UK and US) in which home mortgages are bundled together by a financial intermediary who then sells 'bonds' backed by these
  mortgages to investors. The payments on the mortgages are used to pay the
  interest on the bonds. Increasingly banks are also securitizing their loans by
  selling loan-backed securities to investors. For banks this is attractive because it removes these loans as liabilities from their balance sheets, thus
  freeing up capital to be used for other new business. A surprising array of
  assets has been securitized or is potentially securitizable: even David Bo-
  wie's song catalogue was securitized in the late 1990s and sold to investors
  (probably to many 68ers).
- *Financial Center Deregulation.* The increased mobility of capital not only
  enhanced direct competition among financial institutions but also among
  national financial centers, such as New York, London, Tokyo, Frankfurt and
  Paris. Financial centers are widely seen by domestic economic and political
  actors as fulfilling a central economic function. A strong financial center increases the efficiency of investment flows, lowers the cost of capital, and
  ensures adequate supply of capital for domestic demands. Thus in this era
  all financial centers have undergone dramatic reregulation and restructuring.
  The broad thrust by national actors has been to maintain or enhance the at-
  tractiveness of their own financial centers by finding ways to make them
  more profitable for investors, especially institutional investors. In practice
  this means deregulation of financial products and reduction of the costs as-

sociated with securities issuing and trading (among other things). Virtually all securities exchanges have been privatized or transformed into joint-stock corporations (usually owned by major domestic financial institutions) in order to enhance their innovative capacity but also to open the door to cross-border cooperation and/or mergers among exchanges. While there are some examples of such cooperations or mergers (e.g., Eurex), most national financial centers remain autonomous and in direct competition with each other.

- *Change from Self-Regulation to State Regulation.* Another common change across advanced economies is a shift from a high degree of self-regulation by financial sectors to codified and state-supervised regulation (Moran 1991; Lütz 2002). This shift is visible even in traditionally market-oriented financial systems. It was brought about by the need to increase investor trust in the fairness of securities markets which itself was dictated by the deregulation of markets and increased competition among them.

- *Weakening of Relational Banking.* In bank-based financial systems there has also been a notable weakening of relational banking, especially in Germany but also in Japan to some degree. This occurred as banks increasingly looked to profit from the new emphasis on securities markets by shifting away from traditional commercial banking to investment banking (which principally means underwriting and trading in securities; and advising in corporate mergers and acquisitions). Engaging in investment banking often comes into conflict with commercial banking and especially relationship banking. Relational banking also weakened in part because many banks responded to growing competitive pressures by selling long-term equity stakes they held in many corporate clients – which served as an important basis for their relationship – in order to free up capital to invest in more profitable ventures. Finally, relationship banking is weakened by declining bank borrowing by big firms and their increased use of securities for external finance.

- *Structural Change in Banking Industry.* The financial industry itself has also undergone considerable change as an industry. Privatization of financial institutions has been widespread. In some cases this was done as part of a general policy turn toward less state intervention; in other cases it was done to enhance the capacity of domestic financial institutions to compete in more open markets. As a result of competition, deregulation, and privatization, there has also been a general trend toward consolidation among banks and concentration in the distribution of financial assets (i.e., fewer financial institutions controlling a greater portion of financial sector assets and business).

Despite considerable structural change and regulatory convergence, there remain patterns of stability important and durable differences among financial systems. First, most domestic financial markets are still dominated by national financial institutions. The UK is a notable exception due to the extraordinarily large presence of foreign financial institutions present in London (which actually do little domestic financial business). In the EU national governments have to this point generally discouraged through indirect means cross-border mergers among major financial institutions

– largely out of nationalist sentiment. Second, traditional structures remain in place in many countries. Germany and Austria, for instance, show relative stability in the tripartite division among commercial, cooperative, and savings banks. In the United States a large number of small community banks continue to thrive even while an ongoing process of consolidation among larger banks occurs. France and Italy, on the other hand, show greater structural change but institutional legacies of their earlier systems are still significant in both. Finally, the distribution of household assets has generally shifted toward equities in all countries, but relatively slowly. Thus in traditionally bank-based financial systems the share of equities in household assets still lags considerably behind traditionally equity-oriented systems. In other words, despite the growth of securities markets across all national economies bank-based systems still have relatively small stock markets, and banks continue to control a higher proportion of financial assets than in market-based systems (Vitols 2004).

1.3.2 Corporate Governance

Closely related to changes in financial systems is the evolution of corporate governance. Corporate governance can be understood as referring to the rules (formal and informal) that determine "how authority is distributed among [firm] owners, the board of directors, senior managers, and employees" (Bebchuk and Roe 1999). The reform of corporate governance systems is directly tied to the concerted efforts over the last two decades to promote securities markets. This is so because investors have demanded more control and transparency in firm management. In CMEs, corporate governance reform has also been closely connected to industrial relations reform (discussed in the next section), since CMEs typically grant workers more influence over firm management than do firms in LMEs.

insider system of corporate governance   As with financial systems, we can start by simplifying and dividing corporate governance systems into two broad types; insider or stakeholder systems, and outsider or shareholder systems (Franks and Mayer 1990). An insider or stakeholder system is characterized by many features. First, all major stakeholders – owners, managers, employees and perhaps even supplier firms – are viewed as having a 'stake' in the firm and thus a legitimate right to participate (not necessarily equally) in the key decisions affecting the firm's fate. Second, since employees are stakeholders, firms in these systems (which largely coincide with bank-based financial systems and a coordinated market economy) normally have a strong commitment to employment security. Because of this commitment, stakeholder corporate governance systems are typically strong when equity markets are weak, since the latter tend to encourage a focus on shorter-term profitability which often can only be achieved through the ready dismissal of labor – characteristic of LMEs but not CMEs. In stakeholder systems, employees may have a formal, statutory role in firm management, as in Germany through the institutions of co-determination and works councils.

role of concentrated ownership and networks   The commitment to long-term employment and focus on long-term investment is further facilitated in stakeholder systems by the concentration of ownership. Major blockholders constitute a core of stable, long-term investors that work with management toward long-term success (usually defined more in terms of revenue growth and market share than profitability). In such systems there has traditionally been a bias against small, minority shareholders. For example, their ability to sanction management through shareholder lawsuits is weak or nonexistent. Stakeholder systems are also typically characterized by equity links among groups of firms, with the Japanese *keiretsu* perhaps being the most famous example. These links represent a firm network that may facilitate cooperation among firms in production, or it may simply represent a network for control that inhibits unwanted takeover of firms. Stakeholder systems are often characterized by interlocking directorates in which a relatively small group of identifiable elites sit a on a large number of corporate boards. Such a network may also facilitate coordination among firms (again a hallmark of CMEs). Bankers are usually part of such networks and thus they also facilitate relational banking (and patient capital) because banks can use them to gather information – or monitor – their clients to ensure desired management behavior.

Outsider or shareholder-oriented corporate governance systems are generally the opposite of the insider system in all dimensions. First, ownership tends to be more widely dispersed with fewer firms controlled by a small group of blockholders (insiders). Thus outsider systems are characteristic of market-based financial systems (and typically with LMEs). Corporate governance rules do not typically accord stakeholders such as labor a voice in firm management. In principle firms are managed in the interest of owners alone. In reality, though, when ownership is widely dispersed firm managers typically have a high degree of autonomy in managing the firms. This often means the firm is managed in the interest of owners but also managers. To make the interests of owners and managers coincide, starting in the 1980s it became common to pay managers to significant degree with performance-related forms of compensation such as stock options. The belief was that tying managers' personal wealth to the firm would make them act in the interest of all owners. Such devices are necessary with dispersed ownership because individual investors usually hold too few shares to justify the cost of monitoring the firm's management. Thus, in addition to compensation forms, outsider systems are characterized by rules that protect minority shareholders, e.g., by curtailing or eliminating shares with unequal voting rights, or giving minority shareholders the right to sue management for compensation in the case of management malfeasance.

To encourage investment and create liquid markets for shares, shareholder oriented systems traditionally also had more stringent accounting rules that increased the transparency of corporate finances to owners and potential owners. Securities market regulation also tried to put small investors on an equal footing with large ones. Because of the prominence of equity finance and markets, management is more oriented toward maintaining a higher share price and maximizing the return on owner equity (i.e., maximizing 'shareholder value'). The focus on maximizing shareholder value is further strengthened by what is often referred to as a 'market for corporate control.' Firms whose ownership is dispersed and shares are widely traded in securities markets are vulnerable to a hostile takeover. Management attempts to prevent such an occurrence by 1. satisfying present owners and 2. maintaining a high share price, i.e., making a takeover

outsider system of corporate governance

shareholder value

costly. The strong incentives in such systems to maximize shareholder value greatly weaken the ability of other potential stakeholders to have a voice in firm management.

pressures for change in corporate governance

Given the growth of securities markets and reorientation of domestic financial systems toward them, one would also expect there to be commensurate change in corporate governance systems. And in fact there has been, though change has been less uniform than in the case of financial markets. As in financial markets, the growing importance of institutional investors in securities markets has been a central impetus of change. Institutional investors tend to be minority shareholders or small investors in any given individual firm since they normally follow a strategy of investment diversification. Thus institutional investors have interests generally aligned with those of small investors, including greater transparency in corporate finance, equal legal treatment and voting rights of all shareholders, effective controls on firm management to align its interests with those of all owners, and low cost and transparency in securities markets themselves. Firms themselves, even in CMEs, also found good reason to heed these demands since shares became an increasingly important financial tool for competition among them. For example, several large firms in Germany began listing their shares in London and New York in order to attract more investment capital but also to have shares that could be used to purchase firms (in lieu of cash) in important product markets such as the U.S. The utility of shares for this purpose is an outgrowth of the growing global integration of many product markets which, in turn, has led to global consolidation among firms in many sectors (pharmaceuticals is a good example). Another important pressure for change that must be mentioned is, again, the European Union for whom corporate governance reform is part of the larger effort to promote an integrated European capital market. Finally, many national governments have come to view corporate governance reform as a central element of general economic modernization efforts.

common patterns of change in corporate governance

While reform efforts and outcomes are more diverse in corporate governance, there are nonetheless some common trends that can be discerned and validated.

- *Increased financial transparency*. Because of the near uniform growth of securities markets, most countries have made efforts to increase the transparency of corporate finances through changes in accounting regulations and strengthening the role of external auditors. Among large, globally-oriented firms there is a trend toward the use of either International Accounting Standards (IAS) or the American accounting system (US-GAAP).
- *Stronger Boards*. Most nations have made efforts to strengthen the ability of boards of directors or supervisory boards to oversee and control managers in the interests of owners. Among other things, such reforms have enhanced the statutory authority of boards and also attempted to increase the role of 'independent' directors, i.e., board members without prior ties to the firm and without a financial stake in the firm. The belief is that independent directors will be better able to act independently of management.
- *Decline of blockholding*. In several traditionally insider-oriented systems there has been a significant decline in the number of firms controlled by

blockholders. Such a decline is exhibited in Germany (Beyer 2002; Beyer and Höpner 2003), to some extent in Japan, but especially in France where the network of large blockholders created in the late 1980s unraveled in the late 1990s (Goyer 2002; Schmidt 2002). Where blockholding has declined, ownership has become more widely dispersed thus pressuring such firms to become more shareholder-oriented in their corporate governance. Over the last decade several governments, e.g., Germany and Italy, have actively encouraged the unwinding of blockholding and equity links among their large firms in order to encourage a more dynamic corporate sector (Deeg 2005a).

- *Increase of Performance Pay.* In the late 1990s many CMEs introduced reforms that enabled firms to adopt performance-related pay for management (and also for regular employees). This was intended to strengthen firms' ability to attract top global talent but also to satisfy institutional investors who wanted management to have greater incentive to maximize shareholder value.

The change in corporate governance is less far-reaching and more differentiated than in the case of financial markets. First, the reforms mostly affect large firms in each country (i.e. those that are listed firms) and even among large firms many are relatively unaffected by the reforms. This is partly the case because some reforms merely create options or choices for institutional change for firms but not requirements (e.g., recent Italian reforms gave firms a choice of board structures, rather than requiring any particular structure). Thus firms have some degree of choice in the extent to which they change their corporate governance practices. Firms which are more globally oriented or whose shares are widely held have generally made the most changes. Another force for stability (and against cross-national convergence) is that the decline of blockholding and ownership concentration, while significant for certain firms or industries, generally remains comparatively high in political economies where this was normal (Bebchuk and Roe 1999). Also, firms in different national political economies have chosen diverse ways to satisfy the demands of institutional investors. In France, for example, large firms have been divesting themselves of weaker divisions or subsidiaries (or ones that are not part of their core business) in order to raise share price and enhance shareholder value. In Germany, in contrast, conglomerates have been slower to shed subsidiaries and instead have focused more on increasing the transparency of management and company finances (Goyer 2002). Corporate governance reforms have so far had relatively little consequence for the vast majority of small and medium-sized firms in most countries, since such firms are not typically listed and thus not subject to many of the same corporate governance issues or rules as large firms. Even when large firms have turned to shareholder value, they have not necessarily converged on the shareholder model of corporate governance. In Germany, for example, corporate reforms upheld key elements of the stakeholder model such as co-determination and works councils. Thus several large German firms are practicing 'enlightened shareholder value' (Vitols 2004) in which the conventional stakeholder model is sustained but with a greater focus on profits and return on owner equity. In other words, the hierarchy of firm goals has been altered more than the structure of

lack of convergence in corporate governance systems

corporate governance. Convergence among corporate governance models is limited by many factors, including the fact that neither system appears to have a systematic competitive advantage (Guillén 2000).

1.3.3 Industrial Relations

During the 1980s and 1990s it was widely believed that globalization would lead to the demise of unions and the convergence of industrial relations systems on the LME model of deregulated, "flexible" labor markets in which employees exercised little collective power. This was expected to result from the relentless cost-cutting pressures and increased capital mobility associated with globalization and the presumption that organized labor and industrial relations systems that gave them institutionalized influence over firms inhibited cost reductions and thus firm (and by extension, national) competitiveness. Evidence for this view can be found in the nearly universal decline in the percentage of national workforces organized in unions or covered by collective bargaining agreements. The declines were especially striking in the United States. Moreover, organized labor's bargaining strength with employers and political strength vis-à-vis the state also showed signs of continual weakness.

threats to organized labor

Proponents of this deregulation/convergence thesis can also point to the undeniable and, again, near universal trend toward the decentralization of collective bargaining from the national or multi-company level down to the firm or even individual plant level. Even where higher level collective bargaining persisted, it was often of an increasingly general nature leaving the meaningful details of employment to lower level agreements (Katz, Lee, and Lee 2004; Rehder 2003). The reverse side of this trend is that local forms of employee organization – union locals, works councils, or work groups – became increasingly prominent. Decentralized bargaining is widely seen as giving firms more flexibility to tailor labor agreements to their individual circumstances. Decentralization does not inherently constitute a shift in power from employees to employers; indeed it may partly reflect a mutual advantage to both employers and employees in facilitating the implementation of new work practices and technologies. On the other hand, the fact that it has generally been firm management pushing for decentralization suggests it results at least in part from a shift in relative power of the two sides. This is especially the case for firms that face intense competitive pressures and seek to use firm-level agreements to gain concessions from employees; concessions that may include reduced wages, changes in work time or rules, and changes in the organization of work designed to save costs (a growing trend). With growing problems of unemployment in many countries and the shifting of production abroad, many workers feel compelled to accept such concessions in exchange for some commitment to preserving jobs. Decentralization is furthered by a common push for more individualized pay (and performance pay). Altogether these trends support the view that more highly regulated and coordinated labor relations systems are slowly but surely converging toward their deregulated and "flexible" cousins.

changes in LME labour markets

However, another perspective suggests that rather than convergence there is continued, if not even greater, divergence (Katz and Derbyshire 2000; Katz, Lee and Lee 2004; Wood 2001). Thelen (2001) argues that LMEs and CMEs confronted the same labor market pressures in ways that strengthened their differences. Labor markets and industrial relations in LMEs (especially the UK, US, Australia and New Zealand) became even more deregulated and flexible during the 1980s and 90s. In these cases employers frequently attacked unions directly and succeeded in greatly weakening their power or eliminating them. Though some employers have chosen a different strategy toward labor, tolerating unions so long as they cooperate in raising shopfloor flexibility. Where employers feared losing valuable employees, they strengthened company-specific training, enhanced firm-internal career opportunities and training.

In CMEs many employers also sought to use decentralization to enhance their influence over wages and work and to some extent succeeded. However, Thelen argues that, by and large, firms in CMEs did not seek to dismantle their organized and cooperative systems of labor relations. This is because the production strategies of firms in CMEs typically rely on high-skill, high-quality products. Also, production increasingly is done on a just-in-time basis in which firms in the supplier chain are highly vulnerable to the disruption in production caused by work stoppages. Also, the growth of global outsourcing and competition means that if a firm cannot fulfill contracts because of work stoppages, it faces a high risk of being shut out from future contracts and its place in the supply chain. In other words, work stoppages are increasingly costly to many (but clearly not all) firms, especially larger globally active ones. Thus firms see unions, and especially strong shopfloor organizations such as works councils, as important allies that can help preserve labor peace while ensuring the negotiated agreements between employers and employees are upheld. In Germany, for example, even as firm-level agreements have spread since the early 1990s (Rehder 2003), industry-level bargaining continues to play an important role.

More generally, during the 1990s there appeared to be a countertrend to the widely observed decentralization in collective bargaining. This countertrend came in the form of renewed national level 'tripartism' or social pacts, especially in Italy, Spain, Greece, Portugal but also Ireland, the Netherlands and Germany (Molina and Rhodes 2002; Katz, Lee and Lee 2004; Royo 2004; Locke and Baccaro 1999). While this may appear to be a revival of the corporatist bargaining of the 1960s and 1970s, the more recent tripartism differs from this earlier form in several respects. While both entail a concern with wage moderation, more recent tripartism is broader in scope (often in terms of the diversity of groups involved but more in the number of policy issues covered) with more emphasis on securing workplace and employment flexibility and the inclusion of related reforms in social security, pensions, etc. Many recent tripartite agreements also helped solidify or strengthen sectoral or multi-employer collective bargaining. In that sense it represents a certain amount of recentralization. Recent pacts have been credited with improving labor market flexibility and national economic performance while stabilizing the role of unions within firms (Katz, Lee and Lee 2004). In sum, while industrial relations in CMEs are changing, they are doing so following the collectivist or coordinated logic. Even so, the future of organized labor and coordinated labor relations is still in question, as union membership is still generally in decline across advanced economies (though generally at slower

changes in CME labour markets

revival of social pacts and tripartism

rates in CMEs) and the coverage of collective bargaining is still trending downward.

1.3.4 Education and Training Systems

education as key to competitiveness

Once again we start with the 'globalist orthodoxy' which sees education and skills as increasingly important to national competitiveness. This is so because advanced economies must increasingly cede low-skill, low-wage production to low-cost countries such as China. Instead, they must focus on 'knowledge-based' industries that rely on high skill levels and harness new technologies in order to remain competitive. 'Knowledge-based' industries also presumably require workers able to work in teams, be creative and flexible, and work in a more self-directed fashion. Given the high mobility of money capital, investment in 'human capital' is also seen as vital because it is one source of competitive advantage over which national governments still retain more control. For these reasons the globalist view predicts that advanced economies will converge in their skill demands and profiles (Ashton and Green 1996: Coates 2000).

The evidence for this thesis, however, is very mixed. A survey of a large number of empirical studies that try to measure the change in demand for skills in advanced economies and the change in workforce skill levels shows mixed results. Nonetheless, across the studies some identifiable patterns emerge. First, in all advanced economies there is a trend toward greater skills and training levels since the early 1980s. Secondly, and despite the first conclusion, there is no obvious trend toward convergence in skill levels and employer demands for such. The UK still shows the historic pattern of low skills, despite much public debate and efforts to change this. Germany, Japan, and Sweden all have relatively high levels of skills (as was the case before). The United States, on the other hand, displays a bimodal distribution with a large segment of low skill workers and a significant segment of very highly skilled workers (Ashton and Green 1996). Finally, there is no clear-cut connection between skill levels and various indicators of economic performance (Coates 2000).

persistent national differences in skill utilization

Why do nations persist in their long-term patterns of skill creation and utilization? While the answer is no doubt complex, one piece is that technology does not in itself lead to increased skill requirements. Different capitalist systems will respond to and utilize a new technology in different ways, depending upon the prior existing production model. Thus a new technology can lead to either upskilling or deskilling, or some combination of the two. Second, simply investing more money in education and skills – as some nations have tried – does not inevitably lead to higher skills in the workforce or to the demand for, and capacity to utilize, those skills.

Consistent with the varieties of capitalism view of stability and complementarity, it seems that education and training (skill formation) systems have changed relatively little under globalization. CMEs have resisted widespread deskilling because of its association with low wages (and effective union and social resistance to significant reductions in wages) but also because firms in CMEs still compete effectively on the basis of high-skill production. Where they cannot compete effectively on such a basis they are apparently outsourcing this work to

90

low-skill countries (rather than deskilling). However, high skill formation systems are vulnerable, since they require high levels of cooperation and coordination among employers, employees, and the state; such systems are much more easily destroyed than constructed.

LMEs, on the other hand, find it very difficult to alter their skill formation systems so as to produce a labor force with overall higher skill levels. This is partly because of the historical nature of skill formation systems which were most crucially formed during the early phases of industrialization in each country. It is also because of the difficulty in overcoming collective action problems and coordinating the necessary contributions of employers and employees to a system of high skill formation. Overcoming this problem is possible only if a group of leading firms are committed to a high skill system and society at large is willing to fund one. Both firms and workers must also have incentives to invest in skills knowing that the rewards for this investment are gained over a longer period of time. Lacking this social desire, political will, and institutional preconditions, LMEs are more likely to respond to competitiveness problems by deskilling work (and cutting wages commensurately).

1.3.5 Welfare Regimes

We include a discussion of welfare states here because it is increasingly recognized that welfare states do not stand alone, above, or against the other institutions essential to the structure and functioning of the national political economy. In other words, welfare states do not simply perform the social protection function of aiding those who cannot provide for themselves adequately in the labor market, cannot work, or have retired. While not yet heavily studied, a literature is emerging that sees the welfare state as another essentially institutional pillar of the political economy that helps define dominant strategies (strategic interaction) among economic actors (e.g. Ebbinghaus and Manow 2001). Thus the welfare state and changes in it should be connected to changes in other, complementary institutions. The exact linkages between the welfare state and other institutions, such as corporate governance, are not fully understood or catalogued. However, some existing studies show us some of these possible connections.

The study by Estevez-Abe et al. (2001) starts from the thesis that social protection aids the market by helping economic actors overcome market failures in skill formation, and that different types of social protection systems (welfare states) are complementary to different skill level equilibria (i.e., low skill versus high skill economies). They begin their analysis with the concept of a 'welfare production regime' which is constituted by the specific combination of three elements; first, the type of skills predominant in the economy (firm specific, industry specific, or general skills); second, the product market strategy pursued by firms (fordist mass production, diversified quality mass production, niche production, and diversified quality production); and third, the types of social protections provided (employment protection, unemployment protection and wage protection). From this they hypothesize a set of complementary institutional configurations involving all three elements. Thus production strategies such as diversified quality production or diversified quality mass production

welfare production regimes

91

utilize a high level of firm specific skills and benefit from a social protection system that provides a high level of employment protection (so that workers will invest in firm-specific skills which will not be useful to them if they lose their jobs). In non-mass, niche production industry specific skills predominate and this is facilitated above all by unemployment protection (so that laid off workers can wait until they are reemployed somewhere in the industry). Mass production strategies with their reliance on general skills (and a low level of skills) are complemented by low levels of social protection which enhances labor market flexibility. This theory thus predicts that firms which rely on firm and industry specific skill-based production strategies will support a stronger welfare state and collective bargaining because they help create the firms' competitive advantages.

Thus through models such as this, welfare state institutions are brought into the varieties of capitalism perspective. Understanding welfare states this way also helps explain why the tripartism of the 1990s focused on a broad range of reforms covering welfare state policies and not just labor market reforms. These linkages are also evident in the series of Hartz reforms in Germany which are seen as complementary in promoting economic modernization and competitiveness and cover the labor, healthcare, and welfare state.

1.4 Advancing the Varieties of Capitalism Approach

strengths of the VoC approach

The VoC approach captured in the "school" of Hall and Soskice has brought many important innovations to the comparative institutional study of capitalisms. Most important is its focus on the institutional incentives firms face and specifically the mechanisms of interaction and interdependence between a firm and its institutional environment. Their firm-centered perspective has thus helped us understand better the interdependencies among institutions, especially in seemingly disparate institutional spheres (such as between contract law and supplier relations based on relational contracting among firms; Casper 2001). This, in turn, paints a more complex picture of the underlying dynamics of advanced political economies. Moreover, their approach is sufficiently comprehensive yet parsimonious such that it enables fairly precise predictions about how firms, industries, and nations will respond to a variety of economic challenges. These predictions cover both economic responses by actors but also their policy preferences which will be determined by their interest in sustaining the institutional arrangements which lend them competitive advantages. One can also derive predictions about the impact of various economic policies or policy reforms on economic activity. In this sense the VoC approach provides a testable theory of capitalist dynamics. This is an advantage over some of the more sociological approaches discussed in section 1.1 which, because they tend to see institutions as more malleable and each case of capitalism as unique in important respects, do not facilitate precise predictions to the same extent. However, the VoC approach has weaknesses of its own, and in this final section we discuss some of these major weaknesses and explore avenues to improve the approach and move research in this field forward.

92

1.4.1 Toward a More Dynamic Theory of Capitalism

One of the chief weaknesses of the VoC approach is its relatively static nature. path dependency
The theory predicts a high level of institutional stability, even when national
capitalisms are confronted with serious economic difficulties. The VoC theory
predicts that actors under such pressure will modify gradually their institutions,
but are very unlikely to engage in wholesale institutional change. This is because
the VoC relies (mostly implicitly) on a theory of path dependency. In this theory,
a path dependent process is one characterized by a self-reinforcing sequence of
events. Following the branching metaphor, each event in the sequence sets the
direction (and thus precludes others) of subsequent events. Events early in the
sequence often matter more in the determining the overall path trajectory because their effects may be exaggerated downstream. As events move down the
path, change becomes more bounded, i.e., previously viable options are increasingly remote (costlier to adopt). A path begins with a critical juncture, i.e., a
point in time in which at least two alternative paths are (more or less) equally
probable but movement toward one is initially chosen or favoured. The initial
step in one direction is then reinforced through positive feedback or self-
reinforcing mechanisms. These mechanism include *large set-up or initial costs* –
once actors have made a substantial investment in a given path they have a
strong incentive to sustain the path to recover their costs; *learning effects* may
also strengthen the path, because as actors learn to utilize more effectively the
institutions constituting this path, it enhances their value and utility; *coordination
effects* take root when other actors follow the initial actors in their commitment
to a given path and thus enhance the benefits accruing to all actors from this
path; *adaptive expectations* are a fourth source of positive feedback when actors
adopt or support a particular path because they expect others to do so.

A final source of positive feedback deserves special attention, since in the institutional
complementarity
VoC approach it is the key source of stability; this is *institutional complementar-
ity.* Hall and Soskice (2001: 17) define complementarity as when "…the presence (or efficiency) of one [institution] increases the returns (or efficiency of) the
other." Take a given individual economic actor – such as a firm – which is constrained in achieving its objectives by institutions in many subsystems of the
economy; if the incentive structures across these subsystems reinforce particular
strategies by that actor, they are complementary. Estevez-Abe et al. (2001: 182),
for example, write that the resilience of particular welfare production regimes is
"reinforced by institutions – collective wage-bargaining systems, business organizations, employee representation, and financial systems – that facilitate the
credible commitment of actors to particular strategies, such as wage restraint and
long-term employment, that are necessary to sustain cooperation in the provision
of specific skills." Complementarity may arise through deliberate strategic coordination by actors across institutional domains – Aoki (2001) calls this 'strategic
complementarity' - or it may arise through a process akin to evolutionary (functional) selection or co-evolution (see also Streeck and Yamamura 2001). In the
'varieties of capitalism' approach sunk costs in the form of asset specificity –
e.g., joint investments, adaptive learning, and reciprocal relationships – also play
a prominent role as a source of positive feedback (Hall and Soskice 2001).

Thus in the VoC approach increasing returns mechanisms, especially from complementarity, explain how coordinated market economies' production model based on skilled labour is sustained by the mutually-constituted effects of a wide range of institutions governing collective bargaining, co-determination, vocational training, and industrial finance (Hall and Soskice 2001: 18-19). Together these institutions create, among other things, a context for long-term investment in relationships and skills. Thus the CME coheres as a national model or regime. Resting on a different combination of complementary governance mechanisms, LMEs too cohere as a model. While it is less explicit within VoC, the approach rests on the presumption that the 'path' of a given nation, i.e., whether it is a CME or LME, was set early in that nation's industrialization process.

Indeed, it is the very existence of complementarity that makes the whole notion of distinct systems of models of capitalism plausible, since complementarity presumes that there are a limited number of ways to combine institutional elements successfully. Moreover, complementarity explains in good part why institutions – and the actors who support them – are resistant to change and also why introducing new institutions into a system often leads to unintended consequences or failure to achieve the intended objective. A well-developed theory of complementarity, then, should generate predictions about patterns of institutional change in national economies. The varieties of capitalism approach does this just this: Namely, it predicts (in simplified terms) that when confronted with pressures for change, liberal market economies will get more liberal and coordinated market economies will resist liberalization (Hall and Soskice 2001).

Given this reliance in the VoC on a theory of path dependency, how do institutions change? "Strong" versions of path dependency such as that in VoC imply that only an 'exogenous shock' – an event outside the path such as war or a global economic depression that radically alters the incentives/constraints confronting actors on the path – can lead to the end of the path. Short of this, change is incremental or 'on-path.' Actors may gradually modify aspects of the path, but the overall trajectory is unchanged. Thus the VoC approach predicts that national models will gradually adjust but a nation is highly unlikely to make a radical shift from being a CME to an LME. Moreover, in the VoC perspective combining elements of a CME with an LME is actually an inferior position, since there will be less complementarity across the institutional domains which will undermine overall efficiency of the system (we return to this issue in 1.4.2).

weak versus strong complementarity However, many recent studies and theorists within these various schools have begun to question notions of tight coherence or complementarity (e.g., Crouch 2002; Morgan and Kubo 2005; Jackson 2003a; Deeg 2001, 2005b). In Germany, for instance, the financial and corporate governance systems have undergone radical change and are increasingly dominated by market mechanisms; thus conforming more closely to the LME form. Yet other institutional domains within the German model such as industrial relations retain most of their traditional characteristics. In the VoC perspective this should be an unstable or at least inefficient outcome. Yet studies of Germany suggest it may be stable and efficient (in the sense of producing superior outcomes to feasible alternative institutional arrangements: Höpner 2003), thus contradicting the VoC theory. In other words, and contrary to the VoC view, it appears possible to recombine institutional elements (governance mechanisms) in novel ways and even possibly to combine institutions associated with LMEs with those associated with CMEs – a process frequently referred to as hybridization. Hybridization of LME and CME institutions can be found in numerous European states, including Germany, France and Italy. Thus the VoC needs to allow for the possibility that not all institutions within a given nation will be complementary. Indeed, there may even be tensions among institutions that can serve as a source of institutional change (Jackson 2003a; Amable 2003).

What the VoC needs, then, is to incorporate a more dynamic understanding of institutional change. Most importantly it must allow for the possibility of endogenous sources of institutional change; that is, change originating from actors working within the system. Thelen (2000; 2003), for instance, has argued that mechanisms of change can operate at the same time as mechanisms of re-production of a given path (i.e., a particular type of capitalist system). Over time, however, the mechanisms of change may outweigh those reproducing the path, leading to a major change in the overall trajectory of the path. She highlights two mechanisms in particular that may lead to such change. The first is 'institutional layering' when actors use institutional material already available but in new ways or combinations, or new institutions are added "on top" of existing ones. The other mechanism is 'conversion' in which existing institutions are turned to new purposes. Thelen (2003) also highlights the role of 'marginal actors,' especially in a political sense, who may use such mechanisms to turn a path in a direction more favourable to their interests.

This draws our attention to another source of change, namely, that the inter- endogenous change
ests of actors on the path may change such that they seek to radically alter the path they are on. Such shifts in interests may result from exogenous shocks but also from endogenous changes in the path (Deeg 2001; Aoki 2001). For example, unanticipated institutional effects or developments – which are highly likely in complex systems – may lead actors to reassess their interests vis-à-vis the institutions (see Pierson 2004). Such actors may then use entrepreneurial skills, power, or access to other social networks or institutional ideas in an effort to alter the institutions of the path (for example Crouch 2005). Given a shift in interests, actors may use various mechanisms of change such as layering, conversion or also diffusion, i.e., draw on alternative notions of appropriate action or norms that alter other actors' behavior, which may then culminate in institutional change. Stated somewhat differently, actors can appropriate and promote selected ideas that help them overcome the constraints of structure.

'Generational turnover' or actor discontinuity within a given institutional path can also be a source of endogenous change (see also Pierson 2004). Since successive generations of actors may not share the same goals and preferences and interpretive frameworks of their predecessors, they may seek to alter institutions. Such an argument presumes, of course, that actors, while constrained by their institutional context, are not determined by it. To be clear, actors are in many ways the product of their institutional environment, i.e., their beliefs, preferences and material resources are shaped (or in some cases, given) by the institutional context. This is another reason why institutions are typically change resistant. But actors are nonetheless able to innovate from within the path. Actors, for example, can learn from other institutional domains and use this to alter their own (see Crouch 2005).

1.4.2   A Test of Institutional Complementarity

If the VoC theory is correct about institutional complementarity and that both CMEs and LMEs can be efficient systems of capitalism, then one should be able to test this by examining the economic performance of all advanced capitalist economies.

system coherence and macroeconomic performance

Hall and Gingerich (2004) did just this by measuring the aggregate effects (macro level) of institutional complementarities by correlating institutional configurations with performance measures (mostly GDP growth) across OECD countries. Using the core institutions identified in the VOC literature, their study found a clear and internally-consistent clustering of economies into CME and LME types, along with some in the mixed category. These were then correlated with GDP growth over the past two decades and, consistent with the predictions of VOC, economies with high levels of internal institutional consistency – i.e., exhibited the institutional patterns argued to generate complementarities – exhibited higher growth rates than those with lower consistency. In other words, the more "pure" a system was (whether LME or CME), the better it performed, presumably as a result of the complementarities (some other possible causal variables were controlled for).

While this is an important effort to measure the strength (or at least existence) of complementarities, it is insufficient by itself to convincingly demonstrate the validity of the thesis. First, there are other factors that affect macroeconomic performance and not all of these are controlled for in the study. This is manifestly obvious in Hall and Gingerich's diachronic test of complementarities in which they find a weakening correlation between complementarities and growth over time without any measured change in the complementarities themselves (this is possible because they are not measuring complementarities directly, only inferring their existence and positive effects). Thus their measurement of the strength of complementarities is still a rough estimate. Secondly, this aggregated approach does not tell us anything about the relative strength or importance of the specific mechanisms of complementarity that operate at the micro level. Thus they do not tell us much about which institutional complementarities are stronger/more important than others. In other words, we do not know if the aggregate effects stem equally or not from complementarities between, say, corporate governance and industrial relations, or between corporate governance and the education and training system. The review of the literature in section 1.2 revealed that there is a diversity of opinion within the field over which set of institutions or institutional domains are likely to exhibit the complementarities that matter most to enhancing aggregate performance (see Amable 2003: 93-102).

Nor do they test whether the observed complementarities arise from the specific institutions the theory posits or from others; or whether the institutions that generate complementarities might evolve or change over time; or whether existing institutions have been replaced by new ones, while still generating complementarities at the macro level. For example, inferred complementarities at the macro level might be sustained over time by micro level institutional changes that are transitory. Simply focusing on the aggregate level would mislead us into believing in the robustness of the underlying institutional configuration while, in fact, it is changing in ways that will ultimately undermine complementarities. Or, the weakening macro level complementarities that Hall and Gingerich found might well result from underlying institutional changes that their study does not capture. As Boyer (2003) notes, complementarity between a given set of institutions is likely to be context dependent, i.e., other institutions, norms, etc. may be essential antecedent conditions. For example, an insider system of corporate governance and relational banking may well have been complementary institutions in a context of low mergers and acquisitions among firms. But in an era when mergers are abundant, these institutions may no longer be complementary because they inhibit the issuance of shares and a high share price that can be used to acquire other firms.

The other gap left by this study is knowledge about sectoral differences in complementarity. It is easily argued that some sectors within a given economy may profit from existing institutional complementarities while others may not. For example, in CMEs a sector such as machine tools seems more likely to gain than does the software sector, since the former relies on the incremental innovation favored by strategic coordination and the latter typically does not. The macro approach just tells us the sum of complementarities across all firms/sectors, not its distribution. Knowing whether the complementarities are concentrated in some firms/sectors may be vital knowledge for understanding change, for policy prescriptions, and identifying the vulnerabilities of the system as a whole to economic or political shocks. We therefore need to supplement these macro approaches with studies of the sources of complementarity at the micro level.

The Hall and Gingerich study also seems to verify the VoC thesis that mixed systems are less efficient. Even if this is the case (and there are reasons to doubt this), however, the VoC approach does not attempt to understand these systems other than as laggards or not fully modernized capitalist systems. A fuller version of the VoC theory would provide a theoretical explication of the logic of these mixed systems. Indeed, many of these mixed (i.e., neither clearly CME nor LME) systems are historically ones with a prominent state role in the economy such as France and Italy. Thus Schmidt (2002), relying on Zysman's tripartite formulation, suggests we should place a more state-influenced model of capitalism as a distinct alternative (and not inferior) to CMEs and LMEs. Schmidt's thesis points to another potential weakness of the VoC approach. The implicit view of politics in the VoC approach is a more traditional liberal-pluralist view of the state as an arena in which political actors pursue their own policy preferences and policy outcomes reflect the winning coalition among societal actors. In other words, the state has no independent preferences of its own and thus no meaningful autonomy from societal actors. While some political scientists subscribe to this view of politics, most now accept that state actors often have independent preferences and the capacity for autonomous action. The liberal-pluralist conception makes it difficult for the VoC approach to explain those changes in state policy or regulation that significantly alter the governance

efficiency of mixed systems

97

mechanisms of the economy in ways that go against the interests of politically powerful coalitions (Lütz 2003).

theory of politics and change

While Amable (2003) does not follow Schmidt in postulating state autonomy, he develops the model of politics sketched out by Hall and Soskice. The first premise of this model is that socio-political groups are the key actors who create institutions and negotiate changes in them. The institutional preferences of such groups will derive from their immediate economic interests. In a given nation, the dominant bloc (i.e., winning coalition of groups) will determine rules, that is, the institutions and governance mechanisms that prevail. Major institutional changes will occur when the dominant bloc sees it in their interest to do so; changes in interests/preferences may come either from exogenous shocks or from endogenous sources of change. Like Hall and Soskice, he argues that the structure of the political system itself (whether it is a majoritarian or consensual democracy) will affect outcomes because the number of 'veto points' and weight of veto players differs. In Amable's view the present institutional frameworks of most European CMEs on the continent (which in his schema are the Continental Model) presently lack political legitimacy and a supporting social coalition. This is why we presently observe widespread views of these systems as in crisis and in need of major institutional reform. A new, stable institutional configuration will emerge when a new, stable socio-political bloc has emerged. Unlike Hall and Soskice, Amable allows for the possibility that a new bloc will emerge behind a radically different political-economic model, i.e., CMEs might be modified through hybridization processes but they might also be transformed into mixed systems or even LMEs. Amable thus also extends Hall and Soskice in showing how economic actors can change the institutions (governance mechanisms) that normally constrain or determine their actions. This is a crucial step toward making VoC a more dynamic theory of capitalism; if actors' strategies and preferences are determined by the institutional incentives and constraints they face, then there is little to no scope for change and actors will continually choose to reproduce those same institutions (which is essentially what Hall and Soskice argue). While Hall and Soskice do not disavow institutional change, Amable's extensions show the conditions under which this is likely and how the process takes place.

1.4.3   The Limits of the Nation-State as Unit of Analysis

One of the most obvious and difficult challenges to the VoC and, indeed, all comparative institutional approaches, is the rapid globalization of economic activity that has been occurring since the 1970s. Comparative institutional approaches are inherently predicated on the ability to analytically separate domestic institutions confined to a single, sovereign state from institutions in other states or transnational institutions. While this approach still has utility, it must be extended to address this issue.

convergence debate

During much of the 1990s the 'convergence' thesis was widely espoused in both academic and popular literature. This thesis prognosticated the gradual (or not so gradual) erosion of the institutional differences among different national economies, with all converging on an essentially similar institutional configuration: For most advocates of this thesis this configuration would be much more market-oriented in nature, i.e., nations would converge on the LME model. For some this convergence on the LME would result from its superiority (in growth, innovation, and efficiency terms); thus with national economies increasingly exposed to more direct competition the weaker would have to emulate the stronger. For others this convergence would result from the diffusion of "best practices" from one economy to another. In other words, firms would search the world for the most efficient practices and adopt them at home, in the process transforming their domestic institutional configurations into a common model. For others the primary force of convergence is mobile capital or, more precisely, global investors who will demand more market-oriented institutions everywhere and governments, because they must increasingly compete for their investment capital, will comply (Berger and Dore 1996; Keohane and Milner 1996; Crouch and Streeck 1997). Globalization implies further that national states are losing autonomy, that is, the ability to pursue policies and institutional arrangements that may deviate from best practice or the demands of global capital. While states have attempted to regain political control over economies through international regimes such as the WTO or the European Union, these efforts either entrench the market further as a governance mechanism or at best result in the joint exercise of political control over markets.

In recent years the globalization thesis has become less convincing as fur- *barriers to* ther empirical studies reveal that national political economies are indeed chang- *convergence* ing, in many cases quite extensively, but convergence toward a single model is not substantiated empirically. Why is that the case? There are several plausible reasons: One is that market competition is very imperfect, thus it permits all kinds of variation in production, niche strategies, etc. (Boyer 1996). Second, most national economies still produce overwhelmingly for national consumption (Wade 1996). Market pressures are also ambiguous in the sense that the most competitive response is not usually clear or there is more than one way to meet a competitive challenge and different economies may have or develop functional equivalents. Third, there is also the argument of Porter (1990) as well as Hall and Soskice (2001) that different countries have different strengths and thus globalization does not mean increased head-to-head competition between nations and their firms so much as an intensified global division of labor. Finally, there is also the fact highlighted in the VoC approach and the institutionalist literature in general that transferring or adopting institutions from another country rarely leads to the same outcome in the adopting country (also Jacoby 2000). This is partly because of the institutional complementarity that already exists within a national model. Thus at best what we find is a process of hybridization, not convergence. That said, there is also wide agreement that from an international perspective there is a common trend toward greater use of markets as a governance mechanism. Thus CMEs in particular appear to face more difficult adjustment pressures (Crouch and Streeck 1997).

Yet even if globalization is not leading to convergence in domestic institu- *transnational dimen-* tional configurations (though, to be clear, it is leading to change), it nonetheless *sions of economic* still poses a major challenge to comparative institutional approaches. This chal- *governance* lenge is constituted by the growing transnational character of both economic actors and the institutions that govern them (see also Jackson 2003b). The grow-ing importance of multi-national corporations and global investors in economic activity reduces the constraining effects of domestic institutional configurations in two ways: First, globally mobile firms and investors can increasingly choose or "shop" among national economies, i.e., they can locate their activity in the institutional context most congenial for them. This gives them both greater exit options and the ability to demand changes in domestic institutions. Second, mul-ti-nationals are increasingly internally integrated in their global operations (as opposed to the traditional multi-national model of relatively autonomous and complete national subsidiaries). Among other things this means that such firms are adopting internal organizational structures and models that borrow institu-tions from different national settings. Deutsche Bank and DaimlerChrysler, for instance, have incorporated certain "human resource management" practices borrowed from their American operations into German manager-employee rela-tions (Anastasakos 2003). In this manner they have explored the "slack" or "space" within the German institutional configuration to adopt practices that, according to the VoC, are not favored by that institutional environment. In sum, the growing transnational character of many key economic actors means that firm strategies (or how they solve the coordination problems which are at the heart of VoC approach) are less and less understandable simply by looking at the domestic institutional configuration in which the firm operates: firms can use institutions beyond their national borders to help solve domestic coordination problems.

increasing constraints on national govern-ance capacity The second major challenge to VoC and similar approaches is that "national models of capitalism are becoming 'institutionally incomplete' in the sense that the governance of various institutional domains increasingly takes place at dif-ferent geographic scales" (Jackson 2003b: 48). The European Union constitutes an obvious example of this process. Through the Single Market program and beyond the EU increasing regulates a wide range of product markets but also financial markets, corporate governance institutions, and to a lesser extent indus-trial relations and social welfare systems. More broadly it is clear that the EU generally favors the expansion of markets as governance mechanisms, thus pos-ing a challenge to CMEs. European integration means that national models are being overlayed (in the sense described by Thelen) with a growing set of Euro-pean level institutions. Because these are common institutions or rules, it can be argued that European economies must *ipso facto* exhibit growing commonalities in many of their domestic institutional configurations (albeit well short of con-vergence to one model).

"models within models" Another respect in which national models are incomplete is in the (partial) reorientation of many large firms and financial institutions – the "global players" – from domestic institutional frameworks toward a common set of industry-specific international rules and their respective global markets. In other words, for a significant and growing number of large firms they are subject to a growing set of international institutions or rules particular to the sector in which they operate. These may be codified or formal rules, such as in international securities regulation, but they may also be informal institutions or rules. For example, many large European manufacturers such as Siemens or Aventis wish to be glob-

100

ally competitive; today this generally means they must be able to tap global investment capital. In turn, this is greatly facilitated by listing their shares on multiple stock exchanges and most importantly on the New York Stock Exchange. But achieving such a listing and attracting global investors means the firm must comply with the common expectations (rules) of global investors regarding corporate governance, transparency, minority-shareholder protection etc. Thus even where a domestic government may not require such practices, international norms and rules may dictate them. Conversely, large firms may demand that domestic governments change domestic policies and institutions (e.g., allowing firms to do their books using US-GAAP instead of the traditional German system) so that they can comply with these transnational rules or institutions. Such demands by firms have in fact led to domestic changes in many national economies in a manner that can be characterized as the emergence of "models within models." In other words, in many national economies we can observe a new set of institutions which create a distinct environment for such globally-oriented firms (Deeg 2001). On the other end of the scale issue, in recent years some have observed the revival of sub-national models within the model, i.e., regional economies within a nation that exhibit a significant difference in their configuration of institutional governance mechanisms from the national model (e.g., industrial districts in northern Italy: Herrigel 1996; Locke 1995). Extrapolating such trends leads Crouch and Streeck (1997) to predict that capitalist diversity will continue, not in national differences but between subnational regions, internationalized sectors, and globally operating firms.

The decoupling between many (mostly large) firms and their domestic institutional environment suggested by all of the above has many implications, some obvious and some not. One implication that is only recently gaining attention is the possibility for growing divergence between firm performance and national economic performance. For instance, during the late 1990s and early 2000s corporate profitability in Germany was generally rising, while at the same time the national economy and employment growth were stagnant (Deeg 2005c). To some extent this reflects a shift in economic and political power from employee to employer interests, but it also probably reflects a growing capacity of many (again, mostly large) German firms to succeed even if the Germany economy as whole does not.

If the developments just described are largely accurate, it turns our attention back to states. Globalization has led to the widely accepted conclusion that states are losing their capacity to control their economies. While some states may accept this, those in European Union appear to be using integration in part as a tool to regain some control. What the VoC must do is incorporate a framework for understanding when and why actors create transnational institutions that affect domestic ones; otherwise it has no answers to important questions such as whether CMEs are using European integration to stabilize their governance models or transform them. Or, if integration represents a diffusion of markets as governance mechanisms, why do CME states accept this?

In the end, what all of this suggests is that VoC and similar approaches must be advanced by incorporating a better developed theory of politics and the international dimension of economic governance.

1.5 Bibliography

Aglietta, Michel, 1979: A Theory of Capitalist Regulation. The US Experience, London: New Left Books.

Albert, Michel, 1991: Capitalisme contre capitalisme, Paris : Seuil

Amable, Bruno, 2003: The Diversity of Modern Capitalism, Oxford: Oxford University Press.

Anastasakos, Vasiliki, 2003: Labor Aspects of Internationalization: Multinational Corporations and Employment Relations in the U.S. and Germany, PhD Dissertation, Temple University, Philadelphia.

Aoki, Masahiko, 2001: Toward a Comparative Institutional Analysis, Cambridge, Mass.: MIT Press.

Ashton, David and Francis Green, 1996: Education, Training and the Global Economy, London: Edward Elgar.

Bebchuk, Lucian and Mark Roe, 1999: A Theory of Path Dependence in Corporate Ownership and Governance. In: Stanford Law Review 52, 127-170.

Berger, Suzanne (ed.), 1981: Organizing Interests in Western Europe: Pluralism, Corporatism, and the Transformation of Politics. Cambridge: Cambridge University Press.

Berger, Suzanne and Ronald Dore (eds.), 1996: National Diversity and Global Capitalism, Ithaca: Cornell University Press.

Beyer, Jürgen, 2002: Deutschland AG a.D.: Deutsche Bank, Allianz und das Verflechtungszentrum großer deutscher Unternehmen, MPIfG Working Paper 02/4, March.

Beyer, Jürgen and Martin Höpner, 2003: The Disintegration of Organised Capitalism: German Corporate Governance in the 1990s, in: West European Politics 26, 179-98.

Boyer, Robert, 1986: La Théorie de la régulation: une analyse critique, Paris: La Découverte.

Boyer, Robert, 1996: The Convergence Hypothesis Revisited: Globalization but Still the Century of Nations? In: Suzanne Berger and Ronald Dore (eds.), National Diversity and Global Capitalism, Ithaca: Cornell University Press, 29-59.

Boyer, Robert, 2003: Institutional Complementarity: Related Concepts, origins, methods and research agenda, CEPREMAP, Paris, unpublished mimeo.

Campbell, John L., Rogers Hollingsworth and Leon Lindberg, 1991: Governance of the American Economy, New York: Cambridge University Press.

Casper, Steven, 2001: The Legal Framework for Corporate Governance: The Influence of Contract Law on Company Strategies in Germany and the United States, in: Peter Hall and David Soskice (eds.), Varieties of Capitalism. The Institutional Foundations of Comparative Advantage, Oxford: Oxford University Press, 387-416.

Cawson, Alan, 1986: Corporatism and Political Theory, Oxford: Blackwell.

Chandler, Alfred D, 1974: The Visible Hand: The Managerial Revolution in American Business, Cambridge, Mass.: Harvard University Press.

Chandler, Alfred D., 1990: Scale and Scope. The Dynamics of Industrial Capitalism, Cambridge, Mass: MIT Press.

Coates, David, 2000: Models of Capitalism: Growth and Stagnation in the Modern Era, Cambridge: Polity Press.

Cohen, Stephen, 1977: Modern Capitalist Planning, Berkeley: University of California Press.

Cox, Andrew, 1986: The State, Finance and Industry, Brighton: Wheatsheaf.

Crouch, Colin, 2005: Capitalist Diversity and Change: Recombinant Governance and Institutional Enterpreneurs. Oxford: Oxford University Press.

Crouch, Colin and Wolfgang Streeck (eds.), 1997: Political Economy of Modern Capitalism: Mapping Convergence and Diversity, London: Sage.

Deeg, Richard, 2001: Institutional Change and the Uses and Limits of Path Dependency: The Case of German Finance, Max-Planck-Institute for the Study of Societies Discussion Paper, 01/06 (November).

Deeg, Richard, 2005a: Change from Within: German and Italian Finance in the 1990s, In: Wolfgang Streeck and Kathleen Thelen (eds.), Change and Continuity in Institutional Analysis: Explorations in the Dynamics of Advanced Political Economies, Oxford: Oxford University Press.

Deeg, Richard, 2005b: Path Dependency, Institutional Complementarity and Change in National Business Systems, In: Glenn Morgan, Richard Whitley, and Eli Moen (eds.) Changing Capitalisms? Complementarities, Contradictions and Capability Development in an International Context, Oxford: Oxford University Press, in press.

Deeg, Richard and Susanne Lütz, 2000: Internationalization and Financial Federalism: The United States and Germany at the Crossroads? In: Comparative Political Studies 33:3, 374-405.

Deeg, Richard, 2005c: The Comeback of Modell Deutschland?: The New German Political Economy in the EU. In: German Politics 14, 332-353.

DiMaggio, Paul and Walter Powell, 1991: Introduction, in: Paul DiMaggio and Walter Powell (eds.): The New Institutionalism in Organizational Analysis, Chicago: Chicago University Press, 1-40

Dore, Ronald, 1986: Flexible Rigidities, Palo Alto: Stanford University Press.

Ebbinghaus, Bernhard and Philip Manow, 2001: Introduction: Studying Varieties of Welfare Capitalism, in: Bernard Ebbinghaus and Philip Manow (eds.), Comparing Welfare Capitalism. Social Policy and Political Economy in Europe, Japan and the USA, London: Routledge, 1-27.

Estevez-Abe, Margarita, Torben Iverson and David Soskice, 2001: Social Protection and the Formation of Skills: A Reinterpretation of the Welfare State, in: Peter Hall and David Soskice (eds.), Varieties of Capitalism. The Institutional Foundations of Comparative Advantage, Oxford: Oxford University Press, 145-183.

Franks, Julian and Colin Mayer, 1990: Corporate Ownership and Control: A Study of France, Germany and the UK, in: Economic Policy 10, 189-232.

Goldthorpe, John H., 1984: Order and Conflict in Contemporary Capitalism, New York: Clarendon Press.

Goyer, Michel, 2002: Refocusing and Corporate Governance in France and Germany: The Centrality of Workplace Institutions. Max-Planck-Institute for the Study of Societies Discussion Paper, 02/10.

Granovetter, Mark, 1985: Economic Action and Social Structures: The Problem of Embeddedness, in: American Journal of Sociology 91 (3), 481-510

Guillén, Mauro F. 2000: Corporate Governance and Globalization: Is there convergence across countries? In: Advances in International Comparative Management 13, 175-204.

Hall, Peter and Daniel Gingerich, 2004: Varieties of Capitalism and Institutional Complementarities in the Macroeconomy: An Empirical Analysis, Discussion Paper 04/5, Max Planck Institute for the Study of Societies, Cologne.

Hall, Peter A. and David Soskice, 2001: An Introduction to Varieties of Capitalism, in: Peter Hall and David Soskice (eds.), Varieties of Capitalism. The Institutional Foundations of Comparative Advantage, Oxford: Oxford University Press, 1-68.

Hart, Jefferey A., 1992: Rival Capitalists: International Competitiveness in the United States, Japan, and Western Europe, Ithaca: Cornell University Press.

Helleiner, Eric, 1994: States and the Reemergence of Global Finance: From Bretton Woods to the 1990s, Ithaca: Cornell University Press.

Herrigel, Gary, 1996 Industrial Constructions: The Source of German Industrial Power, Cambridge: Cambridge University Press.

Hilferding, Rudolf, 1910: Das Finanzkapital. Eine Studie über die jüngste Entwicklung des Kapitalismus, Wien: Verlag der Wiener Volksbuchhandlung.

Hilferding, Rudolf, 1924: Probleme der Zeit, in: Die Gesellschaft, 1, 1-17

Höpner, Martin, 2005: What connects industrial relations and corporate governance? Explaining institutional complementarity. In: Socio-Economic Review 3, 331-358.

Hollingsworth, J. Rogers and Robert Boyer (eds.), 1997: Contemporary Capitalism: The Embeddedness of Institutions, Cambridge: Cambridge University Press.

Hollingsworth, J. Rogers, Philippe C. Schmitter and Wolfgang Streeck (eds.), 1994: Governing Capitalist Economies, New York: Oxford University Press.

Jackson, Gregory, 2003a: Institutional Complementarities, Tensions, and Reconfiguration: The Case of Japanese Corporate Governance, Research Institute of Economy, Trade, and Industry, Tokyo, unpublished paper.

Jackson, Gregory, 2003b: Varieties of Capitalism: A Review, Research Institute of Economy, Trade, and Industry, Tokyo, unpublished paper.

Jacoby, Wade, 2000: Imitation and Politics: Redesigning Modern Germany, Ithaca: Cornell University Press.

Kapstein, Ethan, 1994: Governing the Global Economy: International Finance and the State, Cambridge, Mass: Harvard University Press.

Katz, Harry C. and Owen Derbyshire, 1999: Converging Divergences: Worldwide Changes in Employment Systems, Ithaca: ILR Press.

Katz, Harry C., Wonduck Lee and Joohee Lee (eds.), 2004: The New Structure of Labor Relations, Ithaca: ILR Press.

Katzenstein, Peter J. (ed.), 1978: Between Power and Plenty, Madison: University of Wisconsin Press.

Katzenstein, Peter J., 1985a: Corporatism and Change, Ithaca: Cornell University Press.

Katzenstein, Peter J., 1985b: Small States in World Markets, Ithaca: Cornell University Press.

Keohane, Robert and Helen Milner (eds.), 1996: Internationalization and Domestic Politics, Cambridge: Cambridge University Press.

Kurzer, Paulette, 1993: Business and Banking: Political Change and Economic Integration in Europe, Ithaca: Cornell University Press.

Locke, Richard. 1995: Policy Failures and Local Successes in the Contemporary Economy, Ithaca: Cornell University Press.

Locke, Richard and Lucio Baccaro, 1999: The Resurgence of Italian Unions? In: Andrew Martin and George Ross (eds.), The Brave New World of European Labor, New York: Berghahn Books, 217-268.

Lütz, Susanne, 2002: Der Staat und die Globalisierung von Finanzmärkten: Regulative Politik in Deutschland, Großbritannien und den USA, Frankfurt a. M.: Campus.

Lütz, Susanne, 2003: Governance in der politischen Ökonomie, MPIfG Discussion Paper 03/5.

Mares, Isabela, 2001: Firms and the Welfare State: When, Why and How Does Social Policy Matter to Employers? In: Peter Hall and David Soskice (eds.), Varieties of Capitalism. The Institutional Foundations of Comparative Advantage, Oxford: Oxford University Press, 184-212.

Mares, Isabela, 2003: The Politics of Social Risk: Business and Welfare State Development, Cambridge: Cambridge University Press.

Milgrom, Paul and John Roberts, 1992: Economics, Organization and Management, Englewood Cliffs: Prentice Hall.

Molina, Oscar and Martin Rhodes, 2002: Corporatism: the Past, Present, and Future of a Concept, in: Annual Review of Political Science 5, 305-331.

Moran, Michael, 1991: The Politics of the Financial Services Revolution: The USA, UK and Japan, New York: St. Martin's Press.

Morgan, Glenn and Izumi Kubo, 2005: Beyond Path Dependency? Constructing new models for institutional change: The Case of Capital Markets in Japan. In: Socio-Economic Review 3, 55-87.

Nordlinger, Eric, 1981: On the Autonomy of the Democratic State, Cambridge: Harvard University Press.

North, Douglass C., 1990: Institutions, Institutional Change and Economic Performance, New York: Cambridge University Press.

Pierson, Paul, 2004: Politics in Time, Princeton: Princeton University Press.

Piore, Michael and Charles Sabel, 1984: The Second Industrial Divide, New York: Basic Books.

Porter, Michael, 1990: The Competitive Advantage of Nations, New York: Free Press.

Rehder, Britta, 2003: Betriebliche Bündnisse für Arbeit in Deutschland. Mitbestimmung und Flächentarif im Wandel. Schriftenreihe des MPI für Gesellschaftsforschung Band 48, Frankfurt a. M.: Campus.

Royo, Sebastian, 2004: Still Two Models of Capitalism? Economic Adjustment in Spain, Paper presented at the 2004 Annual Meeting of the American Political Science Association, Chicago, Sept. 2-5.

Ruggie, John Gerard, 1982: International Regimes, Transactions, and Change: Embedded Liberalism in the Postwar Economic Order, in: International Organization 36: 379-415.

Scharpf, Fritz W., 1991: Crisis and Choice in European Social Democracy, Ithaca: Cornell University Press.

Scharpf, Fritz W., 1997: Games Real Actors Play: Actor-Centered Institutionalism in Policy Research, Boulder: Westview.

Schmidt, Vivien, 2002: The Future of European Capitalism. Oxford: Oxford University Press.

Schmitter, Philippe, 1974: Still the Century of Corporatism, in: Review of Politics 36, 85-31.

Schmitter, Philippe and Gerhard Lehmbruch (eds), 1979: Trends toward Corporatist Intermediation, Beverly Hills: Sage.

Shonfield, Andrew, 1965: Modern Capitalism, London: Oxford University Press.

Story, Jonathan and Ingo Walter, 1997: Political Economy of Financial Integration in Europe, Cambridge, Mass.: MIT Press.

Streeck, Wolfgang and Philippe Schmitter, 1991: From National Corporatism to Transnational Pluralism: Organized Interests in the Single European Market, in: Politics and Society 19(2), 133-164.

Streeck, Wolfgang and Philip Schmitter, 1986: Private Interest Government: Beyond Market and State, Beverly Hills: Sage.

Streeck, Wolfgang and Kozo Yamamura, 2001: The Origins of Nonliberal Capitalism: Germany and Japan in Comparison, Ithaca: Cornell University Press.

Thelen, Kathleen, 2000: Timing and Temporality in the Analysis of Institutional Evolution and Change, in: Studies in American Political Development 14, 101-108.

Thelen, Kathleen, 2001: Varieties of Labor Politics in the Developed Democracies, In: Peter Hall and David Soskice (eds.), Varieties of Capitalism. The Institutional Foundations of Comparative Advantage, Oxford: Oxford University Press, 71-103.

Thelen, Kathleen, 2003: How Institutions Evolve: Insights from Comparative-Historical Analysis, In: James Mahoney and Dietrich Rueschemeyer (eds.), Comparative-Historical Analysis in Social Sciences Cambridge: Cambridge University Press, 208-240.

Vitols, Sigurt, 2004: Changes in Germany's Bank-Based Financial System: A Varieties of Capitalism Perspective, Wissenschaftszentrum Berlin, Discussion Paper SP II 2004-03.

Whitley, Richard, 1999: Divergent Capitalisms: The Social Structuring and Change of Business Systems, Oxford: Oxford University Press.

Williamson, Oliver, 1975: Markets and Hierarchies, New York: Free Press.

Williamson, Oliver, 1985: The Economic Institutions of Capitalism: Firms, Markets, Relational Contracting, New York: Free Press.

Wade, Robert, 1996: Globalization and Its Limits: Reports of the Death of the National Economy Are Greatly Exaggerated, In: Suzanne Berger and Ronald Dore (eds.), National Diversity and Global Capitalism, Ithaca: Cornell University Press, 60-88.

Wood, Stewart, 2001: Business, Government, and Patterns of Labor Market Policy in Britain and the Federal Republic of Germany, In: Peter Hall and David Soskice (eds.), Varieties of Capitalism. The Institutional Foundations of Comparative Advantage, Oxford: Oxford University Press, 247-274.

Zysman, John, 1983: Governments, Markets, and Growth: Financial Systems and the Politics of Industrial Change, Ithaca: Cornell University Press.

Kapitel 2:
Vom Sozialismus zu Demokratie und Marktwirtschaft
– Systemtransformation als Governance-Problem

Jürgen Beyer

2.1 Governance und Transformation

Der Begriff ‚Governance' erfreut sich wachsender Popularität in Politikwissenschaft, Soziologie und Ökonomie und ist darüber hinaus in den letzten Jahren zum Leitterminus eines eigenständigen theoretischen Ansatzes geworden (vgl. Lütz 2003, Mayntz 2004). Der analytische Zugang dieses Governance-Ansatzes ist problemlösungsorientiert. Dies wird schon in der definitorischen Klärung der Begriffe deutlich, so führt beispielsweise Renate Mayntz (2003: 72) aus:

> "Governance meint das Gesamt aller nebeneinander bestehenden Formen der kollektiven Regelung gesellschaftlicher Sachverhalte: von der institutionalisierten zivilgesellschaftlichen Selbstregelung über verschiedene Formen des Zusammenwirkens staatlicher und privater Akteure bis hin zu hoheitlichem Handeln staatlicher Akteure." — Governance und Governing

Ähnlich Jan Kooiman zur Beschreibung des „Governing"-Prozesses (2003: 4):

> "Governing can be considered as the totality of interactions, in which public as well as private actors participate, aimed at solving societal problems or creating societal opportunities; attending to the institutions as contexts for these governing interactions; and establishing a normative foundation for all those activities."

Die Problemlösungsorientierung hat der Governance-Ansatz von der politikwissenschaftlichen Steuerungstheorie übernommen. Der Governance-Ansatz ist zwar keine einfache Weiterentwicklung der Steuerungstheorie mit modischen Anglizismen (vgl. Mayntz 2004), aber im Hinblick auf den Aspekt der Problemlösungsorientierung führt er die Perspektive der politischen Steuerungsdebatte dennoch weiter.[1] Im Unterschied zu dieser Debatte stehen aber nicht die Steuerungschancen des Staates oder anderer politisch handelnder Akteure im Zentrum der Diskussion. Die in der Steuerungsdebatte so bedeutsame Differenz von Steuerungsobjekt und Steuerungssubjekt ist im Governance-Ansatz zugunsten der Analyse verschiedener Regelungsformen und institutioneller Konstellationen in den Hintergrund gerückt. Es wird also stattdessen nach der Beschaffenheit und den Auswirkungen institutioneller Strukturen gefragt, in denen öffentliche und

---

[1]   Renate Mayntz (2004) spricht von einem „Problemlösungsbias" beider theoretischen Ansätze.

private, sowie hierarchische (z.B. "Staat") und nichthierarchische Formen der Handlungskoordination (z.B. "Markt", "Gemeinschaft") zusammenwirken (vgl. Streeck/Schmitter 1985).

Fragestellungen in
Governance-
Perspektive

Die Systemtransformation der postsozialistischen Gesellschaften impliziert eine *radikale* und *umfassende* Änderung institutioneller Strukturen. Der gesellschaftliche Wandel der Transformationsländer und die Ergebnisse der Transformationsforschung sind deshalb unter Governance-Gesichtspunkten in mehrfacher Hinsicht von Interesse:

In der Transformationsforschung wurde die prinzipielle Möglichkeit des Systemwechsels anfangs sehr skeptisch beurteilt. Die mit dem ‚*Governing*' eines derartig umfassenden Systemwechsels verbundenen Probleme schienen so groß, dass mit einem zwangsläufigen Scheitern der Transformationsprozesse gerechnet wurde. Die Klärung der Mechanismen und Konstellationen, die den Systemwechsel dennoch möglich gemacht haben, gehört daher zum Interessenfeld des Governance-Ansatzes. Das folgende Kapitel 2.2 wird sich mit diesem Themenkreis beschäftigen.

Bei der Systemtransformation geht es um die Etablierung *neuer Regelungsmodi*. Das sozialistische Gesellschaftssystem war durch eine Dominanz des Koordinationsmechanismus "Staat" gekennzeichnet. Mit dem Systemwechsel kam es in vielen Transformationsländern zur Zurückdrängung dieser Koordinationsform zugunsten des Wettbewerbsmechanismus, und zwar sowohl in ökonomischen (Marktwirtschaft) als auch in politischen Bereichen des Gesellschaftssystems (Wettbewerbsdemokratie). Die Reichweite dieses Wechsels wird in Kapitel 2.3 diskutiert und veranschaulicht.

In Folge des Systemwechsels sind in den verschiedenen Transformationsländern höchst unterschiedliche gesellschaftliche Strukturen entstanden. Zu einem großen Teil gehen diese auf unintendierte Reformwirkungen zurück. Unintendierte Wirkungen werden häufig wenig beachtet oder als Reformdefizit eingestuft. In Kapitel 2.4 wird erläutert, dass *paradoxe Reformerfolge*, die sich nur bedingt bestimmten Akteuren als Steuerungsleistung zuschreiben lassen, den Transformationsverlauf in erheblicher Weise positiv beeinflusst haben.

Gegenstand von Kapitel 2.5 ist der bemerkenswerte *Sonderfall der ostdeutschen Transformation*. Abschließend wird ein Resümee gezogen, das die Forschungsergebnisse der Transformationsliteratur im Hinblick auf Governance-Aspekte zusammenfasst.

2.2 Systemwechsel als Governance-Problem

Systemtransformation
ohne historisches
Vorbild

Der Zusammenbruch der sozialistischen Regime überraschte nicht nur Beteiligte wie Beobachter gleichermaßen, die politisch handelnden Akteure wurden durch diesen auch vor Governance-Probleme bislang ungekannten Zuschnitts gestellt. Einige frühe Kommentatoren werteten die gesellschaftlichen Umbrüche am Ende der achtziger und zu Beginn der neunziger Jahre zwar unverzüglich als historisch zwangsläufigen Sieg der westlichen liberalen Demokratien, der wenn auch nicht das Ende von Knappheit und Konflikten, so doch den "Endpunkt der ideologischen Evolution" – und damit nicht weniger als das "Ende der Geschichte" (Fukuyama 1989, 1992) impliziere. Bei genauerer Analyse erwies sich das zugrunde liegende Verständnis der postsozialistischen Systemtransformation als Fortsetzung früherer Demokratisierungswellen (Huntington 1991) und die daran geknüpfte Hoffnung auf die Freilegung universeller Innovationskräfte allerdings als irreführende Vereinfachung, die der Komplexität der Prozesse nicht gerecht wurde.

Bei früheren Übergängen zur Demokratie ging es jeweils um politisch-konstitutionelle, die Regierungsform und die Rechtsverhältnisse zwischen Staat und Gesellschaft betreffende Entwicklungen, nicht jedoch *gleichzeitig um die Reform des Wirtschaftssystems*. Eine vergleichbar grundlegende Änderung der ökonomischen Abläufe wie in den ehemals sozialistischen Gesellschaften gab es weder bei den Nachkriegsdemokratien Italien, Japan und Westdeutschland, noch bei den mediterranen Demokratisierungsprozessen der siebziger Jahre in Portugal, Spanien und Griechenland oder den Zusammenbrüchen der autoritären Regime in Südamerika in den achtziger Jahren. Bei diesen früheren Transitionen "blieb das Kapital bei seinen Eigentümern und blieben in aller Regel die Eigentümer bei ihrem Kapital" (Offe 1991: 281).

Die Systemtransformationen in den ehemals sozialistischen Ländern waren darüber hinaus vielfach von Territorialproblemen, Wanderungsbewegungen, Minderheits- bzw. Nationalitätenkonflikten und entsprechenden Sezessionsbegehren begleitet, so dass auch die Bestimmung der Staatsgebietsgrenzen und die Konsolidierung dieser Grenzen im Rahmen einer Staatenordnung zu dem zu bewältigenden Problemkatalog gehörten. Dies hatte zur Konsequenz, dass die Stufen eines Prozesses, die andernorts in einer über Jahrhunderte gestreckten Sequenz – vom Nationalstaat zum Kapitalismus und anschließend zur Demokratie – bewältigt wurden, in den diesbezüglich erfolgreichen postsozialistischen Gesellschaften (nahezu) *synchron* zu durchlaufen waren. Das Komplexitätsniveau des gleichzeitigen Systemwechsels zu Demokratie und Marktwirtschaft ging somit über das historischer Kontrastfälle deutlich hinaus.

2.2.1 *Governance des Unmöglichen?*

Bei der postsozialistischen Transformation konnte zudem nicht angenommen werden, dass die Funktionsbedingungen einer alternativen neuen Ordnung bereits mit dem Zerfall der alten Ordnung herangereift seien. Die Situation entsprach vielmehr der einer Erschöpfung des Leistungs- und Entwicklungspotenzials der alten Gesellschaft. Daraus kann gefolgert werden, dass der Systemwechsel vom autoritären Sozialismus zu Demokratie und Kapitalismus weniger als eigengesetzlicher Prozess, sondern eher als *genuin politisches Projekt* zu verstehen ist. "Seine einzelnen Schritte bedürfen der Planung und kontextbedachten ‚Steuerung'" (Wiesenthal 2001: 13). Die Einführung demokratischer und marktwirtschaftlicher Institutionen hing somit zwangsläufig von der Reformaktivität politischer Akteure ab. Sie beruhte auf rechtfertigungsbedürftigen Entscheidungen und "nicht auf blinden Evolutionen und Emergenzen" (Offe 1991: 285).

Eine umfassende "holistische" Reformierung politischer und ökonomischer Institutionen konnte indes gemäß dem Stand der sozialwissenschaftlichen Forschung zum Zeitpunkt des Zusammenbruchs der sozialistischen Regime als

Die vermeintliche Unmöglichkeit holistischer Reformen

höchst unwahrscheinlich, wenn nicht gar als unmöglich eingestuft werden (Wiesenthal 1995a, 2000a). Sieht man von der Einigung auf eine Weltregierung oder der Überwindung des Kapitalismus ab, so gab es wohl kaum ein Projekt, das als weniger "machbar" galt als das Projekt eines intentionalen Umbaus ganzer Gesellschaften. Die systematische Skepsis beruhte zum einen auf verschiedenen allgemeinen Theoremen der Mikro-, Meso- und Makro-Ebene, so etwa:

- den Grenzen individueller Informations- und Entscheidungsrationalität (Stichwort: "bounded rationality", Simon 1957),
- den Grenzen demokratischer Politikformulierung (Stichwort: "social choice", Arrow 1951),
- den besonderen Ressourcen-, Identitäts- und Strategieproblemen kollektiver Akteure (Stichwort: "collective action dilemma", Olson 1965) und
- den Limitationen einer gleichermaßen inklusiven wie instruktiven Systemrationalität (Stichwort: Differenzierung gesellschaftlicher Subsysteme, Luhmann 1989).

Zum anderen sprachen auch zahlreiche empirische Evidenzen für die Fruchtlosigkeit und das hohe Risiko ambitionierter Reformvorhaben (vgl. Wiesenthal 2000a). In dieser Einsicht konvergieren Befunde von Politikanalysen (z.B. Lindblom 1959), der empirischen Entscheidungsforschung in öffentlichen Institutionen (z.B. Cohen et al. 1972), der Implementationsforschung (z.B. Mayntz 1980) und der Debatte über die Grenzen der Regierbarkeit moderner Staaten (z.B. Crozier et al. 1975). Vor dem Hintergrund dieses – vor allem anhand der Analyse konsolidierter Demokratien gewonnenen – Forschungsstandes wurde die Reformfähigkeit angesichts der besonderen Bedingungen des Transitionsstarts im desolaten Sozialismus in der Regel als noch *weitaus prekärer* angesehen.

Das Dilemma der Gleichzeitigkeit

Der prominenteste Einwand gegen die Reformierbarkeit der ehemals sozialistischen Gesellschaften war hierbei das so genannte "Dilemma der Gleichzeitigkeit" (Armijo et al. 1995, Elster 1990, Offe 1991). Es beschreibt das Problem der zeitgleichen Verkopplung von Maßnahmen der Demokratisierung mit jenen, die zur Etablierung einer Marktwirtschaft notwendig sind. Rationale Reformpolitik wäre aufgrund ihrer ökonomischen Nebeneffekte – die Transformationsverlierer hervorbrächte – und der demokratischen Verfahren kollektiver Willensbildung – die diesen Verlierern Einfluss auf die Politikformulierung gibt – zum Scheitern verurteilt.

Dem Dilemma der Gleichzeitigkeit liegt die Vorstellung eines *asymmetrischen Antagonismus* zugrunde. Einerseits würden marktwirtschaftliche Institutionen zwar die Entwicklung der Demokratie fördern bzw. wären eventuell gar Voraussetzung für die Leistungsfähigkeit demokratischer Ordnungen – hierzu die folgende Argumentation von Claus Offe (1991: 283):

"Nur wenn ein gewisses Maß an autonomer wirtschaftlicher Entwicklung schon stattgefunden hat und sich, anders als es in der ‚zwangshomogenisierten' Gesellschaft des Realsozialismus der Fall ist, vor allem aus dem System der gesellschaftlichen Arbeitsteilung Interessenblöcke und Konfliktthemen herausgebildet haben, findet ein rechtsstaatliches und repräsentativ-demokratisches politisches System einen

110

ihm adäquaten und seine Legitimität laufend mitgenerierenden Inhalt. Erst eine einigermaßen entwickelte Marktgesellschaft macht Konkurrenzdemokratie als ein Verfahren der innerstaatlichen Interessenaustragung und Friedensstiftung leistungsfähig."

Andererseits wären die zeitliche Differenz zwischen Reformdurchführung und Reformerfolg sowie die mit der Einführung marktwirtschaftlicher Institutionen verbundene Entstehung ungleicher Vermögens- und Einkommensverteilungen unter demokratischen Bedingungen (die sich zudem auch noch selbst etablieren müssten) kaum zu bewältigen. Eine Blockade der Reformen bzw. systematische Zielverfehlungen wären weit wahrscheinlicher.

Die Einwände hängen mit generellen Problemen ökonomischer Reformen zusammen. Diese verursachen in aller Regel zunächst Übergangskosten. Die möglichen Reformgewinne hingegen treten erst deutlich später auf, wobei unsicher ist, ob sich diese tatsächlich realisieren, denn Reformen können bekanntlich auch ihre angestrebten Ziele verfehlen. Je umfassender die Reformen sind, desto größer sind auch die anfallenden Kosten und der Zeithorizont der möglichen Gewinne rückt hierdurch häufig in die Ferne. Im Idealfall – bei sich tatsächlich einstellenden Reformgewinnen – ergibt sich für den Kosten-Nutzen-Verlauf ein exponentielles Verhältnis (Przeworski 1991). Zunächst muss ein mehr oder minder tiefes "Tal" durchschritten werden und erst danach stellt sich der Nutzen ein. Reformen sind also mit einem Problem der Zeitinkonsistenz belastet (Kydland/Prescott 1977). Die Wählerinnen und Wähler müssen aufgrund ihrer Hoffnung auf zukünftige Gewinne dazu bereit sein Verluste hinzunehmen. Wenn es der jeweiligen Regierung nicht gelingt, glaubhaft zu machen, dass die Reformen Erfolge zeitigen werden, oder wenn die Mehrzahl der Stimmberechtigten den Eindruck gewinnt, dass der Reformerfolg nicht ihnen, sondern anderen gesellschaftlichen Gruppen zugute kommen wird, dann ist es wahrscheinlich, dass die Reformregierung von der Abwahl bedroht ist oder sich zum Abbruch des Reformprozesses genötigt sieht. Für Regierungen gibt es somit einen Anreiz, vor allem solche Reformen in Angriff zu nehmen, deren Erträge sich mit hoher Wahrscheinlichkeit noch in der Legislaturperiode niederschlagen werden, und jene zu vermeiden, bei denen dies nicht zu erwarten ist.

Das Problem der Zeitinkonsistenz von Kosten und Nutzen bei ökonomischen Reformen

Neben dem Problem der Zeitinkonsistenz gibt es grundsätzlich auch Probleme mit ökonomischen Verlierern. So kann angenommen werden, dass ein Großteil der Reformgewinne eher breit streut – eine niedrigere Inflation, die größere Verfügbarkeit von Gütern und Dienstleistungen, eine stabile Währung usw. kommen der Gesellschaft als Ganzes zugute. Demgegenüber fallen die Verluste häufig konzentriert an. Sie betreffen insbesondere jene Personengruppen, die von dem alten System besonders profitieren (Haggard/Kaufman 1995). Sind aber die Gewinne gestreut und die Verluste konzentriert, dann kann angenommen werden, dass "die Verlierer" weitaus organisationsfähiger sein werden als die Gewinner. Die Opposition gegen Reformen kann daher auch selbst dann erfolgreich sein, wenn die Gewinne in der gesellschaftlichen Gesamtbilanz größer sind als die Verluste. Die Situation wird zudem noch dadurch kompliziert, dass die Kosten je nach Ausgestaltung der ökonomischen Reform unterschiedlich verteilt werden können und dies in der Regel heftige distributive Konflikte provoziert.

Ökonomische Verlierer als Problem

Einen Hinweis darauf, wie real das Problem der Übergangskosten und der ökonomischen Verlierer in den postsozialistischen Ländern war, gibt Abbildung 2.1. Das Bruttoinlandsprodukt ging zunächst überall mehr oder minder drastisch zurück. Das Ausgangsniveau von 1989 hatten im Jahr 2002 lediglich 8 von 27 Ländern wieder überschritten (EBRD 2003: 56). In dieser Hinsicht am erfolgreichsten war Polen, das – nach einem zunächst deutlichen Einbruch – ab dem Jahr 1992 wieder durchweg positive Wirtschaftswachstumsraten erreichte. Im Durchschnitt aller postsozialistischen Transformationsländer war die Talsohle im Jahr 1995 erreicht. Die Erholung vollzieht sich insgesamt gesehen aber eher schleppend, so dass im Länderdurchschnitt das Ausgangsniveau von 1989 noch nicht erreicht ist. Den in negativer Hinsicht extremsten Verlauf weist Georgien auf. Nach einem dramatischen Rückgang der Wirtschaftskraft erholt sich die dortige Wirtschaft nur kaum und liegt weit unter dem Niveau des Jahres 1989.

Abbildung 2.1: Entwicklung des Bruttoinlandsprodukts, Polen, Georgien und Durchschnitt aller postsozialistischen Transformationsländer

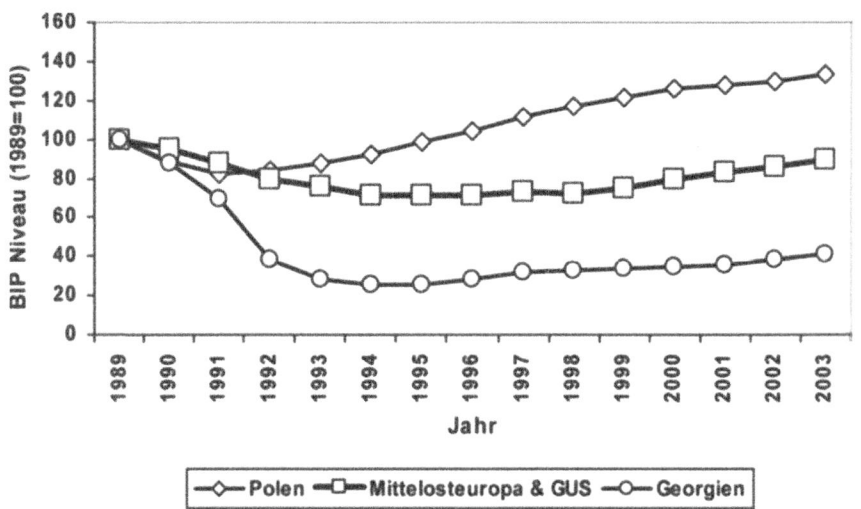

Quellen: EBRD Transition Report 2000 und 2003, eigene Berechnungen.

Der ökonomische Einbruch in den Transformationsländern
Zur nochmaligen Verdeutlichung der Schwierigkeiten wiederum ein Zitat von Claus Offe (1991: 289), der in dieser Textpassage zugleich auf eine weitere Problemlage aufmerksam macht, nämlich auf die gesellschaftliche Ausgangssituation nach dem Zusammenbruch der sozialistischen Regime, die in der Transformationsdebatte vielfach als reformwidrig eingestuft wurde:

"Sie [die Akteure, J.B.] müssen, wenn die gleichzeitige Bewältigung der (…) Modernisierungsaufgaben gelingen soll, bereit sein, ein hohes Maß an Geduld und Zuversicht aufzubringen. Sie müssen sich rasch an die neuen Verhältnisse anpassen und dann lange auf die Früchte dieser Anpassung zu warten bereit sein. Diese Geduld benötigen sie, um die ‚schöpferische Zerstörung', die ja, wie beabsichtigt, auf die Preis- und Eigentumsreform folgen wird, nicht anzuhalten, obwohl sie dazu durch Wahrnehmung neu gewonnener demokratischer Bürgerrechte sehr wohl im-

stande wären. Gefordert sind mithin genau die Tugenden der Flexibilität, des gedul-
digen Abwartens und der Toleranz für ungleiche Einkommensentwicklung, die in
zwei (beziehungsweise im Falle der Sowjetunion sogar drei) Generationen des
‚Aufbaus einer sozialistischen Gesellschaft' entweder völlig unterbeansprucht waren
oder aber arg auf die Probe gestellt und im Ergebnis enttäuscht worden sind."

Die im obigen Zitat angesprochene gesellschaftliche Ausgangssituation wurde in
der frühen wissenschaftlichen Debatte um die Systemtransformation zumeist als
grundsätzliches Problem wahrgenommen und unter den Stichworten "kulturelles
Voraussetzungsdefizit" und "Leninist legacy" diskutiert (Jowitt 1992, Lepsius
1991, Sztompka 1993). Die Vorstellung, dass tief sitzende, mit Marktwirtschaft
und Demokratie wenig vereinbare Orientierungen in der Bevölkerung und unter
den Eliten weit verbreitet sind, gehört aber auch bis heute zu den am häufigsten
genannten Einwänden gegen eine endgültige Konsolidierung von Marktwirtschaft und Demokratie in den postsozialistischen Gesellschaften. Diesen Überlegungen liegt die Annahme zugrunde, dass die liberaldemokratischen Kerninstitutionen auf Kompetenzen und Werten aufbauen, an denen es in den Transformationsgesellschaften mangelt. Die Entstehung einer lebendigen Zivilgesellschaft
gehöre nicht zu den Triebkräften, sondern zu den Zielen der Reform. So wird
argumentiert, dass politische Überzeugungen sozialistischer bzw. leninistischer
Natur ihren früheren Kurswert nur teilweise verloren hätten und als "mentale
Residuen" (Elster et al. 1998: 19) nachwirkten. Dies wäre Grundlage für unrea-
listische Erwartungshaltungen (Melich 1997) und würde die Akzeptanz reform-
politischer Maßnahmen erheblich beeinträchtigen. Neben der unter kommunisti-
scher Herrschaft erfolgten "kulturellen Prägung" sind aber auch nachhaltige
Enttäuschungen als Ursache von kulturellen Defiziten ausgemacht worden. Als
Defizite bzw. "legacies" werden unter anderem genannt: ein starker Nationalismus, ein übermäßiger Etatismus, eine ausgeprägte Orientierung an Führerfigu-
ren, das Fehlen einer Kultur des Kompromisses, ein generelles Misstrauen gegenüber politischen Institutionen, ein verbreiteter Skeptizismus gegenüber gesellschaftlichen Visionen, eine allgemeine ideologische Ernüchterung, ein tief
sitzender Egalitarismus und zugleich stark ausgeprägte "grab-and-run"-Orientie-
rungen (vgl. Bönker/Wielgohs 2004).

Kulturelle Voraussetzungsdefizite

2.2.2 Von der Unmöglichkeit zum Reformerfolg. Warum war die theoretisch begründete generelle Skepsis unbegründet?

Die pessimistischen Prognosen wurden von der realen Entwicklung widerlegt.
Entgegen den theoretisch fundierten Befürchtungen wurde ein Großteil der ab
Ende 1989 in Angriff genommenen Reformen nicht vorzeitig abgebrochen oder
revidiert. Die gesellschaftlichen "Gegenrevolutionen" der Reformverlierer sind
ausgeblieben (Greskovits 1998, Wiesenthal 1995a). Zweifellos sind alle Transformationsländer weiterhin mit einer Fülle von erwarteten und unerwarteten
Problemen geschlagen, doch das Transformationsprojekt wurde in einigen Ländern in einer Weise realisiert, die es erlaubt, die Ziele in den Ergebnissen wieder
zu erkennen. Insbesondere trifft dies auf die neuen Mitgliedsländer der Europäischen Union Estland, Lettland, Litauen, Polen, Slowakei, Slowenien, Tschechien
und Ungarn zu. Diese können als "erfolgreiche Transformationsfälle" (vgl. Bey-

Reformerfolge und
das Ausbleiben von
"Gegenrevolutionen"

er et al. 2001) angesehen werden, da sie immerhin in kurzer Zeit die nicht wenig anspruchsvollen Aufnahmebedingungen der EU erfüllen konnten, die da wären:

- Die politisch-institutionelle Stabilität eines EU-Mitglieds muss eine demokratische und rechtsstaatliche Ordnung, die Wahrung der Menschenrechte und die Achtung und den Schutz von Minderheiten gewährleisten,
- die Marktwirtschaft eines EU-Mitglieds muss über die reine Funktionsfähigkeit hinaus die Fähigkeit besitzen, dem Wettbewerbsdruck und den Marktkräften innerhalb der Europäischen Union standzuhalten,
- die aus einer EU-Mitgliedschaft erwachsenden Verpflichtungen müssen übernommen und die Ziele der politischen Union sowie der Wirtschafts- und Währungsunion müssen zu Eigen gemacht werden (Kommission der Europäischen Gemeinschaft 1997: 89).

Wieso kamen die oben genannten Governance-Probleme in vielen Transformationsgesellschaften nicht in der erwarteten Weise zum Tragen? Wie kam es trotz allem zu erfolgreichen Übergängen zu Demokratie und Marktwirtschaft?

Soziale Kosten der Transformation

Zunächst ist festzustellen, dass sich der – den skeptischen Prognosen zu Grunde liegende – Zusammenhang zwischen umfassenden Reformen und den sozialen Kosten des Übergangs in der Tat ausgewirkt hat. Dies lässt sich beispielhaft an der Arbeitslosigkeit und der größeren sozialen Ungleichheit veranschaulichen (siehe Tabelle 2.1). In allen Transformationsgesellschaften kam es zu einem Anstieg der Arbeitslosenquoten und zu einer erheblich größeren Ungleichverteilung der Familieneinkommen (gemessen anhand des so genannten GINI-Index).

Tabelle 2.1 zeigt aber auch, dass dieser Zusammenhang in unerwarteter Weise weniger eindeutig ist, als in den genannten Überlegungen vermutet worden war. Nimmt man den Transitionsindex der "European Bank for Reconstruction and Development" des Jahres 2003 als Indikator für die Reichweite der ökonomischen Reformen[2], dann zeigt sich, dass sich in den jetzigen europäischen Mitgliedsländern im Vergleich zu den anderen Transformationsländern im Durchschnitt höhere Arbeitslosenquoten eingestellt haben. Dies entspricht den Ausgangsüberlegungen, da die Reformen der jetzigen EU-Mitglieder als besonders weit reichend einzustufen sind. Überraschend ist allerdings, dass sich in der Gruppe der EU-Mitgliedsländer auch Beispiele für einen eher moderaten Anstieg der Arbeitslosigkeit finden lassen (Ungarn, Tschechien, Slowenien). Dies deutet darauf hin, dass sich das Ziel der wirtschaftlichen Liberalisierung in einigen Fällen durchaus erfolgreich mit anderen Prioritäten (z.B. niedriger Arbeitslosigkeit) verbinden ließ.

Noch bemerkenswerter sind allerdings die Daten zur sozialen Ungleichheit. Der höchste Anstieg der Ungleichheit in der Verteilung der Familieneinkommen ist nicht etwa in den besonders reformeifrigen Ländern zu finden, sondern in

---

[2] Für die Berechnung wurden die acht Einzelindizes der EBRD zur Unternehmensreform, zu Markt und Handel und zur Reform der Finanzinstitutionen zu einem "EBRD-Transitionsindex" zusammengefasst. Dieses Vorgehen ist gängige Praxis in der Transformationsforschung zur Messung des Grades der Systemtransformation. Der EBRD-Index ist diesbezüglich der gebräuchlichste Indikator.

Ländern mit allenfalls partieller Reformaktivität (Russland, Ukraine). Dies deutet einerseits auf ein zu Beginn der Transformationen unbeachtet gebliebenes Governance-Problem hin, nämlich auf die Blockade der Reformen durch die frühen Reformgewinner (Hellman 1998) – hierzu später mehr (siehe Abschnitt 2.3.1). Andererseits zeigt es, dass der Anstieg der gesellschaftlichen Ungleichheiten zwar durch die Beibehaltung des alten Regimes hätte vermieden werden können, nicht jedoch durch eine Reduzierung der Reformambitionen. Im Hinblick auf die Begrenzung von sozialer Ungleichheit waren umfassende Reformen in vielen Fällen erfolgreicher als partielle.

Die geringere Eindeutigkeit des Zusammenhangs zwischen umfassenden Reformen und sozialen Übergangskosten dürfte einige Reformprozesse deutlich erleichtert haben. Aufgrund der Entwicklungen in den postsozialistischen Gesellschaften kann man darüber hinaus davon ausgehen, dass in den skeptischen Prognosen weitere Fehlannahmen enthalten waren. So wurde (a) die gesellschaftliche Toleranz von Übergangskosten unterschätzt, (b) die Organisationsfähigkeit der Verlierer systematisch überschätzt, (c) die Wirkung kultureller Hinterlassenschaften zu skeptisch beurteilt und (d) die problemreduzierende Wirkung "imitativer" Prozesse ungenügend beachtet.

Zu (a): Der Grad der Akzeptanz von Reformen wird im Allgemeinen in nicht unerheblicher Weise von der Höhe der Übergangskosten beeinflusst – insofern war die Furcht vor der Blockade grundlegender Reformen durchaus begründet. Der konkrete Zusammenhang zwischen auftretenden Kosten und politischer Unterstützung ist allerdings keineswegs trivial (vgl. Bönker 1995). Das Auftreten sozialer Kosten muss nicht zwangsläufig zur Aufkündigung der Unterstützung von Reformen führen, da sich diese auf höchst unterschiedliche Weise interpretieren lassen: als unvermeidbare Begleiterscheinungen, als dem alten Regime zuzuschreibende Altlasten, als Politikfehler der Reformer, als unakzeptables Defizit des neuen Systems etc. Die politischen Folgen, die sich aus dem Einbruch der Produktion, aus Arbeitslosigkeit oder wachsender sozialer Ungleichheit ergeben, hängen deshalb stark von der jeweils dominanten Interpretation ab.

Ausgeprägte Honeymoon-Effekte

Werden ökonomische Reformen direkt nach einem Regierungswechsel durchgeführt, dann kann die neue Regierung in aller Regel darauf hoffen, dass die Kosten für eine bestimmte Zeit zumindest teilweise der Vorgängerregierung zugeschrieben werden. Dies gilt tendenziell umso mehr, je länger die Vorgängerregierung im Amt gewesen ist und je krisenhafter die ökonomische Situation vor Durchführung der Reformen war. Die neuen Regierungen in vielen Transformationsländern konnten daher von ausgeprägten "Honeymoon-Effekten" profitieren. Nach vierzig Jahren Kommunismus war das alte Regime häufig nachhaltig diskreditiert (Rose 1992). Dies zeigte sich nicht nur in Umfragen, sondern auch in der in vielen Ländern zu beobachtenden Marginalisierung der alten kommunistischen Parteien bei den ersten Wahlen (Fish 1998).

Tabelle 2.1: Reformreichweite, Arbeitslosigkeit und soziale Ungleichheit

Land	EBRD Index [1]	Arbeitslosenquote				GINI Index [2]
		1990	1995	2000	2002	
Ungarn	30,9	2,5	10,2	6,4	5,8	83,8
Tschechien	29,9	0,8	2,9	8,8	9,8	42,1
Estland	29,6	0,0	9,7	13,6	10,3	63,5
Polen	29,5	6,1	14,9	15,1	18,1	17,3 [3]
Slowakei	28,9	1,5	13,1	17,9	18,8	k.A.
Lettland	28,6	0,0	18,1	14,4	12,0	46,5
Litauen	28,6	0,0	17,5	16,4	13,8	66,1
Slowenien	27,3	4,7	7,4	7,2	5,9	27,5
EU-8	**29,2**	**2,0**	**11,7**	**12,5**	**11,8**	**49,5**
Bulgarien	26,6	1,5	13,7	16,1	16,8	26,5 [3]
Rumänien	24,3	0,0	9,5	10,5	8,2	76,5
Russland	23,9	0,0	9,2	9,8	8,6	117,1
Kirgisien	23,9	0,0	14,5	16,7	k.A	80,8
Kasachstan	23,6	0,0	13,0	12,8	9,3	k.A.
Ukraine	22,6	0,0	0,3	4,2	3,8	100,9
Moldawien	22,3	0,0	k.A.	8,5	7,4	63,3
Usbekistan	17,8	0,0	0,3	0,4	0,4	k.A.
Belarus	15,0	1,0	2,7	2,1	3,0	46,5
Turkmenistan	10,7	0,0	k.A.	k.A.	k.A	56,9 [3]
Sonstige	**21,1**	**0,3**	**7,9**	**9,0**	**7,2**	**71,1**

Quellen: EBRD (2003), Hellman (1998), eigene Berechnungen.[1] "EBRD-Index" 2003, siehe Fn.1, [2] Änderung des GINI-Index zwischen 1988/89 und 2000/1 in Prozent, [3] Aufgrund fehlender Daten wurde die Veränderung in Polen (88/89-99), Bulgarien (88/89-96) und in Turkmenistan (88/89-98) für einen kürzeren Zeitraum berechnet. Länder, deren Transformation durch erhebliche Territorialkonflikte oder Kriege beeinflusst wurde, sind in der Tabelle nicht berücksichtigt.

In den neu entstandenen Demokratien wurden die Honeymoon-Effekte noch durch die anfängliche Aufrechnung der Kosten mit den neu gewonnenen politischen Freiheiten verstärkt. Vorteilhaft für die Reformer wirkte sich auch die zu beobachtende anfängliche Konzentration der öffentlichen Kontroversen auf politische und konstitutionelle Fragen aus. Auf diese Weise konnte sich die Konzipierung und Einleitung der Wirtschaftsreformen zunächst im Windschatten politischer Auseinandersetzungen vollziehen. Somit war die Gleichzeitigkeit von ökonomischer und politischer Reform in mancher Hinsicht gar ein eindeutiger Vorteil: "Die politischen Veränderungen erlaubten es, Maßnahmen zu initiieren, die in dieser Radikalität unter dem alten Regime wie in etablierten Demokratien wohl kaum hätten lanciert werden können." (Bönker 1995: 191)

Die Kosten ökonomischer Reformen werden, dies ist gleichfalls bekannt, umso eher toleriert, je größer der Konsens über das Ziel der Reformen ist (Rodrik 1994: 214). Auch dies entlastete die Reformprozesse in vielen postsozialistischen Gesellschaften. Über das Ziel und die Richtung der Reformen herrschte zumindest in den europäischen Transformationsgesellschaften insofern weitgehend Klarheit, als die Etablierung einer kapitalistischen Ökonomie und die "Rückkehr nach Europa" am Beginn der Reformen relativ unumstritten waren.

Nach zwei Dekaden mehr oder minder erfolgloser Wirtschaftsreformen spielten Vorstellungen eines "dritten Weges" nur noch eine geringe Rolle.

Zu (b): Begünstigend wirkte sich auch die zu Beginn des Transformationsprozesses gegebene Struktur der Interessenrepräsentation aus (Nelson 1993: 450-454, Wiesenthal 1999), da dies einen erheblichen Einfluss auf die Organisationsfähigkeit der "Verlierer" hatte. In den osteuropäischen Reformstaaten fehlte es nach dem Zusammenbruch des alten Regimes an kollektiven Akteuren, die in der Lage gewesen wären, wirkungsvoll Widerstand gegen ökonomische Reformen zu leisten. Die "alten" Parteien und Interessengruppen, inklusive der alten Staatsgewerkschaften, waren häufig weitgehend diskreditiert, "neue" Organisationen und Interessenverbände waren noch im Entstehen begriffen und zunächst noch schwach und wenig repräsentativ (siehe zur Entwicklung der Arbeitgeberverbände und Gewerkschaften auch Abschnitt 2.3.3.2). Die neuen nichtsozialistischen Parteien waren zumeist unabhängig von gesellschaftlichen Assoziationsbemühungen und Interessenlagen entstanden.[3] Sie waren in aller Regel extrem mitgliederarme "Top-Down"-Gründungen.

Mitgliederarmut und organisatorische Fragilität sind bei Parteien allerdings ein vergleichsweise geringeres Manko, so dass das Parteiensystem gegenüber dem Verbändesystem im Hinblick auf den Gewinn von Einfluss weit überlegen ist. Parteien profitieren von dem über Wahlen hergestellten direkten Zugang zu Ämtern und von der Öffentlichkeit des Wahlprozesses. Unabhängig von der Zahl und dem Organisationsgrad der Parteien verbürgen Wahlen stets ein vollständig besetztes Parlament, sodass der Mechanismus der parlamentarischen Repräsentation von Schwankungen der Beteiligungsbereitschaft weitgehend unberührt bleibt. Demgegenüber ist der Aufbau von Verbänden zur Vertretung von wirtschaftlichen oder beruflichen Interessen erheblich schwieriger. Deren Einfluss hängt in deutlich stärkerem Maße von der Größe der Mitgliederbasis ab. Infolge dieser ungleichen Organisationsvoraussetzungen und der "ererbten" zivilgesellschaftlichen "Unterorganisation" besaßen politische Parteien in der überwiegenden Mehrzahl aller Transformationsländer ein Quasimonopol auf die Artikulation von Interessen (vgl. Wiesenthal 2001).

Die Folge dieser Startbedingungen war die vergleichsweise *große Autonomie der politischen Akteure*, die zu einer Art "Entscheidungselite" wurden – selbst in schwierigen Fragen der ökonomischen Transformation (Comisso 1997). Reformwillige politische Eliten konnten diese große Autonomie nutzen. Deren "window of opportunity" war demnach außergewöhnlich groß. Diese Sonderbedingungen erhielten sich vielfach auch dann noch, wenn die Wähler einen Regierungswechsel erzwangen, weil die neu gewählten Regierungen nicht minder schwach gesellschaftlich verankert waren. So konnten Reformunzufriedenheiten vergleichsweise einfach über den Modus der Abwahl von Regierungen absorbiert werden, da Regierungswechsel ohne tief greifende gesellschaftliche Spannungen vonstatten gehen konnten. Die gesellschaftliche Unterorganisation be-

Gesellschaftliche Unterorganisation als begünstigender Faktor

---

[3] Eine wichtige Ausnahme war Polen, hier war die Solidarność, als Zwischenform zwischen Gewerkschaft und Partei, allerdings auch in die Regierungspolitik eingebunden, was die – im Vergleich zu konsolidierten Demokratien – geringere Differenzierung im Bereich der Interessenvermittlung aber gleichfalls bestätigt.

günstige also die Durchsetzung von grundlegenden Reformen, weil parteiexterne Möglichkeiten, Kritik zu üben und Widerstand zu mobilisieren gering waren.

Kulturelle Hinter-
lassenschaft als
Ressource

Zu (c): Die kulturellen Hinterlassenschaften (legacies) konnten entgegen der Erwartungen auch zu einer "Ressource" der Reformpolitik werden (Stark 1996). Das in Osteuropa als Reaktion auf einen hypertrophen Staat und einen korrupten Staatsapparat anzutreffende starke Misstrauen gegenüber staatlich-bürokratischen Organisationsformen etwa hat vielfach eine wichtige Rolle bei der Herausbildung eines Pro-Privatisierungs-Konsenses gespielt (Wielgohs 2001), der den Menschen in Osteuropa nachgesagte Hang zum Informellen und der starke Betriebskollektivismus konnte sich positiv auf das Flexibilitäts- und Kooperationspotential und somit durchaus zum Vorteil der ökonomische Restrukturierung auswirken (Hradil 1995: 12-15) und die häufig eher positive Einstellung der Bürger zu "starken" Regierungen erhöhte wiederum die Toleranz gegenüber der hohen Entscheidungsautonomie der politischen Akteure. Hierzu die folgende Einschätzung von Helmut Wiesenthal (2001: 227f.):

> "Die frühen Entscheidungsprozesse wären entschieden komplizierter und unsicherer ausgefallen, wenn die Bevölkerung bereits liberal-demokratische Attitüden ausgebildet und zum Bewusstsein einer konsolidierten ‚civil society' gefunden hätte. (…) In die gleiche Richtung wirkte der nützliche Mythos eines quasi natürlichen Zusammenhangs von repräsentativer Demokratie und prosperierender Wirtschaft, dessen hoher Simplifikationsgrad manchen Mythen sozialistischer Provenienz entsprach. (…) Schließlich sind noch die anfänglich starke Neigung zu breit konzertierten Zielen und der Vertrautheit mit sozialistischen Utopien resultierende Kredit für den ‚blueprint approach' der Institutionenreform zu nennen. Diese und weitere Faktoren bildeten eine ‚Erbschaft' von hohem transformativem Wert."

Als Beispiel für eine nicht ausschließlich negative, sondern eher ambivalente Wirkung des kulturellen Erbes kann man selbst nationalistische Orientierungen anführen (Bönker/Wielgohs 2004). Diese haben einerseits vielfach die Konsolidierung von Demokratie und Marktwirtschaft erschwert, indem sie z.B. ökonomischem Protektionismus Vorschub geleistet haben, andererseits haben sie jedoch die Ausbildung generalisierter Vertrauensbeziehungen befördert und die Bereitschaft erhöht, die Anpassungskosten ökonomischer Reformen zu tragen. So sind die Transformationserfolge der baltischen Staaten etwa kaum ohne einen Bezug auf die starke nationalistische Mobilisierung der Bevölkerung verständlich (Wielgohs 2001).

Einen Einfluss auf das Gelingen vieler Transformationsprozesse hatte auch die anfangs unterschätzte Wandelbarkeit der politisch-kulturellen Ausgangsüberzeugungen. Die politischen und ökonomischen Einstellungen der Bevölkerung sind inzwischen in hohem Maße durch die Transformationserfahrungen beeinflusst (Jacobs 2004). Die vergleichsweise schnellen ökonomischen Reformerfolge in einigen Ländern haben die Übernahme marktwirtschaftlicher Orientierungen begünstigt, während mit hohen sozialen Kosten, großer ökonomischer Unsicherheit und der Entstehung großer Einkommens- und Vermögensdifferenzen verbundene Transformationsverläufe zur Bestätigung und gar *Verstärkung* etatistischer und egalitärer Orientierungen beigetragen haben. Entscheidend war demnach die *situationsbedingte* und nicht die generelle Prägung von Einstellungen.

Zu (d): Als ein in den skeptischen Positionen erheblich unterschätzter As- Imitativer Reformholismus
pekt kann im Nachhinein auch die Differenz zwischen einem "utopischen" und
einem "imitativen" Reformholismus angesehen werden. Für den "utopischen"
Holismus, bei dem das Reformprojekt lediglich in den Köpfen der Reformer
existent und die Realisierbarkeit des Zielzustandes ungewiss ist, scheint demnach
Skeptizismus in größerem Maße angebracht, als beim "imitativen" Holismus, bei
dem es um den Versuch der Rekonstruktion eines andernorts existenten Zustan-
des geht (Ellman 1997: 26). Es steht zwar auch bei diesem in Zweifel, ob sich
die institutionelle "Vorlage" hinreichend konkretisieren lässt, ob der änderungs-
bedürftige Ausgangszustand adäquat diagnostiziert werden kann und ob instru-
mentelles Wissen über die zu unternehmenden Reformschritte vorhanden ist. Das
Transformationsergebnis ist demnach offen. Dennoch ist der Reformprozess
erheblich entlastet, da der Grad der Willkürlichkeit beim "utopischen" Holismus
zwangsläufig größer ist.

Imitation gilt unter der Bedingung von hoher Unsicherheit daher auch als
vielversprechender Ansatz für die Initiierung von institutionellen Lernprozessen
(DiMaggio/Powell 1991: 69). Bei auftretenden Problemen kann anschließend
und zunächst selektiv vom Vorbild abgewichen werden. Durch die Anpassung an
das Bestehende ergibt sich dann häufig eine konstruktive Mischung von Adapti-
on und Innovation. Möglich ist auch eine Orientierung an "best practices", wobei
Reformer ihre Entscheidungen dadurch absichern, dass sie sich jeweils an der
(vermeintlich) besten Lösung orientieren. In den Transformationsländern war
dieses "institutional shopping" häufig zu beobachten. Es ist zwar auch möglich,
dass die hohe Legitimität imitativer Prozesse zu Anpassungsprozessen verleitet,
die sich eher negativ auswirken (Meyer/Rowan 1977). So kann "institutional
shopping" etwa aufgrund der Nichtbeachtung institutioneller Komplementaritäten (Hall/Soskice 2001) abträglich wirken. Im Hinblick auf die Transformationsgesellschaften ist diese Überlegung jüngst von Gérard Roland (2004) gegen
Systemtransformationen "by Design" vorgebracht worden. Trotz dieses beden-
kenswerten Einwandes zeigen die erfolgreichen Transformationsfälle aber zumindest, dass das Beispiel der westlichen Demokratien die Konzeptualisierung
funktionstauglicher Gesellschaftsentwürfe anleiten konnte. Es waren ausreichend
empirische Referenzen für die Übertragung organisatorischer Lösungen vorhanden und es konnte zudem noch auf die Unterstützung westliche Experten zurückgegriffen werden. Diese spielten vielfach eine bedeutende Rolle bei der
Reformausgestaltung (Meaney 1995). Die Reformer wurden so einerseits entlastet und andererseits wurden sie auch in stärkerem Maße auf den Reformpfad
verpflichtet (z.B. durch die Orientierung an den zu erfüllenden Kriterien für den
Beitritt zur Europäischen Union).

Insgesamt gesehen kann also festgestellt werden, dass sich jene theoretisch Prognosen des Scheiterns der Trans- formation erfüllen sich nicht
fundierten Prognosen nicht erfüllt haben, die ein generelles Scheitern der postso-
zialistischen Transformationen vorhergesagt hatten. Weder das "Dilemma der
Gleichzeitigkeit", noch die Problematik kultureller "Legacies" erwiesen sich als
unüberwindbar. Es gab hinreichend viele Faktoren, die Reformprozesse begünstigen konnten und dieses nachgewiesenermaßen auch getan haben. Einige dieser
Faktoren wirkten vor allem zu Beginn der Transformationsprozesse (Honeymoon-Effekte, "Unterorganisation" der Gesellschaft) und eröffneten den Refor-

mern besonders große Handlungschancen am Ausgang der Reformen, andere konnten ihre Entlastungswirkung auch noch zu späteren Zeitpunkten der Reformprozesse entfalten (situative Abhängigkeit der Wirkung kultureller Hinterlassenschaften, imitative Prozesse).

Systemtransformation als Prozess mit großer Ergebnisoffenheit

Die begünstigenden Faktoren wirkten aber *nicht in genereller Weise,* d.h. für alle Transformationsgesellschaften gleichermaßen. So waren etwa die Honeymoon-Effekte naturgemäß nur in jenen Transformationsgesellschaften außergewöhnlich groß, in denen die ehemaligen sozialistischen Parteien tatsächlich marginalisiert oder aufgrund eines hohen Anpassungsdrucks rasch reformiert wurden. Dies war keineswegs in allen Ländern der Fall. Tabelle 2.2 verdeutlicht dies. In jenen Ländern, in denen der Systemwechsel nicht mit einer vollständigen Ablösung der alten Eliten verbunden war, konnten Honeymoon-Effekte hingegen keine oder nur eine deutlich geringere Wirkung haben. Dementsprechend ist der Ausgang der ersten Wahlen ein sehr guter Einzel-Prädiktor für den weiteren Reformerfolg, was insbesondere eine viel beachtete empirische Analyse von M. Steven Fish (1998) zeigen konnte.

Tabelle 2.2: Politische Effekte der ersten Wahlen

Effekt	Länder
Marginalisierung oder rasche Umorientierung der kommunistischen Kräfte	Armenien, Kroatien, Tschechien, Estland, Georgien, Ungarn, Lettland, Litauen, Mazedonien, Polen, Slowakei, Slowenien
Frühzeitige Aktivität der Nichtkommunisten, jedoch keine Marginalisierung der kommunistischen Kräfte	Albanien, Aserbaidschan, Kirgisien, Russland
Späte Aktivität der Nichtkommunisten, keine Marginalisierung der kommunistischen Kräfte	Belarus, Bulgarien, Kasachstan, Moldavien, Mongolei, Rumänien, Tadschikistan, Turkmenistan, Ukraine, Usbekistan

Quelle: Fish (1998: 64)

Die gesellschaftliche "Unterorganisation" wirkte sich im Laufe der Zeit dahingehend aus, dass in den günstigen Transformationsfällen neue, an westlichen Vorbildern orientierte Organisationsmuster und "preemptive Institutionen" der Interessenvermittlung (Wiesenthal 1995b) die organisatorischen Lücken geschlossen haben, während in anderen Ländern traditionelle Strukturen der Interessendurchsetzung revitalisiert wurden und Korruption als Organisationsmuster verstärkt Einzug hielt (Hellman et al. 2003, Roth/Kostova 2003). Die Reformchance der gesellschaftlichen Unterorganisation konnte sich also im Fortgang der Transformationsprozesse in ambivalenter Weise auswirken.

Ambivalenzen konnten sich, wie schon in den obigen Ausführungen angesprochen wurde, auch bei kulturellen Hinterlassenschaften oder bei der willkürlichen Übernahme von vermeintlich besten Praktiken ergeben. Die Prozesse der Systemtransformation waren daher in großem Maße *ergebnisoffen.* Der Erfolg von Reformen ergab sich nicht zwangsläufig aus der Abkehr vom sozialistischen Regime, er war aber möglich und nicht von vornherein ausgeschlossen.

Im Hinblick auf die allgemeinen Mikro-, Meso- und Makroprobleme holistischer Reformen relativieren die Fälle einer erfolgreichen Systemtransformation demnach auch die gängigen Lehrmeinungen zur mangelnden Beeinflussbarkeit gesellschaftlicher Prozesse und zur Unmöglichkeit holistischer Reformen (Wiesenthal 2000a):

- Die auf der *Mikroebene* lokalisierten Grenzen der individuellen Informations- und Entscheidungsrationalität (Stichwort: "bounded rationality") schließen potenziell zielführende Wahlmöglichkeiten offenbar nicht aus. Eine absolute Komplexitätsfalle gibt es nicht.
- Die auf der *Mesoebene* vermuteten Ressourcen-, Identitäts- und Strategieprobleme kollektiver Akteure ("collective action dilemma") und die Problematik kollektiver Entscheidungen ("social choice") wirkten aufgrund der geringeren Formierung kollektiver Akteure in den postsozialistischen Gesellschaften wenig behindernd. Die in Gesellschaften mit entwickelten Assoziationsverhältnissen gesammelten Erfahrungen mit Reformblockaden galten nicht in der gleichen Weise für die Systemtransformation.
- Auf der *Makroebene* war ein inklusives und instruktives Konzept von Systemrationalität verfügbar. Das Beispiel westlicher Demokratien konnte als Orientierung gebender "Gesellschaftsentwurf" entlastend wirken.

Wertet man die Ergebnisse der Systemtransformationen als Theorietest, dann ist die in politikwissenschaftlichen Debatten gängige Steuerungsskepsis durchaus zu überdenken. Die Zweifel an der Möglichkeit ambitionierter Reformen waren nicht unbegründet, wohl aber zu unspezifisch formuliert. Eine wichtige Lehre aus der postsozialistischen Systemtransformation ist daher, dass es Konstellationen, Mechanismen und Projekte gegeben hat, die Reformerfolge in systematischer Weise wahrscheinlicher gemacht haben. Die *"Governance"* eines umfassenden gesellschaftlichen Wandels ist nicht nur reine Utopie (vgl. Beyer/Stykow 2004).

2.3 Die neue Vielfalt zwischen Autokratie, Demokratie und Markt

Zählt eine starke Exekutivmacht zu den Voraussetzungen des Transformationserfolgs oder behindert sie diesen? Diese Frage schien sich zu Beginn der Transformationsprozesse so nicht zu stellen. Derartig umfangreiche Reformprogramme, wie sie in den Staaten Mittel- und Osteuropas anstanden, schienen ohne eine starke Position der Exekutive nicht zu verwirklichen. Debattiert wurde allenfalls, welche Regierungssystemvarianten (parlamentarisch, semi-präsidentiell, präsidentiell) zur Erhöhung von Stabilität und Handlungsfähigkeit beitragen würden (Linz 1990, Horowitz 1993, Rüb 1994). Gleiches galt für die Ausgestaltung der Wahlsysteme (Lijphart 1993, Merkel 1996). Ausgehend von dem – weiter oben bereits angesprochenen – "Dilemma der Gleichzeitigkeit" (Elster 1990, Offe 1991) sprachen die Zwangsläufigkeit einer anfänglichen Transformationskrise und die spezifische Umverteilungswirkung der Reformen für institutionelle Lösungen, die die Responsivität des politischen Systems eher beschränken denn fördern. Unter den zu erwartenden ökonomischen Bedingungen schienen jene politischen Systeme im Transformationsprozess einen Vorteil zu haben, die eine geringere Anfälligkeit für politischen Druck aufweisen. Entgegen manchem Vorurteil ist dies nicht einfach eine Frage von Demokratie oder Diktatur. Vielmehr unterscheiden sich auch demokratische Systeme in der Anzahl ihrer "Vetopunkte" (Tsebelis 2002) und hinsichtlich der "Filterung" von politischer Unzufriedenheit (Haggard/Kaufmann 1995). Die Blockade wirtschaftlicher Reformen durch die Verlierer schien dennoch just dort am wenigsten wahrscheinlich zu sein, wo die Einführung demokratischer Institutionen "aufgeschoben" werden konnte bzw. nicht vollzogen wurde, also in autokratisch geführten Staaten.[4]

Kompetitive Autokratien bz. defekte Demokratien Vor diesem Hintergrund ist es nicht allzu verwunderlich, dass in mehreren Transformationsländern letztlich keine liberaldemokratischen Herrschaftssysteme entstanden sind, sondern *hybride Zwischenformen* zwischen Demokratie und Autokratie, die in der politikwissenschaftlichen Debatte z.B. als "Competitive Authoritarianism" (Levitsky/Way 2002) oder "defekte Demokratie" (Merkel 1999) bezeichnet werden. Kompetitive Autokratien und defekte Demokratien unterscheiden sich von liberaldemokratischen Systemen dadurch, dass sie zwar Wahlen und politische Konkurrenz als demokratische Minima kennen, aber (a) signifikante Einschränkungen der Funktionslogik von Institutionen zur Sicherung grundlegender politischer und bürgerlicher Partizipations- und Freiheitsrechte, (b) Einschränkungen der effektiven Herrschaftsgewalt und/oder (c) Einschränkungen der horizontalen Gewaltenkontrolle und -verschränkung aufweisen.

Die entstandenen hybriden Systeme können hierbei nicht notwendigerweise als Übergangsregime angesehen werden, die sich früher oder später entweder zu demokratischen oder autokratischen Regimen entwickeln werden. Vielmehr zeigt die Entwicklung der letzten Jahrzehnte ein deutliches numerisches Anwachsen dieser Zwischenformen zwischen Demokratie und Autokratie, und zwar nicht nur in den postsozialistischen Staaten, sondern auch in Ostasien und Lateinamerika (Diamond 2002). Eine längerfristige Etablierung dieser Herrschaftssysteme sowie deren stabile sozioökonomische und soziokulturelle Einbettung werden daher nicht mehr ausgeschlossen (Merkel 2003: 63).

Regimetypen in den Transformationsländern Tabelle 2.3 zeigt die Zuordnung der postsozialistischen Transformationsländer zu verschiedenen Regimetypen. Der Zuordnung liegt eine Klassifikation von Larry Diamond (2002) zugrunde. Insgesamt elf Transformationsländer können als "liberale Demokratien" im Sinne der Definition angesehen werden, d.h. es handelt sich um Wettbewerbsdemokratien mit freien und fairen Wahlen und weiteren Freiheitsrechten wie Organisationsfreiheit, Freiheit der Meinungsäußerung, Informationsfreiheit etc. Weitere drei Länder sind als "elektorale Demokratien" einzustufen, d. h. es handelt sich um Wettbewerbsdemokratien mit freien und fairen Wahlen, wobei allerdings die sonstigen Freiheitsrechte teilweise eingeschränkt sind. Neben Russland, das als "kompetitive Autokratie" gilt, sind noch weitere zehn Länder in einer Grauzone zwischen Demokratie und Autokratie anzusiedeln. Zwei Länder in der Transformationsregion (Turkmenistan, Usbekistan) sind reine Autokratien.

---

[4] Als prägnantes Beispiel für die weniger problematische Einführung von marktwirtschaftlichen Institutionen unter autokratischen Bedingungen wird häufig China genannt (Roland/Verdier 1997, Brezis/Schnytzer 2003).

Eine eindeutige Entwicklungsrichtung entlang dieser Skala gibt es im Übrigen nicht. Eine "nachholende" Demokratisierung aller Transformationsgesellschaften, d.h. ein letztendlich allgemeiner Übergang zum liberaldemokratischen Regime scheint in einem mittelfristigen Zeithorizont weitgehend ausgeschlossen. Zumindest sprechen die Entwicklungstendenzen gegen diese Erwartung, da sich in einigen Ländern bereits *Re-Autoritarisierungen* gezeigt haben. So stuft die Organisation "Freedom House" die politischen Freiheitsrechte in Aserbaidschan, Kasachstan, Kirgisien, Tadschikistan, Belarus, Turkmenistan und Usbekistan derzeit geringer ein, als in der Phase nach dem Zusammenbruch des sozialistischen Regimes. *Ausbleiben der nachholenden Demokratisierung*

Tabelle 2.3:   Regimetypen nach der Klassifikation von Larry Diamond (2002)

Regimetyp	Kennzeichen	Länder
Liberale Demokratie	Wettbewerbsdemokratien mit freien und fairen Wahlen sowie Organisationsfreiheit, Freiheit der Meinungsäußerung, Informationsfreiheit etc.	Tschechien, Ungarn, Polen, Slowakei, Slowenien, Estland, Lettland, Litauen, Bulgarien, Kroatien, Rumänien
Elektorale Demokratie	Wettbewerbsdemokratien mit freien und fairen Wahlen; teilweise eingeschränkte sonstige Freiheitsrechte	Moldawien, Serbien und Montenegro, Albanien
Ambivalente Regime	Uneindeutige Mischformen zwischen elektoraler Demokratie und kompetitive Autokratie	Armenien, Georgien, Mazedonien, Ukraine
Kompetitive Autokratie	Wahlen mit scheinbarem Wettbewerbscharakter, nur eingeschränkt transparent, frei und fair; Ablösung der Regierung möglich, aber erheblich erschwert	Russland, Bosnien-Herzegowina, Belarus
Hegemoniale elektorale Autokratie	Regelmäßige Wahlen ohne Wettbewerbscharakter, Ausgang der Wahlen weitestgehend vorherbestimmt, Raum für politische Opposition stark beschränkt	Aserbaidschan, Kasachstan, Kirgisien, Tadschikistan,
Politisch geschlossene Autokratie	Weder politischer Wettbewerb noch Pluralismus	Turkmenistan Usbekistan

Quelle: Diamond (2002: 30)

2.3.1 Das "Winners Take All"-Problem der Systemtransformation

Nun könnte man annehmen, dass die in vielen Transformationsgesellschaften eingeschränkte Responsivität des politischen Systems, die der Exekutive größeren Schutz vor blockierenden Voten der Reformverlierer zu geben vermag, sich günstig auf die Umsetzung umfassender ökonomischer Reformschritte ausgewirkt hat. Empirisch hat sich jedoch das genaue Gegenteil gezeigt (Hellman 1997, 1998, Slantchev 2004). Die ökonomischen Reformanstrengungen waren *Reformstärke der liberalen Demokratien* nicht in jenen Ländern mit eingeschränkten demokratischen Freiheitsrechten besonders groß, sondern in den neu entstandenen liberalen Demokratien. So wie die Erwartung falsch war, dass die Reformverlierer eine rasche Kursänderung erzwingen würden, so war auch die Annahme falsch, dass eine institutionell wenig eingeschränkte Exekutivmacht den ökonomischen Reformprozess beschleunigen würde:

> "(…) it has been precisely those countries in which the political leaders have been most vulnerable to the demands of the short-term losers that have adopted and sustained the highest levels of economic reform. Governments that have been insulated from electoral pressures and that have enjoyed a high level of tenure security – which traditionally have been seen as the most capable of initiating necessary, but costly reforms – have proven to be the laggards in the postcommunist economic transitions" (Hellman 1998: 217)

Festmachen lässt sich dies am Typ des Regierungssystems, an der Koalitionsabhängigkeit von Regierungen und auch an der Regierungsstabilität: Werden die Ergebnisse der ökonomischen Reform vor dem Hintergrund einschlägiger Verfassungsnormen analysiert, so schneiden beispielsweise jene Länder ökonomisch schlechter ab, die ihre Regierungen bzw. den Präsidenten nur geringen Beschränkungen unterwarfen. Im Vergleich zu dezidierten Präsidialsystemen wurden in parlamentarischen Systemen größere ökonomische Reformanstrengungen unternommen (Hellman 1997), die letztlich auch zu relativ größeren Reformerfolgen geführt haben.[5]

In die gleiche Richtung weist der ebenfalls von Joel S. Hellman (1998: 231) festgestellte Zusammenhang von Koalitionsabhängigkeit und Reformpolitik. Koalitionsregierungen führten in den Transformationsgesellschaften im Durchschnitt deutlich umfassendere Reformmaßnahmen durch als Regierungen, die von keinem Koalitionspartner abhängig waren. Am bedeutsamsten erscheint schließlich, dass sich der negative Zusammenhang zwischen gering eingeschränkter Exekutivmacht und Reformintensität auch anhand der durchschnittlichen Dauer der Regierungstätigkeit und der Häufigkeit des Regierungswechsels belegen lässt (siehe Tabelle 2.4). Umfassende ökonomische Reformen konnten demnach auch unter demokratischen Bedingungen in Angriff genommen und durchgehalten werden, weil der Reformerfolg häufig nicht davon abhing, ob die Reformkräfte, die zunächst ins Amt gelangt waren, auch im Amt blieben. Demokratische Regierungswechsel trugen nicht selten dazu bei, dass der Reformprozess gerade *nicht* abgebrochen oder verlangsamt wurde (Slantchev 2004).

---

[5] Die Ergebnisse zum Regierungssystem werden ein Stück weit dadurch relativiert, dass unter besonders ungünstigen Ausgangsbedingungen – insbesondere wenn keine programmatisch differenzierten Parteien gebildet wurden und die Gesellschaften noch überwiegend segmentär differenziert und klientelistisch geprägt waren – keine Vorteilhaftigkeit parlamentarischer Systeme gegenüber Präsidialsystemen mehr nachgewiesen werden kann (Kitschelt 2001).

Tabelle 2.4: Regierungsstabilität und Reformintensität, 1990-94

Reform-intensität	Länder	Regierungs-wechsel	Regierungs-zeit in Monaten
Hoch	Polen, Slowenien, Ungarn, Tschechien, Slowakei	3,6	24,6
Überdurch-schnittlich	Estland, Bulgarien, Lettland, Litauen, Albanien, Rumänien	3,7	25,6
Unterdurch-schnittlich	Kirgisien, Russland, Moldawien, Kasachstan	0,8	61,5
Gering	Turkmenistan, Ukraine, Usbekistan, Belarus	1,0	43,5

Quelle: Hellman 1998: 213, Tabelle 3, angegeben ist die durchschnittliche Anzahl der Regierungs-wechsel und die durchschnittliche Regierungszeit in Monaten für die jeweilige Reformgrup-pe.

Der vormals vorhandene politökonomische Konsens über einen positiven Einfluss zwischen "starker" Exekutivmacht und Reformchancen wurde also aufgrund der Entwicklungen in den postsozialistischen Transformationsgesellschaften nachdrücklich in Frage gestellt. Doch warum erwies sich die Stärke der Regierung im Transformationskontext als ökonomischer Nachteil?

Außer der Möglichkeit einer Gefährdung des Transformationsprojektes durch die Verlierer, besteht auch ein Risiko der Reformblockade durch die frühen Gewinner. Diese, zumindest unter Transformationsbedingungen, als erheblich einzustufende Gefahr droht insbesondere dann, wenn machtvolle Regierungen längerfristig im Amt verbleiben. Der Transformationsprozess kann dann in einem gesamtgesellschaftlich suboptimalen Stadium verharren, weil die Reformgewinner den zwischenzeitlich erlangten Zugriff auf außergewöhnliche Renditegelegenheiten nicht verlieren wollen. Nach Hellman (1998: 219) gab es diese Gelegenheiten zuhauf:

Blockade durch Reformgewinner

"Examples of such rent-seeking activities have been ubiquitous in the postcommunist transitions. Rapid foreign trade liberalization with incomplete price liberalization has allowed state enterprise managers to sell their highly subsidized natural resource inputs (e.g. oil and gas) to foreign buyers at world market prices. Price liberalization without concomitant progress in opening market entry or breaking up monopolies has created opportunities for some producers to earn monopoly rents. Privatization without reform of the credit mechanism has allowed managers to divert subsidized state credits earmarked to uphold production into short-term money markets at high interest rates. In each case, these arbitrage opportunities have generated rents to those in a position to take advantage of these market distortions."

Die Renditen, die sich aufgrund solcher besonderen Gelegenheiten erzielen lassen, waren teilweise so außergewöhnlich groß, dass die Nutznießer sich direkten oder indirekten Einfluss auf die Reformpolitik verschafft haben, um das Versiegen der Gewinne zu verhindern. Die Einflussnahme und der Aufbau von Vetomacht gegen umfassende Reformen gelingen den Gewinnern am ehesten dann, wenn Regierungen längerfristig im Amt sind und Politik weitgehend unabhängig von demokratischen Wählervoten gestaltet werden kann. Demnach waren es konzentrierte Gewinne und nicht konzentrierte Verluste, die den Reformprozess der Transformationsländer maßgeblich beeinflusst haben. Die Wirkrichtung des "Winners Take All"-Effektes ist hierbei eindeutig. Dort, wo es den frühen Gewinnern gelang, ihre Position durch Reformblockaden zu sichern, stiegen die gesamtgesellschaftlichen Kosten der Transformation und die wirtschaftliche Erholung wurde negativ beeinflusst. Zudem wuchs die soziale Ungleichheit in erheblich stärkerem Maße als in anderen Transformationsländern, weil die Reformverlierer vergleichsweise größere Nachteile auf sich nehmen mussten, während die Reformgewinner überproportional hohe Erträge einstreichen konnten (siehe erneut Tabelle 2.1).[6]

2.3.2 Die Vielfalt des Kapitalismus in den Transformationsländern

Aus den Ausführungen zur Blockade ökonomischer Reformen ergibt sich, dass sich die Wirtschaftssysteme in den Transformationsländern erheblich unterscheiden. In der Tat gilt die Transformationsregion inzwischen nicht nur in politischer, sondern auch in ökonomischer Hinsicht als "most diverse region in the world" (Kopstein und O'Reilly 2000: 1).

Übergang vom Plan zum Markt
Zunächst ist daher zu fragen, ob man bezüglich der Transformationsgesellschaften überhaupt in allen Fällen von einem marktwirtschaftlichen Regime ausgehen kann. Im Sozialismus wurden alle wesentlichen Allokationsentscheidungen von einer Zentralverwaltung getroffen und geplant. Das Wirtschaftssystem der Transformationsgesellschaften war zuvor also durch planwirtschaftliche Strukturen geprägt, was unter anderem bedeutete, dass alle Preise administrativ festgelegt und nicht über den Markt gesteuert wurden. Insofern kann der Grad der Preisliberalisierung als guter Indikator für die Ablösung der Plan- durch die Marktwirtschaft angesehen werden. Die Aufhebung von Preiskontrollen gehörte dementsprechend auch zu den bedeutsamsten Schritten der Transformation.

In vielen Ländern wurde dieser Reformschritt in Relation zu anderen Reformmaßnahmen früh in Angriff genommen. So wurde die Mehrzahl der Preise in Polen bereits im Januar 1990, in Ungarn und der früheren Tschechoslowakei im Januar 1991 und in Bulgarien im Februar 1991 freigegeben (vgl. Beyer 2001). Die meisten Transformationsländer folgten diesem Schritt noch in der ersten Hälfte der 90er Jahre. Der aktuelle Stand der Preisliberalisierung lässt sich den jährlichen Transitionsberichten der "European Bank for Reconstruction und Development" entnehmen. In ihrem jüngsten Bericht (EBRD 2003) haben elf Transformationsländern den Indexwert "4+" erhalten, der eine komplette Preisliberalisierung, mit Ausnahme der auch in anderen Industrieländern vorfindbaren Kontrollen in den Bereichen Transport, natürliche Monopole und Wohnungswesen anzeigt. Weitere 13 Länder fallen unter die Kategorie "4", die eine nahezu vollständige Preisliberalisierung indiziert. Lediglich in drei postsozialistischen Ländern ist keine umfassende Freigabe der Preise erfolgt, so dass noch ein erheblicher Einfluss des Staates auf die Preisgestaltung gegeben ist. Es sind dies:

---

[6] Reformrückschritte, die in einigen Transformationsländern zu beobachten waren, führten im Übrigen zu einer Reduzierung des Wirtschaftswachstums. Dies zeigt eine Analyse von Bruno Merlevede (2003).

Belarus, Turkmenistan und Usbekistan. Deren Indexwert von "3-" zeigt aber immerhin an, dass auch in diesen Ländern ein nicht unbeträchtlicher Teil der Preise freigegeben wurde. Da in den genannten Ländern aber auch Regelungen bestehen, welche die Lohnfindung mittels der Festsetzung von Mindestlöhnen staatlicherseits einschränken, kann deren Wirtschaftsordnung nicht als markt-wirtschaftlich bezeichnet werden. Hierfür spricht auch der niedrige Anteil, den der privatwirtschaftliche Sektor zum Bruttoinlandsprodukt dieser Länder beiträgt – 25 Prozent in Belarus und Turkmenistan sowie 45 Prozent in Usbekistan. In allen anderen Transformationsstaaten ist das Wirtschaftssystem inzwischen ü-berwiegend kapitalistisch geprägt und daher als Marktwirtschaft einzustufen, wenn auch zuweilen mit mehr oder minder erheblichen Einschränkungen.

Neben dem Grad der Preisliberalisierung bewertet die "European Bank for Reconstruction and Development" den Reformprozess der Transformationsge-sellschaften auch in weiteren ökonomischen Bereichen der Unternehmens- und Marktreform sowie der Reform von Finanzinstitutionen. Die Indexwerte (vgl. Tabelle 2.5) deuten hierbei auf uneinheitliche Reformfortschritte in den ver-schiedenen untersuchten Bereichen hin. Die größte Anzahl von Ländern mit einem Indexwert von "4+", der jeweils das Erreichen des Niveaus westlicher Industrieländer anzeigt, findet sich bei der Liberalisierung des Außenhandels. Dies ist allerdings auch der Reformbereich mit der größten Varianz zwischen den Transformationsländern. Nahezu keine Reform der Außenhandelskontrolle gab es beispielsweise in Turkmenistan, das aber auch in jedem anderen ökono-mischen Reformbereich den jeweils niedrigsten Indexwert von allen Ländern aufweist.

Vergleichsweise hohe durchschnittliche Indexwerte vergibt die EBRD im Reformbereich der Privatisierung kleinerer Unternehmen. Abgeschlossen ist die Privatisierung dieser Unternehmen in 21 Ländern ("4" und "4+"), wobei in neun Ländern auch keine Resteigentumsanteile in staatlichem Besitz verblieben sind (Kroatien, Tschechien, Estland, Ungarn, Lettland, Litauen, Polen, Slowakei und Slowenien). Die Privatisierung der Großunternehmen weist demgegenüber eine große Varianz auf, wobei in der Mehrzahl aller Länder zwischen 25 und 50 Pro-zent der Großunternehmen privatisiert wurden (Indexwert "3"). Sechs Länder weisen höhere Privatisierungsraten auf und sieben Länder unterschreiten den Prozentsatz von 25 Prozent zum Teil deutlich.

Den geringsten Reformerfolg sieht die European Bank for Reconstruction and Development in den Bereichen Wettbewerbspolitik und "Corporate Gover-nance". Im Bereich "Corporate Governance" wird in der Mehrzahl der Länder eine mangelnde Durchsetzung der rechtlichen Möglichkeiten z.B. im Hinblick auf Insolvenzverfahren festgestellt (Indexwert "2"), ähnlich sieht es bei der Wettbewerbspolitik aus, bei der zwar in der Mehrzahl der Länder die rechtlichen Grundlagen geschaffen wurden (gleichfalls Indexwert "2"), diese aber kaum zur Anwendung kommen (vgl. Pistor et al. 2000).

Tabelle 2.5: Stand der ökonomischen Transformation nach Reformfeldern –
Häufigkeitsverteilung der 27 Transformationsländer, 2003

Ökonomische Reformfelder	Indexwert					Varianz
	4+	4	3	2	1	
Unternehmensreform:						
Privatisierung der Großunternehmen	0	6	14	5	2	0,64
Privatisierung kleinerer Unternehmen	9	12	4	2	0	0,39
‚Corporate Governance'	0	0	10	15	2	0,44
Marktreform:						
Preisliberalisierung	11	13	3	0	0	0,24
Liberalisierung des Außenhandels	16	3	5	2	1	0,77
Wettbewerbspolitik	0	0	8	16	3	0,36
Reform der Finanzinstitutionen:						
Bankenreform	0	5	8	13	1	0,55
Reform des sonstigen Finanzwesens	0	2	8	15	2	0,50
Durchschnitt	4,5	5,1	7,5	8,5	1,4	0,50

Quelle: EBRD 2003, eigene Berechnungen. Indexwert 1 zeigt geringe Reformfortschritte bzw. Reformintensität an, Indexwert 4+ entspricht unfassenden Reformen, bei denen das Niveau westlicher Industrieländer erreicht ist.

In punkto Reform der Finanzinstitutionen haben zwar einige Länder erhebliche Reformfortschritte erzielt: Insbesondere Tschechien, Estland, Polen und Ungarn sind zu nennen, aber auch hier gilt für die meisten anderen Länder, dass die Reformen noch eher unvollständig umgesetzt oder grundsätzlich begrenzt sind. Die Reformdifferenzen tragen, insgesamt gesehen, zur erheblichen Vielfalt der Transformationsökonomien bei.

‚Varieties of Capitalism'   Dass Marktwirtschaften sich in erheblicher Weise unterscheiden und vielfältige Strukturformen annehmen können, ist der vergleichenden Politischen Ökonomie seit längerem bekannt. So gibt es etwa eine sehr umfangreiche Debatte, in der das Vorhandensein von Unterschieden unter dem Stichwort ‚Varieties of Capitalism' diskutiert wird (u.a. Albert 1992, Berger/Dore 1996, Crouch/ Streeck 1997, Kitschelt et al. 1999, Hall/Soskice 2001). Grundlegend für die Debatte ist hierbei die Unterscheidung zwischen einem *liberalen Kapitalismus* angloamerikanischer Ausprägung und einem *koordinierten Kapitalismus*, für den typischerweise Deutschland und Japan als exemplarische Beispielfälle angeführt werden.

Nach Hall und Soskice (2001) lässt sich die Unterschiedlichkeit der institutionellen Konfigurationen insbesondere an der differierenden Ausgestaltung (1) des Systems der industriellen Beziehungen, (2) des Aus- und Weiterbildungssystems, (3) des Systems der Beziehungen zwischen Unternehmen und (4) des Systems der Unternehmenskontrolle und Finanzierung festmachen. Während im angloamerikanischen Kapitalismus der Großteil der Beziehungen in allen diesen

Bereichen über den Marktmechanismus geregelt wird und ansonsten vor allem noch die hierarchische Handlungskoordination in Unternehmen sowie die legale (also ebenfalls hierarchische) Absicherung von Verträgen bedeutsam ist, fußt der koordinierte Kapitalismus auf einer komplexeren institutionellen Struktur. Hierzu die folgende Ausführung von Peter A. Hall und David Soskice (2001: 9):

> "Although markets and hierarchies are also important elements of coordinated market economies, firms in this type of economy draw on a further set of organizations and institutions for support in coordinating their endeavors. (...) In general, these will be institutions that reduce the uncertainty actors have about the behaviour of others and allow them to make credible commitments to each other. (...) Typically, these institutions include powerful business or employer associations, strong trade unions, extensive networks of cross-shareholding, and legal or regulatory systems designed to facilitate information sharing and collaboration. Where these are present, firms can coordinate on strategies to which they would not have been led by market relations alone."

Hall und Soskice rechnen mit einer Fortexistenz von nationalen Differenzen und führen insbesondere institutionelle *Komplementaritäten* als Mechanismus an, der eine historische Gebundenheit des wirtschaftlichen Wandels bewirkt. Der Komplementaritätsgedanke geht davon aus, dass sich die verschiedenen charakteristischen Institutionen einer Wirtschaftsordnung ergänzen, indem die Effizienz eines institutionellen Merkmals durch das Vorhandensein von anderen institutionellen Merkmalen in positiver Weise beeinflusst wird. Die Unterschiedlichkeit der institutionellen Ausgestaltung im liberalen und koordinierten Kapitalismus führt dazu – so die weitere Überlegung –, dass die beiden Kapitalismusvarianten unterschiedliche komparative Wettbewerbsvorteile generieren. Ein koordiniertes Produktionsregime wird beispielsweise als vorteilhaft für die Durchführung von diversifizierten Strategien der Qualitätsproduktion (Streeck 1991) und als hinderlich für kurzfristig orientierte Produktmarktstrategien angesehen (Casper 1998; Soskice 1999: 212). Darüber hinaus werden einer koordinierten Wirtschaftsordnung komparative Vorteile bei der Hervorbringung von inkrementellen Innovationen und Nachteile bei Grundlageninnovationen zugeschrieben (Hall/Soskice 2001: 36-44).

Komplementaritäten innerhalb kapitalistischer Systeme

Die Komplementarität der institutionellen Strukturen verhindere auch, dass einzelne Elemente herausgelöst werden, denn "jedes Element des institutionellen Rahmens (bedingt) die übrigen" (Soskice 1999: 208). Aus ureigenstem Interesse am Erhalt von komparativen Vorteilen würden alle gesellschaftlichen Akteure letztlich Sorge dafür tragen, dass sich der nationale institutionelle Kontext nicht radikal verändert. Abweichende Strategien wären demgemäß nur begrenzt durchführbar, denn die nationale institutionelle Ordnung wirke als "adverse environment" (Jürgens et al. 2000) negativ auf diese ein.

Aufgrund des prototypischen Charakters der Differenzierung zwischen liberalem und koordiniertem Kapitalismus ist in jüngster Zeit eine Diskussion entstanden, die danach fragt, ob sich die Leitgedanken dieser Diskussion auch auf postsozialistische Gesellschaften übertragen lassen (Buchen 2004, Knell/Srholec 2004) und welche Rückschlüsse auf die in Transformationsgesellschaften entstehenden Varianten des Kapitalismus gezogen werden können (Bandelj 2003,

,Varieties of Postsocialist Capitalism'

Myant 2004, Lane 2000, Szelényi 2003). Die Brisanz der Komplementaritätsidee für die neu entstandenen kapitalistische Systeme liegt insbesondere darin, dass (1) die theoretischen Annahmen einen Institutionenmix, also die Kombination von liberalen und koordinativen Elementen explizit ausschließen und (2) die Entwicklung zu einer Kapitalismusvariante als historischer Prozess gewertet wird – also aktuelle Entwicklungen für spätere Konfigurationen als wichtig betrachtet werden.

Skepsis gegen Konzeptübertragung

Die Übertragbarkeit des "Varieties of Capitalism"-Konzeptes wird derzeit uneinheitlich beurteilt, wobei die Mehrheit einen direkten Transfer als wenig praktikabel ansieht. Für kritische Stimmen, wie etwa David Lane, spricht zu viel gegen eine Übertragung, (a) da das "VoC"-Konzept auf wirtschaftsstarke Industrieländern bezogen ist, die Transformationsländer aber allenfalls eine mittlere Wirtschaftsstärke aufweisen und vielfach eher der Kategorie der Entwicklungsländer zugerechnet werden müssten. Gegen die Anwendung spreche auch: (b) der hohe Staatsbesitz bzw. die weiterhin gegebene starke staatliche Kontrolle der Ökonomie, (c) die Schwäche der inländischen Investitionstätigkeit, (d) die in Relation zur Wirtschaftskraft überproportional hohen Sozialtransfers, (e) die Höhe der Arbeitslosigkeit und (f) die niedrige Aktienmarktkapitalisierung in den Transformationsländern.[7] Mit Blick auf die russische Wirtschaft könne man am ehesten von einem *chaotischen Kapitalismus* reden (Lane 2000: 497), bei dem einerseits eine wirtschaftliche Koordination wie in Deutschland oder Japan unmöglich wäre, die Disorganisation aber andererseits – in Abweichung zum liberalen angloamerikanischen Kapitalismus – pervertierte ökonomisches Verhaltensweisen, soziale Fragmentierungen und eine prekäre Systemstabilität hervorrufe.

Andere Kritiker sehen die Grundbedingungen des liberalen oder koordinierten Kapitalismus gleichfalls als nicht gegeben an, weshalb sie aus unterschiedlichen Gründen zu neuen Charakterisierungen greifen, etwa: "political capitalism" (Staniszkis 1991), "capitalism without capitalists" (Eyal et al. 1998) oder "Potemkin capitalism" (Schuler/Selgin 1999). Zuweilen wird auch die Vielfalt unter den postsozialistischen Wirtschaftssystemen als so hoch eingestuft, dass eine Mehrzahl von begrifflichen Charakterisierungen für notwendig gehalten wird. Will Bartlett (2004) benennt beispielsweise für jeden der Nachfolgestaaten Jugoslawiens eine eigene Variante: "tycoon capitalism" für Kroatien, "colonial capitalism" für Bosnien-Herzigoniva und den Kosovo, "gangster capitalism" für Serbien-Montenegro, "sultanist institutionalized corruption" für Mazedonien und "corporatist capitalism" für Slowenien.

Darüber hinaus werden von verschiedenen Autoren theoretische Argumente ins Spiel gebracht, aufgrund derer die Entstehung eines "westlichen" Kapitalismusmodells wegen der sozialistischen Vorgeschichte für ausgeschlossen gehalten wird. Das am häufigsten zitierte Argument ist dabei jenes von David Stark (1996). Dieser interpretiert institutionelle Wandlungsprozesse als Rekombinationsvorgang. Das "Neue" würde nie einfach neu entstehen, sondern immer auf dem Vergangenen fußen, wobei institutionelle Elemente vielfach lediglich neu

---

[7]   So David Lane in seiner Einführung zum 13. Research Seminar ("On Managing the Economic Transition") zum Thema: "What type of Capitalism in the Post-Communist Economies?, Cambridge, 12.03.2004, siehe hierzu: http://www.bisa.ac.uk/bisanews/0406/JUNE04_13-14-15.pdf

rekombiniert würden. Daraus folgert Stark, dass Elemente der sozialistischen Vergangenheit sich auch in den neu entstehenden kapitalistischen Wirtschaftssystemen wieder finden werden: "recombinant processes are resulting in a new type of mixed economy as a distinctively East European capitalism" (Stark 1996: 995).

Für einige andere Autoren machen vergleichende Analysen unter Bezugnahme auf das "Varieties of Capitalism"-Konzept hingegen durchaus Sinn – auch im Hinblick auf den postsozialistischen Raum. Die Konzeptübertragung sehen sie weitaus weniger skeptisch. Mark Knell und Martin Srholec (2004) nutzen etwa die in der "VoC"-Diskussion hervorgehobenen charakteristischen institutionellen Eigenschaften, um die postsozialistischen EU-Beitrittsländer auf einem gedachten Kontinuum zwischen liberalem und koordiniertem Kapitalismus zu verorten. Slowenien kommt, entsprechend ihrer Analysen, dem Pol des koordinierten Kapitalismus am nächsten, während Estland als "liberalste" Ökonomie Mittelosteuropas identifiziert wird. Slowenien und Estland sind es auch, die von Clemens Buchen (2004) einem Ländervergleich unterzogen werden, bei dem die institutionelle Übereinstimmung mit Großbritannien und Deutschland untersucht wird. Nach Buchens Einschätzung kommt Slowenien dem koordinierten Modell Deutschlands sehr nahe, was unter anderem auch daher rührt, dass Slowenien viele Regelungen dem deutschen Rechtssystem entlehnt hat (imitativer Transfer von Institutionen). Estland hingegen entspräche zwar in den Bereichen der industriellen Beziehungen und der beruflichen Aus- und Weiterbildung weitestgehend dem liberalen angloamerikanischen Modell und wäre auch sonst vielfach durch eine neoliberale Wirtschaftspolitik geprägt, im Bereich ‚Corporate Governance' wäre Estland aber in einer Zwischenposition zwischen einem shareholder- und einem stakeholder-orientierten System. In Estland fände sich also ein institutioneller Mix, der dem Gesichtspunkt der Komplementarität nicht entspricht.

In den Analysen von Martin Myant (2004) und Iván Szelényi (2003) ist die Bezugnahme auf die "Varieties of Capitalism"-Debatte im Vergleich zu den zuvor besprochenen Untersuchungen loser. Beide Autoren gehen aber davon aus, dass sich die neuen EU-Mitgliedsländer Tschechien, Ungarn und Polen den westlichen Kapitalismusmodellen deutlich annähern. Martin Myant sieht Tschechien hierbei auf dem Weg zu einem "Europäischen Kapitalismus" und Ivan Szelényi interpretiert Tschechien, Ungarn und Polen als "neo-liberale" Systeme. In beiden Analysen wird insbesondere auf die Bedeutung des ausländischen Kapitals hingewiesen. Martin Myant (2004) hebt hierbei hervor, dass Unternehmen in ausländischem Besitz in Tschechien inzwischen 48,6 Prozent des Bruttoinlandsproduktes erwirtschaften und für 70 Prozent der Exporte verantwortlich sind. Die Großbanken befänden sich auch mehrheitlich in ausländischen Händen und eine eigenständige Wirtschaftspolitik wäre aufgrund der EU-Richtlinien kaum noch möglich. Faktisch mache es daher keinen Sinn mehr, von einem tschechischen Kapitalismus zu reden. Vielmehr entspräche das Wirtschaftssystem schon mehr oder minder dem anderer kleinerer europäischer Länder bzw. würde, wo dies noch nicht der Fall ist, Konvergenzen in Richtung eines "Europäischen Kapitalismus" aufweisen.

"VoC" als Vergleichsmaßstab

Ivan Szelényis (2003) Ausgangspunkt für Überlegungen sind die deutlichen Differenzen in der Entwicklung verschiedener postsozialistischer Länder. Diese erklärt er mit Hilfe von zwei unterschiedlichen Verstärkungszyklen. In Russland, Rumänien, Serbien und der Ukraine wäre der Kapitalismus "von oben" eingeführt worden, was letztlich dazu geführt habe, dass die frühere Nomenklatura sich die ertragreichen Unternehmen als Privateigentum aneignen konnte. Im Ergebnis sei ein "neo-patrimonialer"-Kapitalismus entstanden, bei dem der Einfluss der Politik auf die Ökonomie weiterhin hoch, die Entstehung eines inländischen Mittelstandes behindert und die ökonomische Dynamik gering sei. Für ausländische Investoren wären diese Bedingungen unattraktiv, weshalb die Märkte an einem eklatanten Geldmangel leiden würden, so dass der ökonomische Tausch häufig bargeldlos vonstatten gehen müsse (Barter-Tausch) und der Markt als Institution unterentwickelt bliebe (siehe Tabelle 2.6).

Im Gegensatz hierzu sei in Tschechien, Ungarn und Polen der Kapitalismus "von außen" hineingetragen worden. Die Privatisierung der Unternehmen wäre weitgehend transparent erfolgt, mit dem Ergebnis, dass sich die "Technokratie" gegenüber der Nomenklatura durchgesetzt habe. Ein inländischer Mittelstand konnte sich auf diese Weise entwickeln, der politische Einfluss auf die Ökonomie blieb gering und die ökonomische Dynamik war daher deutlich größer als im "neo-patrimonialen System". Für ausländische Investoren waren diese Bedingungen interessant, so dass der Zufluss an Kapital die Entstehung eines "neoliberalen" Kapitalismus begünstigte, der jenem anderer Industrieländer ähnelt. Die unterschiedliche Entwicklung erklärt Szelény mit politischen Entscheidungen und dem Ausgang von innerstaatlichen Elitenkonflikten. Die richtunggebenden Ereignisse sind, gemäß Szelénys empirischen Analysen zur wirtschaftlichen Dynamik und zu sozialstrukturellen Auswirkungen, hierbei nicht schon am Anfang der Reformprozesse erfolgt, sondern erst nach gewisser Zeit.

Tabelle 2.6:   Postsozialistische Kapitalismustypen nach Szelény

	"Neo-Liberal"	**"Neo-Patrimonial"**
Ausländisches Kapital	Dominant, Aktivität multinationaler Unternehmen	Nachrangig
Politischer Einfluss auf die Ökonomie	Gering	Dominant
(Inländischer) Mittelstand	Vorhanden	Kaum vorhanden
Elitenkonflikt	Technokratie hat sich gegenüber Nomenklatura durchgesetzt, Wettbewerb um Einfluss mit früheren Dissidenten	Nomenklatura blieb an der Macht, Aneignung des Privateigentums durch Nomenklatura, Allianzen mit Technokratie
Ökonomische Dynamik	Vergleichsweise stark	Gering
Länder	Tschechien, Ungarn, Polen	Russland, Ukraine, Rumänien, Serbien

Quelle: Szelény 2003: Table 1.

2.3.3   Grad der Abweichung von kapitalistischen Idealtypen

Zur Beurteilung, inwieweit der Kapitalismus der Transformationsländer demjenigen anderer Länder entspricht, bietet sich auch ein Vergleich mit einigen Schlüsselindikatoren an:

2.3.3.1   Aktienmarktkapitalisierung

Nach La Porta et al. (1999) kann die Aktienmarktkapitalisierung als ein solcher Schlüsselindikator angesehen werden, mit dem sich die angloamerikanische Variante des Kapitalismus von der koordinierten Variante weitgehend trennscharf differenzieren lässt. La Porta et al. zeigen in ihrer empirischen Analyse, dass sich der Schutz von Minderheitsaktionären von Land zu Land erheblich unterscheidet. Ist der Schutz der Eigentums- und Verfügungsrechte (Property Rights) von Minderheitsaktionären in starkem Maße rechtlich geschützt, dann müssen diese die Expropriation ihres Eigentums durch Manager oder die Mehrheitsaktionäre nicht fürchten, weshalb sie eher bereit sind, die Risiken der Kapitalanlage in Aktienmärkten zu tragen. Ein besonders hoher Schutz der Rechte von Minderheitsaktionären findet sich gemäß La Porta et al. beispielsweise in Australien, Kanada, Großbritannien, Neuseeland und den Vereinigten Staaten von Amerika. In allen diesen Ländern ist auch die Aktienmarktkapitalisierung in Relation zum Bruttoinlandsprodukt des Landes sehr hoch. Die typische Häufung der besonders starken Schutzrechte in angloamerikanischen Ländern führen La Porta et al. im Übrigen auf unterschiedliche Rechtstraditionen zurück (‚Common law' in angloamerikanischen Ländern, ‚Civil law' in kontinentaleuropäischen Ländern). Prinzipiell lässt sich ein umfangreicher rechtlicher Schutz der Minderheitsaktionäre zwar auch in ‚Civil-law'-Ländern verwirklichen (genau diese Entwicklung zeigt sich in den letzten Jahren in vielen europäischen Ländern), dennoch kann die Aktienmarktkapitalisierung auch weiterhin als Schlüsselindikator zur Differenzierung unterschiedlicher kapitalistischer Systeme angesehen werden (vgl. Botero et al. 2003, La Porta et al. 2004).

Der Indikator Aktienmarktkapitalisierung

   Wie sieht die Situation in den Transformationsländern aus? Tabelle 7 zeigt den Grad der Aktienmarktkapitalisierung an: In Prozent des Bruttoinlandsproduktes ausgedrückt liegt diese im Jahr 2002 zwischen 0,1 Prozent in Aserbaidschan und 36,5 Prozent in Russland. Die Mehrzahl der neuen EU-Mitgliedsländer weist im Kreis der Transformationsländer vergleichsweise hohe Werte auf, wobei allerdings die Slowakei und die baltischen Staaten Lettland und Litauen bezüglich dieses ökonomischen Indikators weniger klar herausstechen, da sie Aktienmarktkapitalisierungen von unter 10 Prozent des Bruttoinlandsproduktes aufweisen. Im Vergleich hierzu erreichte die Aktienmarktkapitalisierung in den USA im Jahr 2003 einen Wert von rund 130 Prozent. Deutschland verzeichnete zum gleichen Zeitpunkt ein Kapitalisierungsniveau von 45 Prozent, und im Durchschnitt der EU-Länder ohne die neu hinzugekommenen Beitrittsländer (also "EU-15") lag die Aktienmarktkapitalisierung bei 74 Prozent des Bruttoinlandsproduktes.

Aktienmarktkapitalisierung in den Transformationsländern

   Die Aktienmärkte der Transformationsländer sind demnach in Relation zu deren Wirtschaftsleistung zum Teil wesentlich "schwächer entwickelt" als in den westlichen Industrieländern. Die Aktionärsrechte sind in der Tat auch weitaus weniger gesichert, was unter anderem mit der mangelnden Durchsetzung von ‚Corporate Governance'-Regeln und wettbewerbsrechtlichen Bestimmungen zu tun hat. Tabelle 2.7 zeigt jeweils neben der Aktienmarktkapitalisierung auch die Einstufung der Länder durch die ‚European Bank for Reconstruction and Development' (vgl. EBRD 2003) bei den entsprechenden Indices. Die EBRD-Indices sind zwar sehr grob (sie reichen von 1 bis 4+), machen aber dennoch klar, dass die Voraussetzungen für eine deutlich höhere Kapitalisierung der Aktienmärkte in den postsozialistischen Ländern bislang nicht gegeben sind.

Tabelle 2.7: Aktienmarktkapitalisierung, "Corporate Governance" und Schutz des Wettbewerbs

Land	Aktienmarktkapita-lisierung in Prozent des BIP, 2002	EBRD-Index "Corporate Gover-nance", 2003	EBRD-Index "Competition", 2003
Russland	36,5	2+	2+
Estland	33,6	3+	3-
Moldawien	24,9	2-	2
Tschechien	21,0	3+	3
Slowenien	19,1	3	3-
Ungarn	17,4	3+	3
Kroatien	16,1	3-	2+
Polen	14,3	3+	3
Rumänien	10,2	2	2+
Litauen	9,5	3	3
Lettland	8,0	3	3-
Ukraine	7,5	2	2+
Slowakei	7,0	3	3
Kasachstan	5,6	2	2
Mazedonien	4,8	2+	2
Bulgarien	4,3	3-	2+
Georgien	2,9	2	2
Belarus	2,9	1	2
Armenien	1,0	2+	2
Kirgisien	0,5	2	2
Usbekistan	0,4	2-	2-
Aserbaidschan	0,1	2+	2
Albanien	k.A.	2	2-
Tadschikistan	k.A.	2-	2-
Bosnien-H.	k.A.	2	1
Turkmenistan	k.A.	1	1

Quelle: EBRD 2003, der EBRD-Indexwert 1 zeigt geringe Reformfortschritte bzw. Reformintensität an, Indexwert 4+ bezeichnet umfassende Reformen, bei denen das Niveau westlicher Industrieländer erreicht ist.

Das Transformationsland, dem das "liberalste" Marktsystem zugeschrieben wird (Estland) wies im Jahr 2002 eine Aktienmarktkapitalisierung von 33,6 Prozent auf, der zweithöchste Wert im Kreis der Transformationsgesellschaften. Slowenien, jenem Land dem – wie weiter oben bereits angesprochen wurde – Entsprechungen mit dem koordinierten deutschen Modell bescheinigt werden (Buchen 2004, Knell/Srholec 2004), ist mit einem Kapitalisierungsniveau von 19,1 Prozent gleichfalls in der Gruppe derjenigen Transformationsländer zu finden, die eine vergleichsweise hohe Aktienmarktkapitalisierung aufweisen.

Dies deutet darauf hin, dass die Differenz zwischen "liberalem" und "koordiniertem" Kapitalismus für die Erklärung von Unterschieden bei der Aktienmarktkapitalisierung der postsozialistischen Länder eine Dimension von vergleichsweise geringer Bedeutung ist. Die gegenüber den westlichen Industrieländern deutlich niedrigeren Werte der Aktienmarktkapitalisierung in beiden Ländern deuten vor allem darauf hin, dass beide Länder vergleichsweise weit vom "Idealtyp" eines liberalen oder auch koordinierten Kapitalismus entfernt sind.

2.3.3.2 Arbeitgeberverbände und Gewerkschaften

Im Hinblick auf die Voraussetzungen des *koordinierten Kapitalismus* heben Hall und Soskice (2001: 9) Institutionen hervor, die die Unsicherheit von Akteuren reduzieren und "credible commitments" möglich machen. An erster Stelle werden von ihnen hierbei starke Arbeitgeberverbände und starke Gewerkschaften genannt (siehe obiges Zitat). Insofern können die Organisationsstärken dieser Interessengruppen ebenfalls als Schlüsselindikatoren des Wirtschaftssystemvergleichs angesehen werden.

Die Startbedingungen von Gewerkschaften und Arbeitgeberverbänden waren aufgrund der sozialistischen Vergangenheit höchst unterschiedlich (vgl. Wiesenthal 1999). Gewerkschaften als Massenorganisation gab es im Gegensatz zu Arbeitgeberverbänden schon in der sozialistischen Zeit, sie fungierten dort als Kontrollinstrument der Staatsparteien und als Verteilungsagentur für soziale Leistungen. Mit Ausnahme der polnischen Solidarnosč sind die stärksten Gewerkschaftsverbände der postsozialistischen Länder Folgeorganisationen dieser sozialistischen Gewerkschaften. Im Zuge der Entstaatlichungsprogramme mussten die Gewerkschaften in vielen Ländern zwar ihre materiellen Ressourcen abgeben, ihnen blieb in aller Regel jedoch zunächst ein großer Teil der Mitgliederbasis erhalten. Im Laufe der Zeit verloren die Gewerkschaften in vielen Transformationsländern diesen Startvorteil allerdings sehr rasch. Ihre autoritäre und repräsentative Funktion in der sozialistischen Zeit wird den Gewerkschaften einerseits bis heute angelastet (Greskovits 1998, Crowley 2004: 423), andererseits waren es gerade die reformierten Gewerkschaften der mittelosteuropäischen und baltischen Länder, in denen sich alsbald ein deutlicher Rückgang der Organisationsbereitschaft zeigte. Dies hängt zum einen damit zusammen, dass es diesen Gewerkschaften vielfach nicht gelang eine eigene Stimme zu entwickeln. Sie waren zu einer prinzipiell reformfreundlichen Haltung genötigt, die sie aber höchst selten mit eigenständigen Reformvorschlägen verdeutlichen konnten (Wiesenthal 1999: 99). Zum anderen ist dies aber auch Folge der Reform- und insbesondere Privatisierungserfolge in diesen Ländern, da die gewerkschaftli-

Gewerkschaften im Transformationsprozess

chen Organisationsgrade zumeist in Staatsbetrieben oder privatisierten Unternehmen mit maßgeblichem Staatsbesitz besonders hoch blieben. Hierzu ein Zitat von Stephen Crowley (2004: 425):

> "Yet rather than Unions becoming stronger, as reforms have proceeded, unions have gotten weaker or at least certainly smaller. In countries across the region, the more private the economy, the less the union representation. Unions are strongest in large enterprises in the state sector, a part in the economy clearly in decline. Unions (…) are almost nonexistent in the new private firms that have risen in the past decade, as well as in smaller firms."

Crowley stuft die Organisationsstärke der Gewerkschaften in den postsozialistischen Gesellschaften Europas aufgrund dieser grundlegenden Entwicklungstendenz im Vergleich mit den Gewerkschaften in Westeuropa inzwischen als schwächer ein. Die offiziellen Mitgliederzahlen würden in den Transformationsländern zudem erheblich stärker von Umfragewerten abweichen als in westeuropäischen Ländern, so dass angenommen werden kann, dass die offiziell vermeldeten Zahlen den eigentlichen Rückgang der Organisationsbasis zudem nur sehr geschönt darstellen (Crowley 2004: 403, 425).

Gewerkschaftlicher Organisationsgrad im Vergleich Gemäß den offiziellen Zahlen, die den Angaben der ‚European Bank for Reconstruction and Development' zugrunde liegen, zeigt sich in den Transformationsländern folgendes Bild (siehe Tabelle 2.8): Sehr hohe gewerkschaftliche Organisationsraten von über 80 Prozent finden sich überwiegend in Ländern mit niedriger Reformintensität, was die diesbezügliche Einschätzung von Crowley stützt. Den Spitzenplatz hat Tadschikistan mit einem Organisationsgrad von 96 Prozent inne. Faktisch sind dort alle Beschäftigten gewerkschaftlich organisiert. Den niedrigsten Anteil gewerkschaftlicher Mitglieder unter den Beschäftigten haben Litauen mit 10 Prozent und Estland mit 13 Prozent. Dies verdeutlicht, dass die Differenzen zwischen den verschiedenen Transformationsländern, trotz ursprünglich ähnlicher Ausgangssituation, inzwischen erheblich sind. Fast alle neuen Mitgliedländer der Europäischen Union weisen im Kreis der Transformationsländer unterdurchschnittliche gewerkschaftliche Organisationsgrade auf. Die Ausnahme bildet Polen, was auf die besondere Bedeutung, die die Gewerkschaft Solidarnosč im Transformationsprozess hatte, sowie auf ihre Doppelrolle als politische Kraft und Interessenorganisation zurückgeführt werden kann. In anderen Studien (Kohl/Platzer 2003) wird der Organisationsgrad in Polen mit ca. 15 Prozent allerdings ähnlich niedrig wie in den anderen neuen Mitgliedsländern eingestuft. Tabelle 2.8 zeigt neben den Organisationsgraden auch die Ebene der Lohnaushandlung in den jeweiligen Ländern. Die Differenzen zwischen den Ländern sind auch in dieser Beziehung sehr groß.[8] In einigen Ländern ist die verbandliche Vertretung der Arbeitnehmerinteressen auch durch die staatliche Festsetzung von Mindestlöhnen eingeschränkt, was die Varianz der Arbeitsbeziehungsmodelle noch weiter erhöht. Slowenien ist in dieser Hinsicht ein Son-

---

[8] Das Gesamtbild der Arbeitsbeziehungen in den Transformationsländern ist zudem noch dadurch beeinflusst, dass die Arbeitsbeziehungen auf Unternehmensebene auch innerhalb der Länder erheblich variieren. Nach Martin und Cristescu-Martin (2004) unterscheiden sich die "employment relations" jeweils merklich, je nachdem, ob es sich um Unternehmen in Staatsbesitz, privatisierte Unternehmen, Neugründungen oder multinationale Unternehmen handelt.

derfall, da der staatlich fixierte Mindestlohn dort jährlich neu in tripartistischen Aushandlungsprozessen bestimmt wird – die Festlegung also mehr tariflichen Auseinandersetzungen gleicht.

Tabelle 2.8: Interessenrepräsentation von Beschäftigten

Land	Gewerkschaft-lich organisierte Beschäftigte in Prozent aller Beschäftigten	Staatliche Festsetzung von Mindestlöhnen	Ebene der Lohnaushandlung:		
			National	Sektoral	Unter-nehmen
Tadschikistan	96	Ja	+	0	+
Ukraine	90	Nein	0	0	+
Usbekistan	90	Ja	0	0	+
Kroatien	90	Nein	0	+	0
Moldawien	85	Ja	+	0	0
Belarus	85	Nein	+	+	+
Mazedonien	75	Nein	+	+	+
Aserbai-dschan	70	Nein	0	0	+
Polen	61	Nein	0	+	0
Turkmenistan	60	Ja	k.A.	k.A.	k.A
Bosnien-Herzegowina	50	Nein	+	0	0
Rumänien	50	Ja	+	+	+
Slowenien	42	Ja	+	0	0
Bulgarien	40	Ja	0	0	+
Ungarn	40	Nein	+	0	0
Tschechien	35	Nein	0	0	+
Albanien	33	Nein	0	+	0
Slowakei	32	Nein	0	+	+
Lettland	28	Nein	+	0	0
Armenien	20	Nein	0	0	0
Estland	13	Nein	0	0	+
Litauen	10	Nein	0	0	+

Quelle: EBRD Transition Report (2000: 99), die Daten beziehen sich auf das Jahr 2000, + bedeutet, dass tarifliche Aushandlungsprozesse auf der entsprechenden Ebene durchgeführt werden, 0 bedeutet, dass dies auf dieser Ebene nicht der Fall ist.

Die Arbeitgeber konnten im Gegensatz zu den Arbeitnehmern kaum auf ererbte Organisationsressourcen zurückgreifen. In einigen Ländern, wie etwa Polen und Ungarn, gab es zwar ökonomische Vertretungskörperschaften in Gestalt von Handelskammern, die nach dem Systemwechsel die Gründung von nichtstaatlichen Verbänden initiierten (vgl. Wiesenthal 1999: 100) und in anderen Ländern

Arbeitgeberverbände

erwiesen sich die einstigten informellen Kooperationsnetzwerke der Betriebsdirektoren sowie der ehemaligen mit Steuerungsaufgaben betrauten Ministerialbürokratie als Ausgangsbasis der verbandsorientierten Kooperation (Stykow 1999: 145), zumeist können die postsozialistischen Arbeitgeberverbände dennoch in der Regel als Neugründungen interpretiert werden. Als solche sind sie mit den bekannten Problemen des kollektiven Handelns (Olson 1965) belastet, d.h. die Arbeitgebervertretungen in den Transformationsländern sind überwiegend eher Organisationen mit jeweils niedriger Mitgliederzahl, es gibt häufig eine große Vielfalt an Organisationen mit einer schwachen Integration in Dachverbänden (Stykow 1999: 148) und die Mehrzahl aller Unternehmen hat zudem bislang kein Bedürfnis zum Beitritt in einen Verband entwickelt. Verlässliche und vergleichbare Zahlen zum allgemeinen Organisationsgrad der Arbeitgeber gibt es daher nicht, so dass auf Umfragewerte zurückgegriffen werden muss. In einer groß angelegten Umfrage, die zusammen von der Weltbank und der ‚European Bank for Reconstruction and Development' durchgeführt wurde, ist die Unternehmensführung von mehr als 4000 Unternehmen der Transformation unter anderem auch zur Mitgliedschaft in einem Unternehmerverband oder einer entsprechenden Lobby-Gruppe befragt worden (World Bank/EBRD 2002). Tabelle 2.9 zeigt das entsprechende Antwortverhalten differenziert nach Ländern. In der überwiegenden Mehrzahl aller Länder sind mehr als 70 Prozent aller befragten Unternehmen nicht Mitglied in einem Unternehmerverband. Lediglich Estland, Lettland, Kroatien, Slowenien und Ungarn bilden hierin die Ausnahme. Lediglich in Ungarn, Slowenien und Kroatien und Lettland werden diese Verbände von mehr als 30 Prozent der Unternehmen effektiv als Kanal der Interessenvermittlung genutzt.

Die Voraussetzungen für die Verwirklichung eines koordinierten Kapitalismus nach westeuropäischem Vorbild scheinen also, nimmt man das Kriterium der verbandlichen Organisationgrade als Maßstab, in der überwiegenden Mehrzahl aller Transformationsländer nicht erfüllt zu sein. In kaum einem Land finden sich relativ organisationsstarke Gewerkschaften *und* organisationsstarke Arbeitgeberverbände. Für Slowenien, Ungarn und Kroatien gilt dieser Befund allerdings nur mit Einschränkungen.

Korporatismus in Mittelosteuropa

Trotz dieser organisatorischen Schwäche kam es in mehreren Transformationsländern (z.B. Tschechien, Ungarn, Slowakei, Polen, Slowenien, baltische Länder) überraschenderweise dennoch zu korporatistischen Arrangements (Standing 1999, Ost 2000, Avdagic 2004), was im westlichen Kontext ein klares Indiz für die Existenz koordinativer Strukturen wäre. Die Initiierung dieser korporatistischen Arrangements ging allerdings von den Regierungen aus. Die politischen Akteure griffen zum Mittel einer "preemptiven Institutionengründung" (Wiesenthal 1995b), d.h. die Regierungen schufen formale Institutionen, obwohl die Probleme und Konflikte, zu deren Handhabung sie dienen sollten, nur in Ansätzen vorhanden waren und die Kollektivakteure, die sie mit Leben füllen sollten, sich erst zu formieren begannen. Die neuen Wirtschafts-, Sozial- und Interessenabstimmungsräte sollten vor allem zur Aufrechterhaltung des sozialen Friedens, der Konfliktvorbeugung und als Forum des sozialen Dialogs über verschiedene Themenbereiche dienen. Hintergrund der Gründungen war auch, dass man sich beim Versuch der "imitativen Institutionenübernahme" auch an Ländern wie Österreich, Schweden oder Norwegen orientierte. Aufgrund der Erfahrungen der ersten Hälfte der 90er Jahre wurde tatsächlich eine breite Palette von Themenkreisen und Konfliktstoffen behandelt (Kurtán 1999: 126). Der Verpflichtungsgehalt der in Verhandlungen und Konsultationen getroffenen Entscheidungen blieb allerdings schwach, so dass die tripartistischen Strukturen inzwischen zumeist als reine Illusion angesehen werden. Dies belegt das folgende Zitat von David Ost (2000: 525) mit großem Nachdruck:

> "Actually-existing tripartism is little more than a pseudo-corporatist facade that has so far done little to resolve the central political issue that neocorporatism in the West aimed to resolve: namely, how to guarantee labor input in a capitalist economy, thereby eliciting labor's acceptance of a system based on the hegemony of capital. Until it does so, tripartism is only an illusory corporatism, not a real one".

Tabelle 2.9:   Interessenrepräsentation von Unternehmern

Land	"Use the Trade Association or Lobby Group"	"Use my firm's direct ties to public officials"	"Use other channels"	"Not a Member of a Trade Association"
Ungarn	58,5	8,2	8,2	23,1
Slowenien	52,0	9,6	4,0	33,6
Kroatien	37,0	12,6	5,5	44,9
Lettland	32,5	10,8	0,6	51,2
Polen	18,7	4,9	1,6	74,8
Albanien	17,9	8,0	0,6	71,6
Estland	14,4	12,9	7,6	64,4
Tschechien	14,1	4,7	0,7	80,5
Bulgarien	13,8	2,3	9,2	73,8
Mazedonien	12,5	3,7	4,4	79,4
Rumänien	11,2	3,2	2,4	83,2
Usbekistan	11,1	7,1	3,2	78,6
Belarus	10,6	1,5	0,8	87,1
Ukraine	9,3	6,1	0,0	84,6
Russland	9,1	6,0	1,3	83,7
Kasachstan	8,8	6,8	0,0	84,4
Slowakei	8,7	2,2	4,3	84,8
Moldawien	8,6	5,0	1,4	84,9
Armenien	8,0	8,8	2,4	80,8
Litauen	8,0	0,0	0,0	92,0
Kirgisien	4,5	2,3	0,8	92,4
Georgien	3,9	4,7	0,8	90,7
Aserbaidschan	0,0	4,4	1,5	94,2

Quelle: <http://info.worldbank.org/governance/beeps> World Bank/European Bank for Reconstruction and Development: Business Environment and Enterprise Performance Survey (BEEPS), 1999-2000, Die Frage lautete: "Are you a member of a trade association/lobby group, and what channel do you typically use to affect the outcome of laws, rules, regulations and decrees that affect your business?", N = 4103 Unternehmen.

Insofern kann festgehalten werden, dass die Abweichung gegenüber dem "Ideal-typ" des koordinierten Kapitalismus, gemessen anhand der organisatorischen Voraussetzungen der gesellschaftlichen Interessenvertretung und der faktischen Interessenkoordination zwischen Arbeitnehmern und Arbeitgebern, in allen post-sozialistischen Ländern groß ist. Inwiefern dies für ein eigenes "transformations-gesellschaftlichen Arbeitsbeziehungsmodell" (Kohl/Platzer 2003) spricht, dar-über gehen die Meinungen in der Literatur weit auseinander, denn auch bezüg-lich dieses Indikators sind die Differenzen zwischen den einzelnen Ländern durchaus beträchtlich (vgl. Avdagic 2004).

2.3.3.3 Korruption

Korruption und "state capture"

Zu den großen ökonomischen Differenzen zwischen den postsozialistischen Ländern gehört ein weiterer Aspekt, dem in der Transformationsforschung er-hebliche Bedeutung zugeschrieben wird: dem Grad der Korruption. Die große Beachtung, die diesem Indikator zuteil wird, erklärt sich durch die selbst im internationalen Vergleichsmaßstab auffällig hohe Korruption in einigen eurasi-schen Transformationsstaaten. Gemessen anhand des "Corruption Perceptions Index" der Organisation ,Transparency International' gehören die eurasischen Transformationsländer zusammen mit einigen Sub-Sahara-Staaten Afrikas gar zu den Gesellschaften mit der höchsten Korruption weltweit.[9]

In der wissenschaftlichen Literatur werden in jüngster Zeit zwei Formen von Korruption unterschieden (Hellman et al. 2000, Sprout 2002). Erstens die so genannte *"administrative Korruption"*, die sich auf die Implementation von ad-ministrativen Regelungen bezieht. Bei dieser Form der Korruption fließen Beste-chungsgelder an zuständige Vertreter der Staatsverwaltung. Das Ziel ist hierbei die begünstigende Beeinflussung von Regelanwendungen und Besteuerungen. Die Auswirkungen dieser Form der Korruption lassen sich gemäß Ron Sprout (2002: 2) wie folgt auf den Punkt bringen:

> "The beneficiaries from administrative corruption are primarily corrupt public offi-cials, and the cost to the economy is essentially a non-transparent, discriminatory tax that distorts the allocation of resources, impairs efficiency and benefits private, not public, revenue."

Die zweite Form der Korruption die unter dem Begriff "*state capture*" in der Diskussion steht, wird zuweilen auch als große Korruption bezeichnet (vgl. Hell-man et al. 2000, 2003). Hierbei geht es um die Beeinflussung der Regelungsfin-dung durch Unternehmen bzw. durch Oligarchen. Die Geldmittel fließen an Politiker, die daraufhin Regelungen erlassen, die den Geldgebern ökonomische Vorteile sichern. Im Grunde geht es um die Aufteilung der Gewinne aus Rege-lungen, die gesamtgesellschaftlich suboptimal sind, aber bestimmten Unterneh-men oder Unternehmern außerordentliche Vorteile bringen. Hellman et al. (2003: 756) definieren "state capture" folgendermaßen:

---

[9]   Vgl. hierzu die Homepage von ,Transparency International' <http://www.transparency.org>

"(…) we define [state capture] as the efforts of firms to shape the formation of the basic rules of the game (i.e. laws, rules, decrees and regulations) through illicit and non-transparent private payments to public officials. (…) In the bargain between politicians and firms the politician uses political power to provide rents to firms in return for private economic gains, which further his political or economic objectives."

Kendall Roth und Tatiana Kostova (2003) erklären die Entstehung und Verbreitung dieser Korruptionsform mit der transformationsbedingten Unsicherheit bezüglich der Sicherung von Eigentums- und Verfügungsrechten. Bei unzureichender Deinstitutionalisierung der früheren Institutionen würden die privatisierten Unternehmen eine informelle Absicherung ihrer Verfügungsrechte anstreben, die letztlich ihre Unsicherheit reduziert, aber Regelungen verhindert, welche die Eigentums- und Verfügungsrechte allgemein absichern könnten. Auch für Hellman et al. (2003) sind die Bedingungen für "state capture" im Transformationskontext besonders günstig. Entsprechend ihrer Analyse findet sich diese Form der Korruption vor allem in jenen Transformationsländern, die partielle Reformen aufweisen. Vorteile durch "state capture" können Unternehmen auch nur in Ländern mit einer hohen Verbreitung dieser Korruptionsform erzielen (state capture countries), so dass sich eine Komplementarität zwischen der Handlungsorientierung der Akteure und der institutionellen Umwelt einstellt und die Länder im Zustand der partiellen Reform verharren. Die administrative Korruption ist demgegenüber vor allem in jenen Ländern besonders groß, bei denen die Reformtätigkeit als schwach eingestuft werden kann.

Abbildung 2.2 zeigt den Grad der administrativen Korruption sowie den der "state capture" in den Transformationsländern. Vergleichsweise niedrige Grade der administrativen und auch "großen" Korruption finden sich in Slowenien, Estland, Ungarn, Polen und Belarus. Im Vergleich zu west- und südeuropäischen Ländern liegt der Korruptionsgrad dieser Länder z.B. auf oder leicht unter dem Niveau Italiens oder Griechenlands, aber über dem von Deutschland oder den USA.[10]

Zusammenfassend lässt sich folgendes Zwischenresümee ziehen: Die Transformationsprozesse haben keineswegs zu einer einheitlichen Übernahme von Demokratie und Marktwirtschaft geführt. Sowohl in politischer und ökonomischer Hinsicht gibt es eine Fülle von institutionellen Unterschieden zwischen den Ländern. Im politischen Bereich reicht das Spektrum von liberalen Wettbewerbsdemokratien bis hin zu reinen Autokratien. Im ökonomischen Bereich ist die überwiegende Mehrzahl aller Transformationsländer marktwirtschaftlich organisiert, einige wenige Länder haben den Schritt zur Marktwirtschaft aber nicht bzw. nur sehr eingeschränkt vollzogen. Die Unterschiede zum "West-Kapitalismus" sind in allen Ländern zumeist eher groß, auch wenn sich "eher liberale" und "eher koordinierte" Varianten im Kreis der postsozialistischen Länder identifizieren lassen. Von einer einheitlichen postsozialistischen Kapitalismusvariante kann nicht die Rede sein, hierzu sind die Differenzen zwischen den einzelnen

Entstehung von Korruption

Vielfalt postsozialistischer Kapitalismustypen

---

[10] Gemäß der Positionierung auf dem CPI-Index von "Transparency International", der mit den Indizes zur "administrativen Korruption" und zu "state capture" hoch korreliert (Sprout 2002: 8).

Ländern viel zu groß. Die gleichzeitige Einführung von demokratischen und marktwirtschaftlichen Institutionen wirkte in einigen Ländern keineswegs kontraproduktiv. Vielmehr scheinen demokratische Governancestrukturen ökonomische Reformerfolge begünstigt zu haben. Die Macht der Exekutive erwies sich im Transformationskontext als Risiko, weil die Lähmung bzw. Blockade von Reformen insbesondere von den frühen Transformationsgewinnern und nicht von den Kostenträgern der Reformen ausging.

Abbildung 2.2:   Administrative Korruption und "state capture" in den
                     Transformationsländern

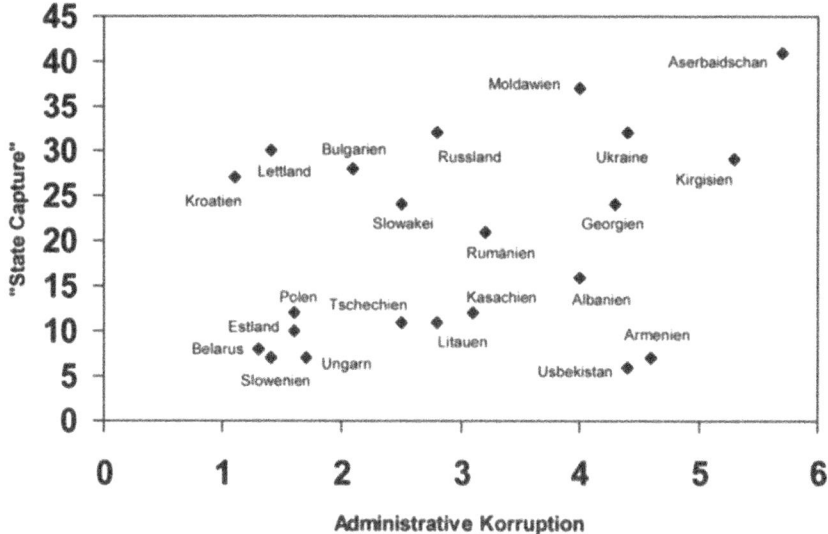

Quelle: Index "Administrative Korruption" (Sprout 2002), Index "State Capture" (Hellman et al. 2003), beide Indizes basieren auf dem 'Business Environment and Enterprise Performance Survey' (World Bank/EBRD 2002).

2.4 Mit Plan zum Markt? Wirtschaftstransformation als paradoxer Reformerfolg

Politische Steuerung des Reformprozesses

In den vorangegangenen Kapiteln wurde einerseits verdeutlicht, dass allzu skeptische Prognosen, wie etwa das "Dilemma der Gleichzeitigkeit" unzutreffend waren – unter anderem, weil vielen Regierungen am Anfang der Transformationsprozesse aufgrund von Honeymoon-Effekten und der Organisationsschwäche der "Kostenträger" ein besonders großer Handlungsspielraum zur Durchsetzung umfassender Reformen zur Verfügung stand. Ohne diese Handlungsfreiheit wäre beispielsweise die Reform-Strategie der "Schock-Therapie" (vgl. Pickel/ Wiesenthal 1997), von der in diesem Kapitel noch zu reden sein wird, nicht durchführbar gewesen. Andererseits wurde gezeigt, dass die Ablösung der zunächst in Machtpositionen eingerückten politischen Kräfte für den Reformprozess nicht von Nachteil war, was darauf hindeutet, dass partielle Politikwechsel Reformerfolge eher wahrscheinlicher gemacht haben. Beides zusammen wirft die Frage auf, wie der Prozess der *politischen Steuerung* von Reformmaßnahmen in jenen Transformationsgesellschaften ablief, deren Reformerfolg von in- und externen Beobachtern inzwischen als nachhaltig eingestuft wird. Der Begriff der Steuerung benennt hierbei ein "zielgerichtetes Handeln", das darauf gerichtet ist, die "autonome Dynamik oder Entwicklung" von sozialen Systemen "in eine bestimmte Richtung" zu lenken (Mayntz 1987: 93f).

Verfügten einige Akteure faktisch über das nötige Steuerungswissen um jene Effekte planvoll zu realisieren, die sie mit ihren auf gesellschaftliche Veränderung zielenden Reformmaßnahmen anstrebten? Kam es also darauf an, dass diese *klugen Reformkräfte* verantwortungsvolle Positionen übernahmen und im Falle ihrer Ablösung durch Akteure mit ähnlichem Steuerungswissen ersetzt wurden?

Wer sich auch nur einen Teil der Transformationsliteratur der vergangenen fünfzehn Jahre zur Gemüte führt, wird rasch an dieser möglichen Interpretation zweifeln. Ein Großteil der politischen Analysen berichtet von mangelhaften, verfehlten oder anderweitig als ungünstig gewerteten Transformationsresultaten. Dabei macht es kaum einen Unterschied, ob sich die Analysen auf Ungarn, Polen, Tschechien oder Russland, die Ukraine und Belarus beziehen. Die Diagnose von Kalamitäten ist ein fester Bestandteil der Debatte und betrifft nahezu jedes konkrete Reformprojekt. Eine gängige Schlussfolgerung lautet daher, dass sich die Transformationsprozesse nicht zielgerichtet steuern ließen. "Not by Design" (Stark 1995) wurde zum vielfältig gebrauchten Schlagwort dieser Überzeugung.

Zum Teil liegt diese Wahrnehmung daran, dass die steuerungsskeptischen Analysen die "autonome Dynamik oder Entwicklung", die Renate Mayntz in ihren Ausführungen zur politischen Steuerung bewusst hervorhebt, nur ungenügend in Rechnung stellen und sich auch nicht mit dem "in eine bestimmte Richtung lenken" zufrieden geben wollen. Zum Teil beruht die Wahrnehmung aber auch darauf, dass sich im Transformationskontext aufgrund einer zwangsläufig gegebenen hohen Unsicherheit in der Tat sehr viele "paradoxe" Reformerfolge ergeben haben. Als *paradoxer Reformerfolg* kann ein Steuerungsergebnis bewertet werden, bei dem sich die Akteure entweder (a) von unzutreffenden Wirklichkeitsannahmen leiten ließen oder (b) sie ihre verlautbarten Ziele nicht erreichen konnten, wobei aber ihre Handlungen dennoch etwas bewirkt haben, das als relative Verbesserung gegenüber der Ausgangslage oder gegenüber der Unterlassung von Handlungen angesehen werden kann.

Paradoxe Reformerfolge

Zur Veranschaulichung werden im Folgenden drei Beispiele angeführt: (1) die Sequenz der Reformschritte, (2) die Unternehmensprivatisierung in Ungarn und Tschechien und, als Beispiel für die externe Einflussnahme auf die postsozialistischen Transformationsprozesse: (3) die Steuerungsstrategie der Europäischen Union.

2.4.1 Gradualismus, Schocktherapie und die Bedeutung von Reformsequenzen

Der gleichzeitige Umbau des politischen und ökonomischen Systems war ohne historisches Vorbild, so dass das Erfahrungswissen für die Bewerkstelligung der

kein gesichertes Steuerungswissen vorhanden

143

Transformation zwangsläufig ausgesprochen gering war. Unter anderem gab es kein gesichertes Steuerungswissen bezüglich der vorzunehmenden Reihenfolge von als notwendig erachteten Reformschritten. "Welche Reformmaßnahmen müssen zuerst in Angriff genommen werden?", "Müssen einige Reformschritte erst nach gewisser Zeit durchgeführt werden?", "Wie sieht eine angemessene Reformsequenz aus?" Am Beginn der Transformationen wurden derartig steuerungsrelevante Fragen noch häufig als Problem aufgeworfen (vgl. Falk/Funke 1993), sie rückten aber mehr und mehr aus dem Zentrum der Diskussion, da die mangelnde Konsistenz der anfänglich gegebenen Antworten im Grunde nur auf das mangelnde Wissen verwies. Aufgrund der großen Unsicherheit bezüglich der Reformschritte verschoben sich die wissenschaftliche Diskussion und auch die Wahrnehmung der politischen Akteure (vgl. Blejer/Coricelli 1995) daher rasch zugunsten der Thematisierung der "richtigen" Reformgeschwindigkeit. Dies führte zu einem schier unendlichen Streit um die Wirkung von schock-therapeutischen und gradualistischen Reformprogrammen (u.a. jüngst fortgesetzt von Hoff/Stiglitz 2004). In beiden Lagern wurde die Bedeutung der Reformreihenfolge zwar weiterhin beschworen. Implizit führte die Gradualismus- versus Schock-Therapie-Debatte aber dazu, dass die Sequenzierungsfrage im Streit um das richtige Tempo der Reformen mehr und mehr in den Hintergrund trat (vgl. Beyer 2001).

Schock-Therapie

Die Vertreter der *Schock-Therapie* stellten in Anlehnung an (ordo-) liberale Vorstellungen einen Kriterienkatalog auf, der die Faktoren "Liberalisierung", "Stabilisierung", "Privatisierung" und die "Neudefinition des Staates" hervorhob. Weil aber eigentlich alles als gleichermaßen bedeutsam erschien und scheinbar wechselseitig voneinander abhing, erschöpften sich die Steuerungsempfehlungen der Vertreter der Schock-Therapie in einem "am besten alles sofort". Da einige Reformen zwangsläufig etwas mehr Implementationszeit benötigen, wurde ein Vorgehen mit der "maximum possible speed" (Balcerowicz 1993) angeraten. Eine vergleichsweise willkürliche Sequenz der Reformschritte ergab sich demzufolge aus dem unterschiedlichen Zeitbedarf für die Durchführung der verschiedenen Reformmaßnahmen. Neben prinzipiellen Vorbehalten gegenüber einer gleichzeitigen Geltung von alten und neuen Wirtschaftsinstitutionen waren auch polit-ökonomische Kalküle dafür verantwortlich, dass dem schnellen Tempo der Reformen von den Befürwortern der Schock-Therapie eine eminente Bedeutung zugeschrieben wurde. Die Realisierung einer möglichst raschen Unumkehrbarkeit der Reformen (Aslund et al. 1996: 290) und die möglichst eindeutige Signalisierung des Reformwillens wurden als wichtiger eingestuft als die unsichere Optimierung der Reformsequenz.

Gradualistische Reformstrategie

Der Steuerungspessimismus der Vertreter *gradualistischer Positionen* hat hingegen in konsequenter Weise die Aufstellung eines Transformationsplanes oder eines zu erfüllenden Kriterienkatalogs (im Sinne von: "Liberalisierung, Stabilisierung etc.") verhindert. Die Sequenzierungsfrage geriet somit ebenfalls aus dem Blick oder wurde nur rein abstrakt abgehandelt. Mathias Dewatripont und Gérard Roland (1995) vertraten beispielsweise die Ansicht, dass der Ablauf der Reformen in einer Weise organisiert werden sollte, die einerseits sicherstellt, dass der Reformprozess voranschreitet und andererseits die destabilisierenden Effekte minimiert werden. Zu Beginn der Transformation wären demzufolge jene Reformmaßnahmen einzuleiten, deren ökonomischer Erfolg sich rasch zeigt. Reformen mit Investivcharakter wären sinnvollerweise erst dann durchzuführen, sobald die Anlaufkosten mit den Erfolgen der ersten Maßnahmen kompensiert werden könnten. Ein anderer Vertreter der gradualistischen Position, Peter Murrell (1993), argumentierte stattdessen mit der Wichtigkeit von Reformmaßnahmen. Am Anfang des Transformationsprozesses sollten sich die Reformen auf das dringlichste Problem beschränken. Aus Sicht von Murrell war dies die Förderung und Entwicklung eines privatwirtschaftlichen Sektors. Der weitere Reformprozess müsste dann gezielt zeitlich gestreckt werden, wobei im hohen Maße auf eine evolutionäre Entwicklung zu vertrauen wäre. Angesichts der hohen Steuerungsunsicherheit wären Reformmaßnahmen angemessen, die sich am experimentellen Lernen ("trial and error") orientieren.

Die weitgehende Zurückhaltung der Gradualisten hinsichtlich der inhaltlichen Konkretisierung des Ablaufs von Reformen gründete auch darin, dass gradualistische Perspektiven in der Regel an die Vorstellung von multiplen Transformationswegen (Stark/Bruszt 1998) und differenten Ausgangsbedingungen (Murrell 1996) gekoppelt sind. Diesen Überlegungen zufolge kann im Grunde prinzipiell jede Reformsequenz, die für einen Fall angemessen ist, für einen anderen wegen mangelnder Kontextadäquanz nachteilig sein. Daraus ergibt sich, dass die Sequenzierung der Reformen auch für die gradualistische Position ein eher nachgeordnetes Problem war. Als vorrangig wurde ein angemessen langsames Reformtempo eingestuft, welches der Konzeption nach bewirkt, dass kontextadäquate Reformverläufe überhaupt erst identifizierbar werden.

Im Nachhinein hat sich gezeigt, dass das Reformtempo als Faktor für die Erklärung von Unterschieden in der wirtschaftlichen Entwicklung der Transformationsländer im Grunde gleich Null ist (vgl. Beyer 2001). Unter den ökonomisch erfolgreicheren Transformationsfällen finden sich sowohl Fälle, in denen gradualistische Reformstrategien verfolgt wurden (Ungarn, Slowenien) als auch Fälle, in denen eine Schock-Therapie zur Anwendung kam (Polen). Ähnlich verhält es sich bei den weniger erfolgreichen Ländern, unter denen sowohl gescheiterte Schock-Therapie-Versuche (Russland), als auch gradualistische Fälle (Ukraine) vertreten sind. Die Hervorhebung des Schocktherapie-Gradualismus-Gegensatzes war also unbegründet. Der politische Streit um die richtige Reformgeschwindigkeit ging an den eigentlichen Steuerungsproblemen vorbei.

Reformtempo kein Erklärungsfaktor für wirtschaftliche Unterschiede

Pikanterweise gehört gerade die Sequenz der Reformmaßnahmen, die durch die Thematisierung der Reformgeschwindigkeit aus dem Blickfeld der Diskussion gerückt wurde, zu den weitaus erklärungskräftigeren Faktoren. Im Ländervergleich lässt sich feststellen, dass bestimmte Reformsequenzen in systematischer Weise die ökonomische Entwicklung positiv beeinflusst haben, während andere eindeutig negative Effekte zeitigten. Nimmt man die von den wirtschaftsliberalen Reformern hervorgehobenen vier Reformschritte Preisliberalisierung, Stabilisierung der Ökonomie (Inflationsreduktion), Privatisierung und Verfassungsgebung als Maßstab, dann zeigt sich, dass es von erheblicher Bedeutung war, in welcher Reihenfolge die Reformmaßnahmen durchgeführt wurden (vgl. Abbildung 2.3). Ein ungünstiger Verlauf der Transformationsentwicklung korrespondiert mit Reformsequenzen, in denen die Privatisierung und insbesondere die Preisliberalisierung vor der ökonomischen Stabilisierung in Angriff genommen wurden. In

Reformsequenz als Erklärungsfaktor

Ländern mit einer günstigen Reformsequenz ist das erreichte Niveau des Brutto-inlandsprodukts in Relation zur Ausgangssituation am Beginn der Transformationsprozesse hingegen signifikant höher. Als kritischer Faktor hat sich daher die sequentielle Positionierung der *Stabilisierungsinitiative* herauskristallisiert. Länder, in denen die Eindämmung der Inflation relativ früh (nicht hinter der Preisliberalisierung oder der Privatisierung) in Angriff genommen wurde, schnitten ökonomisch besser ab. Länder, in denen die Preisliberalisierung vor der Stabilisierung durchgeführt wurde, hatten hingegen durchweg Probleme mit der wirtschaftlichen Erholung (Russland, Ukraine, Lettland, Kirgisien, Turkmenistan).

Abbildung 2.3:   Zusammenhang zwischen ökonomischem Erfolg und Reformsequenz

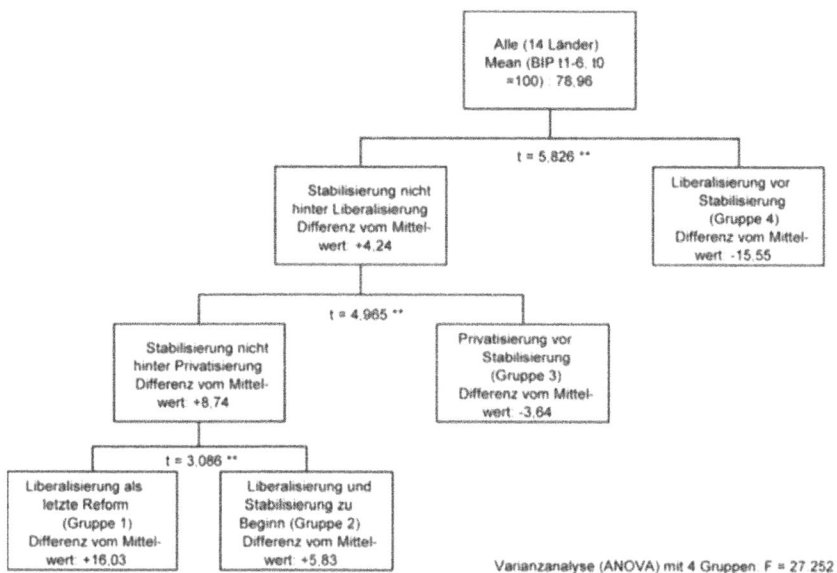

Quelle: Beyer 2001: 180, angegeben ist die jeweilige Abweichung vom Mittelwert des durchschnittlichen Bruttoinlandsniveaus (relativ zum Transformationsbeginn) in den ersten sechs Transformationsjahren. Zur Lesart: Länder, die die Preisliberalisierung vor der Kontrolle der Inflation (Stabilisierung) betrieben haben, hatten in den ersten sechs Transformationsjahren ein Bruttoinlandsproduktniveau, das durchschnittlich 15,5 Prozentpunkte unter dem allgemeinen Länderdurchschnitt lag. Länder, deren Stabilisierungsinitiative vor der Preisliberalisierung und dem Start der Privatisierung lag und die die Preisliberalisierung als letzten Reformschritt durchgeführt haben, hatten hingegen eine positive Abweichung von 16,0 Prozentpunkten gegenüber dem allgemeinen Mittelwert.

Frühe ökonomische Stabilisierung begünstigt weiteren Reformerfolg

In makroökonomischer Hinsicht gehört die Erkenntnis, dass die frühzeitige ökonomische Stabilisierung den weiteren Reformerfolg nachhaltig beeinflusst hat, inzwischen zu den wenigen weitgehend unumstrittenen Einsichten, die aus dem postsozialistischen Transformationsprozessen gewonnen wurden:

"There is (…) strong consensus that financial stabilization, in particular inflation control, is a necessary first step before sustainable growth can occur" (Havrylyshyn 2001: 79).

Die große Bedeutung der Stabilisierung war zum Beginn der Transformationsprozesse noch nicht klar – zumindest war der Konsens unter Ökonomen und
politischen Akteuren weit weniger eindeutig. In vielen Ländern kam es daher zu
den oben angesprochenen *paradoxen Reformerfolgen*. In jenen Ländern, in denen die Vorstellung der Schock-Therapie den Reformprozess beeinflusste, war es
durchaus wahrscheinlich, dass die Stabilisierung sehr frühzeitig (und zwar zusammen mit der Preisliberalisierung) in Angriff genommen wurde. Dies ergab
sich schon daher, weil sich die Inflationsbekämpfung etwa im Vergleich zur
Unternehmensprivatisierung rein aus Gründen des Vorbereitungsaufwandes
früher in Angriff nehmen ließ. Die Leitmaxime "maximum possible speed" führte also dazu, dass der Reformschritt "Stabilisierung" schon zu Beginn der Reformmaßnahmen durchgeführt wurde. Auch in den Ländern, die eher auf ein
gradualistisches Reformprogramm setzten, war die Unsicherheit groß, welche
Reformmaßnahme denn zu Beginn durchgeführt werden sollte. In Slowenien und
Ungarn wurde die Inflation mit höchst unterschiedlichen Stabilisierungsstrate-
gien gleichfalls zu Beginn der Reformen unter Kontrolle gebracht und dadurch
eine vergleichsweise günstige Ausgangsbedingung für die weitere Reforment-
wicklung geschaffen. Im Vordergrund der Wahrnehmung stand aber nicht der
frühe Zeitpunkt der Stabilisierungsmaßnahmen (die letztlich begünstigend gewirkt haben), sondern die – im Vergleich zum schock-therapeutischen Austeri-
tätsprogramm – mit weniger drastischen Methoden betriebene "gradualistische"
Stabilisierungsstrategie. In anderen Ländern mit gradualistischen Programmen
wurde die Stabilisierung aufgrund anderer Prioritätensetzungen vertagt und die
ökonomische Entwicklung nahm einen relativ ungünstigeren Verlauf.

2.4.2 Privatisierung

Der Reformsequenz-Fall ist ein Beispiel dafür, dass unzutreffende Wirklichkeitsannahmen über die Bedeutung des Reformtempos indirekt Reformerfolge
hervorrufen konnten. Bei den Privatisierungsprozessen in Tschechien und Ungarn, die im Folgenden beispielhaft angeführt werden, liegt der Fall anders. Im
tschechischen Fall wurde das anvisierte Privatisierungsziel eines Kleinaktionärs-
kapitalismus angloamerikanischer Prägung nicht erreicht und im ungarischen
Fall waren die Reformer mit ihren Maßnahmen offensichtlich so unzufrieden,
dass sie die Reformstrategie ständig änderten. In beiden Ländern war der Privati-
sierungsprozess aber dennoch – gemessen am Privatisierungsgrad und der Sicherstellung von Unternehmenskontrollmechanismen (siehe obige Werte des
EBRD "Corporate-Governance"-Indexes) – erfolgreicher als in der überwiegenden Mehrzahl aller anderen Transformationsländer. Beide Privatisierungsprozes-
se können daher ebenfalls als paradoxe Reformerfolge bezeichnet werden:

In der *Tschechischen Republik* wurde die Privatisierung der Großunternehmen auf Grundlage eines am 1.4.1991 in Kraft getretenen Privatisierungsgesetzes mittels zweier Privatisierungsrunden durchgeführt. Die jeweils zur Privatisierung aufgerufenen Unternehmen wurden zu einem bestimmten Stichtag zur Vorlage eines Privatisierungsplanes verpflichtet. Das wählbare Spektrum der Privati-
sierungsverfahren reichte von dem Direktverkauf an einen Investor über öffentliche Ausschreibungen und Auktionen und die Übertragung des Eigentums auf

Voucher-
Privatisierung in
Tschechien

Gemeinden und öffentliche Organisationen bis hin zur Privatisierung mittels so genannter ‚Voucher' (Mejstrik und Burger 1994: 191). Die überwiegende Mehrheit der Unternehmen (nach Weltbankangaben 86 Prozent der Unternehmen zum Zeitpunkt 1995) wurde mittels Voucher-Verfahren privatisiert, das die – lediglich mit einer geringen Gebühr verbundene – Übertragung der Unternehmensanteile auf die Bürger vorsah. Die Eigentumsübertragung erfolgte durch das Einlösen der ausgegebenen Privatisierungscoupons, wobei freigestellt war, in welche Unternehmen oder Investmentgesellschaften die Coupons zur Anwendung gebracht wurden. Der erhältliche Gegenwert an Unternehmensanteilen hing demnach von der Nachfrage ab. In dieser Weise wurde eine *marktmäßige* Bestimmung des Unternehmenswertes organisiert (Kiss 1994: 140). Gemäß den angenommenen Privatisierungsvorschlägen wurden die übrigen Unternehmen mittels Verkaufs- oder Übertragungsverfahren privatisiert oder entsprechend dem Restitutionsgesetz an Alteigentümer rückerstattet.

An die überwiegende Nutzung der Voucher-Privatisierungsmethode war die Erwartung geknüpft, dass die Vergabe des Unternehmenseigentums an Millionen von Kleinanlegern zu angloamerikanischen "Corporate Governance"-Strukturen führen würde (Palda 1997: 92). Da die Mehrzahl der Voucher in einigen wenigen Investmentfonds angelegt wurde, die wiederum in Kapitalverflechtungsbeziehungen zu einigen wenigen Großbanken standen (Kenway und Klvačová 1996), erfüllten sich die Erwartungen hinsichtlich der Kleinaktionärskontrolle der Unternehmen durch den Aktienmarkt jedoch nicht. Stattdessen entstand eine Eigentümerstruktur mit konzentriertem Besitz und wechselseitig verflochtenen Unternehmen, die weit eher den deutschen, keinesfalls aber den angloamerikanischen Verhältnissen entspricht.

Unstete ungarische
Privatisierung

Die *ungarische* Privatisierung ist im Gegensatz hierzu durch mehrere einschneidende Strategiewechsel gekennzeichnet. Die erste Phase zwischen 1989 und Anfang 1990 wird gängigerweise mit dem Begriff "spontane" Privatisierung umschrieben. Das Umwandlungsgesetz vom Mai 1989 gestattete den staatlichen Unternehmen den eigenständigen Rechtsformwechsel, der auch steuerlich begünstigt wurde. Statt eines Wechsels der Rechtsform der ursprünglichen Unternehmen beförderte das Gesetz jedoch vor allem die Entstehung "neuer" Unternehmen. Von vielen Managements wurden wertvolle Teile der staatseigenen Mutterunternehmen in von ihnen selbst oder von ausländischen Investoren gegründete Tochterunternehmen überführt. Die Altunternehmen blieben als staatseigene Holdings zurück, die nur noch die Schulden der "unter der Hand" teilprivatisierten Tochterunternehmen und die unrentablen Betriebsteile zu verwalten hatten (Mihályi 1994). Die negativen Erfahrungen der ersten Privatisierungsphase führten zur Gründung einer staatlichen Privatisierungsagentur. Per Gesetz wurden die Unternehmen renationalisiert (Voszka 1994), d.h. die bereits seit Mitte der 80er Jahre bestehende Möglichkeit des "Selbst-Managements" der Unternehmen wurde aufgehoben und fortan eine zentral verwaltete Privatisierung verfolgt.

Von den zunächst in zwei Privatisierungsrunden ausgeschriebenen 42 Großunternehmen konnten jedoch lediglich geringe Kapitalanteile verkauft werden. Ein Grund war die von externen Beobachtern als überhöht wahrgenommene Preisvorgabe der Privatisierungsagentur. In der nächsten Privatisierungsphase,

148

die durch Wechsel in den für die Privatisierung zuständigen Ministerien eingeleitet wurde (Brusis 1995: 165), wurden seit Februar 1991 mehrere Privatisierungsprogramme durchgeführt, die sich je nach Programm von der vorherigen Praxis hinsichtlich der anvisierten Eigentümer, dem Ausgangspunkt der Privatisierungsinitiative (nun zumeist wieder "bottom-up") oder dem Finanzierungsverfahren unterschieden. Den Anfang machte das so genannte "investor-initiated privatization-programme", gefolgt vom "enterprise-initiated privatization programme", dem große Beachtung zuteil wurde, da die staatliche Agentur die Privatisierung nicht eigenständig, sondern mittels mehrerer westlicher Consultingunternehmen durchführte. Weitere Programme ermöglichten die Finanzierung durch Leasing, den Einsatz von Entschädigungsscheinen und den Kauf von Unternehmensanteilen durch die Bürger mittels zinsloser Kredite ("credit voucher programme"). Ein begrenztes "employee's share ownership programme" begünstigte schließlich noch den Erwerb durch Betriebsangehörige. Die ständige Auflegung neuer Programminitiativen wurde erst im Juni 1995 mit der Verabschiedung eines neuen Privatisierungsgesetzes beendet. Die zwischenzeitlich in zwei Teile gespaltene Privatisierungsagentur wurde wieder zusammengefasst und mit der Aufgabe eines von oben gesteuerten (top-down) Direktverkaufsprinzips betraut. Zu diesem Zeitpunkt war allerdings die überwiegende Mehrzahl aller Unternehmen bereits privatisiert – trotz der vorherrschenden Wahrnehmung ständiger Zielverfehlung.

2.4.3 Reformsteuerung durch die Europäische Union

Hinweise auf paradoxe Reformerfolge gibt es auch bei den externen Steuerungsversuchen durch die Europäische Union. Dies mag auf den ersten Blick überraschen, sind es doch gerade die EU-Beitrittsländer, deren Reformerfolge als hoch eingestuft werden – was nicht selten u.a. auch auf die gewährte externe Unterstützung zurückgeführt wird. Eine derartig vereinfachte Zuschreibung von Erfolgswirkungen führt jedoch in die Irre, da die EU in der Grundtendenz die *ohnedies erfolgreicheren* Transformationsverläufe mit finanziellen Mitteln und organisatorischen Hilfen zusätzlich prämierte.

Das explizite Ziel aller auf die Transformationsländer gerichteten EU-Maßnahmen war es, eine Annäherung dieser Länder an die politischen und ökonomischen Verhältnisse Westeuropas mittels finanzieller Anreize und der Aussicht auf einen Beitritt zur Europäischen Union zu unterstützten. Entsprechend der Zielsetzung dieser europäischen *Heranführungsstrategie* wäre an sich erwartbar, dass die Institutionalisierungsprozesse der Länder durch die Anreizsetzung in die gleichen Bahnen gelenkt wurden – dass die Politik der EU also reduzierend auf die institutionelle Vielfalt in den europäischen Transformationsländern eingewirkt hat. Die nahe liegende Gleichung, wonach sich Transformationsstaaten, die sich aufgrund eines übereinstimmenden Integrationsinteresses um Konvergenz zur EU-Gemeinschaft bemühen, auch untereinander annähern, ging jedoch nicht auf. Dies zeigte sich beispielhaft in den Reformbereichen "Außenhandel" und "Privatisierung", die beide zu denjenigen Bereichen zählten, in denen die EU-Förderung besonders stark war (vgl. Beyer 1999).

Das Divergenz-Paradoxon des Beitrittswettbewerbs

So betrieb die Europäische Union die schrittweise Öffnung der Märkte im Zuge einer Vorbereitung auf die zukünftige Mitgliedschaft mittelosteuropäischer Staaten bereits seit 1991 mittels der so genannten "Europa-Abkommen" und auch die Förderung des Restrukturierungsprozesses und die Entwicklung eines privatwirtschaftlichen Sektors gehörte zu den zentralen Aufgaben der EU. Sie waren Kernaufgaben des europäischen Unterstützungsprogramms PHARE.[11] Den Privatisierungsgrad und -erfolg nutzte die EU im Übrigen als bedeutsamen Indikator für die Bewertung der marktwirtschaftlichen Wettbewerbsfähigkeit der Beitrittskandidaten.

Durch die Selektivität der EU-Politik (z.B. Zeitpunkte der Assoziierungsabkommen, hoher Finanzhilfeanteil für Visegrád-Staaten, Auswahl von Beitrittskandidaten etc.) löste die EU einen "Wettbewerb um Beitrittschancen" aus, mit dem sie durchaus kalkuliert hatte. Der Wettbewerb zeitigte aber erhebliche kontraintensionale (Neben-)Wirkungen. Im Bereich des Außenhandels bewirkte die spezifische Ausgestaltung der Europa-Verträge in Kombination mit dem mittel-osteuropäischen "Liberalisierungswettbewerb", dass weniger der Handel der Transformationsländer, sondern vielmehr der Handel der früheren EU-Länder gefördert wurde (Dauderstädt 1998). Der intraregionale Handel zwischen den Transformationsländern musste hingegen Bedeutungsverluste erleiden (Beyer 1999). Bezüglich der Unternehmensprivatisierung führte die Thematisierung des Privatisierungserfolgs als Indikator der Wettbewerbsfähigkeit bei gleichzeitig nicht offen gelegten Präferenzen hinsichtlich der entstehenden "Corporate Governance"-Strukturen zu einem "Kreativitätswettbewerb" auf Seiten der Beitrittskandidaten. In diesem Wettbewerb entstand eine Vielfalt länderspezifischer Unternehmenskontrollstrukturen, welche die in den EU-Ländern bestehende Varietät bei weitem übersteigt. Die unterschiedlichen Privatisierungsverläufe der Länder wurden dennoch ausnahmslos auch durch PHARE-Mittel unterstützt.

Die EU-Heranführungsstrategie hat demnach differenzierend gewirkt, und zwar nicht nur hinsichtlich einer Trennung in Beitrittskandidaten und Länder, die hierfür nicht in Frage kommen. Auch innerhalb der Gruppe der zukünftigen Beitrittsländer führte die EU-Politik in zentralen Bereichen ihrer Unterstützungspraxis dazu, dass sich die Transformationsländer voneinander entfernten und sich auseinander entwickelten. Im Hinblick auf die EU-Integration stand dieses Auseinanderdriften der Beitrittskandidaten dem erklärten Konvergenzziel der europäischen "Heranführungsstrategie" konträr entgegen. Nichtsdestoweniger war gerade das Wechselspiel zwischen der Mittelosteuropa-Politik der Europäischen Union und den Beitrittsbemühungen der Transformationsländer hierfür mitverantwortlich.

Letztlich konnte die Europäische Union die Aufnahme der mittelosteuropäischen Transformationsländer trotz allem für sich als Erfolg verbuchen. Aufgrund

---

[11] Das PHARE-Programm der Europäischen Kommission war unter den einzelnen Hilfsprogrammen für die MOE-Staaten das weltweit größte. Gestartet wurde das PHARE-Programm (Poland Hungary Assistance for the Reconstruction of the Economy) im Jahr 1989 als Unterstützungsprogramm für Polen und Ungarn. Das Programm bezog sich zunächst nur auf technische Hilfsleistungen und Beratungen, veränderte sich dann aber im Laufe der Zeit in Richtung einer direkten Förderung von Maßnahmen.

der vielfältigen Nebeneffekte ihrer Steuerungsstrategie trägt dieser Erfolg aber die Züge eines paradoxen Reformerfolges.

Paradoxe Reformerfolge erscheinen in einer engen *steuerungstheoretischen* Perspektive eher als Zielverfehlungen oder Implementationsdefizite. Sie als Steuerungsleistung zu betrachten, setzt voraus, dass man unkonventionelles Lernen (Wiesenthal 1995c) als möglichen Erfolgsweg akzeptiert oder den handelnden Akteuren Erfolge – unabhängig von deren Intentionen – schon dann zuschreibt, wenn die Reformen ganz allgemein in eine positionsverbessernde Richtung gewirkt haben. Ganz abwegig ist dies u.a. deshalb nicht, weil manche Akteure, vielleicht im Wissen um Steuerungsschwierigkeiten, schon von vornherein nur eine relative Verbesserung der Ausgangsposition im Sinn gehabt hatten. Eine andere Möglichkeit besteht darin, die Reformen als Leistung der *gesellschaftlichen Selbststeuerung* umzudeuten. Beides ist mit Bezug auf steuerungstheoretische Debatten durchaus möglich, wenn auch in einer Weise, in der die alltagssprachliche Bedeutung von "Steuerung" erheblich gedehnt wird.

Paradoxe Reformerfolge aus steuerungstheoretischer Sicht

Die Fülle der paradoxen Reformerfolge und die Schwierigkeit, dass die Transformationsprozesse offensichtlich nicht "per Design" durchführbar waren, aber dennoch mit Steuerungsabsicht durchgeführte Handlungen als Ursache der differierenden Ergebnisse benennbar sind, kann aber auch für eine Neubewertung im Sinne der Governance-Theorie sprechen. Nimmt man das "Gesamt aller nebeneinander bestehenden Formen der kollektiven Regelung gesellschaftlicher Sachverhalte: von der institutionalisierten zivilgesellschaftlichen Selbstregelung über verschiedene Formen des Zusammenwirkens staatlicher und privater Akteure bis hin zu hoheitlichem Handeln staatlicher Akteure" (Mayntz 2003: 72) als Referenzrahmen, dann verlieren die Reformerfolge ihren Beigeschmack des Paradoxen, weil die handlungsleitenden Vorstellungen und Intentionen einzelner Reformakteure dann bedeutungslos sind. Die Reformen wären als das zu klassifizieren, was sie in externer Betrachtung häufig auch sind: Erfolge!

2.5 Systemtransformation im deutschen Vereinigungsprozess – ein außergewöhnlicher Sonderfall

Verglichen mit den Entwicklungen in den anderen postsozialistischen Gesellschaften ist der Transformationsprozess der ehemaligen DDR ein außergewöhnlicher Sonderfall, denn eine Vereinigung mit einem vormals nichtsozialistischen Land gab es nirgendwo sonst. Eingeleitet wurde die Transformation durch eine "spontane Revolution", die vor allem als Gegenbild zu "Governance" von Interesse ist, denn deren teilweise überraschender Verlauf zeigt, wie abhängig grundlegende gesellschaftliche Entwicklungen von Zufällen und Kontrollverlusten und den dadurch freigesetzten Eigendynamiken sein können.

Der Zusammenbruch der DDR, so wie er sich letztlich vollzogen hat, wurde weder von ostdeutschen Dissidenten geplant noch ging er von gezielten Interventionen externer Kräfte aus. Der Zusammenbruch wurde vielmehr in spontaner Weise von den DDR-Bürgern herbeigeführt, und zwar auf zweierlei Weise: Zum einen nutzten am Ende der 80er Jahre mehr und mehr DDR-Bürger die Chance zur Flucht nach Westdeutschland, die sich ihnen aufgrund einer größer geworde-

Spontane Revolution

nen Grenzdurchlässigkeit in Ungarn und der Tschechoslowakei bot. Die Handlungsunfähigkeit des Regimes gegenüber diesem massenhaften Exodus ermutigte zugleich andere zum Protest auf der Straße, den sie in Leipzig und anderswo äußerten. Als deutlich wurde, dass der einst allmächtige Staat weder die Massenflucht stoppen noch die Demonstrationen mit Repression unterdrücken konnte, wuchs der interne Massenprotest weiter an (Merkel 1991: 39f.). Die DDR-Führung reagierte auf die offensichtliche Legitimationskrise mit einem Wechsel der Staats- und Parteiführung. Egon Krenz trat die Nachfolge von Erich Honecker an und leitete hastig einige Reformen ein, die den Protest im Lande beruhigen sollten. Zu den diskutierten und anvisierten Maßnahmen gehörte auch die Reform der Ausreisebeschränkungen. Am 9. November 1989 sorgte der Beschluss einer diesbezüglichen Reform bzw. dessen unklare Weitergabe an untergeordnete Stellen dann dafür[12,] dass die Grenze zwischen Ost- und Westberlin noch am selben Tag geöffnet wurde. Hierdurch war das alte Regime faktisch von einem Tag auf den anderen suspendiert.

Endogene Demokratisierung Es folgte eine rund einjährige Periode der endogenen Demokratisierung. Zunächst etablierte sich die Bürgerrechtsbewegung "Neues Forum" als Verhandlungspartner im Übergangsprozess. Ihr gelang es, so genannte "Runde Tische" als Entscheidungsgremien auf Zeit durchzusetzen, die – neben der offiziellen Regierung – für alle Fragen der Legislative und Exekutive auf nationalstaatlicher und regionaler Ebene Zuständigkeit erlangten. Die Runden Tische bereiteten auch die Durchführung freier Volkskammerwahlen vor und entwickelten zudem (später verworfene) Entwürfe für eine Verfassung und den Verbund der beiden deutschen Staaten. Die ersten freien Volkskammerwahlen der DDR fanden am 18. März 1990 statt. Sie endeten mit einem Sieg der CDU und der Bildung einer Koalitionsregierung unter Beteiligung der Sozialdemokraten. Die westdeutschen Parteien hatten sich rasch in den Osten ausgedehnt, was teilweise durch die Übernahme der Mitgliederbasis und der organisatorischen Strukturen ehemaliger DDR-Blockparteien begünstigt wurde. Die Bürgerrechtsbewegung konnte sich hingegen nicht etablieren, ihr war die Chance zur Beeinflussung des Transformationsprozesses entglitten. Aufgrund des Ausgangs der Wahlen zugunsten der großen Westparteien, waren die Weichen eindeutig auf "Wiedervereinigung" gestellt. Bereits zwei Monate nach den Wahlen wurde ein Vertrag über die Errichtung einer Wirtschafts-, Währungs- und Sozialunion mit der Bundesrepublik Deutschland geschlossen. Im August beschloss die Volkskammer mit verfassungsändernder Mehrheit den Beitritt zur Bundesrepublik, der dann wenige Tage später mit der Unterzeichnung des Einigungsvertrages am 31.08.1990 besiegelt wurde.

Einheit als Privileg Innerhalb eines Jahres vollzog sich demnach im Osten Deutschlands ein radikaler Wandel des politischen Systems. Ohne den großen Wunsch nach Veränderung in der Bevölkerung und dem Enthusiasmus der Demonstranten wäre dieser Prozess weder in Gang gekommen noch so schnell beendet worden. Auf den ersten Blick schien die Bevölkerung mit dem Beitritt zur Bundesrepublik auch den günstigsten Weg zur Systemtransformation "gewählt" zu haben. Das

---

[12] Die untergeordneten ausführenden Organe wurden weder über den Zeitpunkt des Inkrafttretens der Reform noch über die konkreten Ausreisemodalitäten informiert.

Institutionensystem der Bundesrepublik hatte sich in der Vergangenheit als politisch stabil und ökonomisch erfolgreich erwiesen. Die Übernahme dieses "ready-made state" (Rose/Haerpfer 1997) schien weitgehend risikolos zu sein; zumindest versprach sie, in Relation zu anderen Transformationsländern, deutlich geringere Übergangskosten. Zudem konnte die Bevölkerung auch auf die Interventionen eines ökonomisch starken Staates hoffen, dem die problemlose Abfederung der dennoch entstehenden sozialen Kosten zugetraut werden konnte. Mit Blick auf die maroden Staatskassen der übrigen Transformationsländer schien der ostdeutsche Systemwechsel in dieser Hinsicht klar privilegiert (vgl. Wiesenthal 1996).

Letztlich erwiesen sich allerdings nahezu alle frühen Prognosen bezüglich der Kosten der ostdeutschen Systemtransformation als zu optimistisch. Nicht jede Prognose beruhte hierbei auf strategischem Zweckoptimismus, der es erlaubte, kurz vor den Wahlen die Entstehung "blühender Landschaften" zu versprechen. Auch die Riege der Ökonomen lag zumeist falsch, da diese bei ihren Kalkulationen von der letztlich nachhaltig positiven Wirkung eines vereinigungsbedingten ökonomischen Schocks ausgegangen waren. Die Kontraktion der Ökonomie wurde als unvermeidlicher, aber alles in allem angemessener Preis für die Wirtschaftstransformation angesehen. Der "Zusammenbruch mit Perspektive" (Schell 1994) würde sich – so die gängige Erwartung – vergleichsweise rasch ins Positive kehren. Da die politisch handelnden Akteure gleichfalls von der alsbaldigen ökonomischen Erholung überzeugt waren, wurde auf Übergangsregelungen zum Schutz der Transformationswirtschaft bewusst verzichtet.

In der Realität zeigten sich bei der ostdeutschen Transformation zwar die Wirkungen des ökonomischen Schocks, die erwartete heilsame "therapeutische" Wirkung blieb jedoch aus. Der erste Schritt zur Wiedervereinigung erfolge mit der Währungsunion. Die ehemalige DDR erhielt unmittelbar nach der Wende eine stabile, frei konvertierbare Währung. Aufgrund einer politisch motivierten Festsetzung des Umtauschkurses (Busch 1991) kam es zur Aufwertung der vormaligen Ost-Mark um nahezu 400 Prozent und zu einer entsprechenden Preiserhöhung bei ostdeutschen Waren im Ausland. Dies machte exportfähige ostdeutsche Produkte mit einem Schlag praktisch unverkäuflich. Aufgrund der sich rasch von Ostprodukten abwendenden inländischen Nachfrage erging es jedoch den nicht vom Export abhängenden Ost-Unternehmen kaum besser. Die Folge war eine dramatische Abnahme der inländischen Produktion – zwischen 1989 und Ende 1991 allein um 40 Prozent. Die Zahl der Beschäftigten in der verarbeitenden Industrie fiel bis zum Ende des Jahres 1993 von einstmals 2,6 Mio. auf nur noch 658.000. Die Mehrzahl der Unternehmen, die ihre Produktion nicht abrupt einstellte, war alsbald von staatlichen Subventionen und Krediten abhängig.

Entsprechend den Erwartungen, die mit Schock-Therapien verknüpft sind, folgt auf die Phase der "kreativen Zerstörung" die Umlenkung der Aktivitäten auf ökonomisch ertragreiche Tätigkeiten. Unter den Rahmenbedingungen der deutschen Einheit wurde allerdings ein Großteil der ehemaligen Werktätigen dauerhaft in die Arbeitslosigkeit, in Beschäftigungsformen mit niedriger Produktivität (Arbeitsbeschaffungs-Maßnahmen) und in die soziale Alimentierung durch den Staat gelenkt. Die Regierungen konnten es sich politisch nicht leisten,

Einheit als ökonomischer Misserfolg

153

diese Sozialtransfers *nicht* vorzunehmen, so dass es zu einer eigentümlichen Sonderentwicklung kam:

> "In the end, the pattern of policies for economic transformation was significantly lacking in consistency when compared to the policy catalogue of shock therapy. Instead, the pattern combined decisive steps of market-oriented liberalization while granting opulent favours to the East German electorate for ‚political reasons'. This special pattern accounts for the socio-economic paradox of the GDR's incorporation by West Germany: the fastest decline in economic performance to be seen in East-Central Europe was accompanied by the fastest and closest approximation of West-European income levels (including transfer incomes)." (Wiesenthal 2004)

Die Transferzahlungen konnten den ökonomischen Vereinigungsschock und die radikale Deindustrialisierung Ostdeutschlands sozial abfedern und waren unter den gegebenen Bedingungen eine möglicherweise unerlässliche Voraussetzung für die politische Stabilisierung der postsozialistischen Verhältnisse. Aufgrund der anhaltenden ökonomischen Misere wurden die Transferzahlungen allerdings vielfach zur Unterhaltszahlung mit unbegrenzter Laufzeit. Unternehmerische Innovationen konnten hingegen nur sehr begrenzt "herbeisubventioniert" werden.

Institutionentransfer

Mit dem Beitritt zur Bundesrepublik übernahmen die "Neuen Bundesländer" die Institutionen Westdeutschlands; dazu gehörten unterschiedslos das Rechtssystem, das Beamtentum, die Gewerkschaften, das Schulsystem und die Sozialversicherung. Die Logik des Institutionentransfers bestand darin, dass es "im Osten nichts Neues" (Lehmbruch 1998: 18) oder Anderes geben sollte, denn als Ziel wurde die Einheitlichkeit der Lebensbedingungen in Ost und West ausgerufen. So wurde der ehemaligen DDR zwar ein langer ‚trial und error' Prozess und politischer Streit über die richtige institutionelle Ordnung erspart, zugleich zwängte der Institutionentransfer Ostdeutschland aber "in einen gesetzlichen und institutionellen Rahmen, der ihrer Ausnahmesituation nicht gerecht wurde." (Windolf et al. 1999: 16).[13] Die nachträgliche Abweichung war zudem sehr eingeschränkt. Die in anderen Reformstaaten anwendbare Argumentationsfigur einer "Institutionenordnung in Erprobung" war im deutschen Fall schwerlich möglich. Dies hätte zur Delegitimierung des gesamtdeutschen Institutionensystems beigetragen – entsprechend umkämpft waren denn auch Versuche zur Durchsetzung von Abweichungen (Czada 1997), was nicht heißt, dass es zu keinerlei eigendynamischen Entwicklungen gekommen wäre (vgl. Lehmbruch 1998, Czada/Lehmbruch 1998, die zeigen, dass der Grad der Abweichung vom Institutionentransfer in Ostdeutschland von der Marktnähe der Wirtschaftssektoren abhing).

Treuhand-
privatisierung

Für in- und insbesondere ausländische Investoren waren die Investitionsbedingungen in Ostdeutschland im Vergleich zu jenen der anderen mittelosteuropäischen Staaten deutlich weniger attraktiv. Dies zeigte sich nicht zuletzt an der

---

[13] Die mangelnde Kontextangemessenheit hat der ehemalige sächsische Innenminister Heinz Eggert folgendermaßen prägnant zum Ausdruck gebracht: "Wenn die Bundesrepublik Deutschland 1955 die Gesetzlichkeiten des Jahres 1993 gehabt hätte, dann hätte Ludwig Erhard noch so viele Zigarren rauchen können – der Wirtschaftsaufschwung wäre nie gekommen." (Eggert 1994: 23)

Arbeit der Treuhandanstalt, der die Privatisierung der staatseigenen Betriebe übertragen wurde. Die Treuhandanstalt verfolgte ein Privatisierungskonzept, das eine rasche Privatisierung und Veräußerung an externe, kapitalkräftige Investoren zum Ziel hatte. Der Treuhandanstalt gelang es zwar, die Privatisierung innerhalb von fünf Jahren abzuschließen. Aufgrund der unzureichenden Nachfrage endete die Eigentumsübertragung allerdings nicht mit einem positiven Saldo zugunsten der Staatskasse, sondern mit Verlusten. Die Treuhandanstalt hatte bei ihrer Gründung ca. 270 Kombinate übernommen, in denen 90 Prozent aller Beschäftigten in der Industrie der ehemaligen DDR tätig waren. Den Vermögensbestand bewertete die Treuhand im Jahr 1990 noch mit 76 Mrd. DM. Bei ihrer Selbstauflösung im Dezember 1994 hinterließ die Treuhandanstalt aber Schulden in Höhe von 256 Mrd. DM (Windolf et al. 1999: 52).

Zum Vergleich bietet sich der estnische Fall an. Mit Unterstützung von Treuhandberatern wurde dort ebenfalls eine Verkaufsprivatisierung betrieben. Die estnische Privatisierungsagentur erwirtschaftete trotz übereinstimmender Privatisierungsziele und -verfahren keineswegs Verluste, wie die deutsche Treuhandanstalt, sondern erkleckliche Gewinne – und dies bei einem ursprünglich deutlich weniger produktiv wirtschaftenden Ausgangsbestand.

Nahezu zwei Drittel der von der Treuhand privatisierten Unternehmen wurden von westdeutschen Investoren übernommen. Im eher günstigen Fall erfüllen die ehemaligen staatseigenen Betriebe inzwischen im Konzernverbund die Funktion einer "verlängerten Werkbank". Sie sind also hinsichtlich ihrer Entwicklungs- und Überlebenschancen von den Strategien der westlichen Eigentümer abhängig. Im ungünstigeren Fall wurden die Betriebe nur "auf Zeit" übernommen, weil die neuen Eigentümer häufig vor allem an den staatlichen Fördermitteln interessiert waren.

Die Privatisierungsmethode der Treuhand hat die soziale Integration zudem stark behindert, weil sie eine Spaltung in "ostdeutsche Habenichtse" und "westdeutsche Kapitalisten" befördert hat (Windolf et al. 1999: 30) und daher Sozialtransfers aus Gerechtigkeitsmotiven umso dringlicher machte. Die an die optimistischen Prognosen und Versprechungen geknüpften Erwartungen der ostdeutschen Bevölkerung wurden durch den Verlauf der Transformation vielfältig enttäuscht, so dass es kaum verwunderlich erscheint, dass die Zufriedenheit mit dem Systemwechsel in der Bevölkerung mittelosteuropäischer Länder zumeist größer ist (Wiesenthal 1996).

Insgesamt gesehen sprechen weder der Umfang der Transformationskrise, die makroökonomische Entwicklung, die Legitimität der Verfahren noch die Zufriedenheit der Bürger für den Transformationsmodus "Vereinigung". Der Sonderfall war demnach kein Erfolgsweg.

2.5.1 *Erkenntnisse der Transformationsforschung und die Governance-Theorie*

Zusammenfassend und schlussfolgernd kann festgestellt werden, dass die Transformationsforschung mehrere Ergebnisse zu Tage befördert hat, die für die "Governance"-Diskussion von erheblicher Bedeutung sein können. Im Hinblick auf die Wirkung von Regelungen und institutionellen Konstellationen lässt sich folgendes feststellen:

Implikationen für die
Governance-Debatte

- Ein Systemwechsel vom Sozialismus zu Demokratie und Marktwirtschaft war nicht zwangsläufig. Die Fülle der Länderdifferenzen und die Vielfalt der entstandenen Institutionen zeigen, dass sich die Prozesse in ihrer Gesamtheit kaum als "nachholende Entwicklung" beschreiben lassen. Der Systemwechsel war kein eigengesetzlicher Prozess, sondern ein genuin *politisches Projekt,* das der regulierenden Beeinflussung ("governing") bedurfte.

- Demokratische und marktwirtschaftliche Institutionen ließen sich zeitgleich einführen. Die These des asymmetrischen Antagonismus zwischen Demokratie und Marktwirtschaft traf im Kontext der Transformationsländer nicht zu. Das "Dilemma der Gleichzeitigkeit" gab es in der postulierten Form nicht. Länder mit liberaldemokratischen Institutionen gehören im Kreis der Transformationsländer zu den ökonomisch erfolgreicheren Fällen.

- Die Transformationsprozesse wurden durch eine "gesellschaftliche Unterorganisation" begünstigt. Diese verhinderte die Reformblockade durch die Kostenträger der Reformen und eröffnete den Reformern am Beginn des Systemwechsels ein besonders großes Handlungsfenster. Die politischen Akteure verfügten über eine vergleichsweise große Autonomie. Dies war eine *Chance* für die Initiierung weit reichender Reformprogramme.

- In der großen Autonomie lag aber auch das größte *Risiko* der Systemtransformation. Die Lähmung oder die Blockade von Reformen sowie korruptes "state capture" durch große privatisierte Unternehmen und Oligarchen gingen von den frühen Reformgewinnern aus und nicht von den Reformverlierern. Im Verlauf der Transformation erwiesen sich daher jene politischen Institutionen von Vorteil, welche die Machtfülle der Regierungen beschränkten und politische Wechsel nicht nur möglich, sondern auch wahrscheinlich machten.

- Imitativer Institutionentransfer konnte die Transformationsprozesse entlasten und die Konzeptualisierung funktionstauglicher Gesellschaftsentwürfe anleiten. Übertragungsversuche endeten zwar vielfach in etwas anderem, häufig nur scheinbar ähnlichem (z.B. Tripartismus), aber in jenen Ländern, in denen die Orientierung an westlichen Vorbildgesellschaften von vornherein ausblieb, sind die Reformen weniger umfassend ausgefallen und der ökonomische Erfolg der Transformationsprozesse war deutlich geringer.

- Der Vorteil des Transfers lag in der de-institutionalisierenden Wirkung und im Anstoß neu ausgerichteter Institutionalisierungsprozesse. Er beruhte nicht auf der Übertragung eines kohärenten Institutionenmodells. Die Erfahrungen mit der versuchten Übertragung eines kompletten Institutionensystems – wie im deutschen Sonderfall geschehen – zeigen dies deutlich. Der Modus einer vollständigen Übernahme von Institutionen wird der Transformationssituation nicht gerecht.

- Die kulturellen und institutionellen "legacies" der Vergangenheit machten Systemwechsel weder unmöglich noch determinierten sie die weitere Entwicklung der postsozialistischen Gesellschaften. Der Ausgangspunkt gesellschaftlicher Veränderung sind rechtfertigungsbedürftige Entscheidungen und Reformen, auch wenn Reformerfolge aufgrund transformationsbedingter Unsicherheiten häufig in *paradoxer* Weise erzielt wurden.

156

Womit wir bei den Ergebnissen der Transformationsforschung wären, die auch an einigen Überzeugungen einer institutionalistisch ausgerichteten "Governance"-Theorie rütteln. Die "Governance"-Theorie steht nicht nur, wie einleitend bemerkt wurde, in der Traditionslinie der problemlösungsorientierten "akteurszentrierten" Steuerungstheorie, sondern ebenfalls in der Traditionslinie der *institutionenökonomischen Theorien* (vgl. Mayntz 2004). So hat die Bezugnahme auf unterschiedliche Governance-Typen, wie "Markt", "Staat", "Verband" etc. ihre Wurzeln in institutionenökonomischen Überlegungen.[14] Ein zentraler Grundgedanke des Governance-Ansatzes ist hierbei, dass Märkte nie nur "Markt", Staaten nie nur "Staat" oder Gemeinschaften nie nur ausschließlich "Gemeinschaft" sind. Die verschiedenen Koordinationsmechanismen sind jeweils "zweitbeste" Verfahren sozialer Koordination (Wiesenthal 2000b), weshalb sie einander bedürfen. Märkte müssen beispielsweise "sozial eingebettet" (Granovetter 1985), d.h. mit anderen Koordinationsformen verknüpft werden, damit sie überhaupt funktionieren können. Die unterschiedliche Kombination der Koordinationsmechanismen führt zu differierenden institutionellen Konfigurationen mit je spezifischen Auswirkungen. Übergänge zwischen unterschiedlichen Konfigurationen (z.B. von der sozialistischen Planwirtschaft zur wettbewerbsorientierten Marktwirtschaft) sollten aber auf alle Fälle mit Transformationsproblemen belastet sein, und dies *umso mehr, je umfassender die Änderungen sind*. In institutionalistischer Zuspitzung erscheint der Governance-Ansatz denn auch bisweilen "als eine besonders elaborierte Persistenzhypothese" (Czada 1997), z.B. dann, wenn im polit-ökonomischen Kontext von der Existenz der "Varieties of Capitalism" auf deren Fortexistenz geschlossen wird.

Kombination von Koordinationsmechanismen

Eine *rein institutionalistische* Argumentation stößt bereits bei der Frage, wie es überhaupt zu umfassendem gesellschaftlichen Wandel kommt, an Erklärungsgrenzen. Als Erklärungshilfe kann hierbei aber noch auf extern angestoßene "Gestaltwechsel" (vgl. Offe 2004), spontane Koinzidenzen (Mayntz 1996) oder institutionelle Rekombinationsprozesse (Stark 1996) zurückgegriffen werden. Die Transformationsprozesse der postsozialistischen Gesellschaften haben aber weitere Überraschungen parat. Jene Länder, in denen die politischen und ökonomischen Regelungsmodi besonders umfassend geändert wurden, waren nicht etwa mit besonders großen Transformationsproblemen belastet, sondern mit vergleichsweise *geringen* Problemen im Vergleich zu jenen Ländern mit partiellen oder geringfügigen Reformen. Bei der Erklärung dieses Phänomens stößt man in der Transformationsforschung unweigerlich auf interessengeleitete Akteure: auf Reformer und Blockierer und zuweilen auch auf "Rekombinierer", ohne die institutionelle Rekombinationen gar nicht denkbar wären. Aufgrund der Ergebnisse der Transformationsforschung scheint daher eine Besinnung auf Akteure und steuerungstheoretische Traditionen geboten. Dies ist keine neue Erkenntnis (Czada 1997, Lütz 2003), aber weiterhin eine konzeptionelle Schwierigkeit im Rahmen der "Governance"-Theoriebildung.

Defizite rein institutionalistischer Erklärungen

---

[14] Gemäß der institutionenökonomischen Transaktionskostentheorie entsteht unter den Bedingungen von Konkurrenz, Unsicherheit und der begrenzten Rationalität und Opportunität von Akteuren ein je variierender Bedarf der institutionellen Absicherung von Transaktionen (vgl. Williamson 1979), weshalb unterschiedliche Modi der Handlungskoordination – bei Williamson sind dies Markt und Hierarchie – als effizient erscheinen.

2.6 Literatur

Albert, Michel, 1992: Kapitalismus contra Kapitalismus, Frankfurt/New York: Campus.

Armijo, Leslie E., Thomas J. Biersteker und Abraham F. Lowenthal, 1995: The Problems of Simultaneous Transitions, in: Larry Diamond und Marc F. Plattner (Hrsg.): Economic Reform and Democracy, Baltimore: John Hopkins University Press, 226-240.

Arrow, Kenneth, 1951: Social Choice and Individual Values, New York: John Wiley & Sons.

Aslund, Andres, Peter Boone und Simon Johnson, 1996: How to Stabilize: Lessons from Post-Communist Countries, in: Brookings Papers on Economic Activity 96(1), 217-313.

Avdagic, Sabina, 2004: Accounting for Variations in Trade Union Effectiveness: State-Labor Relations in East Central Europe, in: Socio-Economic Review 2(3), 385-413.

Balcerowicz, Leszek, 1993: Common Fallacies in the Debate on the Economic Transition in Central and Eastern Europe, EBRD Working Paper 11, European Bank for Reconstruction and Development, London.

Bandelj, Nina, 2003: Varieties of Capitalism in Central and Eastern Europe, Paper presented at the Society of Comparative Research, Graduate Student Retreat, Princeton University, May 9-10, 2003.

Bartlett, Will, 2004: Different Forms of Capitalism in the Post-Yugoslav Balkans, Paper presented at the 13th Research Seminar on "Managing the Economic Transition", University of Cambridge, March 12th, 2004.

Berger, Suzanne und Ronald Dore (Hrsg.), 1996: National Diversity and Global Capitalism, Ithaca: Cornell University Press.

Beyer, Jürgen, 1999: Integration und Transformation: Das Divergenz-Paradoxon des Beitrittswettbewerbs, in: Politische Vierteljahresschrift 40(4), 537-564.

Beyer, Jürgen, 2001: Jenseits von Gradualismus und Schocktherapie – Die Sequenzierung der Reformen als Erfolgsfaktor, in: Helmut Wiesenthal (Hrsg.): Gelegenheit und Entscheidung, Wiesbaden: Westdeutscher Verlag, 169-190.

Beyer, Jürgen und Petra Stykow, 2004: Steuerung gesellschaftlichen Wandels: Utopie oder Möglichkeit? In: Petra Stykow und Jürgen Beyer (Hrsg.): Gesellschaft mit beschränkter Hoffnung, Wiesbaden: VS Verlag, 9-39.

Beyer, Jürgen und Jan Wielgohs, 2001: On the Limits of Path Dependency Approaches for Explaining Postsocialist Institution Building, in: East European Politics and Societies 15(2), 356-388.

Beyer, Jürgen, Jan Wielgohs und Helmut Wiesenthal (Hrsg.), 2001: Successful Transitions. Political Factors of Socio-Economic Progress in Postsocialist Countries, Baden-Baden: Nomos.

Blejer, Mario I. und Fabrizio Coricelli, 1995: The Making of Economic Reform in Eastern Europe, Aldershot: Edward Elgar.

Bönker, Frank, 1995: The Dog That Did Not Bark? Politische Restriktionen und ökonomische Reformen in den Visegrád-Ländern, in: Hellmut Wollmann et al. (Hrsg.): Transformation sozialistischer Gesellschaften: Am Ende des Anfangs, Leviathan Sonderheft 15/1995, Opladen: Westdeutscher Verlag, 180-206.

Bönker, Frank und Jan Wielgohs, 2004: Kultur als Transformationsbarriere. Entwicklungslinien einer Diskussion, in: Petra Stykow und Jürgen Beyer (Hrsg.): Gesellschaft mit beschränkter Hoffnung, Wiesbaden: VS Verlag, 223-237.

Botero, Juan C., Rafael La Porta, Florencio Lopez-de-Silanes, Andrei Shleifer und Alexander Volokh, 2003: Judical Reform, in: World Bank Research Observer 18(1), 61-88.

Brezis, Elise S. und Adi Schnytzer, 2003: Why Are the Transition Paths in China and Eastern Europe Different? In: Economics of Transition 11(1), 3-23.

Brusis, Martin, 1995: Systemtransformation als Entscheidungsprozeß, Berlin: Verlag Berliner Debatte.

Buchen, Clemens, 2004: What kind of Capitalism is emerging in Eastern Europe? 'Varieties of Capitalism' in Estonia and Slovenia, Paper presented at the 13th Research Seminar on "Managing the Economic Transition", University of Cambridge, March 12th, 2004.

Busch, Andreas, 1991: Die deutsch-deutsche Währungsunion: Politisches Votum trotz ökonomischer Bedenken, in: Ulrike Liebert und Wolfgang Merkel (Hrsg.) Die Politik zur deutschen Einheit. Probleme – Strategien – Kontroversen, Opladen: Leske + Budrich, 185-208.

Casper, Steven, 1998: The Legal Framework for Corporate Governance: Explaining the Development of Contract Law in Germany and the United States, WZB Discussion Paper, Wissenschaftszentrum Berlin für Sozialforschung, Berlin.

Cohen, Michael D., James G. March und Johan P. Olsen, 1972: A Garbage Can Model of Organizational Choice, in: Administrative Science Quarterly 17, 1-25.

Comisso, Ellen, 1997: Is the Glass Half Full or Half Empty? Reflections on Five Years of Competitive Politics in Eastern Europe, in: Communist and Post-Communist Studies 30(1), 1-21.

Crouch, Colin und Wolfgang Streeck (Hrsg.), 1997: Political Economy of Modern Capitalism, London: Sage.

Crowley, Sephen, 2004: Explaining Labor Weakness in Post-Communist Europe: Historical Legacies and Comparative Perspective, in: East European Politics and Societies, 18(3), 394-429.

Crozier, Michael J., Samuel P. Huntington und Joji Watanuki, 1975: The Crisis of Democracy. Report on the Governability of Democracies to the Trilateral Commission, New York: New York University Press.

Czada, Roland, 1997: Vereinigung und Systemtransformation als Governance Problem, in: Michael Corsten und Helmut Voelzkow (Hrsg.), Transformation zwischen Markt, Staat und Drittem Sektor, Marburg: Metropolis, 181-210.

Czada, Roland und Gerhard Lehmbruch (Hrsg.), 1998: Transformationspfade in Ostdeutschland. Beiträge zur sektoralen Vereinigungspolitik, Frankfurt/New York: Campus.

Dauderstädt, Martin, 1998: Das differenzierte Europa differenziert erweitern, in: Internationale Politik und Gesellschaft 3/98, Online.

Dewatripont, Mathias und Gérard Roland, 1995: The Design of Reform Packages under Uncertainty, in: American Economic Review 85(5), 1207-1223.

Diamond, Larry, 2002: Thinking About Hybrid Regimes, in: Journal of Democracy 13(2), 21-35

DiMaggio, Paul J. und Walter W. Powell, 1991: The Iron Cage Revisited: Institutional Isomorphism and Collective Rationality, in: The New Institutionalism in Organizational Analysis, Chicago: University of Chicago Press, 63-82.

EBRD, 2000: Transition Report 2000: Employment, Skills and Transition, London: EBRD.

EBRD, 2003: Transition Report 2003: Integration and Regional Cooperation, London: EBRD.

Eggert, Heinz, 1994: Die Entwicklung der Verwaltung in den neuen Ländern, in: Hermann Hill (Hrsg.): Erfolg im Osten III, Baden-Baden: Nomos, 17-31.

Ellman, Michael, 1997: The Political Economy of Transformation, in: Oxford Review of Economic Policy, 13(2), 23-32.

Elster, Jon, 1990: The Necessity and Impossibility of Simultaneous Economic and Political Reform, in: Piotr Plozajski (Hrsg.): Philosophy of Social Choice, Warsaw: IFIS Publishers, 309-316.

Elster, Jon et al., 1998: Institutional Design in Post-communist Societies: Rebuilding the Ship at Sea, Cambridge: Cambridge University Press.

Eyal, Gil, Iván Szélényi und Eleanor Townsley, 1998: Making Capitalism without Capitalists, London: Verso.

Falk, Martin und Norbert Funke, 1993: Zur Sequenz von Reformschritten: Erste Erfahrungen aus dem Transformationsprozeß in Mittel- und Osteuropa, in: Die Weltwirtschaft 93(2), 186-206.

Fish, M. Steven, 1998: The Determinants of Economic Reform in the Post-Communist World, in: East European Politics and Societies 12(1), 31-78.

Fukuyama, Francis, 1989: The End of History? In: The National Interest 16/Summer, 3-18.

Fukuyama, Francis, 1992: The End of History and the Last Man, New York: The Free Press.

Granovetter, Mark, 1985: Economic Action and Social Structure: The Problem of Embeddedness, in: American Journal of Sociology 91(3), 481-510.

Greskovits, Béla, 1998: The Political Economy of Protest and Patience. East European and Latin American Transformations Compared, Budapest: Central European University Press.

Haggard, Stephen und Robert Kaufman, 1995: The Political Economy of Democratic Transitions, Princeton: Princeton University Press.

Hall, Peter A. und David Soskice, 2001: An Introduction to Varieties of Capitalism, in: Peter A. Hall und David Soskice (Hrsg.): Varieties of Capitalism. The Institutional Foundations of Comparative Advantage, Oxford: Oxford University Press, 1-68.

Havrylyshyn, Oleh, 2001: Recovery and Growth in Transition – A Decade of Evidence, in: IMF Staff Papers 48, 53-87.

Hellman, Joel S., 1997: Constitutions and Economic Reform in the Post-Communist Transitions, in: Jeffrey D. Sachs und Katharina Pistor (Hrsg.): The Rule of Law and Economic Reform in Russia, Boulder: Westview Press, 55-78.

Hellman, Joel S., 1998: Winners Take All – The Politics of Partial Reform in Postcommunist Transitions, in: World Politics 50, 203-234.

Hellman, Joel S., Geraint Jones, Daniel Kaufmann und Mark Schankerman, 2000: Measuring Governance, Corruption, and State Capture, World Bank Policy Research Working Paper 2312, World Bank, Washington DC.

Hellman, Joel S., Geraint Jones und Daniel Kaufmann, 2003: Seize the State, Seize the Day – State Capture and Influence in Transition Economies, in: Journal of Comparative Economics 31, 751-773.

Hoff, Karla und Joseph E. Stiglitz, 2004: After the Big Bang? Obstacles to the Emergence of the Rule of Law in Post-Communist Societies, in: American Economic Review 94(3), 753-763.

Horowitz, Donald L., 1993: Democracy in Divided Societies, in: Journal of Democracy 4(4), 18-38.

Hradil, Stefan, 1995: Die Modernisierung des Denkens: Zukunftspotentiale und "Altlasten" in Ostdeutschland. In: Aus Politik und Zeitgeschichte 45(20): 3-15.

Huntington, Samuel P., 1991: The Third Wave. Democratization in the Late Twentieth Century, Norman: University of Oklahoma Press.

Jacobs, Jörg, 2004: Tücken der Demokratie: Antisystemeinstellungen und ihre Determinanten in sieben post-kommunistischen Ländern. Wiesbaden: VS Verlag.

Jowitt, Ken, 1992: New World Disorder. The Leninist Extinction, Berkeley, Los Angeles: University of California Press.

Jürgens, Ulrich, Katrin Naumann und Joachim Rupp, 2000: Shareholder Value in an Adverse Environment: The German Case, in: Economy and Society 29, 54-79.

Kenway, Peter und E. Klvačová, 1996: The Web of Cross-ownership among Czech Financial Intermediaries, in: Europe-Asia Studies 48, 797-809.

Kiss, Yudith, 1994: Privatization Paradoxes in East Central Europe, in: East European Politics and Societies 8, 122-152.

Kitschelt, Herbert, 2001: Constitutional Design and Postcommunist Economic Reform, in: Jürgen Beyer, Jan Wielgohs und Helmut Wiesenthal (Hrsg.) Successful Transitions, Political Factors of Socio-Economic Progress in Postsocialist Countries, Baden-Baden: Nomos, 40-63.

Kitschelt, Herbert, Peter Lange, Gary Marks und John D. Stephens (Hrsg.), 1999: Continuity and Change in Contemporary Capitalism, Cambridge: Cambridge University Press.

Knell, Mark und Martin Srholec, 2004: Emerging Varieties of Capitalism in Central and Eastern Europe, Paper presented at the 13th Research Seminar on "Managing the Economic Transition", University of Cambridge, March 12th, 2004.

Kohl, Heribert und Hans-Wolfgang Platzer, 2003: Arbeitsbeziehungen in Mittelosteuropa, Baden-Baden: Nomos.

Kooiman, Jan, 2003: Governing as Governance, London: Sage.

Kommission der Europäischen Gemeinschaft, 1997: Agenda 2000, dem Europäischen Parlament vorgelegt von der Europäischen Kommission am 16. Juli 1997 in Straßburg, Auszüge abgedruckt in: Internationale Politik 52: 85-113.

Kopstein, Jeffrey S. und David A. Reilly, 2000: Geographic Diffusion and the Transformation of the Postcommunist World, in: World Politics 53(1): 1-37.

Kurtán, Sándor, 1999: Gewerkschaften und Tripartismus im ostmitteleuropäischen Systemwechsel, in: Wolfgang Merkel und Eberhard Sandschneider (Hrsg.) Systemwechsel 4: Die Rolle von Verbänden im Transformationsprozeß, Opladen: Leske + Budrich, 115-136.

Kydland, Finn und Edward C. Prescott, 1977: Rules Rather Than Discretion: The Inconsistency of Optimal Plans, in: Journal of Political Economy 85, 473-491.

Lane, David, 2000: What Kind of Capitalism for Russia? A Comparative Analysis, in: Communist and Post-Communist Studies 33(4).

La Porta, Rafael, Florencio Lopez-de-Silanes und Andrei Shleifer, 1999: Corporate Ownership around the World, in: Journal of Finance 54(2), 471-517.

La Porta, Rafael, Florencio Lopez-de-Silanes, Christian Pop-Eleches und Andrei Shleifer, 2004: Judical Checks and Balances, in: Journal of Political Economy 112(2), 445-470.

Lehmbruch, Gerhard, 1998: Zwischen Institutionentransfer und Eigendynamik: Sektorale Transformationspfade und ihre Bestimmungsgründe. In: Roland Czada und Gerhard Lehmbruch (Hrsg.): Transformationspfade in Ostdeutschland, Frankfurt/New York: Campus, 17-60.

Lepsius, M. Rainer, 1991: Ein unbekanntes Land: Plädoyer für soziologische Neugierde. In: Bernd Giesen und Claus Leggewie (Hrsg.): Experiment Vereinigung: Ein sozialer Großversuch. Berlin: Rotbuch, 71-76.

Levitsky, Steven und Lucan A. Way, 2002: The Rise of Competitive Authoritarianism, in: Journal of Democracy 13(2), 51-65.

Lijphart, Arend, 1993: Constitutional Choices for New Democracies, in: Larry J. Diamond und Mark F. Plattner (Hrsg.): The Global Resurgence of Democracy, Baltimore: John Hopkins University Press, 146-158.

Lindblom, Charles E., 1959: The Science of Muddling Through, In: Public Administration Review 19, 79-99.

Linz, Juan J., 1990: The Perils of Presidentialism, in: Journal of Democracy 1(1), 51-69.

Luhmann, Niklas, 1989: Politische Steuerung. Ein Diskussionsbeitrag, in: Politische Vierteljahresschrift 30(1), 4-9.

Lütz, Susanne, 2003: Governance in der politischen Ökonomie, MPIfG Discussion Paper 03(5), Max-Planck-Institut für Gesellschaftsforschung, Köln.

Martin, Roderick und Anamaria M. Cristescu-Martin, 2004: Consolidating Segmentation: Post-Socialist Employment Relations in Central and Eastern Europe, in: Industrial Relations Journal 35(6): 629-646.

Mayntz, Renate, 1980: Implementation politischer Programme: Empirische Forschungs-berichte, Königstein: Athenäum.

Mayntz, Renate, 1987: Politische Steuerung und gesellschaftliche Steuerungsprobleme – Anmerkungen zu einem analytischen Paradigma. In: Jahrbuch zur Staats- und Ver-waltungswissenschaft 1. Baden-Baden: Nomos, 89-110.

Mayntz, Renate, 1996: Gesellschaftliche Umbrüche als Testfall soziologischer Theorie, in: Lars Clausen (Hrsg.): Gesellschaften im Umbruch, Verhandlungen des 27. Kon-gresses des Deutschen Gesellschaft für Soziologie in Halle an der Saale 1995, Frankfurt/New York: Campus, 141-153.

Mayntz, Renate, 2003: Governance im modernen Staat, in: Arthur Benz et al., Governan-ce. Eine Einführung. Dreifachkurseinheit der FernUniversität Hagen, 71-83.

Mayntz, Renate, 2004: Governance Theory als fortentwickelte Steuerungstheorie? MPIfG Working Paper 04(1), Max-Planck-Institut für Gesellschaftsforschung, Köln.

Meaney, Constance S., 1995: Foreign Experts, Capitalists, and Competing Agendas – Privatization in Poland, the Czech Republic, and Hungary, in: Comparative Political Studies 28(2), 275-305.

Mejstrik, Michael und James Burger, 1994: Vouchers, Buy-Outs, Auctions: The Battle for Privatization in the Czech and Slovak Republics, in: UNCTAD (Hrsg.) Privatization in the Transition Process, Genf: Kopint-Datorg, 187-222.

Melich, Jiri S., 1997: The Post-Communist Mind: Socio-Psychological and Cultural As-pects of the Communist Legacy and the Transformation Processes in Eastern Europe. In: Zeliko Sevic und Glendal Wright (Hrsg.): Transition in Central and Eastern Europe II, Belgrad: YASF Student Cultural Centre, 20-41.

Merkel, Wolfgang, 1991: Warum brach das SED-Regime zusammen? Der Fall (der) DDR im Lichte der Demokratisierungstheorien, in: Ulrike Liebert und Wolfgang Merkel (Hrsg.): Die Politik zur deutschen Einheit. Probleme – Strategien – Kontroversen, Opladen: Leske + Budrich, 19-50.

Merkel, Wolfgang, 1996: Institutionalisierung und Konsolidierung der Demokratie in Ostmitteleuropa, in: Wolfgang Merkel et al. (Hrsg.): Systemwechsel 2: Die Instituti-onalisierung der Demokratie, Opladen: Leske + Budrich, 73-113.

Merkel, Wolfgang, 1999: Defekte Demokratien, in: Wolfgang Merkel und Andreas Busch (Hrsg.): Demokratie in Ost und West, Frankfurt, 361-381.

Merkel, Wolfgang, 2003: "Eingebettete" und defekte Demokratien: Theorie und Empirie, in: Claus Offe (Hrsg.): Demokratisierung der Demokratie, Diagnosen und Reform-vorschläge, Frankfurt/New York: Campus, 43-71.

Merlevede, Bruno, 2003: Reform Reversals and Output Growth in Transition Economies, in: Economics of Transition 11(4), 649-669.

Meyer, John W. und Brian Rowan, 1977: Institutionalized Organizations: Formal Struc-ture as Myth and Ceremony, in: American Journal of Sociology 83, 340-363.

Mihály, Peter, 1994: Privatization in Hungary: An Overview, in: UNCTAD (Hrsg.): Privatization in the Transition Process, Genf: Kopint-Datorg, 187-222.

Murrell, Peter, 1993: Evolutionary and Radical Approaches to Economic Reform, in: Kazimierz Z. Poznanski (Hrsg.): Stabilisation and Privatisation in Poland, Boston: Kluwer, 215-231.

Murrell, Peter, 1996: How far has the Transition Progressed? In: Journal of Economic Perspectives 10(2), 25-44.

Myant, Martin, 2004: Czech Capitalism – Towards a European Model? Paper presented at
th 13th Research Seminar on "Managing the Economic Transition", University of
Cambridge, March 12, 2004.

Nelson, Joan M., 1993: The Politics of Economic Transformation. Is Third World Experience Relevant in Eastern Europe? In: World Politics 45(3), 433-463.

Offe, Claus, 1991: Das Dilemma der Gleichzeitigkeit. Demokratisierung und Marktwirtschaft in Osteuropa, in: Merkur 45(4), 279-292.

Offe, Claus, 2004: Political Institutions and Social Power: Some Conceptual Clarificati-
ons, in: Petra Stykow und Jürgen Beyer (Hrsg.): Gesellschaft mit beschränkter Hoffnung. Reformfähigkeit und die Möglichkeit rationaler Politik, Wiesbaden: VS Verlag für Sozialwissenschaften, 43-62.

Olson, Mancur, 1965: The Logic of Collective Action: Public Goods and the Theory of
Groups, Cambridge: Harvard University Press.

Ost, David, 2000: Illusory Corporatism in Eastern Europe: Neoliberal Tripartism and
Postcommunist Class Identities, in: Politics & Society, 28(4), 503-530.

Palda, Kristian, 1997: Czech Privatization and Corporate Governance, in: Communist and
Post-Communist Studies 30, 83-93.

Pickel, Andreas und Helmut Wiesenthal, 1997: The Grand Experiment, Debating Shock
Therapy, Transition Theory, and the East German Experience, Boulder: Westview.

Pistor, Katharina, Martin Raiser und Stanislaw Gelfer, 2000: Law and Finance in Transition Economies, in: Economics of Transition 8(2): 325-368.

Przeworski, Adam, 1991: Democracy and the Market. Political and Economic Reforms in
Eastern Europe and Latin America, Cambridge: Cambridge University Press.

Rodrik, Dani, 1994: Comment, in: John Williamson (Hrsg.): The Political Economy of
Policy Reform, Washington: Institute for International Economics, 212-215.

Roland, Gérard, 2004: Understanding Institutional Change: Fast-Moving and Slow-
Moving Institutions, in: Studies in Comparative International Development, im Erscheinen.

Roland, Gérard und Thierry Verdier, 1997: Transition and the Output Fall, CEPR Discussion Paper 1636, Centre for Economic Policy Research, London.

Rose, Richard, 1992: Escaping from Absolute Dissatisfaction: A Trial-and-Error Model of
Change in Eastern Europe, in: Journal of Theoretical Politics 4(4), 371-393.

Rose, Richard und Christian Haerpfer, 1997: The Impact of a Ready-made State, in: German Politics 6(1), 100-121.

Roth, Kendall und Tatiana Kostova, 2003: Organizational Coping with Institutional Up-
heaval in Transition Economies, in: Journal of World Business 38, 314-330.

Rüb, Friedbert, 1994: Schach dem Parlament! Über semi-präsidentielle Regierungssysteme in einigen postkommunistischen Gesellschaften, in: Leviathan 22(2), 260-292.

Schell, Manfred, 1994: Zusammenbruch mit Perspektive, in: Theo Waigel und Manfred
Schell (Hrsg.): Tage, die Deutschland und die Welt veränderten, München: Ed. Fer-
enczy bei Bruckmann, 1-25.

Schuler, Kurt und George A. Selgin, 1999: Replacing Potemkin Capitalism: Russia's
Need for a Free Market System, Cato Policy Analysis No. 348, Cato Institute, Washington.

Simon, Herbert A., 1957: Models of Man. Social and Rational. New York: John Wiley &
Sons.

Slantchev, Branislav L., 2004: The Political Economy of Simultaneous Transitions: An
Empirical Test of Two Models, in: Political Research Quarterly, im Erscheinen.

Soskice, David, 1999: Globalisierung und institutionelle Divergenz. Die USA und
Deutschland im Vergleich, in: Geschichte und Gesellschaft 25(2), 201-225.

Sprout, Ron, 2002: An Overview of Corruption in Central and Eastern Europe and Eurasia, U.S. Agency for International Development Report, http://www.cipe.org/pdf/whatsnew/events/budaconf/overview.pdf.

Standing, Guy, 1999: Arbeitsmärkte und Arbeitsbeziehungen in Osteuropa, in: Prokla 29(1), 95-116.

Staniszkis, Jadwiga, 1991: The Dynamics of Breakthrough, Berleley: University of California Press.

Stark, David, 1995: Not by Design: The Myth of Designer Capitalism in Eastern Europe, in: Jerzy Hausner, Bob Jessop und Klaus Nielsen (Hrsg.): Strategic choice and Path-dependency in Post-socialism. Brookfield: Edward Elgar, 67-83.

Stark, David, 1996: Recombinant Property in East European Capitalism, in: American Journal of Sociology, 101(4), 993-1027.

Stark, David und Lázló Bruszt, 1998: Postsocialist Pathways. Cambridge: Cambridge University Press.

Stoica, Catalin A., 2004: From Good Communists to Even Better Capitalists? Entrepreneurial Pathways in Post-Socialist Romania, in: East European Politics and Societies 18(2), 236-277.

Sztompka, Piotr, 1993: Civilizational Incompetence: The Trap of Post-Communist Societies, in: Zeitschrift für Soziologie 22(2), 85-95.

Streeck, Wolfgang, 1991: On the Institutional Conditions of Diversified Quality Production, in: Egon Matzner und Wolfgang Streeck (Hrsg.): Beyond Keynesianism: The Socio-economics of Production and Full-Employment, Aldershot: Elgar, 21-61.

Streeck, Wolfgang und Philippe C. Schmitter, 1985: Community, Market, State – and associations? The Prospective Contribution of Interest Governance to Social Order, in: European Sociological Review 1(2), 119-138.

Stykow, Petra, 1999: Staat, Verbände und Interessengruppen in der russischen Politik, in: Wolfgang Merkel und Eberhard Sandschneider (Hrsg.): Systemwechsel 4: Die Rolle von Verbänden im Transformationsprozeß, Opladen: Leske + Budrich, 137-180.

Szelényi, Iván, 2003: Varieties of Post-Communist Capitalism. A Comparative Analysis of Poverty under Various Post-Communist Regimes, Mimeo.

Tsebelis, George, 2002: Veto Players. How Political Institutions Work, New York: Princeton University Press.

Voszka, Éva, 1994: From Renationalization to Redistribution, in: UNCTAD (Hrsg.) Privatisation in the Transition Process, Genf: Kopint-Datorg, 349-361.

Wielgohs, Jan, 2001: Varianten erfolgreicher Privatisierungspolitik – die Konditionierung und Steuerung der Unternehmensprivatisierung in Estland, Polen und der Tschechischen Republik, in: Helmut Wiesenthal (Hrsg.): Gelegenheit und Entscheidung, Wiesbaden: Westdeutscher Verlag, 93-168.

Wiesenthal, Helmut, 1995a: Die Krise holistischer Politikansätze und das Projekt der gesteuerten Systemtransformation, in: Berliner Journal für Soziologie 5(4), 515-532.

Wiesenthal, Helmut, 1995b: Preemptive Institutionenbildung: Korporative Akteure und institutionelle Innovationen im Transformationsprozeß postsozialistischer Staaten, Arbeitspapier der AG TRAP 95/4, Humboldt-Universität zu Berlin.

Wiesenthal, Helmut, 1995c: Konventionelles und unkonventionelles Organisationslernen, in: Zeitschrift für Soziologie 24, 137-155.

Wiesenthal, Helmut (Hrsg.), 1996: Einheit als Privileg. Vergleichende Perspektiven auf die Transformation Ostdeutschlands, Frankfurt/New York: Campus.

Wiesenthal, Helmut, 1999: Interessenverbände in Ostmitteleuropa – Startbedingungen und Entwicklungsprobleme, in: Wolfgang Merkel und Eberhard Sandschneider (Hrsg.): Systemwechsel 4: Die Rolle von Verbänden im Transformationsprozeß, Opladen: Leske + Budrich, 83-114.

Wiesenthal, Helmut, 2000a: Die politische Organisation des Unwahrscheinlichen. Sozial-theoretische Lehren der Transition vom Sozialismus, in: Karl Hinrichs, Herbert Kitschelt und Helmut Wiesenthal (Hrsg.): Kontingenz und Krise. Institutionenpolitik in kapitalistischen und postsozialistischen Gesellschaften, Frankfurt/New York: Campus, 189-217.

Wiesenthal, Helmut, 2000b: Markt, Organisation und Gemeinschaft als ‚zweitbeste' Verfahren sozialer Koordination, in: Raymund Werle und Uwe Schimank (Hrsg.): Gesellschaftliche Komplexität und kollektive Handlungsfähigkeit. Frankfurt/New York: Campus, 44-73.

Wiesenthal, Helmut (Hrsg.), 2001: Gelegenheit und Entscheidung. Policies und Politics erfolgreicher Transformationssteuerung, Wiesbaden: Westdeutscher Verlag.

Wiesenthal, Helmut, 2004: Democracy Won – Economic Change Imposed: German Unification as a Case of Rapid Large-Scale Reform, Mimeo. http://www.hwiesenthal.de.

Williamson, Oliver E., 1979: Transaction Cost Economics: The Governance of Contractual Relations, in: Journal of Law and Economics 22, 233-261.

Windolf, Paul, Ulrich Brinkmann und Dieter Kulke, 1999: Warum blüht der Osten nicht? Zur Transformation der ostdeutschen Betriebe, Berlin: edition sigma.

World Bank und EBRD, 2002: Business environment and Enterprise Performance Survey (BEEPS), 1999-2000, http://info.worldbank.org/governance/beeps.

Kapitel 3:
"Governance of Industries" – die Transformation staatsnaher Wirtschaftssektoren im Zuge von Liberalisierung und Europäisierung[1]

Susanne K. Schmidt

Als staatsnahe Sektoren bezeichnen Mayntz und Scharpf solche, die "nicht zum Kernbestand der hoheitlichen Staatsfunktionen gehören, für die der Staat – im Durchschnitt der westlichen Industriegesellschaften – aber dennoch ein Maß an Verantwortung übernommen hat, das

Staatsnahe Sektoren am Beispiel von Telekommunikation, Elektrizität, Versicherungen und Straßengüterverkehr

- weiter geht als die ordnungspolitische, konjunkturpolitische und strukturpolitische Verantwortung des Staates für die Leistungsfähigkeit marktwirtschaftlich verfaßter Sektoren […];
- aber weniger weit geht als die unmittelbare Leistungserbringung durch den der politischen Verantwortung hierarchisch unterstellten und aus dem allgemeinen Steueraufkommen finanzierten Staatsapparat" (Mayntz/Scharpf 1995: 13f). In diesem Beitrag werden verschiedene Sektoren betrachtet, die durch ein unterschiedliches Ausmaß an Staatsnähe gekennzeichnet waren bzw. sind. So wurden Fernmeldedienstleistungen ursprünglich direkt durch den Staat in seiner Funktion als "Leistungsstaat" erbracht (Grande/Eberlein 2000). Die Elektrizitätsversorgung war aufgrund der Bedeutung dieser Infrastrukturleistung ebenfalls stark reguliert und monopolisiert; die Erbringung erfolgte jedoch auch durch private Akteure. Dagegen kennzeichnet das (private) Versicherungswesen und den Straßengüterverkehr ein geringeres Ausmaß von Staatsnähe. Beide Sektoren waren aus Gründen des Marktversagens stark reguliert, der Staat selbst hielt sich aber aus der Erbringung zurück und vergab auch keine Monopolrechte.

Die Regulierungsnotwendigkeit dieser Sektoren wurde durch verschiedene Sektoreigenheiten begründet. So wurde das ursprüngliche staatliche Monopol für Post- und Telekommunikationsdienstleistungen mit ökonomischen Überlegungen eines "natürlichen Monopols" begründet. Ein natürliches Monopol besteht, wenn ein einzelner Anbieter die Nachfrage kostengünstiger befriedigen kann, als dies einer größeren Zahl von Anbietern möglich ist (Eberlein 2000b: 91f). Zudem sprachen militärische und Sicherheitserwägungen für eine rein staatliche

Sektorspezifische Begründungen der Regulierungsnotwendigkeit

---

[1] Dieser Beitrag baut auf früheren Arbeiten von mir auf, die am Max-Planck-Institut für Gesellschaftsforschung entstanden. Siehe insbesondere (Schmidt 1998; Schmidt 2004b). Der Beitrag wurde im Oktober 2004 abgeschlossen.

Versorgung. Auch für die Regulierung der Elektrizität wurde auf das "natürliche Monopol" verwiesen. Ebenso spielt die Versorgungssicherheit eine besondere Rolle. Die Regulierung des Straßengüterverkehrs diente dagegen zum einen dem Schutz der Bahn. Zum anderen sollte die Marktregulierung die meist kleinen und mittelständischen Unternehmen vor ruinöser Konkurrenz untereinander schützen. Bei der Regulierung des Versicherungswesens stand wiederum der Verbraucherschutz im Vordergrund. Angesichts meist langfristiger Verträge und Informationsasymmetrien zuungunsten der Kunden wurde die detaillierte Regulierung hier als notwendig erachtet. Die genannten Sektoren waren in der Bundesrepublik aus diesen Gründen aus der Geltung des Gesetzes gegen Wettbewerbsbeschränkungen (GWB) ausgenommen. Als Ausnahmebereiche galten für sie die dominanten Prinzipien der Ordnungspolitik der deutschen Marktwirtschaft nicht.

Stabile Pro-Regulierungsfraktionen verhindern Reformen trotz Steuerungspathologien

Die detaillierte Regulierung dieser Sektoren führte meist zu einer herausgehobenen Stellung der Verbände, die in enger Verbindung mit den staatlichen Stellen Steuerungsaufgaben übernahmen. Während aus der Regulierung durchaus Steuerungspathologien erwuchsen, bspw. in Form von überhöhten Tarifen, war das System innerhalb der bundesdeutschen Polity durchaus stabil. Zwar existierten für die verschiedenen hoch-regulierten Sektoren verschiedentlich Reforminitiativen, doch blieben weitergehende Reformen aus. Da die von der Regulierung direkt betroffenen Wirtschaftsakteure in der Regel hieran festhielten und das politische System der Bundesrepublik aufgrund der vielen Vetopunkte Reformen erschwert, erfolgten weitergehende Änderungen erst unter dem Eindruck einer verstärkten europäischen Politik, die wichtige Liberalisierungsimpulse für die Bundesrepublik gab.

Aufbau des Kapitels

Im Folgenden werden zunächst die traditionellen Governance-Formen für verschiedene hoch-regulierte Sektoren in der Bundesrepublik dargestellt. Danach wird geschildert, wie diese an sich stabilen Akteurskonstellationen und Institutionen zunächst innerstaatlich zunehmend in Kritik gerieten. Hieraus folgten aber noch keine wesentlichen Änderungen. Erst unter dem externen Druck europäischer Politikvorgaben erfolgten weitgehende nationale Reformen.

3.1 Die alten Modelle: Die Konfiguration staatsnaher Wirtschaftssektoren in Deutschland

Ungleichmäßige Behandlung der verschiedenen Sektoren

In diesem Unterkapitel wird die traditionelle Organisation und Regulierung verschiedener "Ausnahmebereiche" dargestellt. Um einen möglichst guten Kompromiss zwischen der "breiten" Darstellung verschiedener Bereiche und der "Tiefe" einer detaillierteren Darstellung zu erzielen, wird die Regulierung der unterschiedlichen Sektoren ungleichmäßig behandelt. Während die Regulierung der Telekommunikation und der Elektrizität in den letzten Jahren breite politikwissenschaftliche Aufmerksamkeit erhalten hat (siehe bspw. Grande/Eberlein 2000; Eising/Jabko 2001; Schmidt 1998; Schneider 1999; Thatcher 2004), gilt dies weniger für andere Sektoren wie dem Versicherungswesen oder den Straßengüterverkehr. Deshalb soll hierauf genauer eingegangen werden. Die ungleichmäßige Behandlung der verschiedenen Sektoren erlaubt es, beispielhaft das Ineinandergreifen der verschiedenen Merkmale der Governance hoch regulierter Sektoren zu verdeutlichen und gleichzeitig auch Unterschiede und Gemeinsamkeiten zwischen den Sektoren zu beleuchten.

3.1.1 Telekommunikation

Charakteristisch für die Telekommunikation zu Beginn der achtziger Jahre war das umfassende Fernmeldemonopol, das die PTTs innehatten. Das PTT-Modell integrierte die Telekommunikation mit dem Postwesen; beides war einem Ministerium unterstellt, das teils allein diesem Bereich gewidmet war. In Deutschland war auch die Postbank Teil der Deutschen Bundespost. Operative und regulative bzw. hoheitliche Funktionen waren im PTT-Modell vereint und wurden nicht von verschiedenen Akteuren ausgeübt. Durch die Festlegung des Art. 87 des Grundgesetzes, der das Fernmeldewesen ausschließlich der Bundesverwaltung zuwies, genoss dieses Modell in der Bundesrepublik weitgehenden verfassungsrechtlichen Schutz (Schmidt 1991; Grande/Eberlein 2000: 636).

PTT-Modell

    Das Fernmeldeanlagengesetz wies der Bundespost das umfassende Fernmeldemonopol zu. Hierunter fielen Endgeräte, Dienste und Netze, die sich sämtlich durch die Konvergenz der Telekommunikations- mit der Informationstechnik zunehmend ausdifferenzierten. Zwar existierten bereits unterschiedliche Telekommunikationsdienste mit spezifischen Endgeräten (z.B. Telex, Faksimile, Datenübertragung) und auch Mobilfunk- und Satellitennetze als Alternative zum dominanten Festnetz, doch erst mit dem einsetzenden, sprunghaften technischen Wandel wurden diese gegenüber dem dominanten Telefondienst in wachsendem Maße bedeutsam.

Umfassendes
Fernmeldemonopol

    Begründet wurde das Monopol mit den natürlichen Monopoleigenschaften des Sektors, die in der Technik wurzelten, sowie mit politischen Argumenten, die in diesem wichtigen Infrastrukturbereich eine geographisch und sozial ausgeglichene Versorgung nur durch ein staatliches Angebot sichergestellt sahen. Das Monopol wurde in Deutschland von einem breiten, auch parteipolitischen Konsens getragen (Webber 1986).

    Aufgrund des umfassenden Monopols waren nur wenige weitere Akteure neben der Deutschen Bundespost und dem Postministerium in das Telekommunikationssystem einbezogen. Typischerweise gab es einen kleinen Kreis von "Hoflieferanten", mit denen die PTT für die technische Weiterentwicklung kooperierte (Cawson et al. 1990: 150). Weil die Telekommunikationsnetze weitgehend nationalen Spezifikationen folgten, bestanden sehr langfristige Bindungen unter seltenem Einbezug neuer Zulieferer. In Deutschland zählten zu den "Hoflieferanten" vor allem die Firmen Siemens und Standard Elektrik Lorenz (SEL). Dazu kamen kleinere Anbieter wie Telenorma oder DeTeWe. Durch die zentrale staatliche Verantwortung in diesem Bereich gab es aber wenig reine verbandliche Selbststeuerung; der Aufbau und der Betrieb des Telekommunikationsnetzes erfolgten in enger Abstimmung zwischen der staatlichen Bundespost und den Zulieferern. Eine ebenso wichtige Rolle spielte die Deutsche Postgewerkschaft (DPG). Der Organisationsgrad bei der Bundespost war hoch, und die DPG gehörte zu den wichtigen Verteidigern des Status quo (Schmidt 1991: 213).

3.1.2 Elektrizität

Technische Begrün-
dung des Monopols

Auch die besondere Ordnungsform der Elektrizitätswirtschaft wurde mit ihren technischen und ökonomischen Besonderheiten begründet. Als ein weiteres, klassisches "natürliches Monopol" wurde der fehlende Wettbewerb in diesem Bereich durch ähnliche Argumente wie vormals in der Telekommunikation gerechtfertigt. Dazu gehören die erheblichen, langfristigen Netzinvestitionen, die Ineffizienz einer Doppelinvestition in Netze sowie die ausgeprägten Größendegressionen. Hinzu kommen spezifische technische Faktoren bei der Elektrizität. Anders als bei der Telekommunikation wird Strom durch die Netze nicht richtungsspezifisch geleitet, sondern wird eingespeist bzw. entnommen, wobei die im System bestehende Spannung jederzeit konstant gehalten werden muss. Weil Elektrizität nur unter großen Verlusten gespeichert werden kann, muss die genutzte Produktionskapazität jeweils genau an die Nachfrage angepasst werden. Die Einführung einer marktwirtschaftlichen Ordnung wurde angesichts dieser wettbewerbserschwerenden Faktoren lange Zeit wenig diskutiert.

Zersplitterte Struktur
der Stromerzeugung

Anders als bei der Telekommunikation – und der Energieversorgung in anderen Ländern, bspw. Frankreich – spielte der Staat aber eine weniger direkte Rolle. Die Stromversorgung in der Bundesrepublik hat vielmehr eine ausgeprägt zersplitterte Struktur. Der Markt wurde von neun großen, überregionalen Verbundunternehmen dominiert mit einem Produktionsanteil von über 80%. Dazu kamen etwa 80 regionale und etwa 800 kommunale Versorger, die sich weitgehend auf die Verteilung beschränkten (Eberlein 2000a: 84). Dafür übertrug die

Konzessionsvertrag

Gebietskörperschaft einem Versorgungsunternehmen in einem Konzessionsvertrag die ausschließlichen Rechte zur Nutzung des Verkehrsraums und zur Verlegung von Leitungen. Im Gegenzug bekamen die Gemeinden Konzessionsabgaben. Die zweite die Elektrizitätsversorgung kennzeichnende Vertragsform war

Demarkationsvertrag

die der Demarkationsverträge, durch die die Elektrizitätsversorgungsunternehmen (EVU) ihre Versorgungsgebiete untereinander abgrenzen. Der hier erzielte Wettbewerbsausschluss wurde vom §103 GWB gedeckt. Die Unternehmen unterstanden nur einer Missbrauchsaufsicht des Bundeskartellamts. Es gab also regionale Versorgungsgebiete mit nur einem Monopolbieter, der dafür aber der staatlichen Preiskontrolle sowie einer Anschluss- und Versorgungspflicht unterlag. Während die Länderbehörden die Preisaufsicht für die Tarifkunden (Haushalte und kleinere Unternehmen) wahrnahmen, oblag die Gesamtaufsicht über das Elektrizitätswesen dem Bundeswirtschaftsministerium (Grande/Eberlein 2000: 639).

Verbände

Als zuständiger Verband existierte die Vereinigung Deutscher Elektrizitätswerke (VDEW). Die kommunalen Unternehmen waren im VKU, dem Verband Kommunaler Unternehmen, organisiert (Eberlein 2000a: 86). Große Stromverbraucher wurden durch den Verband Industrielle Kraftwirtschaft (VIK) vertreten.

3.1.3 Versicherungen

Die deutsche Regulierung von Versicherungen blickt auf eine lange Tradition zurück, da bereits im 19. Jahrhundert in verschiedenen deutschen Ländern eine Versicherungsaufsicht etabliert wurde. Vor diesem Hintergrund gab es ab 1883 Arbeiten an einer reichseinheitlichen Regelung, was besonders den Wünschen des Versicherungsgewerbes entgegen kam. Davon versprach es sich verschiedene Vorteile: So konnte man hiermit fiskalpolitischen Begehrlichkeiten der Länder und unterschiedlichen Aufsichtserfordernissen ebenso begegnen wie einer Reihe von schwarzen Schafen im Gewerbe, die der Reputation des Versicherungsgewerbes schadeten. Darüber hinaus hoffte man durch die staatliche Regulierung auf eine Marktzutrittsbegrenzung und damit die Festigung von Kartellen, die vor allem für die Feuer-, See-, Transport- und Hagelversicherung bestanden (Krakowski 1988: 432f; Hollenders 1985: 19-27). "Auf diese Weise verbanden sich die Interessen der Versicherungswirtschaft an Kartelldisziplin mit den Interessen der Öffentlichkeit an Verbraucherschutz" (Deregulierungskommission 1991: 14). 1901 wurde das *Versicherungsaufsichtsgesetz* (VAG) verabschiedet, das unter anderem durch ein Konzessionssystem den freien Marktzugang verhinderte. Das Eigeninteresse der Versicherungswirtschaft an einem regulierten Markt traf sich mit dem Interesse des Staates, die Anlage der Vermögenswerte in volkswirtschaftlich wünschenswerte Bahnen zu lenken (Everson 1996: 206).

Durch das VAG wurde das *Kaiserliche Aufsichtsamt für Privatversicherungen* (später: Reichsaufsichtsamt für Privatversicherung, RAA) geschaffen. Schon bis zum Ersten Weltkrieg schuf das Amt Aufsichtsprinzipien, die in den Grundzügen bis zur europäischen Liberalisierung gültig blieben. Dazu gehörte die Genehmigung von Geschäftsplänen und die Überprüfung der jährlichen Rechnungslegung ebenso wie die Trennung der Sach- und Lebensversicherung (Prinzip der Spartentrennung) (Krüger 1987: 121). 1908 wurde auch das *Versicherungsvertragsgesetz* (VVG) verabschiedet. Die vereinheitlichte Vertragsregelung erleichterte Konditionenkartelle (Hollenders 1985: 28). Daneben wurden bereits zu dieser Zeit die Vertragsinhalte vor allem durch die *Allgemeinen Versicherungsbedingungen* (AVB) bestimmt. Dadurch erwies sich das VVG als flexibel genug, neuere Versicherungszweige einzubeziehen, ohne dass eine gesetzliche Neuregelung notwendig wurde. Wie auch beim Aufsichtsrecht wurden so Veränderungen vor allem über eine sich *ändernde Aufsichtspraxis* bei weiterhin geltenden Gesetzen erzielt. Sowohl das VAG als auch das VVG haben zentrale Fragen von der gesetzlichen Gestaltung ausgenommen und dem Aufsichtsrecht überlassen (Gärtner 1980: 31, 34f, 38, 153f).

Parallel zu den Regulierungsbemühungen bildeten sich die Verbände aus. 1911 wurde eine erste Dachorganisation für die Privatversicherung von verschiedenen Branchenverbänden gegründet, die 1919 in Reichsverband der Privatversicherung umbenannt wurde. Die öffentlich-rechtlichen Versicherungen gründeten 1934 den Reichsverband der öffentlich-rechtlichen Versicherung (Büchner 1994: 674).

Im Gefolge der Weltwirtschaftskrise wurden an die Versicherungsaufsicht mehr wirtschaftspolitische Lenkungsaufgaben delegiert. Die Vermögensanlage der Gesellschaften wurde stärker überwacht, um die Gefahr von Insolvenzen zu

Marginalien:

Tradition der Versicherungsregulierung

Interesse des Gewerbes an Regulierung

Versicherungsaufsichtsgesetz (VAG)

Staatliches Interesse an der Steuerung der Vermögensanlage

Reichsaufsichtsamt für Privatversicherung (RAA)

Aufsichtsprinzipien

Versicherungsvertragsgesetz

Allgemeine Versicherungsbedingungen

Verbände

Veränderungen im 3. Reich

verringern. Unter den Nazis wurde 1937 für die Neuzulassung von Versicherungsunternehmen eine Bedürfnisprüfung eingeführt. Zudem durfte die Aufsichtsbehörde stärker in den Geschäftsplan eingreifen (Gärtner 1980: 40; Oehlenberg/Oehlenberg 2001). 1939 wurden auch die Prämien genehmigungspflichtig. An die Stelle der Verbände trat jetzt die "Reichsgruppe Versicherungen", die dem Wirtschaftsminister gegenüber weisungsgebunden war, und in der Zwangsmitgliedschaft bestand. Von den Eingriffen in die Unternehmenstätigkeit waren vor allem die Kapitalanlagen betroffen. 1939 mussten zwei Drittel und 1942 bereits drei Viertel aller Anlagen dem Reich zur Verfügung gestellt werden (Krüger 1987: 122f).

Nachkriegsstruktur Nach dem Krieg war die Neuordnung des Versicherungswesens zunächst umstritten. Von amerikanischer Seite gab es Bestrebungen für eine nicht vereinheitlichte (föderale) Versicherungsaufsicht. Besonders die süddeutschen Länder setzten sich dafür ein, selbst die Kompetenzen über die öffentlich-rechtlichen Versicherungen zu halten und diese nicht gemeinsam mit der Aufsicht über Privatversicherungen an ein Bundesamt abzugeben. Dahinter stand das Interesse, über die Versicherungsrücklagen künftig politisch verfügen zu können. In der britischen Zone knüpfte man dagegen frühzeitig an die Vorkriegszeit an und schuf eine Aufsicht, die auch personell in großer Kontinuität zum RAA stand (Krüger 1987).

Verbot der Auslandstätigkeit Ein weiteres wichtiges Moment dieser Zeit war die Entscheidung des alliierten Kontrollrats 1947, den deutschen Versicherern jegliche Auslandtätigkeit zu verbieten (Krüger 1987: 126). Hierin ist die lange – verglichen mit Versicherern anderer Länder – geringe Auslandsaktivität deutscher Versicherer begründet (Krakowski 1988: 470). 1986 hatten für deutsche Versicherer ausländische Prämieneinnahmen an den gesamten Beitragseinnahmen einen Anteil von etwa 5%, während französische Versicherer etwa 10%, britische Versicherer etwa ein Drittel und schweizerische Gesellschaften mehr als die Hälfte ihrer Einnahmen im Ausland erzielten (Krantz 1989: 133).

Neu geordnetes Verbandswesen Nach dem Krieg wurde auch das Verbandswesen mit dem Gesamtverband der deutschen Versicherungswirtschaft (GDV) neu aufgebaut. In den fünf Fachverbänden (Haftpflicht-, Unfall-, Auto- und Rechtsschutzversicherer (HUK[2]); Lebensversicherungs-Unternehmen; private Krankenversicherung; Sachversicherer und Transport-Versicherungs-Verband) waren Unternehmen der verschiedenen Rechtsformen organisiert, insgesamt waren etwa 95% des Versicherungsmarktes erfasst (Büchner 1994: 677; Fürstenwerth 2001).

Bundesaufsichtsamt für das Versicherungswesen (BAV) Nach dem Grundgesetz fällt die Zuständigkeit für das Versicherungswesen in die konkurrierende Gesetzgebung des Bundes nach Art. 74 Nr. 11 GG. 1951 wurde das zustimmungspflichtige *Gesetz über die Einrichtung eines Bundesaufsichtsamtes für das Versicherungswesen* (BAV) verabschiedet. Mit ihm gelang es, einen Kompromiss unter den verschiedenen Parteien zu erzielen, da die Aufsicht über Versicherer, die nur regional begrenzt tätig waren, auf das betroffene Land übertragen werden konnte (Weber 1968: 230f).[3] Mit dem Bundesaufsichtsamt, einer dem Bundeswirtschaftsminister unterstehenden oberen Bundes-

---

2   HUK = Haftpflicht-, Unfall- und Kraftfahrtversicherer.

3   Auf die Unternehmen unter Bundesaufsicht entfallen 97% der Beitragseinnahmen (Bundesministerium der Finanzen 1999: 28).

172

behörde mit Sitz in Berlin, blieb die Kontinuität in der Versicherungsaufsicht weitgehend gewahrt. Die Unternehmen, Versicherungsverbände und die Verwaltung hatten sich soweit durchgesetzt (Krüger 1987). Wie am Anfang des Jahrhunderts wurde das Kapital der Versicherungswirtschaft auch jetzt zum Wiederaufbau der Volkswirtschaft benötigt (Everson 1996: 212).

"Das neue Amt in Berlin solle, so äußerte Erhard weiter, an gute und bewährte Traditionen anknüpfen, denn die Versicherungswirtschaft sei das Kapitalsammelbecken der Volkswirtschaft" (Die neue Zeitung, 5.4.1952).

Das BAV, und damit die Versicherungsregulierung, wurde nach §101 VAG zu 90% von Beiträgen des Versicherungsgewerbes finanziert. Das VAG von 1901 und das Versicherungsvertragsgesetz blieben in Kraft (Soltwedel 1986: 85). Diese Kontinuität konnte auch gesichert werden, als es in den fünfziger Jahren um das *Gesetz gegen Wettbewerbsbeschränkungen (GWB)* ging. Man einigte sich darauf, Versicherungen nach §102 GWB als Ausnahmebereich zu kennzeichnen, dem Bundeskartellamt aber die, im Einvernehmen mit dem BAV auszuführende, Missbrauchsaufsicht zu belassen. Damit hatte das Bundeskartellamt nur geringe Einflussmöglichkeiten. Auch das Aktiengesetz von 1965 nimmt die Privatversicherung teils aus seiner Geltung aus und erlaubte damit eine Sonderentwicklung hinsichtlich der versicherungstechnischen Rückstellungen (Gärtner 1980: 42).

Das BAV unterstand zunächst dem Bundeswirtschaftsminister. Ende 1972 – bei der Trennung des "Superministeriums" – wechselte die Abteilung für Geld und Kredit (Abt. VII) zum Bundesfinanzministerium, um so Haushalts-, Steuer- und Währungspolitik zusammenzuführen (Soell 2001: 601). Von dem Wechsel betroffen war auch die Bank-, Börsen- und Versicherungspolitik (Bundesministerium der Finanzen 1989: 40). Das BAV – mittlerweile seit 2002 Teil der Bundesanstalt für Finanzdienstleistungsaufsicht (BaFin) – war in sieben, auf die verschiedenen Versicherungssparten spezialisierte, Abteilungen gegliedert. Das BAV hatte einen Beirat aus 60 ehrenamtlichen Sachverständigen des Versicherungswesens, der Wirtschaft und Industrie, der Gewerkschaften und Beschäftigten. Der Beirat beriet das BAV bei seinen Beschlüssen (Krakowski 1988: 443f; Eilert 2001). Auffällig ist, dass einfache Konsumenten eigentlich keine Einflussmöglichkeiten auf die Regulierung hatten. Nur der Deutsche Versicherungs-Schutzverband, als Interessenvertretung industrieller Kunden, war im Beirat vertreten und nicht der Bund der Versicherten als Repräsentant für das Massengeschäft (Everson 1996: 213). Für Anfechtungs- und Untätigkeitsklagen gegen das BAV war das Bundesverwaltungsgericht in erster und letzter Instanz zuständig (Gärtner 1980: 41).

In der Bundesrepublik wurde so nach dem Krieg die *materielle Fachaufsicht* wieder etabliert, die der Aufsichtsbehörde, anders als bei einer reinen Solvenzregulierung, weitreichende Befugnisse zur Überwachung und Beeinflussung des laufenden Geschäftsbetriebs gibt.

"Kennzeichen der weiten Aufsichtsbefugnisse im System der materiellen Staatsaufsicht ist die Generalklausel des § 81 Abs. 2 S. 1 VAG, wonach die Aufsichtsbehörde Anordnungen treffen kann, 'die geeignet sind, den Geschäftsbetrieb mit den gesetz-

Margin notes:

VAG und VVG bestanden fort

Gesetz gegen Wettbewerbsbeschränkungen (GWB)

Wechsel zum Bundesfinanzministerium

Gliederung des BAV

Beirat

Materielle Aufsicht

Missstandsaufsicht

lichen Vorschriften und dem Geschäftsplan in Einklang zu erhalten oder Missstände zu beseitigen, welche die Belange der Versicherten gefährden oder den Geschäftsbetrieb mit den guten Sitten in Widerspruch bringen'." (Geiger 1992: 85).

Wilmersdorfer Landrecht Durch diese – und weitere – Generalklauseln kam es zu einer Art "Wilmersdorfer Landrecht", genannt nach dem Berliner Stadtteil, in dem das BAV bis zum Umzug nach Bonn im Jahr 2000 ansässig war (Kaltenegger/Speyer 1995: 105). Häufige Sammelverfügungen und Rundschreiben bekamen durch die Veröffentlichung im amtlichen Publikationsorgan der Behörde den Charakter einer Rechtsverordnung, der durch spätere Verweise auf ergangene Rundschreiben in der Aufsichtspraxis unterstützt wurde. Die Versicherungsaufsicht neigte so dazu, sich aus wenigen Generalklauseln ein eigenes Normengebäude zu errichten. Damit ist das BAV ein Beispiel dafür, wie sich auch innerhalb der Zuständigkeit eines Ministeriums sehr unabhängige Regulierungsbehörden entwickeln können (Thatcher 2002: 955).

Grundzüge der Versicherungsregulierung In Grundzügen lässt sich die Versicherungsregulierung vor der europäischen Liberalisierung folgendermaßen darstellen (Deregulierungskommission 1991: 15f; Krakowski 1988):

Marktzugang
- Für den *Marktzugang* bestand ein Konzessionssystem ohne Bedürfnisprüfung. Zuzulassen waren nur Aktiengesellschaften, Versicherungsvereine auf Gegenseitigkeit und Anstalten des öffentlichen Rechts.

Spartentrennung
- Außerdem war das Prinzip der *Spartentrennung* zu beachten. Hinter diesem, seit 1903 etablierten Prinzip, steht die Überlegung, dass nur durch getrennte, rechtlich selbständige Gesellschaften bestimmte Interessenskonflikte vermieden werden können. So beruhen die Lebens- und die Krankenversicherung auf gesicherten mathematischen Grundlagen mit der Gefahr, dass ihre Rücklagen für die Sachversicherung verwendet werden, die viel stärker dem Zufall ausgesetzt ist (Henning 1991: 49). Bei der Rechtschutzversicherung werden dagegen Interessenkollisionen befürchtet, sollten gleichzeitig Haftpflichtversicherungen angeboten werden (Krakowski 1988: 448). Entsprechend gab es getrennte Teilmärkte für die Lebensversicherung, Krankenversicherung, Schaden/Unfallversicherung und die Rechtsschutzversicherung. Dieses Regulierungsprinzip ist für die ausgeprägte Konzernbildung in der deutschen Versicherungswirtschaft verantwortlich (Farny 1983: 33, 129).

Zulassung
- Für die Zulassung musste ein *Geschäftsplan* eingereicht werden, der die Satzung, die Allgemeinen Versicherungsbedingungen (AVB), die Verträge und die Tarife enthielt sowie Angaben zu den Eigenmitteln und die erwartete Liquiditätsentwicklung der nächsten drei Jahre machte. Seit 1971 gab das BAV für alle wesentlichen Versicherungsarten Mustergeschäftspläne heraus, die die Zulassung beschleunigten (Schedlbauer 1995: 61). Weitgehend ausgenommen von der Aufsicht waren *Rückversicherer*.

Eigenmittel und Anlage
- Für die *Solvenzsicherung* waren der Aufsicht bestimmte Eigenmittel nachzuweisen. Bei Kapitalanlagen mussten die Grundsätze der Sicherheit, Rentabilität, Liquidität, Mischung und Streuung beachtet werden. Für die Anlage in Aktien und im Ausland gab es bestimmte Obergrenzen. Da neue For-

men der Kapitalanlage zu genehmigen waren, konnten Kapitalmarktinnovationen nicht sofort genutzt werden (Angerer 1989: 122).

- Eine besondere Rolle spielte die Regulierung der *Prämien*. Jede Änderung der Prämien musste für Versicherungen mit langfristigen Rückstellungen (Lebens- und Krankenversicherung) und Pflichtversicherungen (betroffen war hier vor allem die Kfz-Haftpflicht) genehmigt werden. Die Prämienanpassungen wurden nach festgelegten Klauseln von den Verbänden auf der Grundlage gemeinsamer statistischer Daten berechnet und hernach dem BAV zur Genehmigung vorgelegt. Durch diese Zusammenarbeit konnten auch kleine Unternehmen im Markt tätig sein, denen das nur auf der Basis eigener Daten und Berechnungen nicht möglich gewesen wäre. Auf die gemeinsam errechnete Grundlage wurden dann unternehmensabhängig Aufschläge für die Verwaltungskosten vorgenommen. Da viele Versicherer ihre Prämien nur selten anpassten, war ein Preisvergleich nur möglich, wenn neben den Prämien die Überschussbeteiligungen und Beitragsrückerstattungen einbezogen wurden. Rückstellungen, Überschussbeteiligungen und Beitragsrückerstattungen wurden durch die Gewinnregulierung geregelt. Damit war für den Verbraucher also trotz Regulierung kaum Markttransparenz gegeben (Gärtner 1984: 513).

  Da das BAV dem Grundsatz folgte, dass jede Teilsparte sich langfristig selbst tragen müsste, unterlagen auch Versicherungssparten ohne Prämiengenehmigung einer Tarifaufsicht (Gärtner 1984: 512). Aus dem Einheitlichkeitsgrundsatz bei den Prämien erklärt sich die geringe Rolle von unabhängigen Maklern auf dem deutschen Versicherungsmarkt: die Angebote unterschieden sich zu wenig voneinander, um Maklern ein gutes Geschäftsfeld zu bieten (Monopolkommission 1988: 242).

- Ein weiterer Schwerpunkt der laufenden Aufsicht war die Genehmigung der Versicherungsbedingungen, durch die die Dienstleistung "Versicherung" näher spezifiziert und konkretisiert wurde. Alle Versicherungsarten waren betroffen. Es herrschte der Grundsatz der Brancheneinheitlichkeit der Versicherungsbedingungen (Basedow 1994: 27). Jede Änderung der *Allgemeinen Versicherungsbedingungen* (AVB), und damit jede Produktinnovation, war genehmigungspflichtig. Da die Versicherungsbedingungen nicht geschützt waren, konnte jedes Unternehmen diese übernehmen. Auch bei dieser Regulierung spielten die Verbände eine große Rolle. Änderungen der AVB wurden typischerweise gemeinsam mit dem BAV ausgearbeitet. Anschließend informierte der Verband seine Mitglieder über die akzeptierten Formulierungen, die nach ihrer Übernahme vom BAV durch ein Sammelgenehmigungsverfahren erlaubt wurden (Krakowski 1988: 459; Klaue 1986: 3). Mit der Vereinheitlichung der Versicherungsbedingungen wurde neben dem fehlenden Preiswettbewerb auch der Qualitätswettbewerb um Produkte weitgehend ausgeschaltet. Maßstab für die Genehmigung waren hierfür bestimmte Aufsichtsgrundsätze und das Versicherungsvertragsgesetz von 1908. Damit war die detaillierte Kontrolle der AVB ein Äquivalent zu einer Revision des Versicherungsvertragsgesetzes. Anstatt dieses dem neuesten Stand anzupassen, wurden die AVB geändert.

Prämienregulierung

In Kooperation mit den Verbänden

Brancheneinheitlichkeit der Allgemeinen Versicherungsbedingungen

Missbrauchsaufsicht
des Bundeskartell-
amts

- Sowohl die Prämienanpassung als auch die gemeinsame Ausarbeitung der Versicherungsbedingungen unterlag der *Missbrauchsaufsicht des Bundes-kartellamts*, das hierzu des Einvernehmens des BAV bedurfte (Fürstenwerth 1999: 84). Die Verbände konnten die Grundsätze nur aufgrund des Ausnahmebereichs nach §102 GWB gemeinsam mit dem BAG erarbeiten. Diese Kooperationen waren jedoch dem Bundeskartellamt zu melden. Untersagt werden konnten die Vereinbarungen aber nur, wenn das BAV nicht aus versicherungsrechtlichen Gründen widersprach. "Nach Auffassung des BAV wurde der Verband nur als *Bote der Versicherungsaufsicht* tätig und sprach keine eigenen Empfehlungen im Sinne des § 102 GWB aus" (Monopolkommission 1988: 237, Hervorhebung im Original). Dadurch hatte das Bundeskartellamt wenig Einfluss.

Regulierung der
Vertriebswege

- Dagegen waren die *Vertriebswege* nur leicht reguliert. Neben bestimmten Zulassungsbedingungen gehört zur deutschen Regulierung vor allem das Provisionsabgabeverbot. Der Vertrieb von Versicherungsprodukten erfolgte über verschiedene Kanäle: den unternehmenseigenen Absatz über dezentrale Verkaufsstellen und angestellte Versicherungsvermittler; den unternehmensgebundenen Absatz über Einfirmen- oder Konzernvertreter und über unternehmensfremde Absatzorgane wie Versicherungsmakler. In Deutschland herrschte für Vermittler Gewerbefreiheit, während Versicherungsmakler in Großbritannien und den Niederlanden streng kontrolliert werden (Fetzer 1992: 224f). Da über die Produkte und Tarife nicht konkurriert werden konnte, kam dem Vertrieb, und besonders dem Netz von Außenmitarbeitern, eine bedeutende Rolle zu (Krakowski 1988: 470; Gärtner 1984: 514-517).

Sukzessive Auswei-
tung der Regulierung

Interessant ist es, sich die *sukzessive Ausweitung der Regulierung* zu vergegenwärtigen. Zunächst beschränkte sich die Regulierung auf den Marktzutritt, was es den Versicherungen erleichterte, Tarifabsprachen zu treffen. Unter den Nazis wurden diese Absprachen durch einen Einheitstarif ersetzt. Dadurch verlagerten sich die Wettbewerbsmöglichkeiten und auch die Regulierungsnotwendigkeiten. Als nächstes wurden die Kommissionen der Versicherungsvertreter reguliert. Es folgten die Vertragsbedingungen unter der Einsicht, dass es bei regulierten Preisen notwendig war, auch die Produktqualität vorzuschreiben (Finsinger 1986: 113).

Regulierungsbegrün-
dung: Verbraucher-
schutz

Die *Begründung* für die weitgehende Regulierung setzte zum einen am *Schutz der Verbraucher* an. Entsprechend gab es Abstufungen in der Regulierung zwischen dem Massen- und dem Industriegeschäft sowie der überhaupt nicht regulierten Rückversicherung. Innerhalb des Massengeschäfts gab es weitere Differenzierungen abhängig davon, ob es sich auf der einen Seite um sehr langfristige Verträge wie bei der Lebens- und Krankenversicherung oder um eine Pflichtversicherung handelte oder aber auf der anderen Seite um eine rein freiwillige Versicherung.

Eigenheiten des
Versicherungswesen

Zum anderen wurden verschiedene *strukturelle Merkmale des Versicherungswesens* geltend gemacht, die die Notwendigkeit der Regulierung bedingten (Deregulierungskommission 1991: 18; Krakowski 1988: 478-490; Soltwedel 1986: 87-94). Dazu gehörte zunächst das Argument eines potentiellen Überangebots mit der Gefahr ruinöser Konkurrenz (*Kapazitätsargument*). Anders als in anderen Wirtschaftsbereichen könne das Angebot von Versicherungen grenzenlos ausgeweitet werden, da praktisch nur Policen gedruckt werden müssten. Hieraus resultiere die Gefahr von Unterkostenprämien. Letztere könnten zudem aus der Unsicherheit über die zukünftige Schadenentwicklung resultieren (*Kalkulationsargument*). Deshalb sei eine branchenweite Zusammenarbeit notwendig, die Gesamtstatistiken erlaube und zu einer einheitlichen Risikoklassifikation führe. Ein weiteres, auf die Angebotsseite bezogenes Argument ist das der *Mit- und Rückversicherung*. Die Einigung auf Bedingungen für die gemeinsame Versicherung von Großrisiken werde ebenso wie die Rückversicherung von Erstversicherern erleichtert, wenn die Gesellschaften aufgrund einheitlicher AVB vergleichbar seien. Das *Transparenzargument* stellte dagegen auf die Nachfrageseite ab. Ohne Bedingungs- und Tarifregulierung könne der Verbraucher gerade im Massengeschäft weder die Qualität der Versicherungsleistungen beurteilen, noch die Leistungen verschiedener Anbieter vergleichen oder die langfristige Erfüllbarkeit der Verträge beurteilen. Schließlich ist das *Sicherheitsargument* zu nennen. Es zielt zum einen auf die Verbraucher, die durch einen starken Insolvenzschutz vor unseriösen Anbietern geschützt werden sollen. Zum anderen dient es den Versicherern, da die gesamte Branche unter dem Vertrauensverlust einer Insolvenz leiden würde.

Die Begründung der weitreichenden Regulierung ist auch in Form von drei Theorien ausgedrückt worden: der *Schutztheorie* bezogen auf den Versicherungsnehmer; der *Gefahrentheorie* bezogen auf die Allgemeinheit und der *Strukturtheorie*, die sich auf die spezifischen Produktionsbedingungen und die Langfristigkeit der Verträge bezieht (Bujard 1991: 192).

3.1.4 Straßengüterverkehr

Auch die Regulierung des Straßengüterverkehrs hat in Deutschland eine lange Tradition. Erstmals wurden subjektive Marktzugangsbeschränkungen 1919 eingeführt.[4] 1920 folgte die "Verreichlichung" der verschiedenen Bahnen der Länder als Reichsbahn, wie es die Weimarer Reichsverfassung vorsah. Da in den zwanziger Jahren der Güterfernverkehr der Bahn zunehmend Konkurrenz machte, worauf diese mit einer nicht profitablen Politik der Kampf-Tarife reagierte, wurde der Gesetzgeber weiter tätig. Ausgelöst durch die Weltwirtschaftskrise und des dadurch verringerten Verkehrsaufkommens wurde das Verhältnis zwischen Schiene und Straße in einer Notverordnung, der "Überlandverkehrsverordnung" von 1931 in einer Art und Weise geregelt, die für die weitere Entwicklung grundlegend sein sollte (Schmitt 1950: 173-176). Der Genehmigungszwang für Entfernungen über 50 km wurde ebenso eingeführt wie ein Tarifsystem (Mindestbeförderungspreise) für den Schutz der Bahn. Der Werkverkehr war nicht reguliert (Feick et al. 1982: 190; Laaser 1991: 1369). In der Nazizeit wurde mit dem "Gesetz über den Güterfernverkehr mit Kraftfahrzeugen (GFG)" vom 26.6.1935 der "Reichs-Kraftwagen-Betriebsverband" (RKB), eine Körperschaft

Ursprünge der Regulierung

---

4 Subjektive Marktzugangsbeschränkungen sind solche, die am Subjekt des Marktteilnehmers ansetzen und somit von diesem prinzipiell beeinflussbar sind.

des öffentlichen Rechts, gegründet, dem die Kontrolle über die Tarife oblag. Der Verband unterstand der Aufsicht des Reichsverkehrsministeriums. Er musste im Einvernehmen mit der Reichsbahn die Tarife setzen, diese berechnen und bei den Unternehmen einziehen sowie die Einhaltung der gesetzlichen Pflichten überwachen. Alle Unternehmen des Güterfernverkehrs waren Zwangsmitglied in diesem Kartell.

Nachkriegszeit

Nach dem Krieg nahm der RKB seine Arbeit nicht mehr auf. 1949 wurden die Regelungen der Vorkriegszeit wieder eingesetzt. Zusätzlich wurden die Genehmigungen jetzt mengenmäßig kontingentiert. Die Überwachung der Regeln machte aber zunächst Schwierigkeiten, da sie auf freiwilliger Basis durch die Arbeitsgemeinschaft Güterfernverkehr (AGF) und ihre Straßenverkehrsgenossenschaften erfolgte. Mitglieder konnten sich sehr einfach durch Austritt aus den Genossenschaften der Kontrolle entziehen (Müller/Vogelsang 1979: 235).

Güterkraftverkehrs-
gesetz von 1952

Gründung der BAG

Der Verkehr gehört in der Bundesrepublik zur konkurrierenden Gesetzgebung (Art. 74 (22.) GG), wonach die Zuständigkeit bei den Bundesländern liegt, sofern der Bund nicht regelt. Dies geschah mit dem zustimmungspflichtigen "Güterkraftverkehrsgesetz" (GüKG) von 1952. Es schloss noch bestehende Regelungslücken und stellte die Überwachung durch die Gründung der Bundesanstalt für den Güterfernverkehr (BAG) sicher (Feick et al. 1982: 190f, 200). Die BAG, eine bundesunmittelbare Anstalt des öffentlichen Rechts, verdankte ihre Existenz der Initiative des Gewerbes, das nach den Schwierigkeiten der freiwilligen Kontrolle durch die Arbeitsgemeinschaft Güterfernverkehr an den Gesetzgeber herangetreten war (Laaser 1991: 164). Die Bundesländer sind an der Gesetzgebung über den Bund-Länder-Fachausschuss "Güterkraftverkehr" maßgeblich beteiligt, können aber keinen Gegenstandsbereich eigenständig regeln (Feick et al. 1982: 201).

Unterschiedliche
Regulierung der
verschiedenen
Teilmärkte

Da das Güterkraftverkehrsgesetz von 1952 die Regulierungen der Notverordnungen von 1931 und 1932 fortschrieb, erwiesen sich die in Reaktion auf die Weltwirtschaftskrise getroffenen Regulierungen als "überaus zählebig" (Hamm 1992: 225). Das Gesetz behielt die Marktunterteilung in den Fernverkehr (über 50-km-Radius um den LKW-Standort), Nahverkehr (innerhalb dieses Radius), Umzugsverkehr und Werkverkehr bei (Deregulierungskommission 1991: 36). Der Werkverkehr war am geringsten reguliert. Der Marktzugang unterlag nur einer Erlaubnispflicht, aber keiner Tarifpflicht. Eine gewerbliche Beiladung oder Rückladung war verboten. Für den Nah- und den Umzugsverkehr existierten nur subjektive Marktzugangsbeschränkungen und keine Kontingente, da in diesem Bereich nicht mit der Bahn konkurriert wurde (Monopolkommission 1990: 693). Am stärksten reguliert war der Fernverkehr. Für Transporte ab 0,75 t war eine Zulassung notwendig (Feick et al. 1982: 209). Kontingentierte Konzessionen wurden für den Marktzugang für die Dauer von acht Jahren mit Verlängerungsoption vergeben. Diese Verlängerungen wurden jedoch kaum je verwehrt, und es existierten auch keine ausgearbeiteten Vergabekriterien. Allerdings wurden kleine Unternehmen im Rahmen der Mittelstandsförderung bevorzugt bedacht. Die Quoten wurden vom Verkehrsminister unter Zustimmung des Bundesrates bestimmt. Die Entscheidungskriterien waren nur vage formuliert ("öffentliches Verkehrsbedürfnis", "Sicherheit auf den Straßen"). Die Transportunternehmerverbände und die Bundesbahn setzten sich nur in Zeiten wirtschaftlichen Wachstums für eine Anhebung der Quoten ein. Das Kontingent wurde zwischen 1970 und 1986 nur um 1,2% erhöht, während das Transportvolumen im Straßengüterfernverkehr um 78% stieg. Möglich war dies, weil es der technische Fortschritt erlaubte, steigende Transportleistungen zu bewältigen (Aberle 1987: 164). Konzessionen konnten deshalb nur sehr selten neu vergeben werden, und die Wartezeiten betrugen 20 bis 25 Jahre (Feick et al. 1982: 219, 221, 224-7, 240). Dagegen blühte der graue Konzessionshandel.

Für die Regulierung der Tarife blieb der Reichskraftwagentarif (RKT) bis Ende der fünfziger Jahre fest an den Deutschen Eisenbahn-Güterkrafttarif gekoppelt. Mit der "Kleinen Verkehrsreform" von 1961 ging die Festsetzung der Tarife auf Tarifkommissionen über (Wacker-Theodorakopulos 1988: 300f; Baum 1986: 114). Ab 1963 wurden schrittweise Margentarife eingeführt, die für die Preissetzung etwas mehr Spielraum erlaubten. Die Kommissionen wurden vom Bundesverkehrsminister mit Vertretern des Gewerbes besetzt, wenn auch faktisch die Vorschläge der entsendenden Verbände einfach bestätigt wurden. Für den Nah- und den Umzugsverkehr waren die Tarifkommissionen hälftig aus Vertretern des Transportgewerbes und der Verlader besetzt. Für den Fernverkehr waren die Tarifkommissionen nur mit Vertretern des Transportgewerbes besetzt, aber ein Verladerausschuss war beratend beteiligt. Dieser spielte wegen der notwendigen Zustimmung des Bundeswirtschaftsministers – außerdem musste auch der Bundesverkehrsminister zustimmen – zu den Tarifen aber eine etwas größere Rolle als es seiner direkten Beteiligung entsprach (Lehmkuhl 1999: 120; Feick et al. 1982: 232f; Hamm 1984: 473).

Mit dieser Regulierung wurden offiziell *fünf Ziele* verfolgt: der Schutz von Bahn und Umwelt, die Versorgung der Fläche, der Schutz vor ruinöser Konkurrenz und die Verkehrssicherheit (Deregulierungskommission 1991: 46). Von diesen hatte der Schutz der Bahn besondere Bedeutung (Hamm 1984: 465). Schon 1952 stellte der Bundesgerichtshof in einem Urteil fest, dass die Regulierung des Güterkraftverkehrs nicht wie sonst üblich dem Konsumenteninteresse, sondern dem Schutz der Bahn diene (Müller/Vogelsang 1979: 235). Und 1975 wurde durch ein Urteil des Bundesverfassungsgerichts die Kontingentierung des Möbelverkehrs mit der Begründung aufgehoben, dass dies zum Schutz der Bahn nicht notwendig sei (Müller/Vogelsang 1979: 242; Deregulierungskommission 1991: 40).[5]

Mit der Durchführung der Güterverkehrsmarktregulierung war die Bundesanstalt für Güterfernverkehr (BAG) mit ihren regionalen Zweigstellen betraut. Neben der Überwachungsfunktion nahm sie Ordnungsaufgaben wahr und übte beratende und statistische Tätigkeiten aus (Müller/Vogelsang 1979: 235).[6] Die BAG war, anschließend an die Erfahrungen mit dem RKB, explizit als "Organisation der Selbstverwaltung des Gewerbes" geplant worden (Laaser 1991: 154). Entsprechend arbeitete sie eng mit den verschiedenen Verbänden des Transportgewerbes zusammen. Finanziert wurde die BAG aus Abgaben und anfallenden

Tarifregulierung

Mitarbeit der Verbände in den Tarifkommissionen

Regulierungsziele

Aufgaben der BAG

---

[5] Interessanterweise war die Bahn gleichzeitig das mit Abstand größte Unternehmen im gewerblichen Straßengüterfernverkehr mit 100 eigenen Last- und Sattelzügen (Hamm 1984: 478).

[6] Ansonsten obliegt der Vollzug des Güterkraftverkehrsgesetzes den Landesbehörden, so sind beispielsweise die Bezirksregierungen zuständig für die Lizenzierung. Ebenfalls relevant sind die Gewerbeaufsichtsämter und die Polizei (Feick et al. 1982: 209).

Strafgebühren der Transportunternehmen und Spediteure. Neben den Tarifkommissionen war diese Art der Finanzierung eine weitere Verzahnung der staatlichen Aufsicht mit dem zu beaufsichtigenden Gewerbe. Durch einen hohen Personalaustausch zwischen den Verbänden und den zuständigen Behörden wurde der Zusammenhalt zusätzlich gestärkt, woraus auch eine hohe Identifikation der Verwaltung mit den Problemen des Gewerbes resultierte (Feick et al. 1982: 248). Außerdem stellten die Verbände des Transportgewerbes die Mehrheit über die Verlader im Verwaltungsrat der BAG. Und die BAG delegierte die Aufsicht über die korrekte Anwendung der Tarife, die dem Bund oblag, an die Straßenverkehrsgenossenschaften, die den wirtschaftlichen Arm der Transportverbände bildeten. Die daraus anfallenden Einnahmen waren eine wichtige Finanzquelle für die Genossenschaften (Lehmkuhl 1999: 119f). Mit dieser Betrauung des Gewerbes versuchte man, sich dessen Eigeninteresse an einer möglichst korrekten Implementation zunutze zu machen. Zum einen konnte durch eine genaue Umsetzung der Notwendigkeit weiterer Regulierung vorgebeugt werden (Feick et al. 1982: 236). Zum anderen bestand auch kein Interesse an Tarifunterschreitungen, da das gesamte Gewerbe von möglichst hohen regulierten Tarifen profitierte (Wacker-Theodorakopulos 1988: 315).

Die Einhaltung des Tarifgefüges wurde mit Hilfe von *drei Kontrollarten* erzielt. Sämtliche Frachtunterlagen mussten zunächst von den Unternehmen den Kontrollstellen zugesandt werden, die von diesen vollständig überprüft und stichprobenartig der BAG für eine weitere Kontrolle zugeleitet wurden. Hierdurch konnten aber "verdeckte Tarifabweichungen", bei denen das Transportgut falsch deklariert war, nicht ausfindig gemacht werden. Dazu bedurfte es Straßenkontrollen oder Betriebsprüfungen, die ebenfalls stichprobenartig durchgeführt wurden. Da die Gefahr, in eine solche Kontrolle zu geraten, relativ gering war, kam es tatsächlich zu erheblichen Tarifunterschreitungen und -umgehungen (Feick et al. 1982: 235f). Wurden diese ausfindig gemacht, musste der Differenzbetrag nachträglich entrichtet werden (Müller/Vogelsang 1979: 239).

Es gab verschiedene Möglichkeiten, das durch die Regulierung überhöhte Tarifgefüge zu umgehen. Dazu zählten zunächst die falsche Deklaration von Gütern und die Umwandlung von gewerblichem in Werkverkehr. Da die Konzessionen nicht fahrzeuggebunden waren, konnten im Werkverkehr auch normale Laster eingesetzt werden (Feick et al. 1982: 185, 236f). Besonders bei grenzüberschreitenden Transporten wurden die festgelegten Tarife umgangen. Da hier die Herkunftslandkontrolle wirksam war, hatte das Land, in dem der Transport durchgeführt wurde, keine Sanktionsgewalt; das Herkunftsland hatte dagegen kein Interesse, die ausländischen Tarife durchzusetzen, da aus nationaler Sicht im Ausland Vertrags- und Tariffreiheit herrschte (Müller/Vogelsang 1979: 239). "Da zudem alle Länder so verfahren, käme ein Ausscheren aus dieser Praxis einer einseitigen Benachteiligung der eigenen Wirtschaft gleich" (Feick et al. 1982: 244). Die Kopplung mit grenzüberschreitenden Fahrten eignete sich deshalb dazu, für die innerstaatliche Strecke Rabatt einzuräumen. Auch Speditions- und Logistikleistungen sowie weitere nicht tarifgebundene Dienstleistungen wurden vielfach in diesem Sinne benutzt. Kleine Unternehmen wurden dadurch – entgegen dem Ziel des Mittelstandsschutzes – vielfach benachteiligt, da sie

Betrauung des Gewerbes mit der Tarifkontrolle

Kontrolle der Tarife

Umgehung der Tarifregulierung

weniger Möglichkeiten hatten, die Transportleistungen mit anderen Diensten zu koppeln.

Mit wenigen Änderungen blieb die Marktregulierung bis in die 1990er Jahre intakt. Für diese Kontinuität war vor allem die fest gefügte Akteurskonstellation verantwortlich, die die Marktordnung unterstützte (Hamm 1992: 226). Dazu gehörte neben der BAG und den Verbänden das Bundesverkehrsministerium als einflussreichster Entscheidungsträger. In Kontinuität des 1920 gegründeten Reichsverkehrsministeriums war es überwiegend sektoral nach Verkehrsträgern gegliedert. Seine Ausrichtung auf die verschiedenen Verkehrsträger und die mangelnde horizontale Koordination erleichterten enge Klientelbeziehungen (Garlichs/Müller 1977: 344f). Dieser Fraktion ebenso zuzuzählen war der Bundestagsausschuss für Verkehr; ein Ausschuss, der von den Gewerbeinteressen dominiert wird (Müller-Rommel 1988: 309). Parteipolitisch war die Güterverkehrspolitik wenig umstritten (Teutsch 2001: 141). Durch die engen klientelistischen Beziehungen zwischen dem Transportgewerbe und dem Verkehrsministerium hatten die Verlader, als die Akteursgruppe mit den größten Liberalisierungsinteressen, kaum Einflussmöglichkeiten. Sie fanden ihren Fürsprecher im Bundeswirtschaftsministerium, auf dessen Zustimmung das Verkehrsministerium bei der Genehmigung von Tarifen angewiesen war. Neben dem Bundeswirtschaftsministerium und den Industrieverbänden als Vertretern der Nachfrageseite müssen zur Liberalisierungsfraktion auch viele Vertreter der Verkehrswissenschaft gezählt werden (Teutsch 2001: 138). Die "Besonderheitenlehre" des Verkehrs als Begründung für die Regulierung wurde von einem Teil bereits in den fünfziger Jahren Infrage gestellt; in den siebziger und achtziger Jahren setzte sich eine Mehrheit der Disziplin für eine Deregulierung ein (Willeke 1997: 56, 63). Und wie wir sehen werden, hatten akademische Vertreter, insbesondere Europarechtler, mit ihrer Argumentation Einfluss auf die vorzeitige Lockerung des deutschen Regulierungsmodells.

Pro-Regulierungsfraktion

Die enge Verzahnung zwischen der Bundesoberbehörde und dem regulierten Gewerbe, die den Güterverkehr in Deutschland gekennzeichnet haben, sind typisch für das traditionelle deutsche Regulierungsmodell, das durch verbandliche Selbstregulierung im Schatten des Staates gekennzeichnet ist (Döhler 2002: 106). Zurückgehend auf ein vom Staat genehmigtes privatwirtschaftliches Kartell lebte die weitgehende Selbstorganisation auch nach der Gründung der Bundesanstalt weiter. Dagegen waren die direkten Einflussmöglichkeiten der Nachfrageseite begrenzt. Die Benachteiligung der Verlader wurde durch die notwendige Genehmigung der Tarife durch den Bundeswirtschaftsminister etwas abgemildert, der sich als ihr Fürsprecher verstand. Die Tarifkommissionen mussten deshalb ein mögliches Veto des BMWi einbeziehen. Dennoch wird man dies nicht als gleichwertig zu einer gleichberechtigten Beteiligung verstehen können, da die Tarife überhöht waren, wie man nicht nur an dem lukrativen Konzessionshandel (für eine Konzession wurden bis zu 300 000 DM gezahlt (Monopolkommission 1990: 311)) sehen konnte. Die Verlader beschieden sich weitgehend damit, Angriffe auf den Werkverkehr möglichst abzuwehren und etwas mäßigenden Einfluss auf die Tarife auszuüben (Willeke 1997: 55). Außerdem wurde der Schaden hoher Tarife dadurch kompensiert, dass die Tarifkommissionen den Vorteil von Markttransparenz und Gleichbehandlung boten (Baum 1986: 105).

Benachteiligung der Nachfrageseite durch das Produzentenkartell

Dieser Vorteil verblasste allerdings mit der zunehmenden Relevanz des europäischen Binnenmarkts, da im europäischen Wettbewerb die hohen Tarife hinderlich waren.

In der Verbändelandschaft spiegelten sich die Regulierungsprinzipien, vor allem die Trennung zwischen dem Nah- und dem Fernverkehr, wider. Dem Bundesverband des Deutschen Güternahverkehrs (BDN) (seit 1998 Bundesverband Wirtschaftsverkehr und Entsorgung) stand der Bundesverband des Güterkraftverkehr und Logistik (BGL) gegenüber, der als Dachorganisation den Bundesverband Deutscher Güterfernverkehr (BDF)[7], die Bundes-Zentralgenossenschaft Straßenverkehr (BZG) und die Vereinigung Deutscher Kraftwagenspediteure (VKS) vereinte. Der BGL vertrat etwa 8.000 der geschätzten 11.300 Unternehmen des Güterfernverkehrs. Da der BGL für das Transportgewerbe in der Tarifkommission für den Güterfernverkehr saß, konnte der Verband seinen Mitgliedern wichtige selektive Anreize bieten. Darüber hinaus gab es den Bundesverband Spedition und Logistik (BSL) als weiterer Verband für die Spediteure (neben dem VKS) und den Bundesverband Werkverkehr und Verlader (BWV), der die Nachfrageseite vertrat (Lehmkuhl 1999: 109). Des Weiteren sind der BGA (Bundesverband des Deutschen Groß- und Außenhandels), der DIHT und der BDI auf der Nachfrageseite wichtig. Auch über die Einflussnahme auf die Tarife hinaus führte die starke Regulierung zu selektiven Anreizen, einem Verband beizutreten. So übernahmen die Verbände verschiedene bürokratische Pflichten für die Unternehmen, für die ihnen die nötige Sachkompetenz fehlte (Feick et al. 1982: 248).

3.2 Was sind die Antriebskräfte und Mechanismen der Transformation?

In allen betrachteten Sektoren waren die ursprünglichen Governance-Strukturen recht stabil. Zwar fehlte es nicht an Kritik an der Situation, insbesondere von Seiten der Großnutzer von Telekommunikationsdiensten, der energieintensiven Industrie, den Verbraucherverbänden bei den Versicherungsdienstleistungen und den Verladern beim Straßengüterverkehr. Doch gerade innerhalb der bundesrepublikanischen Polity mit ihren vielen Vetopunkten konnte diese Kritik der fest gefügten Produzentenkoalition wenig anhaben (Majone 1989; Eberlein 2000b: 100). Die Bundespost und die Zulieferer, die Elektrizitätsversorgungsunternehmen, die Versicherer und die Straßengüterverkehrsunternehmen profitierten von den regulierten Märkten und hatten wenig Anlass, sich für eine Änderung einzusetzen. Durch die Zustimmungspflichtigkeit von Reformen und im Falle der Bundespost sogar der notwendigen Grundgesetzänderung waren sie vor politischen Änderungen gut geschützt. Aufgrund des Interesses der Länder an Infrastrukturdiensten und der Versorgung der Fläche bzw. an Versicherungsstandorten konnten sich die bereits einflussreichen Produzentenkoalitionen hier weiter gegen Reforminitiativen absichern. Reformfördernd wirkte sich aber der enorme technische Wandel in der Informationstechnik aus. Ebenso zu nennen ist die

---

[7]   Der BDF wurde 1997 im BGL aufgelöst (Teutsch 2001: Fn 35).

fortschreitende Integration des Binnenmarktes und die wachsende wirtschaftliche Globalisierung. Dadurch wurden für die Nutzer überhöhte Tarife oder inflexible Nutzungsbedingungen wie bei der Telekommunikation oder den Versicherungen zunehmend zum Problem. Zudem drangen mehr und mehr ausländische Anbieter in profitable, bisher abgeschottete Märkte.

3.2.1 Telekommunikation

Verglichen mit anderen PTTs wies die Bundespost eine insgesamt gute Performanz in der Dienstleistungserbringung auf. Deswegen waren Reformforderungen hier weniger laut als in anderen Ländern. Zunehmender Druck auf die etablierte Produzentenkoalition ergab sich aber aus der Konvergenz mit der – nicht regulierten – Informationstechnik und den daraus entstehenden vielfältigen technischen Möglichkeiten. Dadurch sah sich der sehr kleine, mit dem Telekommunikationssystem befasste Kreis mit einigen neuen Akteuren konfrontiert. Dazu gehörte zunächst die Computerindustrie, die beispielsweise bei neuen Diensten wie dem Bildschirmtext-Dienst als Anbieter der Datenbanken in Betracht kam (vgl. Schneider 1989: 116). Des Weiteren waren Großanwender wegen der vielfältigen neuen Telekommunikationsmöglichkeiten und dem damit verknüpften Rationalisierungspotential vermehrt daran interessiert, firmeninterne Netze auf- und auszubauen, wodurch Druck auf das nationale Monopol ausgeübt wurde. Auch durften neue Diensteanbieter ihre spezialisierten Anwendungen nicht offerieren. Zudem war das Tarifniveau hoch verglichen mit liberalisierten Märkten. Angesichts dieser Situation wuchs der Druck, das bestehende PTT-Modell so weit zu reformieren, dass die neu auftretenden Akteure an Spielraum gewinnen und der technische Wandel genutzt werden konnten.

> Konvergenz mit der Informationstechnik

In Großbritannien wurde British Telecom bereits 1984 privatisiert, nachdem 1981 die Umwandlung in ein separates öffentliches Unternehmen erfolgt und seit 1982 mit Mercury ein zweiter Netzbetreiber auf dem Markt war (Grande 1989: 140-166). Auch die Aufteilung ("divestiture") von AT&T erfolgte Anfang 1984 (Wieland 1985). Damit existierten Reformvorbilder, auf die in den weiterhin monopolisierten Märkten zunehmend verwiesen wurde, um Investitionsmöglichkeiten und Nutzungsbedingungen für die Wirtschaft zu verbessern. Ein erstes Sondergutachten zur Rolle der Bundespost im Fernmeldewesen erstellte die Monopolkommission 1981. 1985 wurde eine Expertenkommission zur Ausarbeitung von Reformvorschlägen für die Bundespost eingesetzt, die Witte Kommission. Diese Vorschläge sollten aber innerhalb der durch das Grundgesetz vorgegebenen Grenzen erfolgen, womit eine weitgehende Reform von vornherein ausgeschlossen war. Die hierauf folgende Postreform I (siehe unten) erzielte aber einige Liberalisierungsschritte, da nur das Festnetz und der Telefondienst im Festnetz verblieben. 1991 erfolgte ein Sondergutachten der Monopolkommission zur Neuordnung der Telekommunikation (Monopolkommission 1991), nachdem die deutsche Vereinigung aufgrund der damit verbundenen erheblichen Infrastrukturaufgaben die Grenzen der 1989 realisierten Postreform I zutage brachte.

> Internationale Liberalisierungsvorbilder

3.2.2 Elektrizität

Technischer Wandel
Auch bei der Elektrizität führte technischer Wandel zur Zunahme von Reformdruck, wenn dies auch weniger offensichtlich als bei der Telekommunikation
war. Fortschritte in der Informationstechnik machten es im Elektrizitätswesen
trotz des natürlichen Monopols in der Elektrizitätsübertragung denkbar, ein integriertes Netz mit einer Vielzahl von Erzeugern zu betreiben. Zudem wurde die
dezentrale Stromerzeugung attraktiv durch neue, kleine, gasbetriebene Turbinen-
kraftwerke, was den Eintritt neuer Akteure in den Markt begünstigte (Gran-
de/Eberlein 2000: 639).

Abbildung 3.1:   Vergleich der EU-Industriestrompreise von 1992 bis 1996
(10 MW/5000 h/a) [8]

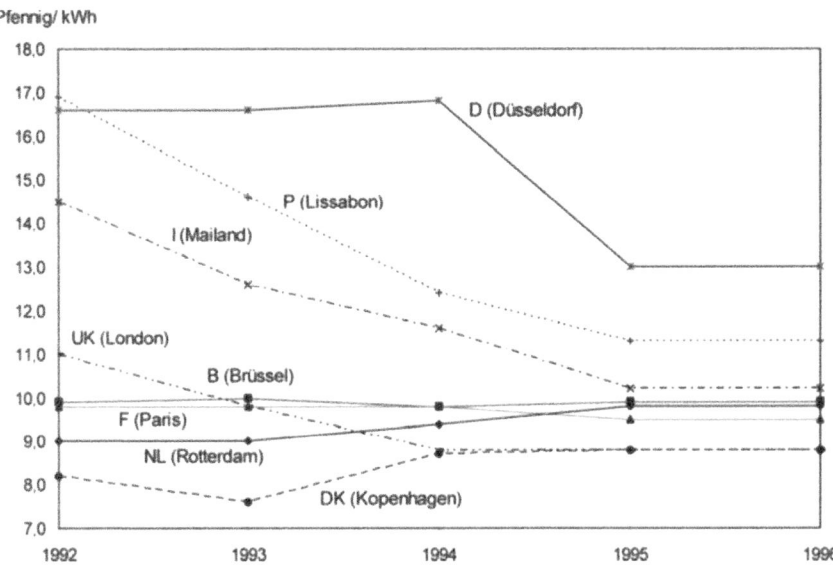

Quelle: Eurostat, VIK-Mitteilungen, aus Schmidt (1998:186)

Außerdem wurden mit der wachsenden wirtschaftlichen Verflechtung im Binnenmarkt hohe Strompreise für die Erzeuger zunehmend zum Standortnachteil.
Abbildung 3.1 verdeutlicht die Situation für deutsche Unternehmen Anfang der
neunziger Jahre.

Reforminitiativen
Wenn auch weniger dezidiert als bei der Telekommunikation mit ihrem großen Innovationspotential wurden deshalb die Monopole in der Elektrizitätsversorgung ebenso zunehmend kritisch hinterfragt. In ihrem X. Hauptgutachten von
1994 widmete sich die Monopolkommission den Möglichkeiten des Wettbe-

---

[8]   Da die Preise abhängig von der Abnahmemenge und in den meisten Ländern regional unterschiedlich sind und außerdem viele nicht publizierte Sonderkonditionen existieren, sind internationale Preisvergleiche für Elektrizität mit vielen Problemen behaftet. Deshalb habe ich die
Zahlen der VIK-Mitteilungen benutzt, da mit diesen in der politischen Diskussion überwiegend
argumentiert wurde.

werbs auf den Märkten für leitungsgebundene Energien. Zuvor hatte bereits die Deregulierungskommission dieses Thema behandelt (Deregulierungskommission 1991). Auch für die Elektrizitätsliberalisierung gab es internationale Vorbilder. So hatte Großbritannien 1990 mit der Liberalisierung und Privatisierung des Elektrizitätssystems begonnen und die Regulierung einem unabhängigen Regulierer, OFFER, überantwortet.

3.2.3 Versicherungsregulierung

Wie auch bei den anderen Dienstleistungen resultierte aus der Regulierung der Versicherungen eine Reihe von *Pathologien*. Mangelnde Produktinnovation, fehlende Markttransparenz trotz Preisregulierung und ein auf den Vertrieb konzentrierter Wettbewerb gehören hierzu. Im internationalen Vergleich waren die Prämien zudem im Massenmarkt sehr hoch. Unter anderem vermochten es die Unternehmen, die Gewinnregulierung durch Verlagerungen an verbundene Rückversicherungsunternehmen zu umgehen und so deren geringere Regulierung auszunutzen (Krakowski 1988: 475, 467). Die durch die Regulierung ausgelöste Überteuerung ließ sich außerdem an den höheren Gesamtkosten der privaten Aktiengesellschaften verglichen mit den öffentlich-rechtlichen Versicherern festmachen, obwohl man auch bei diesen von Ineffizienzen ausgehen musste (Deregulierungskommission 1991: 22). Für Industriekunden waren dagegen die Prämien eher niedrig, da dieser Bereich meist aus dem Massengeschäft quersubventioniert wurde. {.column-margin Regulierungspathologien}

Diese nachteiligen Regulierungsfolgen führten immer wieder zu Reformbestrebungen, auch bevor Änderungen durch den Binnenmarkt notwendig wurden. National fielen Reformen des Versicherungswesens schwer. 1962 wurde die Kfz-Versicherung auf Initiative des Bundeswirtschaftsministeriums dahingehend liberalisiert, dass die vorherigen Einheitstarife der Versicherungen (für ein gleichartiges Fahrzeug musste dieselbe Prämie verlangt werden) aufgehoben wurden (Müller/Vogelsang 1979: 264; Everson 1996: 211). Dadurch erfolgte verstärkter Preiswettbewerb. 1972 scheiterte eine weitere Liberalisierung der Kfz-Versicherung (Müller/Vogelsang 1979: 268, 270). 1982 wurde dann unter Lambsdorff die Preisaufsicht über die Kfz-Kaskoversicherung gegen den Widerstand der Branche aufgehoben (Lambsdorff 1991: 267). {.column-margin Frühe Reformbestrebungen}

Die Reformprobleme lassen sich vor allem an den verschiedenen *Kartellnovellen* ablesen. Von Anfang an war die Sonderregelung umstritten gewesen. Das Bundeskartellamt versuchte immer wieder, gegen Missstände in der Versicherungswirtschaft vorzugehen, so 1966/67 als es sich ohne Erfolg bemühte, ein Kartell in der Feuerversicherung zu verbieten (die Rothenburger Vereinigung) (Müller/Vogelsang 1979: 263). Anfang der siebziger Jahre scheiterte eine Änderung im Rahmen der 2. Kartellgesetznovelle (Baumann 1975: 293). Einige Änderungen folgten im Rahmen der 4. Kartellnovelle 1980 (Fürstenwerth 1999: 85). Mit Erfolg konnte die Versicherungswirtschaft die Abschaffung des Ausnahmetatbestands aber abwehren. Die 4. Kartellnovelle zeigte aber, dass zunehmend infrage gestellt wurde, "dass ein Wirtschaftszweig einerseits die marktwirtschaftliche Ordnung für sich reklamiert, im gleichen Zuge aber beansprucht, in wichtigen Belangen eben diese Ordnung außer Kraft zu setzen" (Gärtner 1980: 369). {.column-margin Kartellnovellen}

1989 wurde der § 102 mit der 5. Kartellnovelle dahingehend geändert, dass Versicherungskartelle nun auch unter das Verbotsprinzip fielen. Jedoch galt dies nicht in den Fällen, wo die Vereinbarungen vom BAV veranlasst wurden, wodurch es sich faktisch erneut um eine mehr kosmetische Änderung handelte (Wolters 1995: 354).

Stärkere Kritik an der Versicherungsregulierung gab es ab 1983, angestoßen von einer Arbeit Finsingers zu Versicherungsmärkten (Finsinger 1983; Bujard 1991: 192). Die konservativ-liberale Bundesregierung gab in den achtziger Jahren auch eine Reihe von Gutachten in Auftrag, "um Klarheit über das Ausmaß der zu beseitigenden Überregulierung – ohne Aufgabe der eigentlichen Regulierungsziele – zu gewinnen" (Eggerstedt 1988: 704). Ab Mitte der achtziger Jahre wurde die Kritik an der Versicherungsregulierung im Rahmen der Deregulierungsdiskussion lauter und damit auch an den angeblichen Sektorbesonderheiten, die die Regulierungsnotwendigkeit begründeten (Soltwedel 1986; Deregulierungskommission 1991: 19-22; Krakowski 1988: 478-491; Müller 1999: 150-153). Gerade Rück- und Mitversicherungen im Industriegeschäft zeigten, dass die Versicherer auch mit wenig regulierten Märkten umzugehen wüssten (Deregulierungskommission 1991: 19f). Auch erleichterte die Prämien- und Bedingungsregulierung nicht den Vergleich zwischen Versicherungen, da immer zusätzlich die Prämienrückerstattung einbezogen werden musste. Größere Transparenz für die Versicherten ließe sich auch mit marktkonformeren Lösungen herstellen, zum Beispiel über Makler oder über Testzeitschriften. Auch das Sicherheitsargument wurde als nicht stichhaltig zurückgewiesen. Dass Insolvenzen sich nachteilig auf eine gesamte Branche auswirkten, gälte nicht nur bei Versicherungen. Zudem bestünde bei Versicherungen anders als bei Banken, bei denen ähnlich argumentiert wird, nicht die Gefahr einer Kettenreaktion mit dem Zusammenbruch mehrerer Institute. Weil der Versichertenbestand insolventer Unternehmen einen beträchtlichen, wenn auch nicht-liquidierbaren, Substanzwert habe, sei eine Übernahme für andere Versicherungen attraktiv. Zudem ließe sich auch über Garantiefonds eine marktkonformere Regulierung etablieren (Soltwedel 1986: 96f). Eine Verhinderung des wirtschaftlichen Scheiterns durch Regulierung würde nur zum Überleben ineffizienter Firmen führen (Finsinger 1986: 156).

In ihrem Hauptgutachten 1986/87 forderte die Monopolkommission weitgehende Änderungen in der Versicherungsregulierung. Die Vereinheitlichung der AVB sollte aufgegeben werden. Stattdessen sollte das BAV Musterbedingungswerke für den Massenversicherungsbereich erstellen. Auch die Genehmigungspflicht für Tarife sei nicht notwendig. Zusätzlich sollte die Ausnahme nach § 102 GWB gestrichen werden. Dort, wo Kooperation tatsächlich notwendig sei, wie bei der Erstellung von Schadenstatistiken oder der Mitversicherung, falle die Tätigkeit in der Regel nicht unter § 1 GWB. Durch die Einrichtung von Konkurssicherungsfonds unter öffentlich-rechtlicher Organisation könne den negativen Folgen möglicher Insolvenzen begegnet werden. Den vom BAV und der Versicherungswirtschaft vorgebrachten Argumenten für eine Sonderstellung konnte die Monopolkommission nicht folgen. Die Erfahrungen in den USA, in Frankreich und Großbritannien hätten gezeigt, dass Versicherungsmärkte auch ohne eine so weitgehende Regulierung gut funktionierten (Monopolkommission

1988: 30-33, 245f). Die Bundesregierung gab eine zurückhaltende Stellungnahme zu den meisten Vorschlägen der Monopolkommission und lehnte einen Konkurssicherungsfonds ab (Michaels 1990: 20).

Auch an dieser Stelle bereits erwähnt werden kann die Deregulierungskommission. Ihre Einsetzung Anfang 1988 baute auf den Vorarbeiten einer Studie des Instituts für Weltwirtschaft auf (vgl. Soltwedel 1986). Ein erster Bericht erschien 1990; durch die deutsche Vereinigung wurde das Mandat verlängert und der Abschlußbericht erschien 1991. Nach einer Analyse der Versicherungsregulierung und daraus folgender Fehlentwicklungen, schlug die Kommission unter anderem vor: die Vereinheitlichung der AVB aufzugeben, die Genehmigung von Verträgen auf das Massengeschäft zu beschränken, Prämien außer in der Krankenversicherung freizugeben, die Vertragsauflösung durch den Versicherten zu ermöglichen, den Kontrahierungszwang und das einheitliche Bonus-Malus-System bei der Kfz-Versicherung aufzuheben, die Solvenzkontrolle durch Versichertenschutzfonds zu ersetzen, Monopolrechte aufzuheben und die Kartellausnahme einzuschränken (Deregulierungskommission 1991: 28-34). Anschließend an den Bericht der Deregulierungskommission legte eine Koalitionsarbeitsgruppe Vorschläge zur Umsetzung vor. Der Versicherungsbereich war hiervon jedoch ausgenommen, weil die Forderungen durch mittlerweile verabschiedete und zu verabschiedende EG-Richtlinien gegenstandslos geworden waren (GDV 1992: 21; Basedow 1994: 25).

Kritik der Deregulierungskommission

Unterstützt wurde der regulative Status quo auch von der Wissenschaft, sieht man einmal von der geschilderten Kritik neoliberaler Ökonomen ab (Deregulierungskommission 1991: 14-34). Diese Unterstützung erklärt sich wohl auch aus der Nähe der meisten Autoren zur Versicherungswirtschaft:

Unterstützung der Wissenschaft

"Es gibt keinen bekannten Autor, der nicht zugleich Mitglied der Aufsichtsbehörde oder Funktionsträger in einem Versicherungsunternehmen gewesen wäre oder der Branche in irgendeiner Weise verbunden ist. Auch die meisten wissenschaftlichen Einrichtungen werden von der Branche getragen. (...) So ist es nicht verwunderlich, dass im Schrifttum eine konservativ-zustimmende Richtung vorherrscht" (Gärtner 1984: 524).

Zur Erklärung der Kontinuität der Versicherungsregulierung in Deutschland muss vor allem auf die Parallelität der Interessen des Gewerbes mit denen der Politik verwiesen werden. Mit der vom Gewerbe gewünschten, weitgehenden Marktabschottung hatte die Politik die Möglichkeit, über die Anlage der Mittel zu bestimmen. Das war nach dem Zweiten Weltkrieg ebenso wichtig wie zuvor, was es erleichterte, das aus der Vorkriegszeit stammende Regulierungsmodell mit dem neuen ökonomischen Liberalismus zu verbinden (Everson 1996: 212). Die Verbände hatten eine starke Stellung, da das BAV auf ihr Wissen zurückgriff und Neuerungen gemeinsam mit ihnen erarbeitete. Die von den Verbänden übernommenen Aufgaben waren vielfältig: die Führung von Schadenstatistiken, teils die unverbindliche Empfehlung von Prämien, die mit der Aufsichtsbehörde gemeinsame Gestaltung der Produkte durch die AVB und das Aufstellen von Wettbewerbsregeln, die sich gegen unlautere Wettbewerbsaktivitäten richteten (Farny 1979: 62f). Aufgrund ihrer hervorgehobenen Rolle war der Organisationsgrad hoch: "Kaum ein Bedingungswerk und kaum ein Tarifbuch kommt ohne Verbandshilfe zustande. Es kann daher nicht verwundern, dass selbst kleinste

Regulierungsinteressen der Politik

Selbstorganisation der Verbände

187

ausländische Niederlassungen sich umgehend den entsprechenden Verbänden anschließen" (Eggerstedt 1986: 20).

Die Art der Regulierung führte zu einer beispiellosen Verflechtung zwischen Versicherungswesen und staatlichen Behörden:

> "Es handelt sich vielmehr um einen korporativen Willensbildungs- und Normsetzungsprozeß, in dem das Aufsichtsamt zwar gleichsam die Koordinierungsstelle darstellt und die Umschaltung in rechtliche Verbindlichkeit vollzieht, an dem aber die Versicherungswirtschaft selbst und die Versicherungswissenschaft in korporativer Verantwortung beteiligt sind. Es gibt wohl keinen anderen Wirtschaftszweig, der sich wie die Versicherungswirtschaft – in Wechselwirkung mit der ihr zugeordneten Staatsaufsicht – durch gesellschaftliche Selbstdisziplin in Ordnung gebracht hat und hält" (Weber, 1968: 248, zitiert nach Klaue 1986: 3).

Zunehmende Kritik Die Unternehmen haben deshalb die mit der Aufsicht verbundenen Restriktionen nie bekämpft. "Im Widerstreit zwischen Aufsicht und Wettbewerb haben sie sich im Zweifel auf die Seite der staatlichen Reglementierung gestellt (Lambsdorff 1991: 267). Gegen diese fest gefügte Koalition verbreitete sich in den achtziger Jahren die Kritik an der Versicherungsregulierung und ging auch über die liberalen Ökonomen, die Monopolkommission, das BKartA und das BMWi hinaus. Dabei spielte das Bundeskartellamt eine besondere Rolle, da es mit seinen Kompetenzen die besten Möglichkeiten hatte, konkrete Veränderungen zu erzielen. Anfang 1985 kündigte das BKartA sehr öffentlichkeitswirksam eine seit 1981 bestehende Einigung, wonach es bei Sammelgenehmigungen nicht konsultiert wurde, wenn das BAV selbst das Verfahren angeregt hatte. Dieses als Ausnahme gedachte Vorgehen war jedoch zur Regel geworden (SZ vom 28.1.1985). Das BKartA kritisierte, dass Kosten und Risiken des Geschäfts durch die Aufsichtspraxis einseitig auf die Versicherten verlagert würden und nahm damit die schon seit Jahren schwelende Kritik der Verbraucherverbände auf. Das BAV sei zu sehr daran orientiert, Versicherungspleiten um jeden Preis zu verhindern. Die Regulierung sei bemüht, dass immer noch das schwächste Mitglied im "Geleitzug" – so die gängige Bezeichnung der Marktverhältnisse vor der Liberalisierung – am Markt Schritt halten könne, wodurch gut geführte Gesellschaften übermäßige Profite machten.

Verfahren des Bundeskartellamts Das BKartA nutzte seine Kompetenzen und leitete verschiedene Verfahren gegen im HUK-Verband organisierte Unternehmen ein. Das BKartA begab sich so Anfang 1985 in offene Konfrontation zum BAV, dessen Präsident Angerer sich wiederholt heftig gegen die Einmischung zur Wehr setzte (siehe z.B. Die Welt vom 9.3.1985). Erst Ende 1986 einigte man sich dahingehend, dass das BAV produktbeschreibende und preisrelevante Teile dem BKartA zur Prüfung zuleiten würde (FAZ vom 3.12.1986). Bis zur Einigung der beiden Ämter bot der Streit die Gelegenheit für eine öffentlichkeitswirksame Diskussion der verschiedenen Missstände in der Versicherungswirtschaft. So wurde kritisiert, dass die enge Verflechtung des BAV mit der Versicherungswirtschaft auch darin ihren Ausdruck fand, dass viele Beamte auf lukrative Posten bei Versicherungen wechselten (Der Tagesspiegel vom 3.2.1985).[9] Wiederholt diskutiert wurde der Vorwurf, dass die Versicherer Überschüsse aus der Lebensversicherung dazu nutzten, Verluste in anderen Bereichen zu decken. So hieß es, die Volksfürsorge habe 1981 und 1982 ihre Rückversicherungstochter mit 100 Mio. DM aus der Lebensversicherung saniert (Capital 1.9.1987).

Die Versicherungswirtschaft geriet zu dieser Zeit auch wegen Parteispenden in Verruf. In einem Spiegel-Artikel wurde aufgedeckt, dass im Rahmen des GDV ein "Arbeitskreis Private Versicherer" seit Bestehen der Bundesrepublik erhebliche Summen an bestimmte Abgeordnete vor allem von CDU/CSU und FDP, aber auch der SPD gezahlt hatte, die dafür bereit sein mussten, Stellungnahmen der Versicherungswirtschaft zu Gesetzesvorhaben als Beitrag zur Meinungsbildung anzuhören. Mehr als hundert Politiker waren großzügig gefördert worden (Der Spiegel vom 19.8.1985, 19-26).

Als Fazit dieser Zeit muss man eine wachsende Kritik an der Versicherungsregulierung festhalten. Das Versicherungswesen geriet in der Öffentlichkeit in Verruf und die Einschätzung eines Regulierungsversagens war nicht nur auf Expertenkommissionen beschränkt. Der Spendenskandal stützte zudem den Eindruck, dass nicht nur das BAV ein zu enges Verhältnis zur Versicherungswirtschaft pflegte. In der Folge der erheblichen Kritik bemühte sich das BAV um eine etwas eigenständigere Rolle gegenüber der Versicherungswirtschaft. Gleichzeitig wuchs Ende der achtziger Jahre auch die Reformbereitschaft im Bundesfinanzministerium. Diese Überlegungen fielen zusammen mit den forcierten Liberalisierungsbemühungen auf europäischer Ebene im Rahmen des Binnenmarktprogramms.

Parteispenden

Zunehmende Reformbereitschaft

3.2.4 Straßengüterverkehr

Während die Bahn trotz der Regulierung zunehmend defizitär wurde, entstanden auch beim Straßengüterverkehr verschiedene *Fehlentwicklungen* durch die Regulierung. So lagen die Preise etwa 20% über den vermuteten Marktpreisen, was sich vor allem an Tarifsprüngen zwischen dem Fernverkehr und dem Nahverkehr bzw. dem grenzüberschreitenden Verkehr bemerkbar machte. Der Werkverkehr stieg überproportional an und vervierfachte sich von 1960 bis in die späten 1980er Jahre, währenddessen sich der Fernverkehr nur etwas mehr als verdoppelte. Weil deshalb viele Leerfahrten anfielen, wurde auch das Umweltschutzziel verfehlt. Der graue Konzessionshandel zeigte, dass die künstliche Angebotsverknappung erhebliche Gewinnmargen erlaubte. Der Handel förderte außerdem Konzentrationstendenzen, so dass der Mittelstand durch die Kontingente nicht wirklich geschützt wurde. Schließlich verführten die kontingentierten Lizenzen dazu, Fahrzeuge rund um die Uhr einzusetzen und so die Verkehrssicherheit zu gefährden (Deregulierungskommission 1991: 46f). Selbst ausländische Seehäfen profitierten zu Lasten deutscher Häfen, da sich ein Auslandstransport tariflich oft lohnte (Wacker-Theodorakopulos 1988: 335).

Regulierungspathologen

---

[9]   Siehe auch "Der Stern" vom 20.6.1974: "Mit schuld daran, dass der Versicherungsmarkt für den Verbraucher vollkommen undurchsichtig geworden ist, trage eine Bundesbehörde (...). Immerhin wechselte bisher durchschnittlich jeder zehnte leitende Beamte des Aufsichtsamtes (...) in die feinen Vorstandsetagen bundesdeutscher Versicherungskonzerne."

Von den verschiedenen, durch die Regulierung ausgelösten Problemen war die Zunahme des Werkverkehrs besonders gravierend. Während die Anteile des Fern- und des Werkverkehrs am Straßengüterfernverkehr 1970 noch 72% zu 28% betrugen, hatte sich dieses Verhältnis 1985 auf 55% zu 45% verschoben (Aberle 1984: 586). Durch diese Entwicklung wurde der Markt für Güterfernverkehr tief greifend umgestaltet. Hätte sie sich fortgesetzt, so eine Einschätzung, wäre dies schwerwiegender gewesen als selbst schlechte Prognosen der Folgen der europäischen Politik (Sandhäger 1987: 19). In dieser Zunahme in den siebziger und achtziger Jahren spiegelte sich auch die Aufgabe einer vorherigen Regulierung des Werkverkehrs wider. Von 1955 bis 1967 und 1969 bis 1971 wurde der Werkfernverkehr mit einer Steuer belegt (zuletzt der so genannte "Leberpfennig"), womit der Anstieg erfolgreich gedämpft werden konnte (Müller/Vogelsang 1979: 237). Eine solche Werkverkehrssteuer wurde aber 1971 auf europäischer Ebene verboten, so dass ein bisher "wirkungsvolles ordnungspolitisches Instrument" nicht mehr eingesetzt werden konnte (Feick et al. 1982: 183f).

Angesichts dieser Fehlentwicklungen wurde die Güterkraftverkehrsregulierung zunehmend kritisiert. Nach der frühen Kritik von Verkehrswissenschaftlern folgte in den achtziger Jahren eine Reihe von Studien (Basedow 1989; Laaser 1991), die eine Deregulierung des Verkehrswesens unter Effizienzerwägungen forderten (Teutsch 2001: 138). Auch die Monopolkommission machte in ihrem Hauptgutachten 1988/89 Vorschläge zur Deregulierung und hob die eingetretenen Fehlentwicklungen hervor (Monopolkommission 1990). Im Bericht der Deregulierungskommission folgte eine weitere Analyse des Sektors mit der Forderung, die bestehenden Marktzugangsbeschränkungen und Tarifregulierungen aufzuheben (Deregulierungskommission 1991). So wurde die bisherige Begründung der weitgehenden Regulierung mehr und mehr hinterfragt. Durch die engen Beziehungen zwischen dem Transportgewerbe, der BAG und dem Bundesverkehrsministerium, die alle von dem bisherigen System profitierten und daran festhielten, folgten hieraus aber keine politischen Reforminitiativen. Das Bundeswirtschaftsministerium, die Verlader und die Wirtschaft insgesamt, die für eine Reform eintraten und die Kosten der Fehlentwicklungen zu tragen hatten, konnten sich gegen die fest gefügte Koalition der am Status quo interessierten Akteure alleine nicht durchsetzen.

3.3 Sektorale Transformation in Europa: Die Infrastruktursektoren zwischen Wettbewerb und Regulierung

Angesichts der fest gefügten Produzentenkoalitionen, deren Position in der Bundesrepublik durch institutionelle Vetopunkte gestärkt wurde, war die europäische Politik für erfolgreiche nationale Reformen äußerst wichtig. Den Anstoß gab hier das Binnenmarktprogramm, das bis Ende 1992 die noch weitgehend national getrennten Märkte der Mitgliedstaaten zusammenführen sollte. Damit wurde die nationale Regulierung von Märkten großen Veränderungen unterworfen. Für die Überführung nationaler Marktregulierung in einen europäischen Kontext bestehen grundsätzlich zwei Optionen. Zum einen können die nationalen Marktordnungen in eine europäische Marktordnung umgewandelt werden. Zum anderen können nationale Marktordnungen durch Liberalisierung aufgehoben werden, wodurch ebenfalls ein größerer europäischer Markt entsteht. Die erste Option wurde seit den sechziger Jahren mit dem Programm zur Realisierung des Gemeinsamen Marktes versucht. Hier zeigte sich die große Schwierigkeit, angesichts der unterschiedlichen nationalen Regulierungstraditionen der Mitgliedstaaten signifikante Fortschritte zu erzielen (Nicolaïdis 1993: 91-123). Angesichts dieser Erfahrung – sowie der zunehmenden Kritik an detaillierter Marktregulierung im Kontext der neoliberalen Wende – wurde der Binnenmarkt stärker durch Liberalisierung verwirklicht. Als Grundlage dafür dienen die im Vertrag niedergelegten vier Freiheiten (für Waren, Dienstleistungen, Personen und Kapital) sowie das europäische Wettbewerbsrecht. Insoweit staatsnahe Dienstleistungen von Monopolen erbracht werden – wie in den hier behandelten Sektoren Telekommunikation und Elektrizität; darüber hinaus im Bahn- und Flugverkehr, dem Postwesen und der Gasversorgung – ist die Zulässigkeit nach dem europäischen Wettbewerbsrecht an besonders strikte Voraussetzungen eines bestehenden öffentlichen Interesses geknüpft (Schmidt 1998: 56-83). Auch Kartelle und der Missbrauch von Marktmacht sind untersagt. Diese "negative Integration" einer Aufhebung von Marktbeschränkungen wird komplementiert von gemeinsamen Maßnahmen der "positiven Integration", also der Gestaltung von Märkten. Während die Durchsetzung des höherrangigen (also selbst nationales Verfassungsrecht außer Kraft setzendes) und direkt wirksamen Vertragsrechts durch die Europäische Kommission und den Europäischen Gerichtshof (EuGH) erfolgt, wird die Harmonisierung als legislative Maßnahme vom Ministerrat und dem Europäischen Parlament gestaltet. Deshalb wird sie – sehr viel mehr als die Liberalisierung – vom Einigungsproblem überschattet, weshalb man auch von einer institutionellen Bevorzugung der negativen über die positive Integration spricht (Scharpf 1999: 52-69).

Institutionelle Bevorzugung der negativen Integration

3.3.1 Telekommunikation

In der relativ kurzen Zeitspanne seit Mitte der achtziger Jahre ist die ehemals strikt nationale, hoheitliche Verantwortung für das monopolisierte Fernmeldewesen einer ausgeprägten Europäisierung der Telekommunikationspolitik gewichen. Eine wachsende Zahl von europäischen Richtlinien und Entscheidungen beschreibt notwendige Liberalisierungs- und Reregulierungsmaßnahmen. Hiermit wurden die tief greifenden nationalen Reformen oftmals bereits im Vorfeld koordiniert.

Wichtig für den Erfolg der europäischen Telekommunikationspolitik war der mögliche Rückgriff auf das europäische Wettbewerbsrecht. Durch die Einordnung der Telekommunikation als normalen Wirtschaftssektor war für die schrittweise Liberalisierung *jetzt vertragswidriger* Monopole die Zustimmung der Mitgliedstaaten formell nicht mehr notwendig. Stattdessen konnte die Kommission mit Unterstützung des EuGH die Liberalisierung direkt anmahnen. Gleichzeitig setzte dieses supranationale Vorgehen den Mitgliedstaaten einen Anreiz, sich im Ministerrat auf eine gemeinsame Reregulierung auf europäischer Ebene zu einigen, um die Telekommunikationsmärkte noch weiter regulieren zu können (Schmidt 2001). Schließlich war aber auch wichtig, dass die Kommission

Vertragswidrige nationale Telekommunikationsmonopole

ihr Politikprogramm von vornherein in den internationalen Kontext tief greifender Sektorveränderungen stellen konnte, der die vorgeschlagenen Maßnahmen legitimierte und sie als unabwendbar erscheinen ließ. Ohne diese internationalen Liberalisierungstendenzen wäre die Begründung von so weitreichenden europäischen Reformen sicherlich erheblich erschwert worden.

Abfolge europäischer Telekommunikationspolitik

Eine erste Richtlinie zur Liberalisierung der bis dahin monopolisierten Telekommunikationsendgeräte erfolgte 1988. 1990 wurden die Telekommunikationsdienste mit Ausnahme des Sprachdienstes liberalisiert und über eine weitere Richtlinie ein Regulierungsrahmen (Open Network Provision, ONP) etabliert. 1994 bis 1996 folgten dann verschiedene Richtlinien, die Satelliten-, Kabelfernseh- und Mobilfunknetze liberalisierten und die das Festnetzmonopol sowie das Telefondienstmonopol ab 1998 abschafften (Schmidt 1998).

Neuer Regulierungsrahmen seit 2003

Ein neues, umfassendes Richtlinienpaket wurde 2002 verabschiedet und sollte von den Mitgliedstaaten bis Juli 2003 umgesetzt werden. Dazu gehört die so genannte Rahmenrichtlinie (2002/21/EG), die einen gemeinsamen Rechtsrahmen für elektronische Kommunikationsnetze und -dienste etabliert; die Genehmigungsrichtlinie (2002/20/EG), die Zugangsrichtlinie (2002/19/EG), die Universaldienstrichtlinie (2002/22/EG) und die Datenschutzrichtlinie (2002/58/EG). Hiernach ist die Telekommunikationsregulierung auf Bereiche beschränkt, in denen kein funktionsfähiger Wettbewerb herrscht. Ansonsten sollen die Instrumente des allgemeinen Wettbewerbsrechts greifen. Des Weiteren wird die Regulierung der verschiedenen Telekommunikationsnetze vereinheitlicht. Zudem wird die Regulierung durch eine neue European Regulators Group, die durch eine Kommissionsentscheidung gegründet wurde, europaweit angeglichen. Diese Gruppe, die nicht die Mitgliedstaaten, sondern die Regulierungsbehörden repräsentiert, soll zu verschiedenen Regulierungsfragen gemeinsame Standpunkte erarbeiten, und so die vereinheitlichte Anwendung des europäischen Rechtsrahmens stärken.[10] Auch die Richtlinien wirken auf eine stärkere Abstimmung zwischen den verschiedenen Aufsichtsbehörden der Mitgliedstaaten und der Europäischen Kommission hin. Wichtige Entscheidungen der nationalen Regulierungsbehörden müssen vorab gegenseitig und der Kommission zur Stellungnahme vorgelegt werden, wodurch sich der Regulierungsprozess jedoch um bis zu drei Monate verzögern kann (FAZ vom 1.4.2003, 11).

3.3.2 Elektrizität

Heterogene Struktur des europäischen Elektrizitätssektors

Der Energiesektor "dient als Instrument vielfältig motivierter, von Land zu Land divergierender Eingriffe bei der Verfolgung fiskalischer, wirtschafts-, sozial-, regional-, umwelt- und – nicht zu vergessen – verteidigungspolitischer Ziele" (Schmitt 1989: 46). Deshalb haben sich in den Mitgliedstaaten unterschiedliche Regelungs- und Leistungsstrukturen (d.h. ,governance structure' und ,industry structure' (vgl. Mayntz/Scharpf 1995: 16)) ausgebildet, die die heterogene Struktur des gemeinschaftsweiten Elektrizitätssektors bedingen. Unterschiede in den Eigentumsstrukturen, dem Regulierungsmodell und dem Integrationsgrad sind hier zu nennen. Zusätzlich zu der unterschiedlichen Ressourcenausstattung er-

---

[10]   Siehe hierzu: http://www.regtp.de/gesetze/start/fs_04.html → Internationales

klärten sich durch diese politischen Unterschiede die großen Preisdifferenzen zwischen den Mitgliedstaaten.

Zwei Grundtypen von Elektrizitätsversorgungssystemen waren innerhalb der EU vorherrschend. Eine Reihe von Mitgliedstaaten hatte ein *vertikal integriertes Versorgungsmonopol*, das für die Erzeugung, den Transport und die Verteilung von Elektrizität verantwortlich war. Die Electricité de France (EdF) ist hierfür ein gutes Beispiel (Finon 1996). Andere Mitgliedstaaten hatten *dezentrale Versorgungssysteme*, die aufgrund der vielfältig möglichen horizontalen und vertikalen Zuständigkeitsabgrenzungen zwischen selbständigen Elektrizitätsversorgungsunternehmen (EVU) eine besonders große Varianz aufwiesen (Gröner 1989: 67).

Darüber hinaus unterschieden sich die nationalen Elektrizitätsordnungen in ihrer Eigentumsstruktur und im Ausmaß der verliehenen Monopolrechte. Schweden, Finnland und Großbritannien hatten mit ihren nationalen Reformen bereits frühzeitig Wettbewerbselemente in ihre Systeme eingeführt.

Der grenzüberschreitende Austausch war auf die marktferne Kooperation im westeuropäischen Stromverbund beschränkt. Der UCPTE[11] gehören die westeuropäischen Länder an, mit Ausnahme von Großbritannien und Irland, aber unter Einbezug des ehemaligen Jugoslawien und der Schweiz. Mittlerweile sind auch viele osteuropäische Staaten Mitglied. Die Zusammenarbeit erlaubt den angeschlossenen Unternehmen, Zeiten der Über- und Unterauslastung (entweder saisonal bedingt oder im Tagesverlauf) gegenseitig auszugleichen. Vorteile der Zusammenarbeit ergaben sich aus Unterschieden in den Nachfragespitzen und den Kostenunterschieden in der Produktion von Grundlast, Mittellast und Spitzenlast. Durch den grenzüberschreitenden Austausch kann es möglich sein, Spitzenlastnachfrage aus ausländischen Mittellastkraftwerken zu decken. Die Reservekapazität kann verringert werden, und die Frequenz- und Spannungshaltung wird verbessert (Eiß et al. 1990: 69). Neben dem kommerziellen Handel führt bereits die Verbindung der Netze zu einem kontinuierlichen, technisch bedingten, ungesteuerten Austausch. Der Handel mit Elektrizität war insgesamt schwach ausgeprägt. Frankreich war der größte Nettoexporteur, und Italien und Luxemburg hatten einen signifikanten Importanteil. Aufgrund ihrer Bedeutung für die Volkswirtschaft waren die meisten Mitgliedstaaten in der Elektrizitätsversorgung unabhängig und hatten eine ausgeglichene Handelsbilanz, wie Tabelle 3.1 beispielhaft für zwei Jahre zeigt.

Elektrizitätshandel

---

[11] Union für die Koordinierung der Erzeugung und des Transports elektrischer Energien, gegründet 1951. Seit 1999 UCTE, Union für die Koordinierung des Transports elektrischer Energie.

Tabelle 3.1:   Handel mit Elektrizität in der EU

| | Nettoausfuhren (Tetrawattstunden) | |
	1992	1993
Europäische Union	-11,6	-17,4
Belgien	1,0	-2,2
Dänemark	-3,7	-3,4
Deutschland	5,3	-0,4
Griechenland	-0,6	-0,8
Spanien	-0,7	-1,3
Frankreich	53,8	61,7
Italien	-35,3	-39,6
Luxemburg	-4,0	-4,0
Niederlande	-8,7	-10,3
Portugal	-1,3	-0,2
Großbritannien	-16,7	-16,7

Quelle: Europäische Kommission, 1995: Panorama der EU-Industrie 95-96. Luxemburg: Amt für Veröffentlichungen der Europäischen Gemeinschaften (Eurostat). Übernommen aus Schmidt (1998: 189)

Schrittweise Liberalisierung

Angesichts der unterschiedlichen Regulierungsmodelle der Mitgliedstaaten fiel die Einigung auf eine gemeinsame europäische Politik in diesem Bereich schwer. Im Dezember 1996 konnte eine Richtlinie (96/92/EG) verabschiedet werden, die eine schrittweise Liberalisierung – und damit wechselseitige Öffnung – der national abgeschotteten Märkte vorsah. Dafür gab es drei Modelle, auf die hier nicht weiter eingegangen werden muss – den regulierten und den verhandelten Netzzugang sowie das von Frankreich in die Diskussion gebrachte Alleinkäufermodell. Bis Februar 1999 sollte der Markt für Großanwender (mit einem Verbrauch über 40 GWh im Jahr) geöffnet werden, was einem Marktanteil von 22% entsprach. Ein Jahr später wurde die Schwelle auf 20 GWh Verbrauch im Jahr halbiert, wodurch durchschnittlich 27% des Marktes geöffnet war. Ab Februar 2003 sank die Schwelle auf 9 GWh jährlichen Verbrauchs, was 33% des Marktes öffnete (Schmidt 1998: 251).

Neue Richtlinie 2003

Geändert wurde die Richtlinie durch die Richtlinie 2003/53/EG. Diese sieht die volle Liberalisierung für alle gewerblichen Kunden ab Juli 2004 vor. Zu diesem Zeitpunkt wird von den Mitgliedstaaten die Einrichtung einer unabhängigen Regulierungsbehörde gefordert. Für Juli 2007 ist die volle Liberalisierung vorgesehen. Zudem müssen die Elektrizitätsversorgungsunternehmen den Netzbetrieb rechtlich unabhängig gestalten, um einen diskriminierungsfreien Netzzugang für Wettbewerber sicherzustellen. Eine getrennte Verordnung (1228/2003) regelt den grenzüberschreitenden Elektrizitätshandel.[12] Eine parallele Richtlinie existiert für den Gassektor. Durch diese so genannten *Beschleunigungsrichtlinien* wurde die Schaffung des Energiebinnenmarktes forciert.

---

[12]   http://europa.eu.int/comm/energy/electricity/index_en.htm
        http://europa.eu.int/comm/energy/electricity/legislation/index_en.htm

3.3.3 Versicherungen

Während die europäische Politik für die Telekommunikation und die Elektrizität erst sehr spät Relevanz erlangte, war dies bei den Versicherungen und dem Straßengüterverkehr anders. Aufgrund ihrer privatwirtschaftlichen Organisation – wenn auch bei staatlicher Regulierung – waren sie von Beginn an ein Thema für die Europäische Wirtschaftsgemeinschaft. Es bedurfte hier also nicht erst einer neuen Definition der Rolle des Staates und einer beträchtlichen faktischen Ausweitung der Geltung des europäischen Wettbewerbsrechts, damit die EU hier Bedeutung erlangen konnte.

Auf eine erste Richtlinie einigte man sich 1964 im *Versicherungswesen*, die die national kaum regulierte Rückversicherung betraf. In den siebziger Jahren verwirklichte man durch zwei Richtlinien die Niederlassungsfreiheit für die Schaden- und die Lebensversicherung (Badenhoop 1988: 103). Damit konnten Agenturen oder Zweigniederlassungen in anderen Mitgliedstaaten unter denselben Zulassungs- und Tätigkeitsbedingungen errichtet werden, die für Inländer vorgeschrieben waren.

Anfänge in den sechziger Jahren

Neben dem Binnenmarktprogramm und dem Übergang zu qualifizierten Mehrheitsentscheidungen im Ministerrat war ein Urteil des EuGH für den Fortschritt des Versicherungsbinnenmarkts wichtig, das Ende 1986 erging. Auf das Urteil muss hier nur insofern eingegangen werden, als der EuGH zwar den Mitgliedstaaten für den Massenversicherungsmarkt ein besonderes Schutz- und Harmonisierungsinteresse zubilligte, jedoch für den Bereich der Industrieversicherungen die Realisierung der vertraglich festgeschriebenen Dienstleistungsfreiheit forderte (Geiger 1992: 240-282). Dieses Urteil erleichterte im Ministerrat die Annahme der seit 1975 vorliegenden Großschadenrichtlinie, die die Dienstleistungsfreiheit für Industrieversicherungen betraf. Eine vergleichbare Richtlinie für die Lebensversicherung, die v. a. Gruppenversicherungen liberalisierte, folgte.

EuGH-Urteil

Darüber hinaus plante die Kommission mit zwei weiteren Richtlinien auch die Dienstleistungsfreiheit für den Massenversicherungsmarkt. Auf der Grundlage von harmonisierten Vorschriften für die Höhe des Eigenkapitals, der Vermögensanlage und der technischen Rückstellungen sollte für Versicherungen – ähnlich wie bereits für Banken – die Heimatlandaufsicht zuständig sein. Mit der nationalen Zulassung ist dann der Vertrieb von Versicherungsprodukten im gesamten Binnenmarkt möglich (sog. "Europäischer Pass").

Selbst auf diese so genannten dritten Richtlinien einigte sich der Ministerrat, so dass seit Mitte 1994 die Niederlassungs- und Dienstleistungsfreiheit auf Versicherungsmärkten verwirklicht ist. Auch das Bundesfinanzministerium stimmte zu, was sicherlich mit ausschlaggebend war für die sehr schnelle Verabschiedung, für die durch das vorherige EuGH-Urteil vom Europarecht kein Druck ausging. Erklären muss man den deutschen Positionswechsel zunächst mit der dominanten neoliberalen Ideologie der Zeit (Knudsen 2001: 182) und dann mit der wachsenden Internationalisierung, die den "Finanzplatz Deutschland" zu einem wichtigen Thema werden ließ. Obwohl sich diese Diskussion vor allem auf die Banken und Börsen bezog, wurde die Versicherungsregulierung in diesem Kontext mit angesprochen. Zudem konnten aufgrund der von kleinen und mittleren Unternehmen geprägten Unternehmensstruktur in Deutschland verhält-

Vollständige Liberalisierung

Deutsche Zustimmung zur Liberalisierung

nismäßig viele Unternehmen nicht von der Liberalisierung der Großschaden-richtlinie profitieren, so dass von Seiten der Wirtschaft Interesse an einer weiter-gehenden Liberalisierung bestand. Schließlich war die deutsche Einigung soeben erfolgt, was zum Druck anderer Mitgliedstaaten (vor allem Großbritanniens) führte, diesen neuen Markt nicht abzuschotten (int 4, int 5).[13]

3.3.4 Straßengüterverkehr

Erste Verordnungen und bilaterale Kontingente

Für den *Straßengüterverkehr* einigte man sich in verschiedenen Verordnungen in den sechziger und siebziger Jahren auf ein gemeinsames Tarifsystem und ein Gemeinschaftskontingent von Genehmigungen, die zu Transporten zwischen be-liebigen Orten in der Gemeinschaft berechtigten (Button 1984: 77-79). Daneben existierten bilaterale Kontingente zwischen den Mitgliedstaaten. Die Fiskalhar-monisierung und die soziale[14] und technische[15] Harmonisierung standen außer-dem auf der Tagesordnung, es wurden aber keine großen Fortschritte erzielt.

Junktim

Bis zur Binnenmarktinitiative und dem Übergang zu qualifizierten Mehr-heitsentscheidungen im Ministerrat machte die gemeinsame Politik im Straßen-güterverkehr wie auch bei den Versicherungen nur wenig Fortschritte. Eine vor-herige Harmonisierung wurde vor allem im Verkehrsbereich durch ein Junktim vom Ministerrat explizit zur Voraussetzung für eine Liberalisierung gemacht (Schmitt 1993: 305f).

Untätigkeitsurteil

Stärker als beim Versicherungswesen war beim Straßengüterverkehr ein Ur-teil des EuGH dafür ausschlaggebend, dass die Richtlinien zur Realisierung des Binnenmarkts verabschiedet werden konnten. Da es im EG-Vertrag ein geson-dertes Kapitel zum Verkehr gibt, der Ministerrat aufgrund des Junktims zwi-schen Harmonisierung und Liberalisierung und der unterschiedlichen Interessen-lage jedoch den gemeinsamen Markt für Verkehr nicht verwirklichte, trat das Europäische Parlament mit einer Untätigkeitsklage vor den EuGH. In seinem *Untätigkeitsurteil* (C-13/83 vom 22.5.1985) betonte der EuGH die Verpflichtung des Ministerrats, die Dienstleistungsfreiheit für Verkehr innerhalb eines "ange-messenen Zeitraums" zu realisieren (Erdmenger 1985: 378). Damit wurde das Junktim mit der Harmonisierung durchbrochen.

Liberalisierung des grenzüberschreiten-den Verkehrs

Der Ministerrat einigte sich daraufhin in der Verordnung 1841/88, den grenzüberschreitenden Verkehr durch eine Aufhebung der Kontingente ab 1.1. 1993 vollständig zu liberalisieren. Gleichzeitig wurde eine Marktzugangsrege-lung eingeführt, die ausschließlich an subjektiven (in der Person des Bewerbers liegenden) Kriterien ansetzte (Basedow/Dolfen 1998: Nr. 169). Neben der Libe-ralisierung des grenzüberschreitenden Verkehrs musste aber auch die Dienstleis-tungsfreiheit innerhalb der Mitgliedstaaten realisiert werden, was sich schwieri-ger gestaltete. Die Einigung auf die so genannte Kabotage war problematisch, weil man fürchtete, dass sich hiermit Wettbewerbsverzerrungen zwischen den

Kabotage

---

[13]   Siehe die FT vom 31.3.1990 zum Treffen der zuständigen Minister Ridley und Waigel, bei dem man sich auf den Versicherungsbinnenmarkt und die Grundsätze von gegenseitiger Aner-kennung und Minimalharmonisierung verständigte. Die Abkürzung "int" verweist auf Inter-viewmaterial.

[14]   Diese umfasst Lenk- und Ruhezeiten sowie, für die Kontrolle, Fahrtenschreiber.

[15]   Maße und Gewichte schwerer Kraftfahrzeuge.

Mitgliedstaaten nicht nur im grenzüberschreitenden sondern auch im Inlandsverkehr auswirken würden (Wissenschaftlicher Beirat 1990: 6). Vor allem die Bundesregierung versuchte, sich dem zu widersetzen und durch gleichzeitige Harmonisierung die Bedingungen in den Mitgliedstaaten anzugleichen. Angesichts des andauernden Konflikts um die Einführung der Kabotage drohten sowohl die Europäische Kommission als auch die Niederlande damit, den Ministerrat erneut vor dem EuGH zu verklagen (Wissenschaftlicher Beirat 1990: 8). Vor diesem Hintergrund gelang Ende 1989 die Einigung auf eine vorläufige Kabotageregelung (gültig bis Ende 1992), der – nach erneuten Drohungen der Kommission – Mitte 1993 ein Kompromisspaket folgte, das neben der endgültigen Kabotagefreigabe (ab Juli 1998) durch die Verordnung 3118/93 die gleichzeitige Verabschiedung einer Richtlinie über die einheitliche Besteuerung und die Erhebung von Straßenbenutzungsgebühren beinhaltete (Gronemeyer 1994: 271).

3.4 Stabilität und Wandel sektoraler Wirtschaftsstrukturen

Die weitgehenden europäischen Liberalisierungsvorgaben bedingten eine tiefgreifende Veränderung der Regelungsstrukturen in den staatsnahen Sektoren. In der Bundesrepublik war dieser europäische Kontext ausschlaggebend für die Umstellung sektoraler Governance, denn – wie wir gesehen haben – waren die Befürworter des Status quo institutionell begünstigt. Im Zuge der nationalen Liberalisierung kam es dann zu einer Ausdifferenzierung der Produzenteninteressen. Während zuvor gemeinsam das Monopol verteidigt worden war, erkannten gerade große Anbieter die sich ihnen mit der Liberalisierung bietenden Wachstumschancen und wandelten sich zu Unterstützern der Reformen.

3.4.1 Telekommunikation

Die Reform und Liberalisierung der Telekommunikation war in der Bundesrepublik sehr umstritten. Die Postgewerkschaft vermutete Nachteile für die Beschäftigten und den Verlust von Arbeitsplätzen. Die Bundesländer – insbesondere die Flächenstaaten – befürchteten zunehmende Unterschiede in der Infrastrukturversorgung zwischen Stadt und Land. Auch eine mögliche Benachteiligung einfacher Konsumenten gegenüber Firmenkunden wurde thematisiert. Aufgrund der grundgesetzlichen Absicherung des Monopols der Bundespost gestaltete sich die Reform des monopolisierten Fernmeldewesens politisch sehr schwierig. Mit der Ablehnung von Reformen durch die Postgewerkschaft und den aufgrund der notwendigen Grundgesetzänderung guten Vetomöglichkeiten konnte die Bundespost nicht in einem Schritt reformiert werden. Stattdessen vollzog sich der Wandel in drei wichtigen Reformschritten, die in enger Abstimmung mit den europäischen Politikvorgaben erfolgten. Durch die Postreform I, die 1989/90 erfolgte, wurden die Tätigkeiten der Bundespost in drei separate Einheiten getrennt: Neben der Deutschen Telekom war dies der Postdienst und die Postbank. Gleichzeitig wurden die Regulierungsaufgaben von den operativen Funktionen getrennt und dem Bundespostministerium zugewiesen. Die Telekom verlor durch diese Reform ihr vorheriges, umfassendes Monopol. Nur das Monopol für den einfachen Telefondienst und das Netzmonopol bestanden fort. Endgeräte und andere Telekommunikationsdienste wurden liberalisiert. Außerdem vergab man für das neue, digitale Mobilfunknetz eine weitere Lizenz an einen Wettbewerber. Beibehalten wurde durch diese Reform also noch die durch das Grundgesetz vorgegebene Organisationsform als Bundesverwaltung (Schmidt 1991; Werle 1999: 112).

Postreform II   Die Postreform II erfolgte 1994. Bei dieser Reform ging es um die organisatorische Neuordnung und die Vorbereitung einer späteren Privatisierung. Dafür war eine Grundgesetzänderung notwendig, was einen sehr breiten Konsens für die Reform bedingte. Der erreichte Liberalisierungsgrad blieb bei dieser Reform unverändert, so dass nicht noch weiteres Konfliktpotential provoziert wurde. Zwischenzeitlich hatte die Telekom durch die deutsche Wiedervereinigung eine unvorhergesehene Ausweitung ihrer Infrastrukturverpflichtung erfahren. Dadurch entstanden Kapitalengpässe. Ihre Eigenkapitalquote ging erheblich zurück, und es wurde offenbar, dass ohne eine weitgehende Organisationsreform in Richtung zumindest auf eine Teilprivatisierung die Existenz der gesamten Organisation gefährdet würde. Hierdurch veränderten sich nicht nur die Präferenzen der Telekom als Unternehmen – die mit ihrem Monopol verbundene Infrastrukturverpflichtung wurde durch die Wiedervereinigung auch zur Last – sondern auch die der bisherigen "Hoflieferanten". Private Investoren im Wachstumsmarkt Telekommunikation konnten aufgrund des fortbestehenden Monopols nicht tätig werden. Während die Deutsche Telekom unter Kapitalknappheit litt, konnten ihre Hoflieferanten potentielle Konkurrenten, die finanziell besser dastanden, nicht beliefern. Zudem wurde die Telekom durch ihre Kapitalknappheit an ihrer mit der Liberalisierung notwendigen internationalen Expansion gehindert. Das schadete auch den Möglichkeiten ihrer "Hoflieferanten", insbesondere Siemens, ihre Weltmarktanteile weiter auszubauen. Ähnlich stellte sich die Situation für die Politik dar, die es sich angesichts von Wachstumsschwäche und Arbeitslosigkeit schlecht erlauben konnte, durch überkommene Regulierung in einem Gebiet Investitionen zu verhindern. Anfang 1995 wurden alle drei Unternehmen der Deutschen Bundespost in unabhängige Aktiengesellschaften transformiert. Bis zum Jahr 2000 verpflichtete sich der Bund, seine Anteile nicht an die Börse zu bringen. Der Börsengang der Deutschen Telekom im Herbst 1996 diente allein dazu, die Eigenkapitalbasis der Deutschen Telekom durch neue Aktien zu erweitern. Dadurch fiel der Bundesanteil von 100 auf 74% (Werle 1999: 112f; Schmidt 1996).

Postreform III   Mit der Postreform III wurde schließlich das Telekommunikationsgesetz (TKG) 1996 verabschiedet. Wie von der EU-Liberalisierung verlangt, wurden

RegTP   damit ab 1.1.1998 das Telefon- und das Netzmonopol aufgegeben. Gleichzeitig wurde die Regulierungsbehörde für Post und Telekommunikation (RegTP) als unabhängiger Regulierer gegründet und das Postministerium aufgelöst. Die politische Zuständigkeit für die Telekommunikation, einbezogen des Erlasses von Rechtsverordnungen für die weitere Ausgestaltung des TKG, liegt beim Bundeswirtschaftsministerium, jetzt dem Bundesministerium für Wirtschaft und Arbeit, BMWA. Das Bundesfinanzministerium vertritt dagegen die Interessen des Bundes als Mehrheitsaktionär. Die RegTP ist für die sektorspezifische Regulierung verantwortlich, die die Ausübung von Marktmacht der Deutschen Telekom verhindern und Universaldienstleistungen sicherstellen soll. Dazu tritt die technische Regulierung, wozu das Bundesamt für Post- und Telekommunikation in der RegTP aufging.[16] Neben der sektorspezifischen Regulierung gilt das allgemeine Wettbewerbsrecht, so dass das Bundeskartellamt die allgemeinen Zuständigkeiten einer ex-post Kontrolle ausübt. Allerdings wurden die Kompetenzen beider Behörden nicht genauer abgegrenzt (Werle 1999: 113f). Entscheidungen der RegTP werden von unabhängigen Beschlusskammern gefällt, die aus Mitarbeitern der RegTP bestehen und die vom BMWi eingerichtet werden. Anders als beim Gesetz gegen Wettbewerbsbeschränkungen, das dies für Untersagungen des Bundeskartellamts vorsieht, ist eine abweichende Ministerentscheidung nicht möglich. In dieser Hinsicht ist die RegTP also "unabhängiger" als das Bundeskartellamt gestaltet worden. Allerdings gibt es seit Bestehen der Behörde immer wieder Vermutungen, die RegTP sei anders als das Bundeskartellamt für politische Beeinflussung recht offen, da der Bund als Mehrheitsaktionär großes Interesse am wirtschaftlichen Wohlergehen der Telekom hat. Gegen die Entscheidungen der RegTP kann kein Widerspruch eingelegt werden. Es steht jedoch der Rechtsweg vor den Verwaltungsgerichten offen, wobei Klagen keine aufschiebende Wirkung haben.

Für die Zulassung zum Netzbetrieb wurde ein in vier Klassen unterteiltes Lizenzierungsregime etabliert, je nachdem ob es sich um ein Mobilfunk-, Satelliten-, Festnetz oder den Sprachtelefondienst handelte. Anbieter von Telekommunikationsdiensten ohne eigenes Netz mussten sich lediglich registrieren lassen. Lizenzen konnten nur versagt werden, wenn keine Frequenzen verfügbar waren oder der Betreiber nicht über ausreichende Kenntnisse verfügte. Ein weiterer Schwerpunkt der Regulierung betrifft die Regulierung des dominanten Betreibers Deutsche Telekom. Dieser ist verpflichtet, seinen Wettbewerbern diskriminierungsfreien Zugang zu allen öffentlichen und internen Dienstleistungen zu gewähren, "ungebündelten" (unbundled) Netzzugang zu ermöglichen und die Zusammenschaltung nach Europäischen Interface Standards zu gewährleisten. In diesem Bereich der Regulierung gab es bisher die meisten Auseinandersetzungen, da regelmäßig entweder die Deutsche Telekom oder ihre Wettbewerber die Zugangsbedingungen, insbesondere die dafür zu entrichtenden Tarife, gerichtlich anfochten. Weiterhin wichtig ist die ex-ante Kontrolle der Tarife der Deutschen Telekom in denjenigen Bereichen, in denen sie marktbeherrschend ist (Werle 1999: 114-119). Insgesamt sind durch die häufigen Streitfälle die Verwaltungsgerichte wichtige "Mitspieler" der Regulierung geworden (Müller 2001: 58-61).

Mit der Liberalisierung ist das ehemals korporatistische und klientelistische Netzwerk der relevanten Telekommunikationsakteure pluralistischer geworden (Werle 1999: 124f; Schneider/Werle 1991). Eine Reihe neuer Verbände vertritt die mit der Liberalisierung neu hinzugetretenen Akteure. Besonders zu nennen ist der VATM (Verband der Anbieter von Telekommunikations- und Mehrwertdiensten), der etwa 50 der größeren Wettbewerber der Telekom vertritt, und Breko, der Bundesverband der regionalen und lokalen Telekommunikationsgesellschaften.

Grundzüge der Telekomregulierung

Neue Akteure

---

[16]   Siehe zu den Aufgaben der RegTP und den gesetzlichen Grundlagen ihres Handelns ihre Homepage http://www.regtp.de/aktuelles/start/fs_03.html

Der Wettbewerb entfaltete sich nach der Postreform III rasch und übertraf alle Erwartungen. Bereits zweieinhalb Jahre nach der Reform waren Ferngespräche um 85% und Auslandsgespräche bis zu 93% billiger als zu Zeiten des Monopols. 2001/2002 investierten die neuen Anbieter mit 8,7 Mrd. Euro fast so viel wie die Deutsche Telekom (9,8 Mrd. Euro) in die Netzinfrastruktur. Ihr Marktanteil bei Fernverbindungen lag Anfang 2003 bei 45% und für Auslandstelefonate bei 60%. Da im Ortsbereich erst im Frühjahr 2003 das Call-by-Call-Verfahren eingeführt wurde – im Übrigen auf Druck der EU-Kommission, die ein Vertragsverletzungsverfahren wegen mangelnden Wettbewerbs im Ortsbereich einleitete – lag der Marktanteil der Wettbewerber hier 2002 bei nur 6,4%, da die so genannten City-Carrier wie bspw. Net-Cologne nur in einigen großen Städten eine Alternative zur Deutschen Telekom darstellen. Angesichts dieser Wettbewerbsdynamik wurden bereits im Jahr 2000 Stimmen lauter, die eine Rückführung der Regulierung forderten. Die Deutsche Telekom werde angesichts des regen Wettbewerbs zu stark reguliert; ihren Wettbewerbern ein zu einträgliches Auskommen gesichert. In einer Marktwirtschaft müsse Sektorregulierung immer die Ausnahme bleiben und sei besonders begründungsbedürftig. Diese ordnungspolitischen Argumente – die im Übrigen weder von der Monopolkommission noch von der RegTP geteilt wurden, die weiterhin einen besonderen Regulierungsbedarf bejahten – trafen sich mit dem Anliegen der SPD-Fraktion, die Regulierung der Telekom zurückzuführen. Dahinter vermutete man aber weniger ordnungs- als industriepolitische Interessen.[17]

Durch die neuen Telekommunikationsrichtlinien der EU wurde eine Reform des TKG zum Sommer 2003 notwendig. Das Gesetzgebungsverfahren konnte aber nur mit einem Jahr Verspätung abgeschlossen werden. Nachdem der Bundestag das im Bundesrat zustimmungspflichtige Gesetz erst Mitte März 2004 beschloss, kündigten Hessen und Sachsen die Anrufung des Vermittlungsausschusses an. Die Einigung gelang hier bereits Mitte Mai, so dass das Gesetz am 1.7.2004 in Kraft treten konnte.

Wichtige Änderungen sind der Wegfall der besonderen Genehmigung für lizenzpflichtige Tätigkeiten. Außerdem betrifft die Regulierung nun allgemein alle Anbieter, die eine dominante Marktposition haben. Damit können auch bisher weitgehend unregulierte Bereiche in die Regulierung einbezogen werden. Im Einklang mit EU-Vorgaben wird die Telekommunikationsregulierung auf Teilmärkte beschränkt, auf denen kein funktionsfähiger Wettbewerb herrscht. Darüber hinaus greift das allgemeine Kartellrecht und ist das Bundeskartellamt zuständig. Damit gewinnt die schon mit der alten Regulierung offene Frage der Zusammenarbeit beider Behörden an zusätzlicher Relevanz. Als Grundlage für den nötigen Umfang der Regulierung dienen Marktanalysen, deren Verfahren aber noch nicht mit der EU-Kommission abgestimmt sind. Wettbewerber der Deutschen Telekom werden insofern gestärkt, als es erstmals möglich ist, bei Vermutung eines missbräuchlichen Verhaltens eines marktbeherrschenden Anbieters ein Missbrauchsverfahren bei der RegTP zu beantragen. Auch die Sanktionen wurden verschärft. Es ist nun möglich, durch missbräuchliches Verhalten

---

[17]   FAZ vom 12.12.2003, 11; FAZ vom 28.9.2002, 9; FAZ vom 22.8.2000, 18; FAZ vom 5.12.
2000, 17; FAZ vom 15.1.2001, 17; FAZ vom 18.9.2001, 19; FAZ vom 7.12.2001, 13.

erlangte Profite auch rückwirkend abzuschöpfen. Antragsrecht und Sanktionen waren ein Ergebnis des Vermittlungsausschusses. Breitbandanschlüsse dürfen bis 2008 gebündelt (d. h. zusammen mit Verbindungsminuten) zum Resale zur Verfügung gestellt werden. Diese Regelung wurde auf Druck der Netzbetreiber getroffen, die argumentierten, sonst keinen Investitionsanreiz zu haben. Die Telekom muss künftig parallel zur Einführung von neuen Angeboten für ihre Endkunden ihren Konkurrenten die dafür erforderlichen Vorleistungen anbieten. Auch diese Änderung geht auf eine Forderung der Länder zurück. Kommt sie dieser Verpflichtung nicht nach, kann die RegTP das neue Angebot untersagen. Gleichzeitig wurde aber die Genehmigungspflicht für die Endkundentarife der Telekom abgeschafft und in das Ermessen der Regulierungsbehörde gestellt. Die insgesamt größeren Ermessensspielräume der RegTP in der Regulierung wurden in einem Sondergutachten der Monopolkommission kritisiert, weil dadurch die Möglichkeiten direkter politischer Einflussnahme steigen. Der Rechtsweg bei der Anfechtung von Entscheidungen der Regulierungsbehörde wurde auf zwei Instanzen – wie im Kartellrecht üblich – verkürzt, um Unternehmen schneller Rechtssicherheit zu bieten. Alleinige Tatsacheninstanz ist das Verwaltungsgericht Köln. Die rechtliche Überprüfung obliegt dem Bundesverwaltungsgericht; die Revision beim Oberverwaltungsgericht entfällt. Zudem ist vorgesehen, dass die gerichtliche Überprüfung der Entscheidungen auf die Zivilgerichte (Kartellsenate) übergehen soll, um einen einheitlichen Rechtsweg angesichts der parallelen Zuständigkeit des Bundeskartellamts sicherzustellen. Außerdem wurde gleichzeitig durch die Reform des Energiewirtschaftsgesetzes die Zuständigkeit der RegTP um die Elektrizitäts- und Gasregulierung erweitert, und hierfür ist sofort die Kontrolle durch die Zivilgerichte vorgesehen. Schließlich müssen alle Betreiber öffentlicher Telekommunikationsanlagen die Überwachung der Telekommunikation durch die Sicherheitsbehörden sicherstellen, wofür sie nicht umfassend entschädigt werden. Eine weitere Neuerung ist, dass die Telekommunikationsunternehmen durch einen "Telekommunikationsbeitrag" nach § 144 TKG jetzt zur Finanzierung der Regulierungsbehörde beitragen.[18]

3.4.2 Elektrizität

Durch die Reform des Energiewirtschaftsgesetzes (EnWG), in Kraft seit Ende April 1998, wurde die europäische Liberalisierung umgesetzt. Dabei entschied man sich für den *verhandelten Netzzugang* als Instrument der Marktöffnung. Anders als der regulierte Netzzugang, der die Bedingungen des Netzzugangs politisch regelt, sieht der verhandelte Netzzugang diesen als Ergebnis von Aushandlungen der Beteiligten. Die Ausnahmen der Stromwirtschaft vom GWB wurden gestrichen. In das GWB wurde ein allgemeiner Netzzugangstatbestand eingeführt (§19IV4), angelehnt an die aus dem amerikanischen Recht stammende "essential facilities doctrine", die mittlerweile auch im europarechtlichen Kontext Verbreitung gefunden hat. Dadurch wird der Zugang von Konkurrenten zu "essential facilities" ermöglicht. Man nahm aber Abstand von der Schaffung

Reform des EnWG

---

[18]   FAZ vom 7.7.2004, 19; FAZ vom 5.5.2004, 16; FAZ vom 26.4.2004, 14; FAZ vom 12.3.2004, 14; FAZ vom 11.3.2004, 16; FAZ vom 1.4.2003, 11; FAZ vom 8.12.2003, 11; FAZ vom 18.2.2004; FAZ vom 5.5.2003, 13.

einer getrennten Regulierungsbehörde. Vielmehr blieb die Regulierungszuständigkeit beim Bundeswirtschaftsministerium und den Wirtschaftsministerien der Länder. Statt die Übertragungsbedingungen und -tarife ex ante zu regeln, wurde die ex-post Kontrolle über den Netzzugang dem Bundeskartellamt und den Länderkartellämtern übertragen (Eberlein 2000a: 91f). Diese werden am Einzelfall orientiert erst tätig, wenn sich Wettbewerbsbeschränkungen ergeben haben. Dadurch gibt es keine laufende Kontrolle. Anders als bei der Telekommunikation wurde auf eine ex-ante Regulierung weitgehend verzichtet (Eisenkopf 2003: 15).

Liberalisierungs-
folgen

Durch die Reform – die die europäischen Liberalisierungsstufen nicht nachvollzog, sondern den Markt ohne Übergangsfrist auch für Endverbraucher liberalisierte – ergab sich zunächst ein reger Wettbewerb mit vielen neuen inländischen und ausländischen Marktakteuren. Vor allem Großverbraucher konnten erhebliche Preisreduktionen verhandeln, durchschnittlich fielen ihre Tarife bis Juli 2000 um 28%. Aber auch der Wettbewerb um private Verbraucher intensivierte sich 1999 und die Preise sanken um durchschnittlich 10-15%. Die etablierten Marktakteure reagierten auf den verschärften Wettbewerb mit vermehrten Konzentrationsbemühungen, dem Abbau von Arbeitsplätzen und von Überkapazitäten. Zwischen 1997 und 1999 fiel die Gesamtbeschäftigung von 171.000 auf 150.000 Stellen (Eberlein 2000a: 86f).

Fusionen und
Übernahmen

Zudem gibt es Fusionen und verstärkte Zusammenarbeit auf allen Ebenen der Stromversorger. Besonders stechen die Fusionen der großen Verbundunternehmen hervor. So fusionierten Veba und Viag ihre Stromaktivitäten, Preussen-Elektra und Bayernwerk im Februar 2000 unter dem Namen E.ON AG. RWE verleibte sich VEW ein. Der schwedische Versorger Vattenfall übernahm die Hamburger HEW und die Berliner BEWAG. Auch der europäische Stromgigant Electricité de France (EdF) wurde durch eine Beteiligung an EnBW auf dem deutschen Markt aktiv. Gerade diese Verkäufe zeigen, dass neben der Liberalisierung auch die Privatisierung bisher öffentlicher Beteiligungen den Elektrizitätssektor prägen (Eberlein 2000a: 88f).

Probleme der
Regulierung

Nach den anfänglich erheblichen Liberalisierungswirkungen machten sich aber bald Beharrungstendenzen breit. Zum Jahreswechsel 2002/2003 gaben mehrere Stromhändler auf, so dass die Preise wieder stiegen (Handelsblatt vom 17.3.2003, 12). Da es in Deutschland keinen integrierten öffentlichen Stromversorger gab, konnte die Marktöffnung nicht von einer umfassenden Reorganisation des Sektors begleitet werden, wie es bspw. bei der britischen Reform der Fall gewesen war. Um einen getrennten Netzbetreiber zu schaffen, hätte es partieller Enteignungen bedurft. Da sich die Regulierung auf die ex-post Kontrolle marktwidrigen Verhaltens beschränkte und die Zugangsbedingungen zu Übertragungswegen bilateral auszuhandeln waren, wurden Grundprinzipien für die Durchleitungsregeln und die Festsetzung der Transportentgelte in einer *Verbändevereinbarung* zwischen dem VDEW, dem VKU, dem VIK und dem BDI festgelegt. Man griff also nicht nur bei der staatlichen Regulierung, sondern auch mit der verbandlichen Selbstregulierung auf traditionelle Muster zurück. Dieser korporatistische Weg wurde innerhalb der EU nur in Deutschland eingeschlagen. Eine erste Vereinbarung vom Mai 1998 wurde stark kritisiert, weil sie zugunsten der etablierten Elektrizitätsversorgungsunternehmen und Großverbraucher zu wenig den Interessen der Endverbraucher und neuen Marktakteure entsprach.

Verbändeverein-
barung als Form
verbandlicher Selbst-
steuerung

Nach schwierigen Verhandlungen trat eine neue Vereinbarung am 1.1.2000 in Kraft.

Mit der Verbändevereinbarung folgte die Regulierung der Elektrizität als verbandliche Selbstregulierung "im Schatten" der Hierarchie des Staates, da das EnWG eine Netzzugangsverordnung des BMWi vorsah, sollte die verbandliche Selbstregulierung nicht zu einer zufrieden stellenden Marktöffnung führen. Als problematisch erwies sich in der Folge, dass durch den verhandelten Netzzugang die Zugangsbedingungen und Tarife für potentielle Wettbewerber nicht offen lagen. Die Verbändevereinbarungen verpflichteten auch die Mitglieder nicht zu ihrer Einhaltung, sondern stellten Richtlinien für die Verhandlungen im Einzelfall dar (Theobald 2001).

Eberlein sieht die Elektrizitätsreform trotz der "radikalen" Liberalisierung in großer Kontinuität zu den hergebrachten Sektortraditionen. Dies erklärt er aber nicht als Resultat von "regulatory capture", also der dominanten Einflussnahme der Elektrizitätsversorgungsunternehmen auf den Politikprozess und der Konvergenz der Interessen von regulierten Unternehmen und Regulierer. Durch die Marktöffnung hätten sich vielmehr die Interessenlagen der Versorger stark ausdifferenziert, da manche Unternehmen zu den potentiellen Gewinnern und andere zu den wahrscheinlichen Verlierern zählten (Eberlein 2000a: 96). Außerdem spiele die Einbettung der sektoralen Governance in Institutionen des deutschen politischen Systems auf der Makroebene eine Rolle. Dazu gehöre zunächst die föderale, fragmentierte politische Organisation, die einen Übergang zu einer einheitlichen Regulierungsbehörde auf der Bundesebene erschwert. Anders als bei der Telekommunikation konnte man nicht an die Tradition eines bestehenden Bundesministeriums anknüpfen. Zweitens legitimiere der deutsche organisierte Kapitalismus mit den typischen korporatistischen Staat-Gesellschaftsbeziehungen eine freiwillige Selbstregulierung auf der Basis von Verbändevereinbarungen. Angesichts der neuen Herausforderung liberalisierter Märkte wurde auf etablierte Routinen zurückgegriffen. Schließlich führe die deutsche Tradition der sozialen Marktwirtschaft dazu, dass ökologische Aspekte, Arbeitsplatzsicherheit, ostdeutsche Interessen und kommunale Belange weiterhin eine hohe Aufmerksamkeit erfuhren (Eberlein 2000a: 98).

Mittlerweile kommt es aber in einem weiteren Reformschritt zu einem größeren institutionellen Bruch. Trotz einiger Verbesserungen stand auch die Verbändevereinbarung von Anfang 2000 weiterhin in der Kritik. Während die Stadtwerke an der Situation festhalten wollten, gehörten neben den neuen Elektrizitätsanbietern ebenso große Verbundunternehmen zu den Kritikern, da auch sie unter den schwierigen Netzzugangsbedingungen zu den Netzen ihrer Konkurrenten litten (FAZ vom 14.12.2000, 20). Zu den Kritikern zählte zudem die EU-Kommission. Da es sich um eine "freiwillige" Vereinbarung handelte, die nicht justiziabel war, konnte hiermit den europarechtlichen Verpflichtungen der Elektrizitätsrichtlinie kaum entsprochen werden. Auch drang die Europäische Kommission zunehmend auf die Einrichtung einer unabhängigen Regulierungsbehörde, da die Bundesrepublik der einzige Mitgliedstaat war, der diesen Schritt nicht vollzogen hatte. Die ex-post Kontrolle durch das Bundeskartellamt – das mit weniger Kompetenzen als die RegTP ausgestattet ist – führte zu einer weniger effizienten Regulierung. Da die Verfügungen des BKartA nicht direkt rechtlich bindend sind, kam es zu einer langwierigen Befassung der Gerichte mit der Elektrizitätsregulierung. Bis zur Rechtskraft bedurfte es "eines häufig drei bis fünf Jahre dauernden Weges zum Bundesgerichtshof" (Theobald 2001). Auch wurde bemängelt, dass die zuständige achte Beschlussabteilung des BKartA aus lediglich zehn Mitarbeitern bestand. Schließlich erwies sich die Rechtsprechung als wenig förderlich für die Kontrolle der Elektrizitätsversorger. So urteilte das Oberlandesgericht Düsseldorf, jede Preiskalkulation sei rechtmäßig, wenn sie nur nach den Vorgaben der Verbändeverordnung II berechnet sei, weil sie damit als "gute fachliche Praxis" gelte. Damit waren aber auch völlig überhöhte Tarife zu rechtfertigen (Mussler 2003).

Reform des EnWG
2004

Ende Juli 2004 stimmte das Kabinett für eine Reform des EnWG, die ab Anfang 2005 in Kraft treten soll. Nach den Bestimmungen der EU hätte ein unabhängiger Regulierer bereits zum 1. Juli 2004 seine Arbeit aufnehmen müssen. Die genaue Gestaltung des zukünftigen Regulierungsrahmens ist zum Zeitpunkt des Schreibens noch offen, weil es sich um ein zustimmungspflichtiges Gesetz handelt. Auch sollen die Bedingungen für den Netzzugang und die Preisgestaltung in eigenen Verordnungen geregelt werden, die noch nicht vorliegen und der Zustimmung des Bundesrates bedürfen. Dafür wird die bestehende Verbändevereinbarung eine Grundlage bilden. Die Regulierungszuständigkeit wird der RegTP überantwortet, deren Namen sich in Bundesregulierungsbehörde für Elektrizität, Gas, Telekommunikation und Post (REGTP) ändert. Diese soll mit dem Bundeskartellamt und den Landeskartellämtern zusammenarbeiten. Der Übergang der Regulierung auf die RegTP wurde auch als Anzeichen der Kritik des BMWA am Bundeskartellamt gedeutet. Große Auseinandersetzungen hatte es 2002 und 2003 um die Genehmigung der Fusion von Eon und Ruhrgas gegeben, die nach der Untersagung durch das BKartA durch eine Ministererlaubnis genehmigt worden war. Diese wurde dann von verschiedenen Konkurrenten vor dem OLG Düsseldorf angefochten. Gegenüber der Unabhängigkeit des Bundeskartellamts – so der Vorwurf – hoffe der Industriepolitiker Clement auf gefälligere Entscheidungen der RegTP (Mussler 2003; Handelsblatt 19.8.2002). Allerdings ist die RegTP mit dieser neuen Zuständigkeit auf dem Weg, eine branchenübergreifende Regulierungsbehörde für Netzindustrien zu werden. Die Einrichtung einer solchen – mit einer rotierenden Zuständigkeit der Beamten – wird insbesondere von der Monopolkommission als Maßnahme gefordert, um eine zu große Konvergenz der Interessen der sektorspezifischen Regulierungsbehörde mit den regulierten Unternehmen zu verhindern und "regulatory capture" vorzubeugen (FAZ vom 23.9.2002, 19).

Trennung des
Netzbetriebs

Keine ex-ante
Regulierung des
Netzzugangs

Aufgrund der Verspätung des Gesetzes wurde mit der Europäischen Kommission vereinbart, dass die RegTP ab Mitte 2004 ihre neuen Aufgaben bereits vorläufig ausüben solle. Für die Finanzierung der Regulierung wird auch hier die Branche herangezogen (FAZ vom 21.2.2004, 12; FAZ vom 28.2.2004, 14). Die Versorger werden verpflichtet, den Netzbetrieb rechtlich, personell und organisatorisch von den anderen Unternehmensteilen zu trennen. Maßstab für die Kontrolle des Netzzugangs soll der Durchschnittstarif vergleichbarer Netzbetreiber sein. Kritisiert wird aber noch von Seiten der CDU, dass die nachträgliche Kontrolle der Netzzugangsbedingungen beibehalten werden soll. Stattdessen wird eine Vorab-Genehmigung der Tarife gefordert, die die Regierung angesichts der

Vielzahl der (etwa 900) Netzbetreiber aber für nicht praktikabel ansieht (FAZ vom 29.7.2004, 9). Die großen Länder wie Bayern, Sachsen und Nordrhein-Westfalen sind dagegen für eine Regulierung auf Landesebene, was auch den Interessen der Stadtwerke entspricht (FAZ vom 26.7.2004, 11). Interessant ist, dass in der Elektrizitätsregulierung jetzt ein größerer institutioneller Bruch gelingt, indem man an die bereits erfolgten weitgehenden institutionellen Veränderungen in der Telekommunikation anknüpft.

3.4.3 Versicherungen

Mit den Richtlinien für den Binnenmarkt für das Versicherungswesen wurde die bisherige Regulierung in der Bundesrepublik radikal in Frage gestellt. Wie wir gesehen haben, gab es zuvor zwar Kritik am Regulierungssystem von den Versicherungskunden, dem Bundeswirtschaftsministerium, dem Bundeskartellamt sowie der Monopol- und der Deregulierungskommission, jedoch blockierte die Interessenkongruenz zwischen der Regulierungsbehörde und den Regulierten Reformen. Solange das federführende Ressort an der Regulierung festhielt, blieben Reforminitiativen aus. Aber auch ein schließlich reformwilliges Ministerium wie das Bundesfinanzministerium sah sich verschiedenen Vetospielern gegenüber. Da sich die Versicherungswirtschaft gegen die Liberalisierung stellte, musste mit der Mobilisierung z.B. der Länder im Bundesrat gerechnet werden. Der Kontext der europäischen Politik änderte aber diese Situation. Hier bot sich für die Liberalisierungsbefürworter die Gelegenheit, ihre Interessen voranzutreiben. Sei es, dass das Ministerium über die Zustimmung in Brüssel nationale Implementationszwänge herbeiführen konnte; oder dass Akteure das europäische Recht nutzten, um auf die nationale Ebene Reformdruck auszuüben; oder aber, dass der nun mögliche Wettbewerb mit weniger regulierten Unternehmen anderer Mitgliedstaaten als Argument für eine Regulierungsänderung diente. *Durch den europäischen Kontext veränderte Opportunitätsstruktur für die Akteure*

Das Bundesfinanzministerium vollzog bereits bei der Umsetzung der Groß-schadenrichtlinie einen radikalen Schwenk. Die Richtlinie hatte die Liberalisierung in zwei Stufen vorgesehen; in der Bundesrepublik liberalisierte man den Markt gegen den Widerstand der Versicherungswirtschaft in einem Schritt (Finanzausschuß 1990: 26). Prinzipiell hatte die Versicherungswirtschaft die notwendige Liberalisierung des Industrieversicherungsmarkts im Zuge der Verwirklichung des Binnenmarkts eingesehen. Für den Massenmarkt hielt man aber ebenso wie das BAV an den hergebrachten Regulierungsprinzipien fest. Wie wir gesehen haben, verfolgte die Bundesregierung aber auch hier in Brüssel eine andere Politik und wehrte sich nicht mehr gegen eine Liberalisierung der Privatversicherungen, obwohl man, wie die Versicherungswirtschaft hervorhob, mit der bisherigen Linie einer Verteidigung der materiellen Staatsaufsicht in Europa auf zunehmende Unterstützung getroffen war (Wirtschaftswoche vom 21.4.1989, FAZ vom 27.4.1989). Unterstützt von der Bundesregierung nutzte das BMF die europäische Politik, um eine nationale Regulierungsänderung zu erzielen, die relevante nationale Akteure nicht unterstützten. Der Fall ist ein Beispiel für die von Moravcsik vertretene These, dass die Mitgliedschaft in der EU die Regierungen stärkt, weil durch den Wechsel der Verhandlungsarena nationale Vetospieler umgangen werden können (Moravcsik 1997: 220). *Unterstützung der Liberalisierung durch das BMF*

Mit den dritten Richtlinien kamen große Veränderungen auf das deutsche Versicherungswesen zu, da sich das deutsche Regulierungsmodell hiermit nicht vereinbaren ließ. Parallel zur Durchsetzung der Dienstleistungsfreiheit verboten die dritten Richtlinien die Vorab-Kontrolle von Versicherungsbedingungen und Tarifen, die bis dahin die deutsche Versicherungsregulierung ausgemacht hatten. Die Aufsicht bezieht sich jetzt schwerpunktmäßig auf die Solvabilität der Unternehmen. Eine weitere wichtige Veränderung betraf die Monopolversicherer in manchen Bundesländern. Die Monopolanstalten für die Gebäude- und Feuerversicherung, auf die etwa die Hälfte des Prämienvolumens in diesem Bereich entfiel, mussten aufgelöst werden. Die Bundesländer erwogen anfänglich eine Klage vor dem EuGH hiergegen, fügten sich dann jedoch der notwendigen Reform (Handelsblatt vom 7.5.1993). Damit ist dieser Fall ein gutes Beispiel dafür, wie durch die europäische Politik das Veto der Bundesländer im Bundesrat umgangen werden kann.

Trotz ihrer Reichweite gelang auch die Umsetzung der Reform. Von Seiten des BAV wurde ursprünglich die Kontinuität der Regulierung betont, da sich die Missstandsaufsicht weiterhin im Gesetz fand. Dies erleichterte die Umsetzung der Reform, weil sich der radikale Bruch in der Aufsichtsphilosophie so verschleiern ließ. Allerdings waren bereits die Mittel zur Erfüllung der Finanzaufsicht so knapp bemessen, dass die darüber hinausgehende Missstandsaufsicht kaum verfolgt werden konnte (int 22). Auch der Umbau der Versicherungsregulierung ist damit ein interessantes Beispiel für institutionellen Wandel. Die Kontinuität der Regulierung wurde betont und indem damit das bisherige Selbstverständnis der Behörde untermauert wurde, gelang die Neuorientierung auf eine bis dahin abgelehnte Regulierungsform.

Durch die Abkehr von bisherigen Regulierungsprinzipien änderte sich auch die Rolle der Verbände. Ihr Einfluss ging stark zurück, und in der Folge lösten sich die Fachverbände – mit Ausnahme des Verbands der privaten Krankenversicherer – auf und gliederten sich in den GDV ein.[19] Die Verbände konnten aber die Umsetzung der Reform nicht verhindern. Zum einen war ihre Mitarbeit nun kaum noch wichtig; zum anderen entdeckten große Versicherungsgesellschaften zunehmend ihr Interesse am Wettbewerb, womit die Position der Unternehmen auch uneinheitlicher wurde.

3.4.4 Straßengüterverkehr

Trotz aller Kritik an den Folgen der deutschen Regulierung des Straßengüterverkehrs hielt das federführende Ressort bis zuletzt an der hergebrachten Regulierung fest. Anders als bei den Versicherungen kam es von dieser Seite zu keiner Unterstützung der europäischen Liberalisierung. Dennoch erfolgten verschiedene Anpassungen Anfang der neunziger Jahre. Hiermit sollte das deutsche Güterfernverkehrssystem schrittweise auf den nach dem EuGH-Urteil unabwendbaren Binnenmarkt vorbereitet werden. Hervorzuheben ist, dass die Richtlinien selbst diese Maßnahmen nicht verlangten. Sowohl in der bis Ende 1992 gültigen, vor-

---

[19] Da die private Krankenversicherung noch relativ stark national reguliert wird, findet man hier eine Ausnahme.

läufigen Kabotageregelung als auch in der endgültigen Regelung hatte sich der Ministerrat auf das Tätigkeitslandprinzip geeinigt. Damit gelten für ausländische Unternehmen die Rechts- und Verwaltungsvorschriften des Aufnahmemitgliedstaates (Basedow/Held 1990: 307; Gronemeyer 1994: 271). Bei den nationalen Änderungen handelt es sich deshalb nicht um europarechtlich notwendige Reformen, sondern um die Reaktion auf einen antizipierten ökonomischen Anpassungsdruck: Mit der Einführung der Kabotage – so vermutete man – würde die nationale Kontingentregel ebenso wie die Trennung zwischen gewerblichem Güternah- und Güterfernverkehr ausgehöhlt. Man fürchtete, durch eine Beibehaltung der Regelungen deutsche Unternehmer zu benachteiligen, da sie bei ausgeschöpften Kontingenten vom Markt ausgeschlossen worden wären, währenddessen ausländische Unternehmen keine Beschränkung treffen würde (Wissenschaftlicher Beirat 1990: 6; Basedow 1993: 174). Nicht beachtet wurde – und wird – in der Diskussion, dass die zugrunde liegende Dienstleistungsfreiheit des EG-Vertrags nur vorübergehende Tätigkeiten betrifft (Schmidt 2004a). Da zudem auch unter der Kabotage viele Vorschriften des Tätigkeitslandes eingehalten werden müssen, handelt es sich hierbei nicht um eine gleichwertige Alternative zur Niederlassung in dem betreffenden Mitgliedstaat. Wie bemerkt, ging und geht man von einer solchen Gleichwertigkeit in der politischen Diskussion aber aus, weshalb es zur schrittweisen Veränderung des deutschen Regulierungssystems kam – die aber auch aufgrund der erörterten nationalen Ineffizienzen geboten war. Zunächst wurden Fahrzeuge bis 3,5t Nutzlast (bisher 0,75t) von der Genehmigungspflicht befreit und die Konzessionen für den Güterfernverkehr erheblich ausgeweitet (Aberle 1996: 112). Parallel führte die deutsche Einigung ebenfalls zu einer Ausweitung von Lizenzen (Kerwer/Teutsch 1999: 9).

Eine Koalitionsvereinbarung zu Beginn der Legislaturperiode 1990 sah vor, darüber hinaus die Kontingente und auch die Tarife ganz aufzuheben. Der Bundesverband Deutscher Güterfernverkehr (BDF) sprach sich dagegen trotz Kabotage für die Beibehaltung beider Regulierungsprinzipien aus (Zobel 1991: 192f). Auch der zuständige Bundestagsausschuss wandte sich gegen die Aufhebung der Kontingente, so dass dieser Plan aufgegeben wurde (Rheinischer Merkur 4.12.1992). Beim Tarifsystem lag der Fall anders. Es wurde vom Bundestag zum 1.1.1994 unter dem Eindruck aufgehoben, dass der EuGH in einem Vorlageverfahren des Landgerichts Koblenz die deutschen Tarifkommissionen unter dem europäischen Wettbewerbsrecht für unzulässig erklären würde (Teutsch 2001: 143f; Héritier 1997: 548).

Bei diesem Fall (C-185/91) ging es darum, dass die Reiff GmbH einen Transport zu einem Preis durchführen ließ, der die vorgegebenen Tarife unterschritt. Gleichzeitig verweigerte das Unternehmen der BAG die in diesem Fall vorgeschriebene Ausgleichszahlung. Daraufhin ging der Fall vor das Landgericht Koblenz. Da es auch um die Frage ging, ob die deutschen Tarife nach europäischem Recht überhaupt zulässig seien, wurde der Fall dem EuGH vorgelegt. Die Vermutung, dass ein Konflikt zwischen den in Gewerbehand liegenden deutschen Tarifkommissionen und dem Kartellverbot des europäischen Wettbewerbsrechts bestehe, wurde in der Literatur vielfältig geäußert. Ausgehend von einer Arbeit von Basedow wurde diese Interpretation von der Deregulierungs- und der Monopolkommission ebenso aufgegriffen wie vom Landgericht Koblenz

Fragliche wettbewerbsrechtliche Zulassung der Tarifkommissionen

(Basedow 1993: 166; Monopolkommission 1990: 307). Basedow hatte argumentiert, dass die Tarifkommissionen als private Vereinigungen anzusehen seien und unter das europäische Kartellverbot fielen. In diesem Fall bemühte sich also ein Verlader, unterstützt vom Bundesverband Werkverkehr und Verlader (BWV), das starre Tarifgefüge aufzubrechen (Teutsch 2001: 143).

Die bestehende rechtliche Unsicherheit wurde von den Liberalisierungsbefürwortern, wie der FDP, geschickt genutzt, um eine vorzeitige Änderung des Gesetzes im Bundestag zu erzielen.

"Dieser Verflechtung der internationalen Märkte müssen wir durch die Aufhebung der Tarife im Güterverkehr auf nationaler Ebene Rechnung tragen, bevor der EuGH dies qua Urteil macht."[20]

Tarifliberalisierung

Neben der vermeintlichen rechtlichen Notwendigkeit wurde mit dem erwarteten ökonomischen Druck argumentiert. Die Unternehmen müssten auf den kommenden Wettbewerb frühzeitig vorbereitet werden. Unter diesem Eindruck passierte die Tarifliberalisierung den Bundestag. Der EuGH seinerseits befand schließlich das deutsche Tarifsystem als rechtmäßig. Und unter der Kabotage hätte man prinzipiell das regulierte Tarifsystem auch ausländischen Unternehmen vorschreiben können. Allerdings wäre die Kontrolle der Tarifeinhaltung bei ausländischen Unternehmen schwierig gewesen, so dass Inländer deshalb benachteiligt gewesen wären (Teutsch 2001: 142). Tatsächlich hat sich nach Freigabe der Kabotage herausgestellt, dass ihre Nutzung – und damit auch der von ihr ausgehende ökonomische Veränderungsdruck – aufgrund der oben beschriebenen, vielfachen Hindernisse weit hinter den Erwartungen zurückblieben. So machte die Kabotage in der Bundesrepublik 2001 nur 1,1% des kommerziellen Transports aus.[21]

Geringe Nutzung der Kabotage

Obwohl rasch deutlich wurde, dass die Reform rechtlich nicht notwendig war, gelang ihre Implementierung. Teutsch (2001: 146) argumentiert, dass sich die Verbände bei der Reform kooperativ verhielten, weil sich die Bundesregierung im Gegenzug auf europäischer Ebene bemüht hatte, die Liberalisierung so lange wie möglich zu verhindern. Zudem erkannte man erst später, dass der von der Kabotage ausgehende Wettbewerbsdruck tatsächlich zu vernachlässigen war.

3.5 Schlussbemerkung

Ursachen der Hyperstabilität der Regulierung

In allen vorgestellten Sektoren war die nationale Regulierung über Jahrzehnte hyperstabil. Damit sind sie beispielhaft für die oft genannten Reformschwierigkeiten im bundesdeutschen politischen System. Welche Ursachen kann man für die Hyperstabilität der Regulierungen benennen? Zunächst ist auf den Mesokorporatismus hinzuweisen, über den politikfeldspezifisch staatliche Steuerung und

---

[20] Abgeordneter Horst Friedrich, FDP, Deutscher Bundestag, 12. Wahlperiode, 149. Sitzung, Donnerstag, 25.3.1993, S. 12812A.

[21] Eurostat, Statistiques en bref, Transport, Theme 7-7/2003. Josefine Oberhausen : Le cabotage routier de 1999 à 2001. http://europa.eu.int/comm/eurostat/Public/datashop/print-product/FR?catalogue=Eurostat&product=KS-NZ-03-007-___-N-FR&mode=download

Selbstorganisation ineinander greifen. Zwar erlaubt die korporatistische Einbindung von Verbänden im Idealfall, Steuerungsziele relativ detailgetreu umzusetzen, jedoch müssen hierfür die Verbändeinteressen auch entsprechend einbezogen werden (Streeck 1987; Scharpf 1988: 76). Da sie von der durch die detaillierte Regulierung weitgehenden Abschottung und den wenig wettbewerbsintensiven Märkten profitierten, waren aber die Produzenten in der Telekommunikation, der Elektrizitätsversorgung, dem Versicherungswesen und dem Straßengüterverkehr gegen eine Reform.

Des Weiteren wichtig ist das Ressortprinzip, das Veränderungen schwierig macht, die ihren Ursprung nicht im zuständigen Referat haben. Im Bundesverkehrsministerium fehlte der Wille zu einer weitreichenden Reform; im Bundesfinanzministerium wurde diese erst relativ spät angedacht. Dagegen konnte sich der nur mitbefasste Bundeswirtschaftsminister mit seinen Reformvorstellungen aufgrund der Ressortzuständigkeit in beiden Bereichen nicht durchsetzen. Bei der Elektrizitätsliberalisierung war das Bundeswirtschaftsministerium dagegen federführend und konnte die Liberalisierung national und von Brüssel aus unterstützen. In der Telekommunikation bedurfte es für die Reform dreier Reformschritte. Schließlich kam es eingebettet in die Erfordernisse der europäischen Politik dazu, dass das federführende Postministerium sich mit der Postreform III selbst abschaffte. Da hiermit der Übergang zu einer unabhängigen Regulierungsbehörde verbunden war, in die die Mitarbeiter des Postministeriums weitgehend integriert wurden, war dieser Schritt aber auch erst möglich, als sich die Vorteile eines unabhängigeren Agierens für die Beteiligten abzeichneten. Trotz wachsender Kritik von der Nachfrageseite war in den hier untersuchten Politikfeldern eine Reform gegen die gefestigte Vetokoalition äußerst schwierig. Wesentlich gestärkt wurden die Vetokoalitionen durch die Zustimmungspflichtigkeit der Gesetze mit der Gefahr, dass sich einige Bundesländer zu Fürsprechern der Reformgegner machen könnten. Bei der Telekommunikation war es durch die notwendige Verfassungsänderung noch schwieriger, Widerstand auszuräumen.

Durch die Mitgliedschaft in der EU, so das Argument, wurde die Durchsetzung dieser Reformen wesentlich erleichtert. Während der nationale institutionelle Kontext die Akteure der etablierten Veto-Koalition begünstigte, wurden im europäischen Mehrebenensystem die Liberalisierungsbefürworter gestärkt. Angesichts des starken Widerstandes der Gewerkschaften gegen die Telekommunikationsliberalisierung ist es höchst fragwürdig, wann man die notwendige Liberalisierung und Privatisierung hätte durchsetzen können. Für den Elektrizitätssektor kann man aufgrund der starken Stellung der Kommunen ähnliches behaupten. Bei den Versicherungen konnte das Bundesfinanzministerium durch die Unterstützung der dritten Richtlinien auf europäischer Ebene nationale Vetospieler umgehen. Bei der Güterverkehrsliberalisierung wurde die Unsicherheit über das ausstehende EuGH-Urteil und die ökonomischen Folgen der Kabotage genutzt.

Nun ist der empirische Nachweis schwer zu führen, dass diese Reformen ohne die Mitgliedschaft in der EU so nicht durchsetzbar gewesen wären. Wie beschrieben, waren die Liberalisierungsgegner national institutionell begünstigt. Weitreichende Änderungen waren deshalb unwahrscheinlich. So kommen auch Kerwer und Teutsch für den Straßengüterverkehr zu dem Fazit:

Umgehung der Vetokoalition

"In the case of Germany, European transport liberalization was in fact vital for over-coming the stability of sectoral corporatism and for the switch to a liberal transport policy approach to be achieved (Kerwer/Teutsch 2001: 131)."

Wie es der EU-Kontext erlaubt, die Veto-Koalition zu durchbrechen, lässt sich auch besonders gut anhand der Güterverkehrsliberalisierung belegen. Aufgrund des äußeren Drucks verlor das federführende Verkehrsministerium sein Monopol über Reforminitiativen. Stattdessen gab es eine Koalitionsvereinbarung. Wahrscheinlich ist, dass die Frage zudem im Kabinett verhandelt wurde. Für beide Foren gilt, dass durch den Übergang der Agendagestaltung (vgl. Mayntz/Scharpf 1975: 42-45) der Bundesverkehrsminister sein Vetorecht verlor und sich die Lieberalisierungsbefürworter gleichberechtigt einbringen konnten. Im Hinblick auf die Aufhebung der Kontingente scheiterte die Koalitionsvereinbarung im Verkehrsausschuss des Bundestages. Hier konnte sich die alte Vetokoalition also durchsetzen. Anders verlief die Frage der Tarifaufhebung, die unter dem vermeintlichen Druck des EuGH gelang. Die Pro-Liberalisierungsfraktion nutzte das ausstehende Verfahren und die damit veränderte Rückfallposition (vgl. Ostrom 1986: 12f), um ihre Verhandlungsposition zu verbessern. Der Status quo der Marktregulierung konnte als nicht mehr stabil dargestellt werden, und eine Reform gelang, die EU-rechtlich, wie sich später herausstellte, gar nicht notwendig gewesen wäre.

Bei der Versicherungsregulierung dagegen kündigte das Fachministerium, unterstützt von der Bundesregierung, die bisherige Koalition auf und setzte sich für die Liberalisierung auf europäischer Ebene ein. Dadurch wurden europäische Vorgaben möglich, für die national der Konsens fehlte. Die Abschaffung der Versicherungsmonopole der Länder ist hierfür ein besonders deutliches Beispiel. Im Bundesrat wäre diesbezüglich die Zustimmung verweigert worden. Dasselbe lässt sich aber auch für die sehr weitgehende Liberalisierung des Aufsichtsrechts vermuten, gegen die sich die Versicherungswirtschaft gemeinsam mit dem Bundesaufsichtsamt vehement zur Wehr setzte.

Auch in der Telekommunikationspolitik war es für die Liberalisierung wichtig, auf vermeintliche oder tatsächliche europarechtliche Erfordernisse verweisen zu können. Im Verlauf der Reform nutzten Teile des zuständigen Postministeriums beispielsweise die Verbindungen zur Kommission, um die Liberalisierung des Sprachtelefondienstes voranzutreiben. Auf die deutsche Bitte hin erfolgte ein Brief aus Brüssel, der mit seiner Interpretation der Rechtslage die Einigung auf eine liberalere Regelung national erleichterte (Schmidt 1998: 151f). Akteure können die Einbindung ins europäische Mehrebenensystem nutzen, um ihre Durchsetzungsfähigkeit gegenüber nationalen Vetospielern zu verbessern.

Durch die vielfältigen institutionellen Vetopunkte in der Bundesrepublik sind einmal vereinbarte Sektorregulierungen äußerst stabil, selbst wenn sie nicht mehr dem Gleichgewicht der relevanten Akteursinteressen entsprechen. Erst die Verflechtung mit der EU erlaubt es den national unterlegenen Akteuren, ihre Interessen in einer anderen Arena zu verfolgen. Hierdurch konnten faktische und institutionalisierte Vetopunkte umgangen werden (regulierte Unternehmen und ihre Verbände, Bundesaufsichtsamt sowie evtl. das Fachministerium und die Bundesländer). Nach dem Verlust der Vetomöglichkeiten konnten die Status-quo-Befürworter kaum noch auf das Ergebnis Einfluss nehmen. Im Gegenzug wurde erst mit der Umgehung verschiedener Vetopunkte das Gewicht der Liberalisierungsbefürworter deutlich und offenbar, wie wenig der Status quo noch die Interessen relevanter Akteure reflektierte.

Schließlich ist zu klären, wie die Implementierung der weitreichenden Reformen gelang, denn schließlich verlieren manche Akteure erhebliche Privilegien. Wie erklärt es sich, dass dennoch die Umsetzung erfolgreich ist? Die quasi-hierarchische Kontrolle des EuGH ist in den hier diskutierten Fällen insofern unzureichend, als es sich nicht um rein europäische erzwungene Änderungen handelt, da teils über diese Anforderungen hinaus gegangen wurde. Zum einen – dies zeigt der Güterverkehr besonders deutlich – gelingt die Umsetzung (abgesehen von der zunächst vermuteten rechtlichen Notwendigkeit) in Erwartung eines ökonomischen Drucks, der falsch eingeschätzt wurde. Nur mit falschen Erwartungen sind aber die Reformen ähnlichen Musters in den verschiedenen Sektoren nicht zu erklären. Zu der teils vermuteten und teils durch Europa bedingten Veränderungsnotwendigkeit kommt zum anderen, dass zentrale Akteure ihre Interessen neu bewerten. In der Telekommunikation erkannten zunächst die Gerätehersteller, dass die Liberalisierung ihnen mit den neuen Wettbewerbern neue Kunden versprach. Aber auch die Telekom sah, dass der Verlust von Privilegien, das Versorgungsmonopol, die Lockerung von Versorgungsverpflichtungen erlaubte und zudem neue Expansionsmöglichkeiten im Ausland beinhaltete. Auch die großen Versicherer wie die Allianz erkannten, dass die Liberalisierung ihnen Wachstumschancen auf Kosten der kleinen Versicherer bot. Aus ähnlichen Gründen kündigten die großen Energieversorger die Koalition mit den kleinen Unternehmen (Eising 2002: 100). Hinzu kommt, dass die Liberalisierung gerade für die Unternehmenseliten Vorteile bietet. Die Interessenneubewertung großer Unternehmen im Zuge der Reform erklärt, weshalb die Implementierung gelingen konnte, obwohl mit den Verbänden zentrale Akteure an Einfluss verloren.

Gründe für die erfolgreiche Implementierung

3.6 Literatur

Aberle, Gerd, 1984: Der politische Mut fehlt. In: Wirtschaftsdienst 64, 584-587.

Aberle, Gerd, 1987: Sektorale Deregulierung - Die EG-Integration erzwingt veränderte ordnungspolitische Strukturen auf den Straßengüterverkehrsmärkten. In: Hamburger Jahrbuch für Wirtschaft- und Gesellschaftspolitik 32, 157-174.

Aberle, Gerd, 1996: Transportwirtschaft: einzelwirtschaftliche und gesamtwirtschaftliche Grundlagen. München: Oldenbourg.

Angerer, August, 1989: Erfahrungen mit Versicherungsaufsicht. In: Zeitschrift für die gesamte Versicherungswissenschaft 78, 107-127.

Badenhoop, Jörn H.-E., 1988: Binnenmarkt der Versicherungen. In: Werner Weidenfeld (Hrsg.), Binnenmarkt '92: Perspektiven aus deutscher Sicht. Gütersloh: Bertelsmann Stiftung, 103-106.

Basedow, Jürgen, 1989: Wettbewerb auf den Verkehrsmärkten. Eine rechtsvergleichende Untersuchung zur Verkehrspolitik. Heidelberg: Müller.

Basedow, Jürgen, 1993: EG-Recht und Verkehrspolitische Handlungsspielräume der Mitgliedsstaaten nach 1992. Das deutsche Transportrecht an der Schwelle zum Europäischen Binnenmarkt: Symposium der Deutschen Gesellschaft für Transportrecht Wiesbaden 1991. Neuwied/ Berlin: Luchterhand, 155-179.

Basedow, Jürgen, 1994: Stand und Perspektiven der Deregulierung im Versicherungswesen. In: Hans-Peter Schwintowski (Hrsg.), Deregulierung, Private Krankenversicherung, Kfz-Haftpflichtversicherung. Baden-Baden: Nomos, 23-34.

Basedow, Jürgen/Michael Dolfen, 1998: Verkehrs- und Transportrecht. In: Manfred A. Dauses (Hrsg.), Handbuch des EU-Wirtschaftsrechts. München: Beck, 1-148.

Basedow, Jürgen/Ansgar Held, 1990: Die EG-Kabotageverordnung. Ein Schritt zur Verwirklichung der Dienstleistungsfreiheit im Straßengüterverkehr. In: Europäische Zeitschrift für Wirtschaftsrecht 5, 305-308.

Baum, Herbert, 1986: Regulationspolitik im Güterverkehr. In: Zeitschrift für Verkehrswissenschaft 57, 102-209.

Baumann, Horst, 1975: Versicherungswirtschaft, Kartellrecht und Gesamtrechtsordnung. In: Zeitschrift für das gesamte Handelsrecht und Wirtschaftsrecht 139, 291-346.

Büchner, Georg, 1994: Verbände der Versicherungswirtschaft. In: Henner Schierenbeck (Hrsg.), Bank- und Versicherungslexikon. München/ Wien: Oldenburg, 672-679.

Bujard, Helmut, 1991: Zu den Konsequenzen des Paradigmawechsels der Versicherungspolitik. In: Zeitschrift für das Versicherungswesen 41, 191-194.

Bundesministerium der Finanzen, 1989: Vierzig Jahre Verantwortung für die Finanzen des Bundes. München: Olzog Verlag.

Bundesministerium der Finanzen, 1999: Unser Versicherungswesen. Bonn: BMF.

Button, K. J., 1984: Road Haulage Licensing and EC Transport Policy. Hamshire: Gower.

Cawson, Alan et al., 1990: Hostile Brothers: Competition and Closure in the European Electronics Industry. Oxford: Clarendon Press.

Deregulierungskommission, 1991: Marktöffnung und Wettbewerb. Stuttgart: Poeschel.

Döhler, Marian, 2002: Institutional Choice and Bureaucratic Autonomy in Germany. In: West European Politics 25, 101-124.

Eberlein, Burkard, 2000a: Institutional Change and Continuity in German Infrastructure Management: The Case of Electricity Reform. In: German Politics 9, 81-104.

Eberlein, Burkard, 2000b: Regulierung und die Konstitution von Märkten in Europa. In: Roland Czada/Susanne Lütz (Hrsg.), Die politische Konstitution von Märkten. Wiesbaden: Westdeutscher Verlag, 89-106.

Eggerstedt, Harald, 1986: Deregulierung der Versicherungswirtschaft. Ein grundlegender Reformansatz, Aufsätze zur Wirtschaftspolitik Nr. 15. Mainz: Forschungsinstitut für Wirtschaftspolitik an der Universität Mainz.

Eggerstedt, Harald, 1988: Über Regulierung und Deregulierung von Versicherungsmärkten. In: Zeitschrift für Wirtschafts- und Sozialwissenschaften 58, 704-707.

Eilert, Hergen, 2001: Der Versicherungsbeirat. In: Helmut Müller et al. (Hrsg.), 100 Jahre materielle Versicherungsaufsicht in Deutschland. Bonn: Bundesaufsichtsamt für das Versicherungswesen, 695-711.

Eisenkopf, Alexander, 2003: Ein neues Dilemma der Wettbewerbspolitik, FAZ 4.10., S. 15

Eising, Rainer, 2002: Policy Learning in Embedded Negotiations: Explaining EU Electricity Liberalization. In: International Organization 56, 85-120.

Eising, Rainer/Nicolas Jabko, 2001: Moving Targets: National Interests and Electricity Liberalization in the European Union. In: Comparative Political Studies 34, 742-767.

Eiß, Harald et al., 1990: Die Ordnung des Elektrizitätsmarktes in der Europäischen Gemeinschaft. München: R. Oldenbourg Verlag.

Erdmenger, Jürgen, 1985: Die EG-Verkehrspolitik vor Gericht. Das EuGH-Urteil Rs. 13/83 vom 22.5.1985 und seine Folgen. In: Europarecht 20, 375-392.

Everson, Michelle, 1996: The German Federal Supervisory Authority for Insurance. In: Giandomenico Majone (Hrsg.), Regulating Europe. London/New York: Routledge, 202-228.

212

Farny, Dieter, 1979: Die Versicherungswirtschaft im Wettbewerbskonzept der Marktwirtschaft. In: Zeitschrift für die gesamte Versicherungswissenschaft, 31-74.

Farny, Dieter, 1983: Die deutsche Versicherungswirtschaft. Karlsruhe: Verlag Versicherungswirtschaft.

Feick, Jürgen et al., 1982: Regulative Politik und politisch-administrative Kultur. Ein Vergleich von fünf Ländern und vier Interventionsprogrammen. Köln: Institut für angewandte Sozialforschung.

Fetzer, Martin-Ulrich, 1992: Ordnungspolitische Probleme einer Liberalisierung des internationalen Dienstleistungsverkehrs. Das Beispiel der Banken und Versicherungen in der EG. München: VVF.

Finanzausschuß, 1990: Öffentliche Anhörung zum Entwurf eines Gesetzes zur Durchführung versicherungsrechtlicher Richtlinien des Rates der Europäischen Gemeinschaften (zweites Durchführungsgesetz/EWG zum VAG). In: Protokoll der öffentlichen Sitzung des Finanzausschusses.

Finon, Dominique, 1996: French Energy Policy: the Effectiveness and Limitations of Colbertism. In: Frances McGowan (Hrsg.), European Energy Policies in a Changing Environment. Heidelberg: Physica-Verlag, 21-56.

Finsinger, Jörg, 1983: Versicherungsmärkte. Frankfurt/Main: Campus Verlag.

Finsinger, Jörg, 1986: A State Controlled Market: the German Case. In: Jörg Finsinger/Mark V. Pauly (Hrsg.), The Economics of Insurance Regulation. Houndmills/London: Macmillan, 111-160.

Fürstenwerth, Jörg Freiherr Frank von, 1999: Das Versicherungskartellrecht nach der 6. GWB-Novelle. In: Festschrift für H. Baumann, 77-96.

Fürstenwerth, Jörg Freiherr Frank von, 2001: Versicherungsverbände und Versicherungsaufsicht. In: Helmut Müller et al. (Hrsg.), 100 Jahre materielle Versicherungsaufsicht in Deutschland. Bonn: Bundesaufsichtsamt für das Versicherungswesen, 735-754.

Garlichs, Dietrich/Edda Müller, 1977: Eine neue Organisation für das Bundesverkehrsministerium. In: Die Verwaltung 3, 343-362.

Gärtner, Rudolf, 1980: Privatversicherungsrecht, 2. völlig neu bearbeitete Auflage. Neuwied/Darmstadt: Luchterhand.

Gärtner, Rudolf, 1984: Versicherungen. In: Peter Oberender (Hrsg.), Marktstruktur und Wettbewerb in der Bundesrepublik Deutschland. Branchenstudien zur deutschen Volkswirtschaft. München: Vahlen, 491-535.

GDV, 1992: Die deutsche Versicherungswirtschaft Jahrbuch 1992. Bonn: Verlag Versicherungswirtschaft.

Geiger, Hermann, 1992: Der Schutz der Versicherten im Europäischen Binnenmarkt. Konstanz: Hartung-Gorre.

Grande, Edgar, 1989: Vom Monopol zum Wettbewerb? - Die neokonservative Reform der Telekommunikation in Großbritannien und der Bundesrepublik Deutschland. Wiesbaden: DUV.

Grande, Edgar/Burkard Eberlein, 2000: Der Aufstieg des Regulierungsstaates im Infrastrukturbereich. Zur Transformation der politischen Ökonomie der BRD. In: Roland Czada/Hellmut Wollmann (Hrsg.), Von der Bonner zur Berliner Republik. Wiesbaden: Westdeutscher Verlag, 631-650.

Gronemeyer, Nils, 1994: Die Entwicklung des EU-Kabotage-Rechts bis zur neuen Kabotage-Verordnung (EWG) Nr. 3118/93. In: Transportrecht 17, 267-271.

Gröner, Helmut, 1989: Fortbestand geschlossener Versorgungsgebiete im EG-Energiemarkt? In: Harms Wolfgang (Hrsg.), Konturen eines EG-Energiemarkts. Köln: Carl Heymanns, 65-75.

Hamm, Walter, 1984: Transportwesen. In: Peter Oberender (Hrsg.), Marktstruktur und Wettbewerb in der Bundesrepublik Deutschland. Branchenstudien zur deutschen Volkswirtschaft. München: Vahlen, 455-489.

Hamm, Walter, 1992: Durchbruch in der Verkehrsderegulierung. In: Hamburger Jahrbuch für Wirtschafts- und Gesellschaftspolitik 37, 225-243.

Henning, Wilhelm, 1991: Die Spartentrennung auf dem Prüfstand - neue EG-Entwicklungen in der Lebensversicherung. In: Franz Wilhelm Hopp/Georg Mehl (Hrsg.), Versicherungen in Europa heute und morgen. Karlsruhe: VVW, 49-55.

Héritier, Adrienne, 1997: Market-making Policy in Europe: Its Impact on Member State Policies. The Case of Road Haulage in Britain, the Netherlands, Germany and Italy. In: Journal of European Public Policy 4, 539-555.

Hollenders, Christoph, 1985: Die Bereichsausnahme für Versicherungen nach § 102 GWB. Baden-Baden: Nomos.

Kaltenegger, Astrid/Stefan Speyer, 1995: Deutsches Recht. In: Andrew McGee/Wolfgang Heusel (Hrsg.), The Law and Practice of Insurance in the Single European Market. Köln: Bundesanzeiger, 105-122.

Kerwer, Dieter/Michael Teutsch, 1999: Coping with Integration. The Europeanisation of Road Haulage Policy in France, Germany, and Italy, Paper.

Kerwer, Dieter/Michael Teutsch, 2001: Transport Policy in the European Union. In: Adrienne Héritier et al. (Hrsg.), Differential Europe. Lanham: Rowman & Littlefield Publishers, 23-56.

Klaue, Siegfried, 1986: Zur Abgrenzung von Kartellaufsicht und Fachaufsicht im Bereich des Versicherungswesens. In: Zeitschrift für die gesamte Versicherungswissenschaft 75, 1-9.

Knudsen, Jette Steen, 2001: Breaking with Tradition: Liberalization of Services Trade in the European Union. PhD, Cambridge, Mass.: Massachusetts Institute of Technology.

Krakowski, Michael, 1988: Regulierung der Versicherungsmärkte. In: Michael Krakowski (Hrsg.), Regulierung in der Bundesrepublik Deutschland. Die Ausnahmebereiche des Gesetzes gegen Wettbewerbsbeschränkungen. Hamburg: Verlag Weltarchiv, 423-497.

Krantz, Jürgen, 1989: Die Euro-Versicherung. In: Heinz W. Adams (Hrsg.), Europa 1992. Strategie - Struktur - Ressourcen. Frankfurt: Frankfurter Allgemeine Zeitung, 133-137.

Krüger, Dieter, 1987: Die Reorganisation der Versicherungsaufsicht in Westdeutschland 1945-1951. In: Zeitschrift für die gesamte Versicherungswissenschaft 76, 119-148.

Laaser, Claus-Friedrich, 1991: Wettbewerb im Verkehrswesen. Chancen für eine Deregulierung in der Bundesrepublik. Tübingen: Mohr.

Lambsdorff, Otto Graf, 1991: Wettbewerb in der Versicherungswirtschaft - Fluch oder Segen? In: Franz Wilhelm Hopp/Georg Mehl (Hrsg.), Versicherungen in Europa, Heute und Morgen Geburtstags-Schrift für Georg Büchner. Bonn, 265-270.

Lehmkuhl, Dirk, 1999: The Importance of small differences: European integration and road haulage associations in Germany and the Netherlands, Netherlands School for Social and Economic Policy Research. Amsterdam: Thela Thesis.

Majone, Giandomenico, 1989: Regulating Europe: Problems and Prospects. In: Ellwein Thomas et al. (Hrsg.), Jahrbuch zur Staats- und Verwaltungswissenschaft Band 3/1989. Baden-Baden: Nomos, 159-177.

Mayntz, Renate/Fritz W. Scharpf, 1975: Policy Making in the German Federal Bureaucracy. Amsterdam: Elsevier.

Mayntz, Renate/Fritz W. Scharpf, 1995: Steuerung und Selbstorganisation in staatsnahen Sektoren. In: Renate Mayntz/W. Scharpf Fritz (Hrsg.), Gesellschaftliche Selbstregelung und politische Steuerung. Frankfurt a.M.: Campus, 9-38.

214

Michaels, Dr. B., 1990: Veränderte Rechtliche Rahmenbedingungen - Veränderte Versicherungsmärkte?, GDV - Jahrestagung. Baden-Baden.

Monopolkommission, 1988: Die Wettbewerbsordnung erweitern. Hauptgutachten 1986/87. Baden-Baden: Nomos.

Monopolkommission, 1990: Wettbewerbspolitik vor neuen Herausforderungen. Hauptgutachten 1988/89. Baden-Baden: Nomos.

Monopolkommission, 1991: Zur Neuordnung der Telekommunikation. Baden-Baden: Nomos.

Moravcsik, Andrew, 1997: Warum die Europäische Union die Exekutive stärkt: Innenpolitik und internationale Kooperation. In: Klaus Dieter Wolf (Hrsg.), Projekt Europa im Übergang? Baden-Baden: Nomos, 211-269.

Müller, Jürgen/Ingo Vogelsang, 1979: Staatliche Regulierung. Regulated Industries in den USA und Gemeinwohlbindung in wettbewerblichen Ausnahmebereichen in der Bundesrepublik Deutschland. Baden-Baden: Nomos.

Müller, Markus M., 2001: Reconstructing the New Regulatory State in Germany: Telecommunications, Broadcasting and Banking. In: German Politics 10, 37-64.

Müller, Ulrich, 1999: Deregulierung der deutschen Versicherungswirtschaft und das Verhalten der Unternehmen. Berlin. <www.dissertation.de>

Müller-Rommel, Ferdinand, 1988: Interessengruppenvertretung im Deutschen Bundestag. In: Uwe Thaysen/Roger H. Davidson/Robert G. Livingston (Hrsg.), US-Kongreß und Deutscher Bundestag. Opladen: Westdeutscher Verlag, 300-323.

Mussler, Werner, 2003: Der große Regulierer, FAZ vom 2.9., 11.

Nicolaïdis, Kalypso, 1993: Mutual Recognition Among Nations: The European Community and Trade in Services. PhD, Cambridge, Mass.: Harvard.

Oehlenberg, Gudrun/Lutz Oehlenberg, 2001: Versicherungsaufsicht in der Zeit der nationalsozialistischen Diktatur. In: Helmut Müller et al. (Hrsg.), 100 Jahre materielle Versicherungsaufsicht in Deutschland. Bonn: Bundesaufsichtsamt für das Versicherungswesen, 39-62.

Ostrom, Elinor, 1986: An Agenda for the Study of Institutions. In: Public Choice 48, 3-35.

Sandhäger, Heinz, 1987: Das deutsche Interesse in der Gemeinsamen Verkehrspolitik. In: Zeitschrift für Verkehrswissenschaft, 14-26.

Scharpf, Fritz W., 1988: Verhandlungssysteme, Verteilungskonflikte und Pathologien der politischen Steuerung. In: Manfred G. Schmidt (Hrsg.), Staatstätigkeit: International und historisch vergleichende Analysen. PVS Sonderheft 19. Opladen: Westdeutscher Verlag, 61-87.

Scharpf, Fritz W., 1999: Regieren in Europa. Effektiv und demokratisch? Frankfurt/New York: Campus.

Schedlbauer, Thomas, 1995: Aufsicht von Lebensversicherungsprodukten und Versicherungsvermittlern in ausgewählten europäischen Ländern. Eine vergleichende Untersuchung zu den Versicherungsaufsichtssystemen in Deutschland, der Schweiz, Frankreich und Großbritannien. Karlsruhe: Verlag Versicherungswirtschaft.

Schmidt, Susanne K, 1991: Taking the long Road to Liberalization. Telecommunications Reform in the Federal Republic of Germany. In: Telecommunications Policy 15, 209-222.

Schmidt, Susanne K., 1996: Privatizing the Federal Postal and Telecommunications Services. In: Arthur Benz/H. Goetz Klaus (Hrsg.), A New German Public Sector? Aldershot: Dartmouth, 45-70.

Schmidt, Susanne K., 1998: Liberalisierung in Europa. Die Rolle der Europäischen Kommission, Schriften des Max-Planck-Instituts für Gesellschaftsforschung Köln, Bd. 33. Frankfurt: Campus.

Schmidt, Susanne K., 2001: Die Einflussmöglichkeiten der Europäischen Kommission auf die europäische Politik. In: Politische Vierteljahresschrift 42, 173-192.

Schmidt, Susanne K., 2004a: Das Projekt der Europäischen Marktschaffung. Die gegenseitige Anerkennung und der Binnenmarkt für Dienstleistungen. In: Roland Czada/Reinhard Zintl (Hrsg.), Politik und Markt. PVS-Sonderheft 34/2003, Wiesbaden: VS-Verlag, 83-106.

Schmidt, Susanne K., 2004b: Rechtsunsicherheit statt Regulierungswettbewerb: Die nationalen Folgen des europäischen Binnenmarkts für Dienstleistungen. Habilitationsschrift, Hagen: FernUniversität Hagen.

Schmitt, Alfons, 1950: Verkehrsordnung durch Wettbewerb oder Zwang? Zum Problem Schiene-Straße. In: ORDO Jahrbuch für die Ordnung von Wirtschaft und Gesellschaft 3, 173-210.

Schmitt, Dieter, 1989: EG-Energiebinnenmarkt. In: Wolfgang Harms (Hrsg.), Konturen eines EG-Energiemarkts. Köln: Carl Carl Heymanns, 41-59.

Schmitt, Veit, 1993: Die Harmonisierung der Wettbewerbsbedingungen in der EG-Binnenverkehrspolitik. Eine Bilanz der technischen, sozialen und steuerlichen Rechtsetzung. In: Europäische Zeitschrift für Wirtschaftsrecht 8, 305-311.

Schneider, Volker, 1989: Technikentwicklung zwischen Politik und Markt: Der Fall Bildschirmtext. Frankfurt a.M.: Campus.

Schneider, Volker, 1999: Staat und Technische Kommunikation. Die politische Entwicklung der Telekommunikation in den USA, Japan, Großbritannien, Deutschland, Frankreich und Italien. Opladen/Wiesbaden: Westdeutscher Verlag.

Schneider, Volker/Raymund Werle, 1991: Policy Networks in the German Telecommunications Domain. In: Bernd Marin/Mayntz Renate (Hrsg.), Policy Networks. Empirical Evidence and Theoretical Considerations. Frankfurt a.M.: Campus and Boulder, CO Westview, 97-136.

Soell, Hartmut, 2001: Schmidt, Helmut. In: Udo Kempf/Hans-Georg Merz (Hrsg.), Kanzler und Minister 1949-1998. Wiesbaden: Westdeutscher Verlag, 596-607.

Soltwedel, Rüdiger et al., 1986: Deregulierungspotentiale in der Bundesrepublik. Tübingen: Mohr.

Streeck, Wolfgang, 1987: Vielfalt und Interdependenz. Überlegungen zur Rolle von intermediären Organisationen in sich ändernden Umwelten. In: Kölner Zeitschrift für Soziologie und Sozialpsychologie 39, 471-495.

Teutsch, Michael, 2001: Regulatory Reforms in the German Transport Sector: How to Overcome Multiple Veto Points. In: Adrienne Héritier et al. (Hrsg.), Differential Europe. Lanham: Rowman & Littlefield Publishers, 133-172.

Thatcher, Mark, 2002: Regulation after delegation: independent regulatory agencies in Europe. In: Journal of European Public Policy 9, 954-972.

Thatcher, Mark, 2004: Varieties of Capitalism in an Internationalized World. Domestic Institutional Change in European Telecommunications. In: Comparative Political Studies 37, 751-780.

Theobald, Christian, 2001: Wettbewerb mit Strom und Gas, FAZ vom 10.3., 15.

Wacker-Theodorakopulos, 1988: Regulierung des Verkehrssektors. In: Michael Krakowski (Hrsg.), Regulierung in der Bundesrepublik Deutschland. Die Ausnahmebereiche des Gesetzes gegen Wettbewerbsbeschränkungen. Hamburg: Verlag Weltarchiv, 287-345.

Webber, Douglas, 1986: Die ausbleibende Wende bei der Deutschen Bundespost. In: Politische Vierteljahresschrift 27, 397-414.

Weber, Werner, 1968: Verfassungsprobleme der Versicherungsaufsicht. In: Zeitschrift für die gesamte Versicherungswissenschaft 57, 227-249.

Werle, Raymund, 1999: Liberalisation of telecommunications in Germany. In: Kjell A. Eliassen/Marit Sjövaag (Hrsg.), European Telecommunications Liberalisation. London, New York: Routledge, 110-127.

Wieland, Bernhard, 1985: Die Entflechtung des amerikanischen Fernmeldemonopols. Berlin: Springer.

Willeke, Rainer, 1997: Verkehrswissenschaft als Begleiter der Verkehrsentwicklung und Verkehrspolitik. In: Zeitschrift für Verkehrswissenschaft 68, 52-72.

Wissenschaftlicher Beirat, 1990: Kabotage im Straßengüterverkehr. Gutachten des Wissenschaftlichen Beirates beim Bundesminister für Verkehr - Gruppe Verkehrswirtschaft. In: Zeitschrift für Verkehrswissenschaft 61, 3-14.

Wolters, Georg, 1995: Wettbewerb auf dem Versicherungsmarkt? In: ORDO Jahrbuch für die Ordnung von Wirtschaft und Gesellschaft 46, 345-359.

Zobel, A., 1991: Droht im Güterkraftverkehr ein Ordnungsdualismus? In: DVG (Hrsg.), Internationaler Verkehr. Europa am Ende des Jahrtausends. Bergisch-Gladbach: Deutsche Verkehrswissenschaftliche Gesellschaft, 178-191.

Kapitel 4:
Regionen im Wettbewerb: Die Governance regionaler Wirtschaftscluster

Ulrich Glassmann und Helmut Voelzkow

4.1 Einführung

„A governance system is defined as the totality of institutional arrangements – including rules and rule-making agents – that regulate transactions inside and across the boundaries of an economic system" (Hollingsworth et al. 1994b: 5). Diese allgemeine Definition klärt, worum es in jener Teildisziplin der Sozialwissenschaften geht, die den Begriff der „Governance" nicht auf das Regieren in der Politik, sondern auf die Transaktionen in der Wirtschaft moderner (kapitalistischer) Gesellschaften bezieht. Es geht ihr um die institutionellen Grundlagen der Koordination von Wirtschaftssubjekten, die sich in unterschiedlichen „ökonomischen Systemen" bewegen, auch wenn diese Systeme allesamt als „kapitalistisch" eingestuft werden. Wie in der Struktur dieses Bandes bereits deutlich wird, lässt sich diese Forschung über die Governance der Wirtschaft in vier Teilbereiche mit einer je eigenen Abgrenzung des Untersuchungsgegenstandes untergliedern:

Dimensionen der Governance-Forschung

- Die Governance der Volkswirtschaft einzelner Länder oder Länderfamilien (z.B. das „Modell Deutschland" im Unterschied zur liberalen politischen Ökonomie der USA): In dieser Perspektive stehen die *nationalen* Besonderheiten der Governance wirtschaftlicher Transaktionen im Vordergrund.
- Die Governance einzelner Wirtschaftssektoren (z.B. Chemische Industrie, Autoindustrie, Maschinenbau, Ernährungsindustrie): In dieser Perspektive rücken *sektorale* Aspekte der Governance in den Vordergrund. Dabei wird angenommen, dass in der Governance von einzelnen Wirtschaftsbranchen über alle Länder hinweg sektorale Besonderheiten identifiziert werden können, die den spezifischen sektoralen Koordinationsanforderungen geschuldet sind.
- Die Governance einzelner regionaler Wirtschaftscluster (z.B. der Textilproduktion in Prato, der Biotechnologie in München-Martinsried oder der Medienwirtschaft in Köln).
- Die Governance (-Probleme) im Rahmen der Systemtransformation ehemals sozialistischer Länder.

Am bekanntesten sind sicherlich die Studien, die sich mit der Governance einzelner Länder und ihrer Volkswirtschaften befassen. Im internationalen Vergleich der „Political Economy of Modern Capitalism" (Crouch/Streeck 1997) zeigt sich eine überraschende institutionelle Vielfalt, die mit vielen *nationalen* Sonderwegen im Verhältnis von Politik und Wirtschaft verbunden ist. Diese Forschung über die „Varieties of Capitalism" (Hall/Soskice 2001) untersucht solche Unterschiede in der „Governance" der Wirtschaft und identifiziert dabei „viele Gesichter nationaler Marktwirtschaften" (vgl. dazu den Beitrag von Deeg in diesem Band).

Allerdings sieht sich diese Forschung über die „Varieties of Capitalism" seit einigen Jahren einer Reihe von kritischen Nachfragen ausgesetzt. Strittig ist insbesondere, ob und inwieweit die identifizierten Unterschiede im Verhältnis von Politik und Wirtschaft zwischen verschiedenen kapitalistischen Ländern oder „Länderfamilien" auf längere Sicht Bestand haben. Es existiert eine bereits lang anhaltende Kontroverse darüber, ob es im Zuge des institutionellen Wandels der verschiedenen nationalen Systeme unter zunehmendem Wettbewerbsdruck eher zu einer Konvergenz (im Sinne einer zunehmenden Angleichung) oder zu einer Divergenz (im Sinne einer Kontinuität der Differenzen – trotz aller unverkennbaren Veränderungen) kommt (vgl. z.B. Boyer 1996).

In jüngerer Zeit wird zudem auch die Wahl der Untersuchungseinheit in Frage gestellt (vgl. zusammenfassend Schmitter 1999). Sind es wirklich immer *nationale* Unterschiede, die verschiedene (kapitalistische) Wirtschaftsysteme kennzeichnen? Zweifel sind angebracht. Auf der einen Seite steht die These, die Untersuchungseinheit des Nationalstaates oder der subnationalen Einheiten sei insofern falsch gewählt, als der allgegenwärtige Globalisierungsprozess die Bedeutung der nationalen Ebene reduziere. Die Vielfalt nationaler Kapitalismen wird demnach durch größere „Integrationsräume" (wie beispielsweise der Europäischen Union mit ihrem europäischen „Binnenmarkt") mit einer gemeinsamen Governance abgelöst. Die nationalen Unterschiede, die es früher einmal gab und teilweise immer noch gibt, werden in dieser Perspektive von grenzüberschreitenden Integrationsprozessen und der allgemeinen Globalisierungswelle überspült und eingeebnet. Übrig bliebe statt der bisherigen Vielfalt ein zumindest europäischer und zunehmend globaler Markt, von kritischen Stimmen auch als „Casino-Kapitalismus" (Strange 1986) bezeichnet, der mit seiner eigenen Governance-Konstellation die noch bestehenden institutionellen Differenzen der nationalen Modelle abschleift. Auf der anderen Seite steht die These, dass die international vergleichende Beschreibung nationaler Wirtschaftsysteme die innere Heterogenität der Volkswirtschaften – insbesondere in den größeren Flächenstaaten – übersehe. Innerhalb der nationalen Volkswirtschaften kommt es demnach zu einer immer weiter voranschreitenden Ausdifferenzierung lokaler oder regionaler Produktionssysteme mit ihrer jeweils eigenen Governance-Konstellation. Deren Eigenleben sei in heutiger Zeit viel wichtiger als die nationalen Strukturen, die sich im Zuge der europäischen Integration und der allgemeinen Globalisierung ohnehin zunehmend in der Weltwirtschaft verlieren.

In diesem Beitrag wollen wir der letztgenannten Hypothese, wonach sich im weltweiten Wettbewerb zunehmend regionale Wirtschaftscluster mit einer eigenständigen politischen Ökonomie ausdifferenzieren, näher nachgehen. Wir interessieren uns damit für die „Governance" lokaler oder regionaler Produktionssysteme, verstanden als eine räumliche Konzentration von zahlreichen kleinen und mittleren Unternehmen, die in einer gemeinsamen Wertschöpfungskette über verschiedene Produktionsstufen hinweg miteinander verflochten sind. Die räumliche Zusammenballung sektoral spezialisierter Unternehmen wird sowohl in der Wirtschaftsgeographie als auch in der Sozialwissenschaft als Cluster bezeichnet. Wir stützen uns bei der Untersuchung dieser Cluster vor allem auf die Ergebnisse einer Forschungskooperation, die in international vergleichender Perspektive die institutionellen Grundlagen lokaler Produktionssysteme in Europa untersucht hat (vgl. dazu die beiden Bände von Crouch et al. 2001 und 2004).

Der Vorstellung, dass die Differenzierung von nationalen Varianten des Kapitalismus durch regionale Wirtschaftscluster abgelöst wird, kann hier insofern nicht gefolgt werden, als die Governance regionaler Wirtschaftscluster in hohem Maße durch den nationalen Kontext geprägt wird. Die Governance regionaler Wirtschaftscluster spiegelt demnach die nationalen Besonderheiten der Governance der Volkswirtschaften wider, in die sie jeweils „eingebettet" sind. Aber auch die sektorale Zugehörigkeit der Betriebe, die sich in regionalen Wirtschaftsclustern räumlich konzentrieren, prägt deren Governance. Von daher ist die Governance regionaler Wirtschaftscluster eine Kombination von nationalen und sektoralen Elementen und gerade aus dieser spezifischen Kombination mag sich eine besondere internationale Wettbewerbsfähigkeit ergeben. *(Marginalie: Nationale Varianten von Kapitalismus und sektorale Besonderheiten prägen regionale Wirtschaftscluster)*

Der zweite Abschnitt (diese Einleitung bildet den ersten) klärt, was unter einem regionalen Wirtschaftscluster zu verstehen ist. Darauf aufbauend werden verschiedene Formationen (industrielle Distrikte, Wirtschaftscluster mit Netzwerken von Groß- und Kleinunternehmen und „empirische Cluster" ohne zwischenbetriebliche Kooperationsstrukturen) unterschieden. Einige Hinweise über die Verbreitung dieser unterschiedlichen Formationen regionaler Wirtschaftscluster schließen den ersten Abschnitt ab. *(Marginalie: Was sind regionale Wirtschaftscluster?)*

Im dritten Abschnitt wird nachgezeichnet, warum die Analyse regionaler Wirtschaftscluster vor 20 Jahren und danach in der Governance-Forschung so viel Interesse hervorgerufen hat. Aufsehen erregte insbesondere die These, dass die Welt so etwas wie eine Wende des vorherrschenden Produktionsregimes erlebt: Die Ära der „Massenproduktion" sei vorbei und werde durch ein neues Produktionsregime der „flexiblen Spezialisierung" abgelöst – mit weit reichenden Folgen für die wirtschaftliche Entwicklung und die Lebensbedingungen der Menschen. Bestandteil dieses allgemeinen Strukturbruchs sei eine Renaissance regionaler Wirtschaftscluster. In den verschiedensten Ländern wurden Industriedistrikte und andere Formen regionaler Wirtschaftscluster identifiziert, die als „Vorboten" des neuen Produktionsregimes der „flexiblen Spezialisierung" interpretiert wurden. *(Marginalie: Zentrale Thesen der Literatur)*

Im vierten Abschnitt wird danach gefragt, was regionale Wirtschaftscluster – im Unterschied zu den integrierten Großunternehmen der Massenproduktion – so wettbewerbsfähig macht. Das Erfolgsgeheimnis lokaler Produktionssysteme und regionaler Wirtschaftscluster besteht demnach in der Verfügbarkeit kollektiver Wettbewerbsgüter. Aus sozialwissenschaftlicher Perspektive ist zu fragen, wie solche kollektiven Wettbewerbsgüter produziert werden können. Der Governance-Ansatz bietet eine theoretisch fundierte Heuristik, um in der Forschung aufzudecken, wie einzelne regionale Wirtschaftscluster ihre kollektiven Wettbewerbsgüter erstellen und dadurch im Wettbewerb so leistungsstark werden. *(Marginalie: Wettbewerbsfähigkeit durch kollektive Wettbewerbsgüter)*

In einem fünften Abschnitt gehen wir der Frage nach, ob in der Governance regionaler Wirtschaftscluster *nationale* Unterschiede erkennbar sind. Die Produktion kollektiver Wettbewerbsgüter für die regionalen Wirtschaftscluster wird in einem hohen Maße durch die politische Ökonomie der Länder geprägt, in die die regionalen Wirtschaftscluster jeweils „eingebettet" sind. Zur Illustration dieser These präsentieren wir einen internationalen Vergleich der Governance regionaler Wirtschaftscluster in Italien und Deutschland. Dabei zeigt sich, dass die nationalen Besonderheiten im Verhältnis von Politik und Wirtschaft auch in der Governance der regionalen Wirtschaftscluster wieder auftauchen. In dieser Perspektive fügen sich die Ergebnisse des internationalen Vergleichs der Governance regionaler Wirtschaftscluster in die Forschung über die „Varieties of Capitalism" ein, die nationale Unterschiede in der politischen Ökonomie von Volkswirtschaften identifizieren.

Im sechsten Abschnitt wenden wir uns der *sektoralen* Dimension regionaler Wirtschaftscluster zu. Die Governance regionaler Wirtschaftscluster spiegelt nicht nur nationale Spielregeln der Wirtschaft wider, sondern trägt zudem den spezifischen Anforderungen der einzelnen Wirtschaftssektoren Rechnung, denen die Unternehmen regionaler Wirtschaftscluster jeweils zugehören. Daher ist es möglich, dass lokale Ökonomien in Einzelfällen aufgrund ihrer sektoralen Dimension einige Besonderheiten aufweisen, durch welche sie von dem gängigen Bild des nationalen Modells ihrer Volkswirtschaft abweichen.

Wie einzelne Unternehmen stehen auch regionale Wirtschaftscluster im Wettbewerb. Sie müssen sich immer wieder aufs Neue gegenüber der Konkurrenz im In- und Ausland behaupten. Auch die Governance regionaler Wirtschaftscluster unterliegt dabei Veränderungsprozessen. Am Beispiel der Industriedistrikte des „Dritten Italien" und der regionalen Wirtschaftscluster in Baden-Württemberg analysieren wir im siebten Abschnitt, was sich in der Governance dieser Produktionssysteme in den letzten zwanzig Jahren verändert hat. Die Forschungsergebnisse der „Varieties of Capitalism", die nationale Produktionssysteme im internationalen Vergleich untersucht, sowie die differenzierteren Studien über die „Governance of Industries", welche die Governance von Wirtschaftsbranchen im internationalen Vergleich durchleuchten, werden herangezogen, um sie mit den Ergebnissen der Forschung über lokale Produktionssysteme zu verbinden. Dadurch ergibt sich ein dreidimensionaler Raum nationaler, regionaler und sektoraler Governance-Strukturen, der den wirtschaftlichen Akteuren gewisse Freiheiten in der Wahl ihrer sozialen Koordinationsmodi mit anderen Wirtschaftssubjekten eröffnet.

Im achten Abschnitt befassen wir uns mit der Frage, inwiefern der Staat dazu in der Lage ist, an Orten wirtschaftlichen Niedergangs neue Wirtschaftscluster in anderen Produktionsbranchen zu gründen, um so für eine neue Dynamik in einer Region zu sorgen. Als Fallbeispiele betrachten wir zwei niedergehende Stahlstädte in Deutschland und Italien, Duisburg und Piombino, und untersuchen die Aktivitäten der öffentlichen Institutionen, dort jeweils ein neues Produktionssystem zu etablieren.

Im neunten und letzten Abschnitt greifen wir die Debatte über transnationale wirtschaftliche Integration (Globalisierung und europäische Integration) noch einmal auf und fragen nach der Zukunftsfähigkeit lokaler Produktionssysteme und regionaler Wirtschaftscluster im Zeitalter der Globalisierung. Die abschließende These besagt, dass die Dominanz der nationalen Produktionssysteme, die im Rahmen der Forschung über die „Varieties of Capitalism" herausgestellt wird, von einem „Multi-Level-Governance-System" abgelöst wird, das mit mehreren Ebenen (und damit auch mit unterschiedlichen räumlich-sozialen Zuschnitten) die sozialen Systeme der Produktion verschränkt. Es zeichnet sich so etwas wie eine neue funktionale Arbeitsteilung zwischen der nationalen Ebene, der inter- und supranationalen Ebene und der subnationalen Ebene ab. In diese neue Architektur wirtschaftlicher Governance fügen sich auch die regionalen Wirtschaftscluster ein: Einige Teilfunktionen liegen gewissermaßen in ihrer Hand, andere bleiben außerhalb ihrer Reichweite.

4.2 Was sind regionale Wirtschaftscluster und wie sehen sie aus?

Unter einem „regionalen Wirtschaftscluster" wird hier in Anlehnung an Porter (1998) oder Enright (1996) eine räumliche Konzentration von (vornehmlich kleinen und mittleren) Unternehmen einer Branche oder einer Wertschöpfungskette verstanden, die im Verbund nationale, europäische oder sogar globale Märkte beliefern. Die Besonderheit dieser regionalen Wirtschaftscluster liegt in der arbeitsteiligen Produktion spezialisierter und funktional differenzierter Klein- und Mittelunternehmen, die in unmittelbarer räumlicher Nähe (zumeist in einer Stadt oder in miteinander verbundenen Kommunen) so etwas wie eine regional arbeitsteilige Produktionseinheit bilden (clustern), wobei sich die kleinen und mittleren Unternehmen des Clusters jeweils auf komplementäre Teilschritte der Produktion eines speziellen regionalen Produkts (beispielsweise hochwertige Bekleidung in Prato, Küchenmöbel in Ostwestfalen-Lippe, Messer- und Schneidewerkzeuge in Solingen, Verpackungsmaschinen in Bologna) spezialisieren.

[Randnotiz: Definition eines regionalen Wirtschaftsclusters]

Seit mittlerweile mehr als zwei Jahrzehnten wird die These diskutiert, dass der weltweite wirtschaftliche Strukturwandel zu neuen Rahmenbedingungen des Wettbewerbs geführt habe, in denen sich flexibel spezialisierte Kleinunternehmen, eingebettet in regionale Netzwerke, als Gewinner des Wettbewerbs gegenüber den vertikal integrierten Großunternehmen der Massenproduktion erweisen können (vgl. z.B. Piore/Sabel 1989; Sabel 1989). Nach Porter (1998) werden regionale Wirtschaftscluster für die Wettbewerbsfähigkeit nationaler Volkswirtschaften immer wichtiger. Nur solche Volkswirtschaften, die erfolgreiche regionale Wirtschaftscluster etablieren konnten, stehen auch im internationalen Vergleich der Wirtschaftsdaten gut da. Regionale Wirtschaftscluster haben demnach auch und gerade im Zeitalter der Globalisierung recht gute Zukunftsaussichten. Deshalb – so die gängige These – gibt es in der Wirtschaft wie in der Politik, die diesen wirtschaftlichen Strukturwandel begleitet und vorantreibt, einen allgemeinen „Zug in die Regionen" (Voelzkow 1996).

[Randnotiz: Internationaler Strukturwandel]

Regionale Wirtschaftscluster gibt es in verschiedenen Formationen. Besonders bekannt sind so genannte Industriedistrikte, die aus einer räumlich konzentrierten Ansammlung kleiner Unternehmen einer Branche oder Wertschöpfungskette mit einem hohen Maß an horizontaler Kooperation zwischen den Unter-

[Randnotiz: Verschiedene Formationen von Wirtschaftsclustern]

nehmen bestehen. Geradezu klassisch ist die Definition von Brusco (1992), die besagt,

Industriedistrikte

„that an industrial district is a set of companies located in a relatively small geographical area; that the said companies work, either directly or indirectly, for the same end market; that their shared range of values and body of knowledge is so important that they define a cultural environment; and that they are linked to one another by very specific relations in a complex mix of competition and co-operation" (Brusco 1992: 177).

Kennzeichnend für einen Industriedistrikt ist die Arbeitsteilung von kleinen Unternehmen an einem Ort oder in einer Arbeitsmarktregion. Für Garmise (1997) ist ein Industriedistrikt definiert als ein

„territorial space, usually a town or a collection of small towns, with a high concentration of horizontally integrated, highly specialised, autonomous small firms, each representing a single phase of production. These small firms work interactively to produce a wide range of differentiated goods that are sold on customer-oriented, fragmented and varied international markets. The industrial district represents a unitary productive system where independent small units are integrated through dense subcontracting networks." (Garmise 1997: 142)

Vernetzung mit großen Firmen

Neben den Industriedistrikten gibt es aber noch weitere Formationen regionaler Wirtschaftscluster. Kennzeichnend ist wiederum die räumliche Konzentration von kleinen und mittleren Unternehmen, aber im Unterschied zu den Industriedistrikten ist hier die vertikale Kooperation zwischen diesen kleinen und mittleren Unternehmen und einem größeren Unternehmen, das die Ansammlung der kleinen und mittleren Unternehmen als Zulieferer in der Wertschöpfungskette nutzt. So finden sich beispielsweise um die großen Unternehmen der Automobilindustrie zahlreiche kleine und mittlere Unternehmen, die einzelne Komponenten und Teilsysteme, Werkzeugmaschinen oder spezielle Dienstleistungen für den Automobilkonzern bereitstellen.

Empirische Cluster

Eine dritte Formation bilden „empirische Cluster", wo zwar ebenfalls wieder definitionsgerecht eine räumliche Konzentration von kleinen und mittleren Unternehmen einer Branche oder einer Wertschöpfungskette vorliegt, aber keine besonderen Kooperationsbeziehungen zwischen den Betrieben erkennbar sind. Solche empirischen Cluster finden sich beispielsweise dann, wenn die natürliche Ressourcenausstattung der Region für die Betriebe unverzichtbar ist (Werften brauchen nun einmal einen Zugang zum Meer) oder wenn eine spezielle Infrastruktur (beispielsweise eine Universität) für die Betriebe wichtige Vorleistungen bereithält (beispielsweise in der Biotechnologie).

4.3 Warum kommt es zur Aufwertung regionaler Wirtschaftscluster? Das Ende der Massenproduktion und die Renaissance regionaler Wirtschaftscluster im „Postfordismus"

Die sozialwissenschaftliche Forschung über regionale Wirtschaftscluster erlebte vor zwanzig Jahren eine überraschende Konjunktur. In praktisch allen größeren europäischen Ländern wurde darüber diskutiert, ob der wirtschaftliche Strukturwandel im Zeitalter der Globalisierung zu einer Regionalisierung der Wirtschaft und damit zu einer Renaissance regionaler Wirtschaftscluster führt. Nach diesem Verständnis des Strukturwandels bilden die ökonomische Globalisierungs- und Regionalisierungsprozesse eine Einheit:

> „In dieser neuen Entwicklungsphase der Ökonomie haben sowohl die Globalisierung
> wie auch die Regionalisierung wirtschaftlichen Handelns allergrößtes Gewicht er
> halten. Dementsprechend wirken heute zwischen den Nationen, den Regionen und
> den globalen Arenen neue dynamische Kräfte. Was sich heute abspielt, ist die Öff
> nung der nationalen politischen und wirtschaftlichen Systeme nach unten hin, d.h. in
> Richtung der Regionen, wie auch nach oben hin, d.h. in Richtung der globalen Are
> nen. Der entscheidende Punkt ist dabei der, dass diese beiden Prozesse auf dialekti
> sche Weise miteinander verknüpft sind" (Kern 1994: 147).

Die Popularität der These, wonach im Zuge der Globalisierung regionale Wirtschaftscluster eine Renaissance erleben, verdankt sich nicht zuletzt einer Studie, die Mitte der 80er Jahre von Michael Piore und Charles Sabel vom MIT unter dem Titel „Das Ende der Massenproduktion" vorgelegt wurde (Piore/Sabel 1989). In diesem viel beachteten Buch wurde die These vertreten, dass sich am Ende des 20. Jahrhunderts wieder regionale Ökonomien herausbilden, die an eben jene ökonomischen Formationen erinnern, die bereits früher einmal in der Mitte des 19. Jahrhunderts bestanden:

> „Perhaps the most dramatic response to the continuing instability of international
> markets has been the formation or revitalization of regional economies that strongly
> resemble the nineteenth-century centres of flexible specialization" (Sabel 1989: 9).

Damit knüpften die beiden Autoren an eine klassische Studie von Alfred Marshall (1919) an, der die frühindustrielle Entwicklung in Mittelengland untersucht hatte. Marshall hatte auf der Grundlage seiner empirischen Studien die These vertreten, dass es eine Alternative zur großindustriellen Massenproduktion gibt: Industriedistrikte. Wenn mehrere Kleinbetriebe einer Branche in enger räumlicher Nähe eine intensive arbeitsteilige Zusammenarbeit aufbauen, können sie im Wettbewerb gegenüber einem vertikal integrierten Großunternehmen standhalten. Marshall hatte in seinen regionalökonomischen Analysen festgestellt, dass jene Städte in Mittelengland als Zentren einer regionalen Entwicklungsdynamik fungierten, die jeweils besonders stark von einer bestimmten Industrie geprägt waren. Die Zusammenballung vieler Betriebe einer Industrie in einem Distrikt wirkt demnach wie ein Großbetrieb, denn die räumliche Konzentration schafft die Voraussetzungen für eine zwischenbetriebliche (aber regional geprägte) Arbeitsteilung. Alfred Marshall kombinierte den Begriff der „industrial districts"

Regionalisierung der
Wirtschaft durch
Globalisierung

Marshalls Konzept
eines industriellen
Distriktes

mit dem Begriff der „industrial atmosphere", um das spezifische soziale Klima zu bezeichnen, das Innovationen und ökonomische Transaktionen innerhalb dieser klassischen Industriedistrikte in der Frühphase des Kapitalismus beförderte.

Das Drei-
Phasen-Modell des
Kapitalismus

Der Clou des Buches von Michael Piore und Charles Sabel (1989) bestand nun darin, dass sie in ihrer wirtschaftshistorischen Analyse ein umfassendes Drei-Phasen-Modell in die Diskussion bringen: In der Entstehungsphase des Kapitalismus habe es praktisch überall in Europa und in Amerika solche regionalen Industriedistrikte gegeben. Dann aber, in einer zweiten Phase, sei es zu dem Siegeszug der vertikal integrierten Großunternehmen mit ihrer Massenproduktion gekommen. Die traditionellen Industriedistrikte mögen in dem einen oder anderen Fall überlebt haben, aber in der Ära des „Fordismus" waren sie weitgehend bedeutungslos, zumindest in den Augen der Zeitzeugen, die ihre Aufmerksamkeit einzig und allein dem Aufstieg der Massenproduktion und einer immer weiter voranschreitenden Arbeitsteilung in Großunternehmen widmeten. Aber mit Beginn der 70er Jahre des 20. Jahrhunderts gerät das Modell der Massenproduktion in eine Krise. Als Alternative, die auch neue wirtschaftliche und soziale Wohlfahrt verheißt, bieten Michael Piore und Charles Sabel die „flexible Spezialisierung" an. Damit ist eine mögliche dritte Phase der kapitalistischen Entwicklung benannt, die sich, wie zu den Frühzeiten des Kapitalismus, auch wieder auf Industriedistrikte bzw. eine räumliche Konzentration sektoral spezialisierter Klein- und Mittelbetriebe (von Piore/Sabel als „regionale Ökonomien" bezeichnet) stützt.

Kooperationsformen
und überbetriebliche
Leistungen erzeugen
den Erfolg von
Industriedistrikten

Die „flexible Spezialisierung" und die „Renaissance regionaler Ökonomien" werden von Piore/Sabel (1989) wie von zahlreichen anderen Autoren, die sich mit den Strukturveränderungen der Wirtschaft im historischen Rückblick befassen, als eine Koevolution verstanden. Als Erklärung für den Erfolg der Regionen flexibler Spezialisierung, wo immer sie auch zu finden sind, werden seither immer wieder aufs Neue zwei zentrale Gemeinsamkeiten angeführt: Zum einen seien vergleichsweise enge Netzwerk- oder Kooperationsbeziehungen zwischen den flexibel spezialisierten Unternehmen zu beobachten. Zum anderen sei in den Regionen eine überbetriebliche Infrastruktur vorzufinden, die wichtige Leistungen für die Erhöhung der Wettbewerbsfähigkeit der zumeist kleineren und mittleren Unternehmen bereitstellt (z.B. berufliche Bildung, Forschung und Entwicklung, Technologietransfer und Exportförderung).

Die Renaissance
regionaler Ökono-
mien in den achtziger
Jahren

Ein wirtschaftshistorisches Drei-Phasen-Modell, das in der Frühphase eine Dominanz regionaler Ökonomien bzw. industrieller Distrikte sieht, die dann in der Phase der industriellen Massenproduktion eher randständig werden, um dann in der dritten Phase nach dem „Ende der Massenproduktion" wieder eine „Renaissance" zu erleben, verlangt natürlich empirische Belege. Dass in der Frühphase des Kapitalismus Industriedistrikte weit verbreitet waren, ist unstrittig. Piore und Sabel (1989: 36) riefen in ihrer Studie mehrere industrielle Regionen des 19. Jahrhunderts und ihre jeweiligen Produkte in Erinnerung: „Seide aus Lyon; Bänder, Eisenwaren und Spezialstähle aus dem benachbarten Saint-Etienne; Klingen, Messer und andere Stahlerzeugnisse aus Solingen, Remscheid und Sheffield; Kattun aus dem Elsass; wollene und baumwollene Textilien aus Roubaix; Baumwollerzeugnisse aus Philadelphia und Pawtucket". Etwas schwieriger war der Nachweis, dass die Industriedistrikte mit der Krise des fordistischen Großunternehmens der industriellen Massenproduktion wieder neue Urstände feiern. Aber die Autoren konnten in ihrer Studie zahlreiche Beispiele für eine „Renaissance" regionaler Ökonomien mit zahlreichen Klein- und Mittelbetrieben flexibler Spezialisierung anführen. Einige Beispiele stammen aus den USA (Piore/Sabel 1989: 316). Auch hierzulande kennt jeder die amerikanischen „Industriedistrikte der Hochtechnologie", insbesondere das „Silicon Valley", eine der berühmtesten High-Tech-Regionen der Welt. Daneben werden einige „traditionelle Industriedistrikte" wie die metallverarbeitenden Distrikte in New England oder die Oberbekleidungsindustrie in New York City erwähnt (Piore/Sabel 1989: 319). Im Vordergrund stehen aber Beispiele aus Europa (vor allem aus Italien und Deutschland) und aus Japan.

Wegen ihrer exponierten Stellung gehen wir hier auf zwei Regionen etwas näher ein, die in den 80er Jahren als Paradebeispiele für die „Renaissance regionaler Ökonomien" angeführt werden: Das „Dritte Italien" und Baden-Württemberg.

Beim so genannten „Dritten Italien" handelt es sich um jenen Teil Italiens, der zwischen dem ländlich geprägten und seit jeher rückständigen Süden und dem (alt-) industriell geprägten Nordwesten des Landes liegt. Das „Dritte Italien" umfasst die Regionen Emilia-Romagna, Toskana, Venetien, Friaul-Julisch Venetien, Trentino-Südtirol, die Marken und Umbrien. Die Begrifflichkeit wurde ursprünglich von Bagnasco (1977) eingeführt, dessen Regionalstudien den Startpunkt der Diskussion über die italienischen Industriedistrikte setzten. Dieser Landstrich konnte überdurchschnittliche Wachstumsraten und unterdurchschnittliche Arbeitslosenquoten vorweisen, wobei im Unterschied zu vielen anderen europäischen Regionen der Anteil der Industriebeschäftigung an der Gesamtbeschäftigung vergleichsweise hoch gehalten werden konnte. So ist bspw. die Emilia-Romagna in den 80er Jahren zu einer der reichsten Regionen Europas aufgestiegen. Hinter den vergleichsweise günstigen Zahlen steckt das wundersame Wirken industrieller Distrikte, von denen das Dritte Italien besonders viele Beispiele vorweisen kann (vgl. auch Amin 1989; Bianchi/Gualtieri 1990). Zu nennen sind bspw. der Textildistrikt von Prato (Toskana), die Bekleidungsindustrie von Carpi, die Möbelproduktion aus Forli oder Poggibonsi, die Industrie für keramische Baustoffe von Sassuolo-Scandiano, die Schuhindustrie um Ancona (Marken), der Maschinenbau, insbesondere die Landmaschinenindustrie in Reggio-Emilia, die Spezialmaschinen- und Motorradindustrie in Bologna oder die mechanische Industrie in Modena. Die entscheidende Besonderheit des „Dritten Italien" besteht in der unübersehbaren Häufung solcher Industriedistrikte. Das Dritte Italien

Die Erfolge der italienischen Industriedistrikte flexibler Spezialisierung verdanken sich, wie von Piore und Sabel (1984) und in verschiedenen anderen Studien näher dargestellt wird, in erster Linie einem sozialen Standortvorteil: Diese regionalen Ökonomien stützen sich in der internen Koordination auf einen Bestand an Vertrauen und Kooperationsbereitschaft. Dieser regionale Gehalt an Vertrauen und Kooperation prägt das Verhältnis von Unternehmensführung und Mitarbeiterschaft, also die Beziehungen innerhalb der Unternehmen, ebenso wie das Verhältnis der spezialisierten und funktional differenzierten Unternehmen untereinander. Kooperation und Vertrauen

Baden-Württemberg als Vergleichsfall?

Das deutsche Bundesland Baden-Württemberg wurde von Piore und Sabel (1989: 260) als das Dritte Italien Deutschlands eingestuft. Begründet wurde diese These damit, dass auch das Land Baden-Württemberg zahlreiche „flexible Industriedistrikte" vorweisen könne: „Die Landkarte Baden-Württembergs ist übersät von wirtschaftlich starken Kommunen, die Zentren erfolgreicher und oft miteinander verbundener Familienbetriebe sind – z.B. für Textilien und Textilmaschinen (Reutlingen) oder Druckmaschinen und Drehbänke (mittlerer Neckarraum und Göppingen)" (ebd.). Und an anderer Stelle heißt es:

> „In West Germany, industrial districts in the Land of Baden-Württemberg are flourishing in textiles, garments, textile machine tools, and automobile components. The metalworking firms there are doing substantially better than similar firms in northern Länder that dominated the national economy during the heydays of mass production" (Sabel 1989: 22).

Mit solchen Zuschreibungen wurde auch das Land Baden-Württemberg in die internationale Kollektion des neuen Modells der „flexiblen Spezialisierung" aufgenommen.

Die Liste der Beispiele für eine „Renaissance regionaler Ökonomien" ließe sich beliebig fortsetzen (vgl. z.B. Cooke/Morgan 1998 oder die Beiträge Pyke/Sengenberger 1990 und in Storper/Scott 1992). In einer unüberschaubaren Vielzahl von Forschungsprojekten ging es um die „regionale Abbildung" des Strukturwandels von der Massenproduktion hin zur „flexiblen Spezialisierung" und um die Identifikation von neuen Industriedistrikten, die als Hoffnungsträger für einen neuen wirtschaftlichen Aufschwung angesehen wurden. Es gab keinen Zweifel daran:

> „Die Logik der Diversifizierung und Spezialisierung, die den unternehmensseitigen Antworten auf die Ausdifferenzierung der Märkte unterlegt ist, führt zur Formierung und schärferen Konturierung regionaler Ökonomien – zu räumlichen Bündeln von Firmen oder operativen Einheiten mit unterschiedlichen Spezialitäten, die in verschiedenartigen Kombinationen daran mitwirken, gemeinsame Märkte zu beliefern" (Kern/Sabel 1990: 146).

Kritik am Konzept regionaler Ökonomien als neuer Organisationsform

Aber trotz aller überzeugenden Fallstudien und Einzelbeispiele, die mit impliziter oder expliziter Bezugnahme auf das Modell des flexibel spezialisierten Industriedistrikts in den letzten zwanzig Jahren vorgelegt wurden – unverkennbar waren und sind doch einige methodische Schwächen und inhaltliche Begrenztheiten der vorliegenden Analysen über regionale Ökonomien. Gleich mehrere Kritikpunkte sind in Erinnerung zu rufen (vgl. Amin 1989: 1993). An erster Stelle steht sicherlich der Einwand gegenüber den generalisierenden Schlussfolgerungen dieser Forschungspraxis. Es handelte sich überwiegend um qualitative Fallstudien, die dazu neigen, im Mainstream der leuchtenden Vorbilder vom Besonderen auf das Allgemeine zu schließen. Angesichts der vielfältigen und häufig doch widersprüchlichen Einzelbefunde mehrten sich die Vorbehalte gegenüber allzu vereinfachenden und generalisierenden Begriffen. So wurde dem Begriff der postfordistischen Flexibilität entgegengehalten, dass die Phänomene, die er bezeichnet, keineswegs so neu sind, wie er unterstellt. Entsprechend wurde

228

auch die Dichotomie zwischen Massenproduktion und flexibler Spezialisierung und erst recht ihre zeitliche Abgrenzung fragwürdig. Es blieb zudem zweifelhaft, ob tatsächlich ein genereller Übergang vom Fordismus zum Postfordismus zu beobachten war. Deutlich wurden eher sektoral und regional differenzierte Entwicklungen (Bathelt 1994). Aber bei aller Kritik an den methodischen Grundlagen und an der Reichweite der beobachteten Entwicklungstrends dürfte heute gleichwohl unstrittig sein, dass es die skizzierten Regionalisierungsbewegungen in der Ökonomie gegeben hat und weiterhin gibt.

4.4 Was erklärt die höhere Wettbewerbsfähigkeit regionaler Wirtschaftscluster? Die Verfügbarkeit kollektiver Wettbewerbsgüter als Standortvorteil

Die Beobachtung, dass sich auf der wirtschaftlichen Landkarte lokale oder regionale Produktionssysteme herausbilden, die aus einer Vielzahl funktional interdependenter Betriebe bestehen, wirft zumindest zwei Fragen auf. Warum kommt es in diesen kleinräumigen Ökonomien nicht zu einer vertikalen Integration, also zu einer Bildung eines integrierten Großunternehmens, das ja zumindest theoretisch als institutionelle Alternative zu der räumlichen Konzentration von kleinen und mittleren Unternehmen einer Wertschöpfungskette denkbar wäre? Und zweitens ist zu fragen, warum die kleinen und mittleren Unternehmen eines solchen Produktionssystems ausgerechnet den Standort wählen, an dem sich auch ihre schärfsten Konkurrenten aufhalten.

Die Antwort auf die erste Frage liegt in der höheren Flexibilität, die kleine und mittlere Unternehmen gegenüber größeren Unternehmenseinheiten vorweisen können. Integrierte Großunternehmen der Massenproduktion sind sehr hierarchisch und bürokratisch aufgebaut. Sie produzieren standardisierte Massenware und nutzen dafür eine Technologie und Arbeitsorganisation, die auf hohe Stückzahlen („economies of scale") ausgerichtet ist. Kleine und mittlere Unternehmen verfügen über flachere Hierarchien. Sie setzen auf eine kundennahe Ausdifferenzierung ihres Warenangebotes und nutzen dazu eine variabel einsetzbare Technologie und Arbeitsorganisation, die eine ständige Umstellung und Anpassung der Produkte („economies of scope") erlauben. Aufgrund ihrer höheren Flexibilität können sich die kleinen und mittleren Unternehmen gegenüber den integrierten Großunternehmen der Massenproduktion behaupten.

Warum verzichten kleine und mittlere Firmen auf vertikale Integration?

Neben dieser Stärke der kleinen und mittleren Unternehmen muss allerdings auch eine Schwäche dieser Unternehmenskategorie gesehen werden. Kleine und mittlere Unternehmen müssen sich zahlreiche Ressourcen für ihre Wettbewerbsfähigkeit (bspw. Forschung und Entwicklung, Qualifizierung, Marktinformationen, spezielles Venture Capital, Marketing) extern besorgen, weil sie mit der internen Bereitstellung dieser Leistungen – im Unterschied zu einem vertikal integrierten Großunternehmen – meist überfordert sind. Genau hier ist auch die Antwort auf die zweite Frage zu suchen: Regionale Wirtschaftscluster bieten ihren kleinen und mittleren Unternehmen – im Unterschied zu anderen denkbaren Standorten – „kollektive Wettbewerbsgüter", also den Zugang zu eben jenen Ressourcen, die diese Unternehmen zum Erhalt ihrer Wettbewerbsfähigkeit ge-

Die Schwächen kleiner Firmen determinieren auch ihren Standort

genüber größeren Unternehmenseinheiten unbedingt brauchen, aber aufgrund ihrer Größenstruktur nicht selbst bereitstellen können. Die Verfügbarkeit solcher „kollektiver Wettbewerbsgüter" ist deshalb auch das Erfolgsgeheimnis der regionalen Wirtschaftscluster (zu diesem Konzept vgl. Le Galès/Voelzkow 2001).

Kollektive Wettbewerbsgüter als Standortvorteil

In der Literatur über regionale Wirtschaftscluster wird angenommen, dass die räumliche Nähe und die damit ermöglichte kommunikative Dichte für die beteiligten Unternehmen spezifische Vorteile im Wettbewerb bieten können. Die regionalen Unternehmensnetzwerke – bestehend aus kleinen und mittleren Unternehmen mit komplementären Teilaufgaben – gewinnen im Verbund die Qualität eines Produktionssystems, das sich als komplexe Einheit gegenüber der denkbaren Alternative eines vertikal integrierten Großunternehmens behaupten kann. Die intensive Kooperation nach innen verschafft den kleinen Unternehmen ihre Wettbewerbsfähigkeit nach außen. Darüber hinaus verfügen die kleinen und mittleren Unternehmen der regionalen Wirtschaftscluster über gemeinsame Infrastrukturen, die auf überbetrieblicher Ebene wichtige Dienstleistungen für die zugehörigen Unternehmen anbieten (bspw. Technologietransfer, Aus- und Weiterbildung oder gemeinschaftliches Marketing etc.).

Die Bereitstellung solcher Dienstleistungen ist für die involvierten Unternehmen unverzichtbar, weil sie diese „Inputs" aufgrund ihrer Betriebsgrößenstruktur nicht selbst bereitstellen können. Regionale Wirtschaftscluster profitieren demnach als integrierte Produktionssysteme von all jenen Vorzügen, die gemeinhin den Klein- und Mittelbetrieben als spezifische Wettbewerbsvorteile gegenüber vertikal integrierten Großunternehmen zugeschrieben werden: Flexibilität, Kreativität, hohe Motivation von Betriebsleitung und Arbeitnehmerschaft etc. Wenn man nun aber nicht nur das gesamte lokale Produktionssystem, sondern einzelne kleine und mittlere Unternehmen als Komponenten solcher Produktionssysteme betrachtet, fällt schnell auf, dass den kleinen und mittleren Unternehmen allein zumeist die spezifischen Ressourcen fehlen, um ihre Vorteile im Wettbewerb auch tatsächlich zur Entfaltung zu bringen. So verfügen die kleinen und mittleren Unternehmen hausintern nicht über das erforderliche know-how, das bei der Einführung neuer Technologien erforderlich ist. Auch die erforderlichen Informationen über die aktuellen Entwicklungen auf den Absatz- oder Beschaffungsmärkten sind hausintern nicht vorhanden. Oder es mangelt an der betrieblichen Mindestgröße, die den Aufbau eines differenzierten Vertriebssystems erlauben würde.

Die Ausgangsthese der Governance-Forschung über regionale Wirtschaftscluster besagt nun, dass sich im Rahmen eines regionalen Wirtschaftsclusters solche Defizite oder Engpässe, die letztlich der Unternehmensgröße der Klein- und Mittelbetriebe geschuldet sind, durch interne institutionelle Vorkehrungen ausgleichen lassen. Die Stärke eines regionalen Wirtschaftsclusters erwächst demnach aus der Verfügbarkeit von so genannten kollektiven Gütern, die zur Erhöhung der Wettbewerbsfähigkeit der beteiligten Unternehmen und damit des regionalen Wirtschaftsclusters insgesamt beitragen.

Die Umgehung der Rationalitätsfalle

So ist beispielsweise aus der Perspektive der kleinen und mittleren Unternehmen, die ja ihre Arbeitskräfte auf dem lokalen Arbeitsmarkt gewinnen, die Verfügbarkeit von qualifizierten Arbeitskräften ein solches Kollektivgut: Ein Angebot von Arbeitnehmern mit „passenden" Qualifikationsprofilen kommt jedem kleinen und mittleren Unternehmen des regionalen Wirtschaftsclusters zugute. Um ein kollektives Gut handelt es sich, weil den einzelnen kleinen und mittleren Unternehmen der Nutzen des Vorhandenseins qualifizierter Arbeitskräfte unabhängig von der Frage zur Verfügung steht, ob sie selbst zur Qualifizierung des (lokalen) Arbeitskräftepotentials beigetragen haben oder nicht. In dem Maße, wie sich einzelne kleine und mittlere Unternehmen als individuelle Nutzenmaximierer verhalten, unterliegen sie der Versuchung, als Trittbrettfahrer die Aus- und Weiterbildungsleistungen ihrer Konkurrenten auszunutzen, ohne selbst entsprechende Investitionen in die Qualifikation der Arbeitnehmer vorzunehmen. In der beruflichen Qualifizierung droht deshalb – wie bei Kollektivgütern üblich – eine Rationalitätsfalle: Für das einzelne kleine und mittlere Unternehmen ist es eigentlich nur rational, keine eigenen Beiträge zur Erstellung des Kollektivgutes der beruflichen Bildung beizusteuern und stattdessen die qualifizierten Arbeitnehmer von anderen Betrieben abzuwerben. Aus der Perspektive des Kollektivs bzw. des regionalen Wirtschaftsclusters hingegen wirkt indes dieses individuell-rationale Handeln destabilisierend. Denn wenn jeder Betrieb auf die Qualifizierung verzichten würde, um nicht Gefahr zu laufen, dass andere Betriebe die solchermaßen aufgewerteten Arbeitnehmer abwerben, bliebe das Qualifikationsniveau der Arbeitnehmer insgesamt zwangsläufig viel zu niedrig. Also bedarf es einer wie auch immer gearteten institutionellen Vorkehrung, die sicherstellt, dass das Kollektivgut der beruflichen Qualifizierung von Arbeitnehmern des regionalen Arbeitsmarktes trotz der beschriebenen Rationalitätsfalle erzeugt wird. Deshalb gibt es verschiedene Varianten einer nicht-marktlichen Produktion des Gutes „Qualifizierung", die von der öffentlichen Bereitstellung über verbandliche Arrangements bis hin zu kooperativen Lösungen von Unternehmensverbünden reichen. Denkbar sind auch lokale Qualifizierungsnetzwerke, die öffentliche, halb-öffentliche und private Träger in eine arbeitsteilige Struktur integrieren.

Das Beispiel der beruflichen Aus- und Weiterbildung betrifft ein Kollektivgut, das sich auf den Arbeitsmarkt bezieht. Auch für andere Märkte im Umfeld von kleineren Unternehmen lassen sich vergleichbare Kollektivgüter ausmachen. So ist es beispielsweise Klein- und Mittelbetrieben häufig nicht möglich, wichtige Forschungs- und Entwicklungsvorhaben im Alleingang zu realisieren. Der Zukauf entsprechender Leistungen scheitert vermutlich häufig allein an den Kosten. In Kooperation mit anderen Betrieben aber könnten solche Forschungs- und Entwicklungsleistungen gemeinsam erbracht werden. Allerdings öffnet sich auch hier schnell die skizzierte Rationalitätsfalle: Der einzelne Betrieb will zwar die Ergebnisse von Forschung und Entwicklung nutzen, aber gleichzeitig möglichst wenig dafür bezahlen. Nur über entsprechende institutionelle Vorkehrungen ist deshalb mit einer Bereitstellung des Kollektivgutes Forschung und Entwicklung zu rechnen. Denkbar sind wiederum strategische Allianzen von mehreren Unternehmen, verbandliche Arrangements oder die öffentliche Bereitstellung entsprechender Leistungen. Gerade im Bereich Forschung und Entwicklung sieht sich auch die öffentliche Hand im Interesse der Wirtschaftsförderung veranlasst, den ansässigen kleineren Betrieben den Zugang zu neuem Wissen und die wirtschaftliche Nutzung neuen Wissens über entsprechende öffentliche oder halböffentliche Einrichtungen zu erleichtern. Auch dies sind aus der Perspektive des regionalen Wirtschaftsclusters Kollektivgüter, die der Verbesserung der Wettbewerbsfähigkeit der zugehörigen Betriebe dienen.

Die Liste möglicher kollektiver Wettbewerbsgüter regionaler Wirtschaftscluster ließe sich beliebig verlängern. Zu nennen wäre zum Beispiel die Bereitstellung von Informationen über die relevanten Beschaffungs- oder Absatzmärkte oder der organisierte Austausch von Informationen über die aktuellen Produktionskosten oder Produktmengen innerhalb der Branche. Denkbar wäre auch der gemeinsame Einkauf von Vorprodukten oder von Produktionstechnik (Beschaffungswesen), um für alle beteiligten kleinen und mittleren Unternehmen die Kosten zu reduzieren. In der gemeinsamen Festlegung von Produkt- oder Qualitätsstandards ist ebenfalls ein kollektives Wettbewerbsgut zu sehen. Weitere Beispiele sind die gemeinsame Nutzung technischer Anlagen (z.B. für die Qualitätsprüfung), die Etablierung von Regeln eines fairen Wettbewerbs, das gemeinsame Produktmarketing für das regionale Wirtschaftscluster oder die logistische Erschließung von Absatzmärkten außerhalb der Region bis hin zur Förderung von Unternehmensgründungen und Selbständigkeit, um das regionale Cluster durch weitere spezialisierte Leistungsträger anzureichern. Für die Wettbewerbsfähigkeit von kleinen und mittleren Unternehmen ist die Vermittlung von solchen kollektiven Wettbewerbsgütern unverzichtbar. Regionale Wirtschaftscluster zeichnen sich demnach dadurch aus, dass sie ihre kleinen und mittleren Unternehmen mit solchen kollektiven Wettbewerbsgütern der beschriebenen Art versorgen können.

Institutionelle Grundlagen für die Bereitstellung kollektiver Wettbewerbsgüter

Wenn die Verfügbarkeit von kollektiven Wettbewerbsgütern eben jenes Geheimnis darstellt, das den Erfolg der regionalen Wirtschaftscluster erklären kann, dann ist im zweiten Schritt zu fragen, wie die institutionellen Grundlagen der Bereitstellung solcher kollektiven Wettbewerbsgüter konkret aussehen. Denn es steht zu vermuten, dass sich die regionalen Wirtschaftscluster nicht nur im Hinblick auf die Verfügbarkeit von kollektiven Wettbewerbsgütern unterscheiden, sondern auch im Hinblick auf die institutionellen Grundlagen ihrer Bereitstellung. Um solche Unterschiede in der Bereitstellung von kollektiven Wettbewerbsgütern für regionale Wirtschaftscluster herauszustellen, bietet sich der „Governance-Ansatz" an (vgl. dazu Lütz in diesem Band). Es handelt sich dabei um ein begriffliches Instrumentarium, das die Gesamtheit aller denkbaren Institutionen zur Koordination von (Wirtschafts-) Subjekten auf einige wenige Idealtypen reduziert. Dieser Ansatz lässt sich auch für eine Analyse der inneren Funktionsweise regionaler Wirtschaftscluster anwenden. Die verschiedenen institutionellen Varianten der Bereitstellung kollektiver Wettbewerbsgüter lassen sich nach der heuristischen Systematik des Governance-Ansatzes klassifizieren.

Der Markt

Wie am Beispiel der beruflichen Bildung exemplarisch gezeigt, ist das *Marktmodell* nur sehr beschränkt für die Bereitstellung kollektiver Wettbewerbsgüter geeignet. Das Marktmodell dient zur Erklärung der Allokation von privaten Gütern in einer freien Wirtschaft, aber die allgemeine Theorie der kollektiven Güter geht davon aus, dass der Marktmechanismus bei der Produktion von kollektiven Gütern häufig versagt. Aber dies gilt nicht in jedem Fall. Denkbar ist auch eine Konstellation, in der ein einzelnes Unternehmen die Kosten für ein kollektives Gut einer ganzen Gruppe von Unternehmen übernimmt, obwohl die anderen Unternehmen nur als „Trittbrettfahrer" auftreten, weil der Nutzen, den der Kostenträger dadurch realisieren kann, oberhalb der anfallenden individuellen Kosten liegt. Bei der Produktion kollektiver Wettbewerbsgüter für ein regionales Wirtschaftscluster ist es folglich denkbar, dass ein (vermutlich größeres) Unternehmen Vorleistungen für das gesamte Cluster übernimmt. Aus wohlverstandenem Eigeninteresse versorgt in diesem Sonderfall das größere Unternehmen die Gruppe von kleinen und mittleren Unternehmen im eigenen regionalen Umfeld mit Informations-, Beratungs- oder anderen Dienstleistungsangeboten, weil das Unternehmen durch die Erhöhung der Wettbewerbsfähigkeit der anderen Unternehmen und der damit verbundenen Erhöhung der Produktivität in der gesamten lokalen Wertschöpfungskette selbst wirtschaftliche Vorteile realisieren kann. Unter bestimmten Bedingungen lässt sich die Bereitstellung von kollektiven Wettbewerbsgütern damit auch über das Marktmodell vorstellen.

Aber wenn es doch zu einem Marktversagen kommt, sind Alternativen gefragt. Eine erste mögliche Alternative ist vertikale Integration. Das *Organisationsmodell* geht von Akteuren aus, die aufgrund von festgelegten Rechten und Pflichten innerhalb einer Organisation (einem Unternehmen) in einem Weisungsverhältnis stehen; die Handlungskoordination erfolgt in diesem Modell sozialer Ordnung über Hierarchie. Die Sicherstellung der Produktion eines kollektiven Wettbewerbsgutes des regionalen Wirtschaftsclusters läuft in diesem Fall über den Zusammenschluss jener kleinen und mittleren Unternehmen, die zuvor in ihrer Gesamtheit als ein Kollektiv hätten interpretiert werden können, das bei der Sicherstellung der Kollektivgutproduktion versagt. Das Wettbewerbsgut verliert im Zuge der vertikalen Integration natürlich die Eigenschaften eines kollektiven Gutes, denn die Leistung wird ja in ein privates Gut des vertikal integrierten Großunternehmens transformiert. Was zuvor ein Kollektivgut einer regionalen Ökonomie mit vielen Betrieben war, taucht dann unter der Rubrik der „Gemeinkosten" innerhalb des vertikal integrierten Großunternehmens wieder auf.

Aber vertikale Integration ist nicht der einzige Ausweg, um die Produktion von kollektiven Wettbewerbsgütern im Falle eines Marktversagens sicherzustellen. Das *Staats- bzw. Bürokratiemodell* sieht eine Zusammenarbeit der kleinen und mittleren Unternehmen eines regionalen Wirtschaftsclusters mit öffentlichen Einrichtungen vor, die den Betrieben Informationen, Beratungsangebote oder andere Dienstleistungen über spezialisierte Verwaltungseinrichtungen und andere öffentlich finanzierte Einrichtungen bereitstellen. Dazu gehören entsprechende Initiativen der Kommunen (bspw. im Rahmen der Wirtschaftsförderung), der Verwaltungseinheiten auf der regionalen Ebene, aber auch die Universitäten, staatlich finanzierte Forschungs- und Entwicklungs- oder Bildungsorganisationen etc.

Damit ist das Spektrum der Möglichkeiten aber noch lange nicht erschöpft. Auch über das Gemeinschaftsmodell kann die Bereitstellung kollektiver Wettbewerbsgüter gesichert werden. Im *Gemeinschaftsmodell* wird die spontane Solidarität von Angehörigen einer sozialen Einheit (wie einer Familie, eines „Clans", oder einer Dorf-„Gemeinschaft") zum leitenden Prinzip der Handlungskoordination der kleinen und mittleren Unternehmen des Wirtschaftsclusters. Nicht der Profit, sondern die Wertschätzung der anderen Gemeinschaftsmitglieder oder der Wunsch nach Gruppenzugehörigkeit bilden hier ausschlaggebende Motive zur Kooperation. Denkbar ist eine Zusammenarbeit von mehreren Klein-

Die Firma

Der Staat

Die Gemeinschaft

und Mittelbetrieben, die bestimmte betriebliche Funktionen gemeinschaftlich erfüllen und dadurch auch die hilfreichen kollektiven Wettbewerbsgüter bereitstellen. In solchen Fällen suspendiert der gemeinschaftliche Kontext die individuell-rationale Orientierung, die ansonsten ein Marktversagen erzeugen würde. Es kommt zu einer Zusammenarbeit der kleinen und mittleren Unternehmen, weil sie so etwas wie eine kollektive Identität aufbauen. Sie handeln in dem Vertrauen darauf, dass auch die anderen Unternehmen in gleicher Weise kollektiv-rational handeln. So kommt es zu einer Unternehmens-„Gemeinschaft" bzw. zu einem regionalen Unternehmensnetzwerk zum wechselseitigen Vorteil.

Der Verband

Im *Verbandsmodell* schließlich stehen Organisationen im Mittelpunkt, die ursprünglich zum Zwecke der Förderung funktional definierter Interessen (bspw. der Unternehmer, der Arbeitnehmer, der Angehörigen von Berufsgruppen etc.) gegründet wurden. Solche Verbände versorgen ihre (potentiellen) Mitglieder mit diversen Dienstleistungen. Selbst wenn ihre Hauptaufgabe in der kollektiven Interessenvertretung gegenüber dem Staat oder gegenüber anderen Interessengruppen besteht, bieten sie für ihre Mitglieder in der Regel selektive Güter an, also bestimmte Dienstleistungen, die ebenfalls zur Versorgung von kleinen und mittleren Unternehmen mit externen Ressourcen beitragen, die diese wohl nicht in Eigenregie produzieren könnten.

Funktionale Äqui- valenz der Koordina- tionsmechanismen

Wird die skizzierte Systematik sozialer Ordnungsmodelle auf die Produktion von kollektiven Wettbewerbsgütern für regionale Wirtschaftscluster übertragen, ergibt sich ein recht differenziertes Bild spezifischer Lösungsvarianten und *funktionaler Äquivalente*. Zwar sind praktisch in jedem regionalen Wirtschaftscluster Elemente der fünf genannten Ordnungsmodelle zu finden, aber die Gewichte sind unterschiedlich verteilt. Was in dem einen regionalen Cluster über marktliche Austauschprozesse geregelt wird, läuft in einem anderen Cluster über die staatliche Gewährung von überbetrieblichen, aber wettbewerbsrelevanten Dienstleistungen. Und in einem dritten lokalen Produktionssystem mag die Bereitstellung eines kollektiven Wettbewerbgutes über gemeinschaftliche Zusammenhänge zwischen den kleinen und mittleren Unternehmen abgewickelt werden. Denkbar sind auch verbandliche Formen kollektiven Handelns, die eine überbetriebliche Versorgung mit unternehmenswichtigen Dienstleistungen sicherstellen. Wie auch immer die Vermittlung von kollektiven Wettbewerbsgütern aussieht, entscheidend bleibt, dass die kleineren und mittleren Unternehmen auf eine externe Ressourcenzuführung zurückgreifen können, um im Wettbewerb trotz ihrer kleinen Unternehmensgröße überleben zu können.

4.5 Gibt es nationale Varianten in der Governance-Struktur regionaler Wirtschaftscluster?

Internationaler Vergleich regionaler Wirtschaftscluster

Um das Verhalten von Akteuren in lokalen Produktionssystemen zu verstehen, ist es notwendig zu wissen, nach welchen formalen und informellen Regeln die Beziehungen zwischen den am Ort ansässigen Betrieben, der lokalen Politik, den Verbänden, den Mitgliedern der kommunalen Gemeinschaft und des dortigen Marktes gestaltet werden. Die besonderen Ausprägungen dieser Beziehungen durch institutionelle Regeln werden im folgenden Abschnitt international vergleichend untersucht. Der bereits vorangegangenen Analyse folgend, wird das spezifische Zusammenwirken dieser institutionellen Ordnung in lokalen Produktionssystemen als deren Governance-Struktur bezeichnet.

Diese Strukturen variieren systematisch nach verschiedenen Dimensionen. Damit ist gemeint, dass die Art und Weise, wie die lokale Wirtschaft durch öffentliche und private Institutionen in kapitalistischen Ländern unterstützt wird, nicht überall dieselbe ist, sondern sehr starke Unterschiede aufweist. Selbst innerhalb der etablierten Demokratien Westeuropas mit ihrer im Binnenmarkt integrierten Wirtschaftsstruktur und ihrer grundsätzlichen Orientierung an dem Modell der freien Marktwirtschaft lassen sich große Unterschiede in der marktmäßigen, betrieblichen, verbandlichen, politischen und gemeinschaftlichen Organisation der lokalen Wirtschaft feststellen. Diese Unterschiede zeigen sich vor allem im internationalen Vergleich lokaler Produktionssysteme. Eine Dimension, nach der sich die Governance-Strukturen lokaler Produktionssysteme unterscheiden, ist folglich durch den *nationalen Kontext* geprägt. (Eine zweite Dimension, durch welche sich die Organisation der lokalen Wirtschaft unterscheidet, ist durch deren wirtschaftliche Sektorstruktur geprägt, vgl. dazu Abschnitt 4.6).

Der nationale Kontext

Solche Produktionssysteme weisen demnach in Italien eine ganze andere Governance-Struktur auf, als vergleichbare lokale Ökonomien in Frankreich, Großbritannien oder Deutschland. Dies ist keineswegs eine Selbstverständlichkeit. Orthodoxe Theorien der Wirtschaftsgeographie erklären die Zusammenballung mehrerer sektoral ähnlich spezialisierter Firmen an einem einzigen Ort, so wie es für die hier untersuchten Produktionssysteme kennzeichnend ist, mit einer Art Standardmodell, das unabhängig vom nationalen Kontext anwendbar erscheint. Gemäß dieser wirtschaftsgeographischen Logik finden sich Unternehmen aus einem einzigen Grund an einem bestimmten Ort zusammen, und zwar weil ihnen diese Ansiedlung ermöglicht, bestimmte Kosten zu reduzieren (vgl. dazu kritisch Harrison 1994 a und b).

Das Standardmodell der Wirtschaftsgeographie

Kaum ein Unternehmen produziert alle Teile eines Produktes ausschließlich im eigenen Hause. Das Prinzip der Arbeitsteilung wird nicht nur durch spezialisierte Facharbeiter oder ein aufeinander abgestimmtes Fertigungs- und Montagesystem innerhalb einer Firma verwirklicht, sondern es existiert auch zwischen den Betrieben. Auf diese Weise entstehen weit verzweigte Zulieferer- oder Subunternehmernetzwerke. In der Automobilindustrie liefern heutzutage sogenannte Systempartner in der eigenen Firma fertig zusammengesetzte Teile wie z.B. ganze Dachsysteme, Armaturenbretter usw. für die Endmontage eines Automobils an die Kundenfirma. Ähnlich verhält es sich in der Maschinenbauindustrie mit den Teilelieferanten oder in der Elektroindustrie mit deren Zulieferern. Das Standardargument einiger Theorien der Wirtschaftsgeographie, mit deren Hilfe beispielsweise die räumliche Zusammenballung dieser Zulieferindustrie in der Nähe des Endherstellers erklärt wird, beruht auf der Annahme, dass diese zwischenbetriebliche Arbeitsteilung sehr kostenaufwendig ist. Zwischen den betroffenen Firmen müssen z.B. Maschinenteile hin und her bewegt werden, so dass Transportkosten entstehen. Entwickler müssen ihre Entwürfe miteinander besprechen, so dass es notwendig wird, miteinander über die Planung und Ausführung des gemeinsamen Produktes zu kommunizieren. Auf diese Weise entstehen wiederum Kosten für die Kommunikation mit anderen Firmen. All diese Posten

Arbeitsteilung und räumliche Nähe

sind in der Wirtschaftsgeographie unter dem Sammelbegriff der Transaktionskosten zusammengefasst worden. Je größer die zwischenbetriebliche Arbeitsteilung ausfällt, desto mehr Kommunikation, Transport, Entwicklungszusammenarbeit usw. benötigen die miteinander in Beziehung stehenden Unternehmen. Je stärker arbeitsteilig sie vorgehen, desto mehr steigen ihre externen Transaktionskosten; im selben Maße müssen sie daher bemüht sein, diese zwischenbetrieblichen Transaktionskosten zu senken. Dies gelingt ihnen durch räumliche Nähe. Räumliche Nähe verkürzt die Transportwege, vereinfacht die Kommunikation usw. Je höher also die externen Transaktionskosten veranschlagt werden müssen, desto wahrscheinlicher ist es, dass sektoral ähnlich spezialisierte Unternehmen sich an einem Ort niederlassen und so nach einer Weile eine lokale bzw. regionale Ökonomie bilden.

Weshalb sollten sich die Governance-Strukturen solcher Ökonomien dann aber nach nationalen Kontexten unterscheiden? Der Ansatz der Transaktionskostenökonomie, welcher allerdings keineswegs als einziges Konzept der wirtschaftsgeographischen Analyse verstanden werden darf (für einen Überblick über die klassischen Theorien in der Wirtschaftsgeographie, vgl. Greenhut/Norman 1995), schien damit zunächst eine universelle Antwort zu bieten. Es sollte keineswegs an kulturelle oder andere nationale institutionelle Voraussetzungen gebunden sein, wenn Unternehmen Kosten reduzieren müssen und diese Einsparung durch eine Kooperation in räumlicher Nähe erreichen.

Senkung der Transaktionskosten ist nicht der einzige Grund für räumliche Nähe

Jedoch kann dies, so argumentieren wir in diesem Kapitel, eben nicht als der einzige Grund für die räumliche Nähe sektoral ähnlich spezialisierter Unternehmen angesehen werden. Es gibt noch eine Vielzahl anderer Gründe für die räumliche Konzentration sektoral spezialisierter Unternehmen, wie beispielsweise den, dass Lernprozesse über die Innovation bestimmter Produkte durch kollektives Handeln mehrerer Unternehmen am Ort sowie die Unterstützung externer privater und öffentlicher Institutionen leichter in Gang gesetzt werden können, als wenn diese auf sich allein gestellt wären und nur in Konkurrenz mit anderen Unternehmen versuchten, solche Innovationen zu tätigen. Oben ist bereits der Begriff der kollektiven Wettbewerbsgüter eingeführt worden, der als Sammelbezeichnung für die vielen denkbaren Unterstützungsleistungen gelten kann, mit denen die lokale Wirtschaft von diesen Institutionen ausgestattet wird. Legt man dieses Konzept als Ursache für die Zusammenballung von sektoral ähnlich spezialisierten Firmen zugrunde, dann ist damit eine viel weitergehende Annahme verbunden als diejenige, welche kooperatives Handeln zwischen Wirtschaftssubjekten lediglich im Sinne einer Kostenminimierung deutet.

Nationale Pfade

Die Annahme, dass die spezifische Bereitstellung kollektiver Wettbewerbsgüter für die räumliche Konzentration sektoral spezialisierter Unternehmen ausschlaggebend ist, enthält zugleich einige wichtige Hypothesen über die Wechselbeziehungen zwischen Wirtschaft und Politik. Erstens bedeutet dies, dass politisches Handeln durchaus einen Effekt auf wirtschaftlichen Erfolg hat. Zweitens besagt diese Annahme, dass es ganz verschiedene Möglichkeiten gibt, wie dieser Einfluss zustande kommen mag, und drittens bietet dieser Ansatz eine Erklärungsmöglichkeit dafür, weshalb der nationale Kontext die Governance-Strukturen lokaler Produktionssysteme so verschieden prägt. Wenn nämlich die externen politischen und verbandlichen Institutionen damit beauftragt werden, solche

236

Güter hervorzubringen, z.B. Ausbildungsleistungen, die Bereitstellung von Informationen über Innovationsmöglichkeiten oder ausländische Märkte und dergleichen, dann nimmt die unterschiedliche Ausgestaltung dieser Institutionen und der durch sie etablierten Regeln einen entscheidenden Einfluss auf das wirtschaftliche Handeln der Unternehmen. Wir gehen hier also nicht nur davon aus, dass ein solcher Einfluss der externen Institutionen auf die lokale Wirtschaft beobachtbar ist, sondern nehmen zudem an, dass es nationale Pfade gibt, nach denen die institutionellen Regeln zur Bereitstellung kollektiver Wettbewerbsgüter variieren. Die genauen Ursachen für diese nationalen Unterschiede sind indes umstritten.

4.5.1 Warum unterscheiden sich die Governance-Strukturen regionaler Wirtschaftscluster nach nationalen Mustern?

Es sind verschiedene Variablen denkbar, die auf die Bereitstellung kollektiver Wettbewerbsgüter Einfluss nehmen können: z.B. kulturelle Variablen. Die italienische Forschung zu industriellen Distrikten hat in der subkulturellen Prägung verschiedener italienischer Kommunen häufig einen Grund gesehen, weshalb die am Ort ansässigen Betriebe gemeinschaftliche Formen kooperativen Handelns ausgeprägt haben (Trigilia 1990; Putnam 1993). Die katholischen und kommunistischen Regionen entwickelten dabei nicht nur ein antagonistisches Verhältnis zueinander, sondern gleichzeitig auch ein Antiverhältnis zum bürokratisch ausgreifenden und häufig korrupt handelnden italienischen Nationalstaat (Capecchi 1997). Diese besondere, in Europa einzigartige kulturelle Melange habe auf kommunaler Ebene ein Solidarverhältnis zwischen den Unternehmern erzeugt, welches ihr ansonsten durch die Konkurrenz am Markt geprägtes Misstrauen gegeneinander aufhebe und durch Vertrauensverhältnisse zwischen den lokalen Mitgliedern der Gemeinschaft ersetze. So seien also lokale Produktionssysteme in Italien vor allem das Ergebnis eines einzigartigen und daher national spezifischen „Kulturproduktes".

Folgt man dieser Hypothese, dann erklärt sich indes nicht, weshalb die lokalen Produktionssysteme, die auf solchen Gemeinschaftsverhältnissen basieren, immer noch ökonomisch wettbewerbsfähige und innovative Gebilde darstellen, obwohl die sie angeblich tragende subkulturelle Gemeinschaftsbindung bereits in den achtziger Jahren zu erodieren begann. Ehemals kommunistisch geprägte und so genannte „rote Regionen" in Italien, wie die Toskana oder die Emilia-Romagna, können sich spätestens seit dem Wegfall des Systemgegensatzes zwischen dem kapitalistischen Westen und dem kommunistischen Osten in den neunziger Jahren nicht mehr rühmen, hierdurch einzigartige Solidaritätsbindungen hergestellt zu haben. Die ideologische Färbung hinter diesen Wirtschafts- und Gesellschaftstheorien ist zunehmend verblasst; ihre Mobilisierungsfähigkeit gegenüber anderen Entwürfen einer politischen und ökonomischen Ordnung hat damit zugleich abgenommen. Ganz anders jedoch, als dies zum Teil vorausgesagt wurde, zeigen die informellen Kooperationsverhältnisse italienischer Kleinunternehmer trotz der Erosion dieser Solidaritätsbindungen durch kulturelle Prägungen eine enorme Vitalität.

Verschiedene Variablen: Subkultur

Es ist also wahrscheinlich, dass noch andere Variablen existieren, deren unterschiedliche Ausprägungen bewirken, dass die Governance-Struktur lokaler Ökonomien länderspezifische Organisationsformen aufweisen. Von der Forschung sind in diesem Zusammenhang verschiedene institutionelle Variablen diskutiert worden. Viele dieser institutionalistisch geprägten Theorien über den Einfluss des Nationalstaates sahen vorrangig einzelne institutionelle Sektoren als wesentlich für die Organisation der lokalen Wirtschaft an: z.B. das System der beruflichen Bildung oder das Innovationssystem. Innerhalb dieser Sektoren lassen sich länderspezifische Merkmale herausarbeiten, beispielsweise wie die Organisation der dualen beruflichen Bildung in Deutschland durch die betriebliche Ausbildung und die Berufsschule. Dieses System sorgte in Deutschland bis heute für eine solide Wissensbasis, die sich Industriefacharbeiter in einer mehrjährigen Schulung aneigneten. Auf diese Weise waren sie als Arbeiter in der Werkstatt dazu in der Lage, relativ komplexe, zumindest dezentralisiert angelegte Tätigkeiten im Rahmen des Herstellungsverfahrens zu leisten. Ihre Arbeit ließ sich relativ autonom gestalten, gewährte aber zugleich die Erledigung relativ anspruchsvoller Aufgaben, wie sie sich bei der Produktion von Nischenerzeugnissen in Qualitätsgütermärkten, auf welche sich die deutsche Industrie in vielen Branchen spezialisiert hat, unweigerlich stellten. In Italien ist der institutionelle Sektor der Ausbildung bis zum Jahr 1997, als er stark reformiert wurde, institutionell viel weniger reguliert gewesen. Da die Schulpflicht bis vor kurzem bereits mit 14 Jahren endete, gelangten viele Schüler direkt nach der Mittelschule an den Arbeitsmarkt (Fressura 1995).

Ihre Ausbildung erfolgte zudem viel häufiger in der Form von Anlernverhältnissen als in Deutschland und wurde nicht durch einen theoretischen Unterricht in der Berufsschule begleitet. Diese unregulierte und wenig formalisierte Mitarbeiterausbildung erzeugt die Notwendigkeit, viele Sachverhalte und Herstellungstechniken durch eine direkte Kommunikation und in der Anschauung zu lernen. Hierdurch spezialisieren sich die Fachkräfte allerdings auch viel früher als in Deutschland auf einen sehr speziellen Ausschnitt der Produktion, den sie im Rahmen ihres Anlernverhältnisses kennen lernen. Räumliche Nähe ist hier schon deshalb wichtig, weil die formalen Ausbildungsinstitutionen fehlen, welche dieses Wissen in theoretischer Form aufbereiten und auf eine breitere Basis stellen. Formal vermitteltes Wissen (kodifiziertes Wissen) ist indes weniger an räumlich operierende Unternehmenseinheiten gebunden, weil es eben nicht ausschließlich durch die Anschauung darin erlernt wird.

Aus diesen unterschiedlichen institutionellen Voraussetzungen von Ausbildungssystemen und ihrer institutionellen Struktur folgen also bereits eine ganze Reihe wichtiger Konsequenzen für die lokale Wissensbasis. Da solche Systeme häufig national reguliert sind, erzeugt der Unterschied hierin auch einen nationalen Pfad bei der Bereitstellung von Wettbewerbsgütern (Ausbildung, Innovation etc.). Institutionelle Variablen können also im internationalen Vergleich sehr stark variieren und somit nationale Muster der Güterbereitstellung erzeugen, was sich wiederum auf die Governance-Strukturen lokaler Produktionssysteme unterschiedlich auswirkt.

Andere Autoren vertreten die These, dass die entscheidende Variable, welche zu national verschiedenen Mustern der Güterbereitstellung führt, in der unterschiedlichen Ausgestaltung nationaler Regierungssysteme zu sehen ist (Glassmann 2005). Von ganz besonderer Relevanz ist dabei, ob Staaten einen föderalen oder ob sie eher einen unitarischen Charakter besitzen. Als föderal lassen sich solche Staaten bezeichnen, die über mindestens zwei staatliche Ebenen verfügen, wobei der subnationalen Ebene gewisse autonome, verfassungsmäßig garantierte Kompetenzrechte zugestanden werden. Diese Kompetenzrechte können der subnationalen Ebene nur mit ihrer Zustimmung wieder entzogen werden (Benz 2001). Deutschland und die U.S.A. sind in diesem Sinne zweifellos föderale Staaten, Frankreich und Großbritannien sind unitarische Staaten, die jedoch einige ihrer zentralstaatlichen Kompetenzrechte dezentralisiert haben (Schmidt 1990). Der entscheidende Unterschied zwischen Föderalismus und Dezentralisierung besteht darin, dass lediglich dezentralisierte Kompetenzrechte jederzeit vom Zentralstaat zurückgeholt werden können, während die unteren Ebenen eines föderalen Staates selbst Staatsqualität besitzen, so dass ihre Kompetenzrechte nicht ohne weiteres angetastet werden können, ohne deren staatliche Souveränität zu verletzen. Der italienische Fall ist etwas komplexer und wird daher häufig missverstanden. Auch der italienische Staat ist unitarisch geprägt. Er befindet sich jedoch in einer Phase föderaler Reformen (Fabbrini/Brunazzo 2003). Hierzu wird im nächsten Kapitelteil noch Genaueres gesagt werden müssen.

Je nachdem, wie solche Regierungssysteme die vertikale Gewaltenteilung zwischen ihren verschiedenen staatlichen Ebenen regeln, ergeben sich daraus unterschiedliche Konsequenzen für die Bereitstellung kollektiver Wettbewerbsgüter und die Governance-Strukturen lokaler Produktionssysteme. Ein empirisches Beispiel kann diese Varianz am besten illustrieren. Für die Innovationsfähigkeit einer Volkswirtschaft und deren lokale Ökonomien ist es von entscheidender Bedeutung, über Forschungseinrichtungen zu verfügen, in denen Mitarbeiter damit beauftragt werden, grundlagenbezogene oder anwendungsorientierte Forschungs- und Entwicklungsarbeit zu leisten. Ganz gleich, ob es sich dabei um öffentliche Forschungseinrichtungen oder private Entwicklungsabteilungen handelt, die Tätigkeit solcher Institute und Abteilungen schafft ein gewisses Innovationspotential (Weiterentwicklung von Produkten, Prozessinnovationen, neue Bearbeitungsverfahren), mit dem nicht nur einzelne Firmen, sondern häufig auch deren Zulieferer und Subunternehmer eine größere Wettbewerbsfähigkeit erlangen. Im Folgenden wird die räumliche Konzentration dieses Innovationspotentials anhand von Beschäftigten in Forschung und Entwicklung (FuE) ländervergleichend dargestellt:

Die Tabelle 4.1 verdeutlicht, dass unitarische Staaten einen großen Teil ihrer Innovationskapazitäten in den politischen Steuerungszentren ihrer Volkswirtschaft konzentrieren, während diese Kapazitäten in föderalen Staaten offensichtlich gleichmäßiger im Raum verteilt sind. Dies hat verschiedene Gründe. Bei privaten Forschungseinrichtungen hängt es oft damit zusammen, dass andere wichtige Firmen und die bürokratische Elite vor Ort sind, bei den öffentlichen Forschungseinrichtungen mag es zusätzlich finanzpolitische und steuerungspolitische Gründe geben. Da unitarische Staaten ihr Steueraufkommen in einem höheren Ausmaß bei der zentralstaatlichen Ebene konzentrieren als föderale Staaten auf der Ebene des Bundes (Lijphart 1999; Mühlbacher 2000), bietet sich hier aus finanzpolitischer Sicht auch ein anderer Investitionsspielraum für kol-

Regierungssysteme
und Innovation

Konzentration von
FuE-Personal

239

lektive Wettbewerbsgüter. Zugleich behält die bürokratische Elite dadurch ihre Steuerungsfähigkeit, dass sie diese Innovationszentren finanziert und vor Ort etabliert. So existiert in unitarischen Staaten vielfach ein vom Staat mit kontrolliertes Innovationszentrum, von dem die Peripherie mehr oder weniger abhängig ist. Man sollte denken, daß sich die Selbstversorgung lokaler Ökonomien in der Peripherie dieser Staaten entsprechend schwierig gestaltet. Demgegenüber bieten föderale Arrangements größere Möglichkeiten, dezentrale Planungen umzusetzen und durch die separaten Haushalte der subnationalen Ebene zu finanzieren. Unitarische Staaten finanzieren diese Ebene häufig nur durch zweckgebundene Transferzahlungen.

Tabelle 4.1: Konzentration des FuE-Personalbestands in der Wirtschaft im internationalen Vergleich

Föderale Staaten		Unitarische Staaten	
Deutschland 1995	**U.S.A. 1998**	**Frankreich 1995**	**Großbritannien 1998**
München 13%	New Jersey Essex 9%	Paris (Ile de France) 48%	London 45%
Stuttgart 12%	Boston 8%	Rhône-Alpes (Lyon) 11%	Oxford 6%
Rhein-Main 9%	Los Angeles 7%		
Rhein-Neckar 5%	Philadelphia 6%		
Köln-Bonn 5%	Chicago 5%		
Berlin 4%	Detroit 4%		
Hamburg 3%	New York 4%		
Nürnberg-Erlangen 3%	San José 3%		
	Washington D.C. 3%		
54% insgesamt	Ca. 50%	59% insgesamt	51% insgesamt

Die Tabelle zeigt, in welchen Regionen sich ca. 50% der FuE-Beschäftigten in den jeweiligen Ländern konzentrieren, beginnend mit den Regionen der höchsten Beschäftigtenkonzentration.
Quelle: New Cronos Regio-Datenbank. – SV-Wissenschaftsstatistik – Beise, Gehrke u.a. – Berechnungen des ZEW and NIW, zitiert nach Gehrke/Legler 1999: 26, eigene Darstellung.

Besonderheiten der Fälle: Verbundföderalismus

Deutschland und Italien stellen zwei besondere Fälle dar. Deutschland weicht deshalb etwas von anderen föderalen Staaten ab, weil sein Verbundföderalismus diese subnationale Eigenständigkeit in der Weise einschränkt, dass sich in den meisten Politikfeldern eine institutionelle Isomorphie zwischen den staatlichen Ebenen beobachten lässt und somit keine institutionellen Unterschiede existieren, wodurch wirtschaftspolitische Besonderheiten entstünden, die mit den Verschiedenheiten italienischer Regionen vergleichbar wären. Wirtschaftliche Performanzunterschiede bestehen zwischen den deutschen Bundesländern zwar ganz zweifellos, jedoch führt der deutsche Föderalismus häufig zu einer Policy-Diffusion zwischen den Ländern und sorgt für starke Anpassungen zwischen den institutionellen Rahmenbedingungen der einzelnen Länder.

Italien weist ebenfalls einige Besonderheiten auf. Zwar zeigt das Land ähnliche Charakteristiken wie andere unitarische Staaten, aber es ist sozio-ökonomisch heterogener geprägt sowie industriepolitisch von einer informellen Nebenregierung in der Lombardei und Piemont abhängig. In Mailand und Turin konzentrierten sich daher im Jahr 1995 57% des FuE-Personalbestandes, während in Rom nur 10% der FuE-Mitarbeiter Italiens beschäftigt waren. Der Grad der Konzentration des Beschäftigtenstandes ist also auch hier sehr hoch, aber es ist nicht die Hauptstadt, in der sich das Innovationspotential konzentriert. Der Grund hierfür kann darin gesehen werden, dass das politische Handlungszentrum dieses Staates steuerungspolitisch versagt, ohne dass die subnationalen Einheiten (die italienischen Regionen) in ausreichender Weise über autonome Kompetenzrechte verfügen (Trigilia 1991; Hine 1996). Aus diesem Grund bleiben dort bereits bestehende Unterschiede in der politischen Versorgung mit kollektiven Wettbewerbsgütern bestehen. Der italienische Staat hat, anders als der deutsche, diese Unterschiede viel weniger einebnen können. Policy-Diffusion sowie eine interregionale Koordination von Politiken finden seltener statt, aber das hierdurch entstehende Handlungsdefizit wird auch nicht von einer funktionstüchtigen Hauptstadtelite aufgefangen und kompensiert. Der italienische Staat versagt also in zweierlei Hinsicht, zum einen misslingt ihm die Versorgung mit kollektiven Wettbewerbsgütern durch den Zentralstaat, zum anderen koordiniert er regionale Aktivitäten zur Güterversorgung nur unzureichend. Zudem nehmen die Lombardei und Piemont eine ganz besondere Rolle im italienischen Innovationssystem ein, welche sie zweifellos der dort ansässigen familiär geprägten Wirtschafts- und Finanzelite schuldet (vgl. weiter unten).

Unitarisches Staatsversagen

Es wird also bereits erkennbar, dass sich die politische Ökonomie Italiens durch eine räumlich sehr fragmentierte Bereitstellung kollektiver Wettbewerbsgüter auszeichnet, obwohl sie durch die politischen Institutionen eines unitarischen Staates geprägt wird. In Deutschland sorgen vor allem die öffentlichen Institutionen für eine räumlich sehr homogene Bereitstellung von kollektiven Wettbewerbsgütern. Dafür orientiert sich diese Bereitstellung flächendeckender an den für das Land exportstarken wirtschaftlichen Sektorstrukturen. Glassmann (2005) erklärt dieses Paradox mit den jeweiligen Ausprägungen des Föderalismus und des Unitarismus in den beiden Ländern.

Räumliche Fragmentierung vs. sektorale Homogenisierung

4.5.2 Nationale Varianten der Bereitstellung kollektiver Wettbewerbsgüter: Italien und Deutschland im Vergleich

Dass Italiens politische Ökonomie einen hohen Grad an räumlicher Fragmentierung aufweist, ist häufig als eine besondere Kompetenz bzw. Inkompetenz der jeweiligen Regionen gedeutet worden, wirtschaftspolitische Unterstützungsleistungen erfolgreich oder weniger erfolgreich umzusetzen. Diese Interpretation wurde vor allem von einigen Analysen über die italienische Zivilgesellschaft und ihre Auswirkungen auf den Erfolg der Regionalregierungen geprägt (Putnam et al. 1983; Putnam 1987; 1993). Die bereits in der Verfassung von 1948 vorgesehene regionale Ebene ist in Italien erst in den siebziger Jahren implementiert worden. Auf diese Weise sicherte sich die kommunistische Partei (PCI) die Regierungsmacht in einigen roten Regionen, woran sie deshalb ein Interesse haben musste, weil das durch einen polarisierten Pluralismus gekennzeichnete Parteiensystem Italiens der christdemokratischen Partei (DC) erlaubte, mit anderen Parteien Koalitionen zu schmieden und die ansonsten starke kommunistische Partei von der Regierungsmacht auf der zentralstaatlichen Ebene auszuschließen.

Die Ohnmacht der regionalen Ebene in Italien

Die kommunistische Partei erhoffte sich von der Etablierung der regionalen Ebene also eine neue politische Einflusssphäre. Auch wenn einige kommunistische Regionen, wie die Emilia-Romagna, im interregionalen Vergleich sehr gute Performanzwerte vorzuweisen hatten, so ist doch der tatsächliche Einfluss der Region als Regierungsebene im politischen System Italiens häufig übertrieben worden. Tatsächlich hat sich der Zentralstaat die meisten Kompetenzen, die den Regionen durch Art. 117 der italienischen Verfassung garantiert werden sollten, durch eine ausufernde Rahmengesetzgebung zurückgeholt. Im übrigen besaßen die Regionen nur eine konkurrierende bzw. ausführende Gesetzgebungsbefugnis (Dannenbring 1999), so dass der Zentralstaat hier ohne Mühe intervenieren konnte. Der politische Handlungsspielraum der regionalen Ebene war also bis zum Jahr 2001, in dem es eine Verfassungsänderung gegeben hat, welche die regionalen Kompetenzen erweiterte, äußerst begrenzt (Fabbrini/Brunazzo 2003).

Die Stärke der Kommunen

Hinzu kommt, dass die Regionen keine finanzpolitische Autonomie besitzen. Außer durch die Steuern auf den Verbrauch und die Produktion verfügen sie über kein wirksames finanzpolitisches Instrument, welches ihnen einen angemessenen haushaltstechnischen Handlungsspielraum verschaffte. Die Regionen erhalten zwar zentralstaatliche Transferzahlungen, müssen diese aber bis auf ca. 13% zweckgebunden verausgaben. Aus diesem Grund befanden sich die meisten Regionalregierungen bislang in der misslichen Lage, eher zentralstaatliche Gesetze auf dezentraler Ebene fortschreiben zu müssen, als dass sie dort innovative politische Programme hätten einführen können (Onida 1990). In der Vergangenheit waren es eher die Kommunen, die durch die Umgehung der regionalen Ebene und in Kooperation mit Akteuren des Zentralstaates versucht haben, besondere Rahmenbedingungen für die lokale Wirtschaft zu schaffen. Kommunalpolitiker nutzten für diesen Zweck die Parteikanäle, mit deren Hilfe sie eine klientelistische Verbindung zum Zentralstaat aufbauten. Von dort erhielten die Kommunen als Gegenleistung für ihre politische Unterstützung der Parteien verfügbare Ressourcen für besondere kommunale Aufgaben. So hing es vielfach vom Geschick und dem Engagement der kommunalen Politiker ab, ob sie diese Einflussmacht erfolgreich nutzten oder nicht. Entsprechend groß ist die Bandbreite an kommunalen Sonderlösungen für ganz verschiedene Politikfelder, auch in der Wirtschafts- und Industriepolitik.

Frankreich verfügt über ein effektives Steuerungszentrum, Italien nicht

Dies ist an sich nicht untypisch für unitarische Staaten. Auch in Frankreich lässt sich trotz der Dezentralisierung des Zentralstaates in den achtziger Jahren häufig ein Spannungsverhältnis zwischen den Kommunen und der zentralstaatlichen Ebene erkennen, das je nach Einsatz der kommunalen Politiker entweder zugunsten der kommunalen Betriebe und deren Beschäftigten gelöst wird oder nicht. Hiervon unterscheidet sich die italienische Situation in der Art, dass der Zentralstaat mit seinem Steuerungsanspruch aufgrund einer extremen Überregulierung und Entscheidungsunfähigkeit damit versagt, aus dem Zentrum heraus für verbindliche institutionelle Rahmenbedingungen zu sorgen, so dass hier das Tauziehen zwischen Zentrum und Peripherie abstruse Formen der Begünstigung oder Vernachlässigung annimmt. Interessanterweise bemerkte schon Tocqueville diesen Unterschied:

> „Im übrigen muß man anerkennen, daß in Frankreich die Regierung niemals jene Regierungen des südlichen Europa nachahmt, die sich aller Dinge nur bemächtigt zu haben scheinen, um alles unfruchtbar zu lassen. Die französische zeigt oft ein großes Verständnis für ihre Aufgabe und stets eine erstaunliche Tätigkeit" (Tocqueville ([1856] 1978: 77).

Für die Governance-Strukturen lokaler Produktionssysteme in Italien ergibt sich daraus, dass die Bereitstellung kollektiver Wettbewerbsgüter kommunal organisiert werden muss. Folglich konzentrieren sich diese Produktionssysteme hochgradig im Raum und spezialisieren sich dort sektoral, weil die für diese Industrien notwendigen Wettbewerbsgüter einschließlich des lokalen Wissens über bestimmte Herstellungsverfahren nur an wenigen Orten der nationalen Volkswirtschaft in dieser Weise zur Verfügung stehen. Aus diesem Grund nennt Richard M. Locke die italienische Wirtschaft eine „composite economy", zusammengesetzt aus vielen unterschiedlichen lokalen Produktionsmustern und Kooperationsformen (Locke 1995; 1996).

Kollektive Wettbewerbsgüter werden in Italien kommunal bereitgestellt

Dennoch hat die Sozialwissenschaft versucht, die unterschiedlichen Produktionssysteme in räumlich auseinanderfallende kapitalistische Produktionssysteme zu zergliedern und zu typologisieren. Dies mag auch für einen ersten Überblick hilfreich sein, aber es spiegelt nicht immer die kommunale Realität jedes einzelnen Falles wider. Nord- und Süditalien waren ursprünglich voneinander in der Weise geschieden, dass Norditalien als eine prosperierende Region galt, der es gelungen war, fordistisch produzierende Großbetriebe anzusiedeln, während der Süden vorwiegend durch handwerkliche Produktion, eine geringe Produktivität und Beschäftigung gekennzeichnet war. Der Norden verfügte über Produkte, die am internationalen Markt Absatz fanden, während der Süden allenfalls eine Versorgung regionaler Märkte gewährleistete. Wie bereits eingangs erläutert, entdeckten Sozialwissenschaftler in den Regionen Zentral- und Nordostitaliens eine weitere wirtschaftliche Organisationsform, nämlich ein handwerklich basiertes Kleinunternehmertum, deren Produkte durchaus weltmarktfähig waren. Wie bereits erwähnt, nannte Bagnasco (1977) diese Regionen, in welchen die als industrielle Distrikte (Becattini 1987) bezeichneten Produktionssysteme als erstes lokalisiert wurden, aufgrund der vormals auf einer Zweiteilung beruhenden Unterscheidung der italienischen Produktionssysteme das „Dritte Italien". Diese Dreiteilung ist bis heute eine relativ akzeptierte Schablone, mit deren Hilfe sich die regionalen Unterschiede in der Organisation der lokalen Wirtschaft Italiens einigermaßen klassifizieren lassen. Dennoch hat sich an der politischen Unterstützung und den betrieblichen wie den zwischenbetrieblichen Verhältnissen in den lokalen Ökonomien dieser Regionen durch die Etablierung des Binnenmarktes und die Internationalisierung inzwischen einiges verändert (vgl. 7.3). In den Fallstudien dieses Kapitels soll u.a. erörtert werden, inwiefern diese Veränderungen ein Problem für den wirtschaftlichen Erfolg dieser Ökonomien darstellen (vgl. Abschnitt 7).

Räumliche Unterschiede in der Produktion

Das deutsche Muster der Güterbereitstellung trägt aufgrund des Verbundföderalismus weniger regional variierende Züge. Zum Beispiel konzentriert sich
zwar die FuE-Kapazität des Landes, misst man sie an der Zahl der angemeldeten
Patente, in einigen Bundesländern stärker als in anderen (Baden-Württemberg,
Bayern und Nordrhein-Westfalen gehörten in den neunziger Jahren zu den pa-
tentstärksten Ländern), aber insgesamt ergibt sich daraus eine geringere Asym-
metrie der Verteilung des Patentaufkommens als in Italien. Während die Lombardei über 30% des italienischen Patentaufkommens in dieser Zeit generierte,
nimmt in Deutschland innerhalb der patentstarken Ländergruppe kein einziges
Land eine so dominierende Position gegenüber den anderen Ländern ein wie der
lombardische Vergleichsfall gegenüber anderen Regionen. Stuttgart bekleidet im
interregionalen europäischen Vergleich allerdings in vielen Technikfeldern den
ersten Rang in der FuE-Intensität (Gehrke/Legler 1999). Diese und andere Kenn-
zahlen der baden-württembergischen Wirtschaft unterstützen auf den ersten
Blick die Vermutung von Piore und Sabel (1989), dieses Bundesland könne als
die „deutsche Variante des italienischen Beispiels" gedeutet werden (ebd.: 260).
Einige Autoren haben diese Gleichsetzung fortgeführt, indem sie die Kooperationsformen lokaler Betriebe in Stuttgart mit denen eines italienischen Industriedistriktes verglichen (Herrigel 1993). Allerdings äußerten sich auch einige Sozialwissenschaftler kritisch zu diesen Gleichsetzungen, zu Recht, wie wir meinen
(DiGiovanna 1996; Staber 1996; Glassmann/Voelzkow 2001).

Insbesondere die Kooperation zwischen Wettbewerbern, also die horizontale Kooperation zwischen Unternehmen, sei in Baden-Württemberg nicht besonders stark ausgeprägt (Kerst/Steffensen 1995), obwohl dies als typisches Charak-
teristikum eines Industriedistriktes angesehen wird, in dessen territorialen Grenzen diese Form der Zusammenarbeit ja gerade vertikal integrierte, und somit
größere Unternehmensstrukturen ersetzen soll. Viele deutsche Unternehmen
verfügten über eine durchschnittlich größere Betriebsgröße (Drüke 2004), somit
auch über eine größere Kapazität, kollektive Wettbewerbsgüter hausintern zu
produzieren, was vielen italienischen Unternehmen, die seltener über eine Anzahl von 15 Mitarbeitern wachsen als ihre deutschen Konkurrenten, aufgrund
ihrer kleinen Betriebsstrukturen und ihrer geringeren Kapitaldecke nicht gelinge.
Aus diesem Grund bestehe in Italien an manchen Orten auch eine Notwendigkeit
zur Kooperation zwischen Unternehmen, wie sie in Deutschland nicht anzutreffen sei.

Einer der Hauptunterschiede zwischen den beiden Ländern besteht jedoch
in der Relevanz der intermediären Ebene des Staates. Die deutschen Länder
verfügen, nicht nur finanziell, über einen viel größeren politischen Handlungsspielraum als die italienischen Regionen. Auf diese Weise ist es ihnen bisher
gelungen, durch eine relativ reiche Basisausstattung in Forschung und Entwicklung, sowie bei der Ausbildung, aber auch bei halb-öffentlichen Institutionen, die
zum Teil durch den Staat und zum Teil von privaten Trägern finanziert werden,
eine gute Grundversorgung wichtiger Wettbewerbsgüter zu gewährleisten. So
teilen sich zum Beispiel im Bereich der öffentlichen Forschungsförderung die
Max-Planck-Gesellschaft (Grundlagenforschung) und die Fraunhofer-Gesell-
schaft (anwendungsbezogene Forschung) die wichtigsten Innovationsfelder und
siedeln Forschungsinstitute nach einem föderalen Verteilungsschlüssel in jedem

Bundesland an. Erst die Kofinanzierung des Bundes ermöglicht indes die hohe Qualität der Forschungsförderung. Aus dieser Infrastruktur ergab sich bisher ein FuE-Output, der Deutschland, mitgetragen von traditionsreichen Familienunternehmen bzw. deren rechtlichen Nachfolgern, einen Spitzenplatz unter den europäischen Volkswirtschaften bei patentwürdigen Innovationen einbrachte. Daran hat sich auch in den neunziger Jahren nichts geändert.

Diese staatliche Versorgung mit kollektiven Wettbewerbsgütern erfolgt indes flächendeckend im Raum. Lern- und Innovationsprozesse sind daher weniger an kommunale Handlungseinheiten gebunden. Und so zeigt zum Beispiel ganz Baden-Württemberg, also ein Flächenland mit über 10 Mio. Einwohnern, eine starke Spezialisierung in den Kernbranchen der deutschen Exportindustrie, nämlich im Fahrzeugbau, dem Maschinenbau und der Elektrotechnik. Anders als in Italien ist diese Spezialisierung also nicht lokalspezifisch organisiert, sondern erstreckt sich wenigstens auf ein Bundesland und in den meisten Fällen darüber hinaus auf die nationale Wirtschaft. In einzelnen Subsektoren des Maschinenbaus, zum Beispiel im Stuttgarter Drehmaschinenbau, mögen sich Firmen regional noch einmal etwas stärker spezialisieren, insbesondere wenn eine Region einen speziellen regionalen Absatzmarkt bietet, wie z.B. das Ruhrgebiet einen eigenen Markt für Bergwerksmaschinen bot. Ebenso führen bestimmte natürliche Ressourcenvorkommen oder geographische Standortspezifika zu einer größeren räumlichen Konzentration sektoral spezialisierter Unternehmen: Die Stahlindustrie und der Bergbau konzentrieren sich daher sehr stark im Ruhrgebiet, der Schiffbau in den großen Werftstädten Norddeutschlands usw. Sofern aber die Diffusion von Wissen für eine räumliche Konzentration von Unternehmen ausschlaggebend ist, so beschränkt sich die Clusterbildung in Deutschland nicht so sehr auf wenige Kommunen, sondern sie wiederholt sich häufiger im Raum, weil sich auch die Institutionen zur Reproduktion dieses Wissens häufiger im Raum wiederholen. Für öffentliche Forschungseinrichtungen gilt das ebenso wie für Ausbildungseinrichtungen wie Berufsschulen oder Fachhochschulen.

Obwohl dies für Deutschland als selbstverständlich angesehen wird, ist in anderen Ländern eine sehr viel heterogenere Flankierung lokaler Ökonomien durch externe Institutionen beobachtbar. Das Verfassungsgebot der „Gleichwertigkeit der Lebensverhältnisse" und der deutsche Verbundföderalismus haben institutionelle Unterschiede, auch in der Versorgung mit kollektiven Wettbewerbsgütern, in einer Weise eingeebnet, wie dies in Europa einzigartig sein dürfte. Jedenfalls zeigt eine Untersuchung der deutschen, britischen, französischen und italienischen Volkswirtschaft, dass die räumlich exklusive Konzentration von sektoral spezialisierten Beschäftigten in keinem der genannten Fälle so gering ausfällt wie in Deutschland (Lau 1997). Dennoch stehen die Akteure aus Wirtschaft und Politik in jeder Kommune in besonderen Interaktionsbeziehungen, weshalb sich dieses generelle Bild, das sich national durchaus für Deutschland zeigt, nicht in jedem einzelnen Fall wiederfinden muss. Die Fallbeispiele des Abschnitts 7 sollen demonstrieren, inwieweit sich Übereinstimmungen und Abweichungen von diesen nationalen Mustern in einzelnen lokalen Produktionssystemen zeigen.

Die räumliche Reproduktion der Wissensbasis

4.5.3 Andere Länder und ihre Muster bei der Bereitstellung kollektiver Wettbewerbsgüter: Frankreich und Großbritannien

Verallgemeinerbare Muster

Welche verallgemeinerbaren Muster lassen sich demnach in der Bereitstellung kollektiver Wettbewerbsgüter und der Governance regionaler Wirtschaftscluster erkennen? Einerseits zeigen Regierungssysteme einen starken Einfluss auf die Steuerung dieser Wirtschaftscluster, aber sie zeigen ihn nicht immer in der Weise, wie man vielleicht intuitiv schließen würde. Die Kompetenzfülle, die Finanzmacht und die Verflechtung mit anderen Regierungsebenen variiert auf der intermediären Ebene unterschiedlicher Regierungssysteme ganz erheblich. Die Ausprägung dieser Variablen hat entscheidenden Einfluss auf die öffentliche Bereitstellung kollektiver Wettbewerbsgüter und somit auf die Governance regionaler Wirtschaftscluster (Glassmann 2005). Das bedeutet indes nicht, dass alle unitarischen Staaten die lokale Wirtschaft sich selbst überlassen, wohingegen alle föderalen Staaten ein ganzes Set von flankierenden Maßnahmen ergreifen, um dort für Wachstum und Innovation zu sorgen.

Frankreich

Italien ist deshalb ein spezieller Fall, weil sich hier nationalstaatliches Versagen und sozio-ökonomisch heterogene Organisationsformen in der lokalen Wirtschaft seit langer Zeit wechselseitig beeinflussen. So etablierten sich manche Kommunen als Zentren blühender Produktion und andere nicht. Wo ein unitarischer Staat seine Steuerungskompetenz anders nutzt, kann die Governance regionaler Wirtschaftscluster folglich auch ganz anders aussehen. In Frankreich existieren paradoxer Weise sehr viel weniger lokale Produktionssysteme italienischer Provenienz, obwohl der Staat durch das elitäre System der Personalrekrutierung in Firmen und im öffentlichen Dienst Loyalitätsverhältnisse und Kommandostrukturen ganz anderer Art erzeugen kann. Zudem tritt in Frankreich an die Stelle der reinen Patronage durch die Parteien tatsächlich ein sehr rigides Qualifikationssystem für ganz verschiedene Berufsgruppen, für Angestellte der öffentlichen Verwaltung ebenso wie für Ingenieure usw. Das Ergebnis solch einer Elitenstruktur ist, dass sie erstens in lokalen Ökonomien als Parallelwelt neben der dort ursprünglich gewachsenen Unternehmer- und Beschäftigtenstruktur auftaucht, und zweitens, dass es durch die Anwesenheit der Elite in solchen Einheiten eine Rückbindung der lokalen Wirtschaft an das Steuerungszentrum der Volkswirtschaft gibt: der Hauptstadt. Aus diesem Grund ist in Frankreich zu beobachten gewesen, dass in vielen lokalen Ökonomien nicht nur das geschah, was die Akteure der kommunalen Wirtschaft verlangten, sondern auch vielfach andere Maßnahmen ergriffen wurden, welche die Elite des Steuerungszentrums für nötig befand (Ziegler 1997).

In den Zeiten der *planification* hat die französische Elite vielfach für die Einebnung traditioneller Unternehmernetzwerke gesorgt und auf diese Weise endogenes Wachstum systematisch zerstört (Aniello/Le Galès 2001). Eine Zeit lang setzten die Repräsentanten dieser Elite eher auf die Promotion von Flaggschiffunternehmen, die an bestimmten Orten als Innovationsträger für die lokale Industrie auftreten sollten. Aus steuerungspolitischer Sicht bestand hier der Vorteil darin, dass die Vertreter dieser sozialtechnisch gläubigen Elite in diesen Firmenstrukturen selbst anwesend sein konnten, so dass sich in vielen Managemententscheidungen auf der Ebene der Firma die politischen Verhältnisse spiegelten. Heute beurteilt die Verwaltungselite selbst dieses Vorgehen kritisch. In den neunziger Jahren sind zum ersten Mal Eliteschulen aus Paris hinaus an einige Orte der Peripherie verlegt worden, so dass dem räumlichen Prinzip der Steuerung regionaler und lokaler Ökonomien eher Rechnung getragen werden kann.

Noch schwieriger ist die Situation in Großbritannien, wo sich ebenfalls wenig räumlich konzentrierte, sektoral spezialisierte Netzwerke von KMU finden (Crouch/Farrell 2001). Die britische Industrie hat sich in vielen Bereichen auf Produktionsbereiche verlegt, in denen keine außergewöhnlichen (handwerklichen) Qualifizierungen für den Herstellungsprozess notwendig sind. Aber das ist nicht der einzige Grund, warum dieses Land weniger KMU-Aktivitäten in der Form Deutschlands oder Italiens zu verzeichnen hat. Hier ist es schlicht die Ideologie des freien Marktes, die den handelnden Akteuren im Wege steht. Eingriffe in die Unternehmenswelt von Seiten des Staates entsprechen nicht den politischen Vorstellungen, der Markt müsse sich selbst überlassen werden. Leider verursacht diese Politik eine chronische Unterversorgung mit kollektiven Wettbewerbsgütern in lokalen Ökonomien. Daraus resultiert eine starke Isolierung unternehmerischen Handelns.

Italien und Deutschland taugen folglich eher als Länderbeispiele in Europa, in denen sich lokale Produktionssysteme in der hier beschriebenen Form auffinden lassen. Aber auch dort variiert die Governance regionaler Wirtschaftscluster nach nationalen und sektoralen Mustern. Nationale Ökonomien sind daher häufig ein Kunstprodukt der sie beschreibenden Wissenschaften, denn sowohl räumlich als auch institutionell mag die lokale Wirtschaft, selbst innerhalb nationaler Grenzen, ganz unterschiedlich organisiert sein.

4.6 Gibt es sektorale Unterschiede in der Governance-Struktur regionaler Wirtschaftscluster?

Der internationale Vergleich im vorherigen Kapitel hat gezeigt, dass die Governance-Strukturen regionaler Wirtschaftscluster in hohem Maße durch nationale Besonderheiten geprägt sind. Bei der international vergleichenden Analyse regionaler Wirtschaftscluster bestätigen sich damit gewissermaßen die Forschungsergebnisse, dass nationale Varianten von Kapitalismus existieren, die sich erheblich von einander unterscheiden (dies zeigt die Forschung, welche unter dem Titel „Varieties of Capitalism" firmiert). Nationale Muster lassen sich auch in den regionalen Wirtschaftsclustern wiederfinden. Gleichwohl wäre es verfehlt, die Governance regionaler Wirtschaftscluster nur als das regionale Spiegelbild der politischen Ökonomie eines Landes zu sehen. Regionale Wirtschaftscluster sind ja definiert als eine räumliche Konzentration von Klein- und Mittelbetrieben eines bestimmten Sektors. Deshalb spielen in der Governance regionaler Wirtschaftscluster immer auch sektorale Aspekte eine zentrale Rolle.

In der sozialwissenschaftlichen Forschung über die Governance der Wirtschaft ist seit langem bekannt, „that modes of economic governance may differ not only by countries – reflecting different institutional legacies and distributions of national political power – but also by sectors, in accordance with specific economic and technological conditions" (Hollingsworth/Schmitter/Streeck 1994b:

8). Für jeden Wirtschaftssektor lässt sich sagen, dass die Wirtschaftssubjekte auf spezifische Governance-Modi angewiesen sind, um ihre Transaktionen innerhalb des Wirtschaftssektors und über die Grenzen des Sektors hinweg abwickeln zu können. In dieser Perspektive ist die Hypothese entscheidend, dass die Koordinationsprobleme zwischen den Wirtschaftssubjekten in hohem Maße sektorspezifisch geprägt sind.

Unterschiedliche Koordinationsprobleme Die Koordinationsprobleme sehen in der Stahlindustrie beispielsweise anders aus als im Maschinenbau oder im Einzelhandel. Weil sich die Koordinationsprobleme von verschiedenen Wirtschaftssektoren voneinander unterscheiden, jede Branche also gewissermaßen ihre spezifischen Koordinationsprobleme und Konflikte aufweist, lassen sich in der „Governance of Industries" im internationalen Vergleich länderübergreifend Gemeinsamkeiten feststellen. Die Stahlindustrie präsentiert sich beispielsweise in allen Ländern, die über eine nennenswerte Produktion in diesem Sektor verfügen, in recht großen Unternehmenseinheiten, die Produkte sind hochgradig standardisiert und dadurch preissensibel. Der Maschinenbau hingegen weist länderübergreifend eher mittelständische bis kleinbetriebliche Strukturen auf und produziert sehr häufig kundenspezifische Maschinenlösungen. Solche sektoralen Besonderheiten prägen auch die Governance-Strukturen der einzelnen Wirtschaftssektoren (vgl. dazu die Beiträge in Hollingsworth et al. 1994a). Dieser Sachverhalt führt zu einer Überlagerung von nationalen und sektoralen Governance-Regimes.

Überlagerung von nationalen und sektoralen Governance-Regimes Unsere These ist nun, dass regionale Wirtschaftscluster diese Überlagerung von nationalen und sektoralen Governance-Regimes erleichtern. Die räumliche Konzentration von Betrieben einer Branche ermöglicht es ihnen, im Rahmen einer eigenen Governance-Struktur die spezifisch sektoralen Probleme zu lösen. Diese eigenständige Governance-Struktur eines regionalen Wirtschaftsclusters erlaubt die Bewältigung sektoraler Besonderheiten im Rahmen der politischen Ökonomie des Landes, in das die Cluster jeweils „eingebettet" sind. Dieses zentrale Merkmal regionaler Wirtschaftscluster, die Kombination von nationalen und sektoralen Governance-Strukturen, wollen wir in diesem Kapitel am Beispiel der Film- und Fernsehproduktion als Teil der Medienwirtschaft in Köln und in London illustrieren.

4.6.1 Der sektorale Einfluss auf die Governance-Strukturen regionaler Wirtschaftscluster am Beispiel der Film- und Fernsehproduktion in Köln und London

Medienwirtschaft Als wichtige Teilbranche der Medienwirtschaft hat die Rundfunk-, Film- und Fernsehproduktion in den letzten 30 Jahren in Deutschland und in Großbritannien (wie in zahlreichen anderen Ländern) eine ungemein turbulente Entwicklung durchlaufen. Sowohl die Deregulierung des Marktes als auch die technologischen Innovationen haben für private Klein- und Mittelbetriebe einen neuen Markt mit einer enormen Wachstumsdynamik geschaffen (vgl. Mai 1998). Die Zahl der Unternehmen ist in die Höhe geschossen, während die durchschnittliche Betriebsgröße in der Film- und Fernsehproduktion rückläufig war (vgl. zum Strukturwandel in der Film- und Fernsehproduktion auch den Band von Windeler/von Sydow 2003 und die Studie über die Münchener Medienwirtschaft von Biehler et al. 2003).

Was im internationalen Vergleich der Film- und Fernsehproduktion zunächst auffällt, ist die regionale Konzentration der zumeist recht jungen Betriebe an einigen wenigen Standorten. In Deutschland ist an erster Stelle Köln zu nennen, gefolgt von München und Berlin. In Großbritannien finden sich die meisten Unternehmen der Film- und Fernsehproduktion in einigen wenigen Stadtteilen von London.

In Deutschland ist Köln eine der wichtigsten Städte für die Fernsehproduktion. Zahlreiche Unternehmen der Medienwirtschaft (Fernsehen, Film, Hörfunk und Multimedia-Branche) bilden im Aggregat eine räumliche Konzentration. In den letzten zwanzig Jahren hat sich in Köln vor allem im Bereich der TV-Produktion ein regionales Wirtschaftscluster etabliert, das mittlerweile den gesamten Arbeitsmarkt der Region prägt. Von zentraler Bedeutung sind natürlich die verschiedenen öffentlich-rechtlichen und privaten Fernsehsender (beispielsweise der WDR, RTL, Vox, Viva). Aber nicht allein die Präsenz verschiedener Fernsehsender macht den Standort aus, sondern vielmehr der Sachverhalt, dass fast ein Drittel der gesamten Auftragsproduktion für das deutsche Fernsehen am Standort Köln produziert wird (vgl. DIW 1999). In den letzten 15 Jahren siedelten sich in der Kölner Region zahlreiche Film- und Fernsehproduktionsgesellschaften, Tonstudios, Zulieferer von Licht, Technik, Bühnenbau, Spezialeffekte und weitere medienverwandte Branchen an, die den „Content" für die zahlreichen Fernsehsender in Köln (und auch anderswo) produzieren (vgl. Wand 2001). Mehr als 40 Prozent dieser Produktionsgesellschaften sind erst wenige Jahre am Markt vertreten (DIW 1999). Die Fernsehsender sind als Programmanbieter zugleich die Auftraggeber für viele tausend Künstler, Schauspieler, Journalisten, Maskenbildner oder spezialisierte Techniker, die über die TV-Produktion ihre Beschäftigung in Köln finden.

In Großbritannien ist die Film- und Fernsehproduktion in London konzentriert. Ungefähr 70 % der Unternehmen der britischen Medienproduktion haben hier ihren Sitz. Hierzu zählen neben den großen Broadcastern (BBC, Channel 3, Channel 4 und Five) zahlreiche Post-Produktionsfirmen und Multimediadienste, TV- und Kinofilmproduktionsunternehmen, Distributoren, Fotografen, Designer und eine Vielzahl weiterer Sparten der ‚Creative Industries'. Neben der immer noch zentralen Bedeutung der BBC und des bereits 1957 gegründeten privaten Senders Channel 3 (ITV) hat sich die Londoner Medienlandschaft nach der 1982 erfolgten Gründung des zweiten privaten Anbieters Channel 4 nachhaltig verändert. Die Fernsehsender, BBC, Channel 3, Channel 4 und Five, sind durch den Broadcasting Act der britischen Regierung seit 1990 dazu verpflichtet, ein Viertel ihres Produktionsvolumens an ‚unabhängige Produktionsfirmen' abzugeben. Diese Regulierung hat einen ‚Gründungsboom' von Produktionsfirmen in Central London ausgelöst. Auffällig ist insbesondere die räumliche Konzentration von kleineren und mittleren Produktionsfirmen sowie den entsprechenden Postproduktion-Anbietern im Londoner Stadtteil Soho, der nur eine Quadratmeile umfasst. Hier finden sich die meisten Unternehmen, zumeist Klein- und Kleinstunternehmen. 70 % der Arbeitnehmer, die in der britischen TV- und Filmproduktion beschäftigt sind, werden von Unternehmen eingestellt, die ihren Firmensitz in Soho haben. Zwischen 90 und 95 % sämtlicher Einstellungen erfolgen innerhalb dieses lokalen Umfelds (Nachum/Keeble 2000).

Gemeinsamkeiten des Sektors

Wenn nun diese beiden regionalen Wirtschaftscluster in Deutschland und in Großbritannien verglichen werden, fallen einige sektorale Gemeinsamkeiten auf. Die Wachstumsdynamik der kleinen und mittleren Firmen der Film- und Fernsehproduktion verdankt sich in beiden Ländern in erster Linie der Öffnung der Märkte – auch für private Anbieter. Die staatlichen Monopole wurden aufgebrochen, private Angebote wurden zugelassen und von politischer Seite gezielt gefördert. Teilweise wurden die Rundfunk- und Fernsehanstalten sowie die neuen privaten Sender durch politische Vorgaben dazu bewegt, größere Teile der Film- und Fernsehproduktion an selbständige kleine und mittlere Unternehmen außerhalb des eigenen Organisationsbereichs zu vergeben, um die vertikale Integration der Film- und Fernsehproduktion insgesamt zurückzuführen. Die privaten Anbieter haben diese neuen Geschäftsbereiche mit großer Dynamik erschlossen. Heute ist die Film- und Fernsehproduktion sowohl in Deutschland als auch in Großbritannien durch einige größere Unternehmen (insbesondere die Fernsehanstalten) und zahlreiche kleine und mittlere Unternehmen der Film- und Fernsehproduktion geprägt. Zudem gilt für beide Länder und ihre Mediencluster, dass auch technologische Innovationen (Digitalisierung, Internet etc.) die Wachstumsdynamik in der Film- und Fernsehproduktion vorangetrieben haben. Die neuen Technologien haben in der Film- und Fernsehproduktion schnell Einzug gehalten und diese Teilbranche mit den anderen Branchen der Medienwirtschaft „vernetzt". In beiden Ländern ist zudem zu beobachten, dass sich die Film- und Fernsehproduktion in vielerlei Hinsicht von klassischen (industriellen) Wirtschaftssektoren unterscheidet. Damit sind wir bei der Governance dieses Wirtschaftssektors.

Arbeitsmarkt und soziale Folgeprobleme

Im Londoner wie im Kölner Wirtschaftscluster der Film- und Fernsehproduktion hat sich in den letzten 20 Jahren nicht nur die Struktur der Betriebe, sondern auch der gesamte Arbeitsmarkt verändert. Ein Grossteil der in den verschiedenen Medienbranchen Beschäftigten sind als Selbständige bzw. als selbständige ‚Arbeitskraftunternehmer' tätig. Für die Beschäftigten ist diese Entwicklung ambivalent. Einerseits wurden und werden zusätzliche Beschäftigungsfelder erschlossen, andererseits ist die Privatisierung und Deregulierung sowie die Reduzierung der durchschnittlichen Betriebsgröße auch mit gewissen sozialen Problemen für die Erwerbspersonen verbunden. Gerade bei den Klein- und Kleinstunternehmen ist eine enorme Fluktuation (Betriebsgründungen und Betriebsschließungen) zu beobachten. Die „externe Flexibilität" ist in der Branche extrem hoch. Für die meisten Kleinstbetriebe sind Mitbestimmung oder Kündigungsschutz Fremdwörter. Der selbständige „Arbeitskraftunternehmer" (Pongratz/Voss 2003) prägt das Bild der Film- und Fernsehproduktion wie der Medienbranche insgesamt. Die soziale Absicherung der Arbeitnehmer (bzw. der selbständigen „Arbeitskraftunternehmer") bleibt auch in der Medienwirtschaft häufig prekär (vgl. zur sozialpolitischen Problematik neuer Beschäftigungsverhältnisse und neuer Formen der Selbständigkeit auch Strünck 2002 und die Beiträge in Pohlmann/Sauer/Trautwein-Kalms/Wagner 2003), was an allen Medienstandorten die Frage aufwirft, ob sich angepasste Varianten einer sozialen Absicherung von selbständigen „Arbeitskraftunternehmern" finden lassen.

Sektorspezifisch sind auch die Formen der Zusammenarbeit der Betriebe „Projektökologie" der Film- und Fernsehproduktion in Köln und London. Die vorherrschende Form der Zusammenarbeit in der Filmproduktion ist die der „Projektökologie" (wie sie auch in der Werbewirtschaft anzutreffen ist; vgl. dazu Grabher 2002). In beiden Clustern haben sich Produktionsbedingungen durchgesetzt, die als „sektorspezifische Governance" bezeichnet werden können. Hochgradig spezialisierte Klein- und Kleinstunternehmen finden im Rahmen von konkreten Film- und Fernsehprojekten zueinander. Sie gehen für die Dauer ihrer Projekte arbeitsteilige Verbindungen ein, die nach Abschluss der Projekte wieder aufgelöst werden, um dann für neue Projekte neue Verbindungen einzugehen (vgl. dazu den Band von Windeler/von Sydow 2003). Die überwiegend kleinbetrieblich strukturierten Unternehmen der Film- und Fernsehproduktion arbeiten deshalb in „regionalen Netzwerken" (Heidenreich 2000) zusammen. Damit ist ein institutionelles Umfeld der Kleinbetriebe gemeint, das zahlreiche Kooperationsmöglichkeiten bietet. Die viel beschworene Flexibilität der Klein- und Kleinstunternehmen kann sich erst in dem „kreativen Milieu" solcher „Projektökologien" entfalten. Die „Projektökologie" eröffnet den Klein- und Kleinstunternehmen der Film- und Fernsehproduktion den Zugang zu „Insider-Informationen". Sie benötigen die Informationen über die neueren Entwicklungen auf den Märkten, über die Einsatzmöglichkeiten neuer Technologien, über neue Varianten der Arbeitsorganisation und der Filmprojektkoordination etc., die nur in der „Projektökologie" zu erhalten sind. An beiden Standorten ist eine „kulturelle Szene" präsent, die über ihre eigenen Treffpunkte verfügt, um die erforderlichen engen Kommunikationszirkel für die Film- und Fernsehprojekte zu bilden.

Diese neuen Branchenstrukturen der Medienwirtschaft, also die zunehmen- Koordinationsprobleme de Verbreitung von selbständigen „Arbeitskraftunternehmern" und deren Arbeit in so genannten „Projektökologien" sind mit zahlreichen neuen Koordinationsproblemen in der Film- und Fernsehproduktion verbunden. Der Koordinationsbedarf ist in der Film- und Fernsehproduktion aufgrund der Betriebsgrößenstrukturen und des hohen Grades an Selbständigkeit sehr hoch, insbesondere was die Bereitstellung einer überbetrieblichen Infrastruktur für die „Projektökologie" betrifft, über die kleine und mittlere Unternehmen ihre Projektbeziehungen knüpfen können.

Weil die Entwicklung des Marktes für die privaten Klein- und Kleinstunter- Staatliche Regulierung: outsourcing nehmen der Film- und Fernsehproduktion nach wie vor in hohem Maße von der politischen Regulierung des Sektors durch den Staat abhängig ist, bedarf es zunächst einer kollektiven Interessenvertretung gegenüber den Regulierungsbehörden. Für den privaten Sektor der Film- und Fernsehproduktion ist es entscheidend, ob und inwieweit die öffentlich-rechtlichen Sendeanstalten verpflichtet werden, Teile der Produktion ihres Fernsehangebotes an die privaten Unternehmen abzugeben.

Eine kollektive Interessenvertretung gegenüber dem Staat ist für die private Interessenvertretung Film- und Fernsehproduktion aber auch deshalb erforderlich, weil der Staat – neben seinen Regulierungsfunktionen – auch wichtige „kollektive Wettbewerbsgüter" bereitstellt, wie sich beispielsweise in der universitären Ausbildung, in der Forschungsförderung oder im Technologietransfer der Medienwirtschaft zeigt.

Förderung

Auch die Förderung der Film- und Fernsehproduktion durch eine öffentliche Filmförderung (über Stiftungen oder steuerliche Sonderregelungen) ist für die Betriebe der Branche ein „kollektives Wettbewerbsgut". Dasgleiche gilt für die inhaltliche Ausgestaltung der strukturpolitischen Projekte, die der Staat zur Förderung der (privaten) Film- und Fernsehproduktion auflegt.

Berufliche
Qualifizierung

Überbetrieblicher Koordinationsbedarf besteht auch in der beruflichen Qualifizierung außerhalb der Hochschulen. Aufgrund der kleinbetrieblichen Struktur der Film- und Fernsehproduktion ist die berufliche Qualifizierung der Mitarbeiter (bzw. der selbständigen „Arbeitskraftunternehmer") ein Engpass, der überbetriebliche Lösungen erfordert. Für die kleinen und mittleren Unternehmen ergeben sich Probleme bei der Finanzierung der Qualifizierung, bei der Standardisierung von Qualifikationsprofilen und bei der Qualitätssicherung in der beruflichen Bildung. In der Praxis läuft die Qualifizierung häufig nur über die Vermittlung von Praktika, aber diese betriebsnahe Qualifikationsstrategie deckt den Gesamtbedarf der Branche nicht ab.

Eigentumsrechte

Auf der überbetrieblichen Ebene ist auch zu klären, wie die Verträge zwischen den Klein- und Kleinstunternehmen der Film- und Fernsehproduktion aussehen sollen. Konflikte gibt es beispielsweise bei der Frage, wie die Urheber- und Eigentumsrechte der Produktionsergebnisse geregelt werden sollen, wobei es eine gewisse Machtasymmetrie zugunsten der größeren Rundfunk- und Fernsehsender gegenüber den kleinen und mittleren Unternehmen der Film- und Fernsehproduktion gibt. Die Klein- und Kleinstunternehmen brauchen so etwas wie einen Schutz ihrer „intellektuellen Eigentumsrechte".

Vermittlung

Angesichts der komplexen Struktur von Film- und Fernsehprojekten benötigen die Klein- und Kleinstbetriebe zudem auch Vermittlungsinstanzen, die bei anstehenden Projekten mögliche Kooperationspartner zusammenführen und ihre internen Vertrags- und Arbeitsbedingungen regeln (beispielsweise auch im Hinblick auf die Verträge für die „Freelancer").

Technische
Infrastruktur

Ein anderes Beispiel ist die überbetriebliche technologische Infrastruktur, auf die die Kleinbetriebe der Film- und Fernsehproduktion angewiesen bleiben, weil sie nicht selbst die Kosten für eine adäquate Vernetzung von Stadtteilen, die sie als Standort wählen, tragen können. Die Klein- und Kleinstunternehmen der Film- und Fernsehproduktion brauchen eine hochwertige technische Infrastruktur zur Übertragung ihrer (digitalen) Arbeitsergebnisse.

Studios

Viele Klein- und Kleinstunternehmen der Film- und Fernsehproduktion sind zudem darauf angewiesen, dass sie für ihre Film- und Fernsehprojekte spezielle Produktionsareale oder Studios nutzen können, die auch über die erforderliche technische Ausstattung verfügen.

Finanzierung

Als letztes Beispiel sei auf die Probleme der Finanzierung von Film- und Fernsehprojekten verwiesen: Die Finanzierung von Film- und Fernsehprojekten ist eine komplexe Aufgabe, weil an jedem Projekt eine Vielzahl von rechtlich eigenständigen Klein- und Kleinstunternehmen beteiligt ist. Hier sind spezielle Varianten der Unternehmens- bzw. Projektfinanzierung erforderlich, die den Rahmen der üblichen Unternehmensfinanzierung über „normale" Unternehmenskredite sprengen.

Internationaler
Vergleich

Interessant ist nun in vergleichender Perspektive, wie der sektorspezifische Koordinationsbedarf an den beiden Standorten der Film- und Fernsehproduktion

252

eingelöst wird. Für beide Standorte gilt, dass die Betriebe auf die Verfügbarkeit von „kollektiven Wettbewerbsgütern" angewiesen sind, die diesen sektorspezifischen Koordinationsbedarf bewältigen. Es handelt sich dabei um überbetriebliche Dienstleistungen und Infrastrukturen, deren Kosten die Klein- und Kleinstunternehmen nicht selbst tragen können, weil deren Verfügbarkeit nicht nur einem einzelnen Unternehmen, sondern der gesamten Branche zugute kommt. Es gibt so etwas wie einen sektorspezifischen Koordinationsbedarf. An den Standorten der Film- und Fernsehproduktion findet sich nun ein regionales Angebot an kollektiven Wettbewerbsgütern, dass eben diesem sektoralen Koordinationsbedarf Rechnung trägt.

In der Beschreibung der Bereitstellung dieser kollektiven Wettbewerbsgüter finden sich die bekannten institutionellen Varianten der Governance-Forschung, also vor allem staatliche Leistungen und die Angebote von Wirtschafts- und Arbeitgeberverbänden und Gewerkschaften. Entscheidend ist aber, dass die Governance der lokalen Ökonomien der Medienwirtschaft nicht deckungsgleich ist mit der Governance der nationalen Produktionssysteme von Großbritannien oder Deutschland.

Abweichungen von nationalen Kapitalismusvarianten

So nehmen beispielsweise die Wirtschafts- und Arbeitgeberverbände und die Gewerkschaften in dem britischen Wirtschaftscluster der Film- und Fernsehproduktion in London wichtige Koordinationsaufgaben bei der Sicherstellung der Qualifizierung der Arbeitnehmer und der selbständigen „Arbeitskraftunternehmer" wahr. Auffällig sind hier die zahlreichen Verbandsneugründungen und die Zeitpunkte dieser Neugründungen. Hier sind vor allem die „Producers Alliance for Cinema and Television (PACT)" sowie die „Broadcasting, Entertainment, Cinematograph & Theatre Union (BECTU)" zu nennen, die beide erst Anfang der 1990er Jahre gegründet worden sind. Über PACT wird heute ein Fonds abgewickelt, in den alle Unternehmen der Film- und Fernsehproduktion einen kleinen Teil ihrer Umsätze einzahlen müssen, um Qualifizierungsangebote zu finanzieren. In der britischen „Projektökologie" sind die Verbände auch in anderen Fragen (soziale Absicherung der Arbeitskraftunternehmer, Sicherstellung der „intellektuellen Eigentumsrechte" der Arbeitskraftunternehmer, Vertragsbedingungen für „Freelancer" etc.) präsent. Vor dem Hintergrund der gängigen nationalen Beschreibungen über die Rolle der Verbände in verschiedenen europäischen Ländern sind diese Koordinationsaufgaben der Verbände eine „Überraschung". Denn die Wirtschafts- und Arbeitgeberverbände und die Gewerkschaften nehmen in der als „liberal" eingestuften Volkswirtschaft Großbritanniens auf der Ebene der Wirtschaftsbranche und des regionalen Wirtschaftsclusters wichtige Koordinationsfunktionen wahr, die dem gängigen Bild der „liberalen Marktökonomien" nicht ganz entsprechen. Vielmehr findet sich in Großbritannien so etwas wie ein „Meso-Korporatismus" oder „Angebotskorporatismus" auf der Ebene der Branchen und Regionen, der sich deutlich von dem vorherrschenden Bild pluralistischer Verbändestrukturen in Großbritannien unterscheidet. Überraschungen bietet auch die Regulierungspolitik des Zentralstaates und die Förderpolitik der Stadt London, die sich im Unterschied zur ansonsten als „restriktiv" beschriebenen Politik der öffentlichen Hand im Bereich der Film- und Fernsehproduktion als recht interventionsfreudig und kooperativ erweist.

Meso-Korporatismus in London

Arbeitskraftunter-
nehmer typisch für
Köln, untypisch für
Deutschland

Auch für die Film- und Fernsehproduktion in Köln lässt sich sagen, dass sich die sektorspezifischen Produktionsbedingungen in den „Projektnetzwerken" von dem herkömmlichen „deutschen Produktionsregime" in deutlicher Weise unterscheiden. Mit der kleinbetrieblichen Struktur der Projektnetzwerke ist ein sehr hoher Anteil an selbständigen „Arbeitskraftunternehmern" bzw. „Entrepreneurship" verbunden, was nicht gerade typisch ist für das deutsche Produktionssystem, das eher auf fest angestellte Arbeitnehmer in größeren Unternehmen setzt. Die vertikale Integration innerhalb einer komplexen Unternehmensorganisation spielt in der Film- und Fernsehproduktion nur eine untergeordnete Rolle (vgl. Seidel 1999, Isadi 1999).

In der überbetrieblichen Zusammenarbeit spielen in der Film- und Fernsehproduktion informelle Netzwerke und damit Konventionen und Reputation eine entscheidende Rolle, während die ansonsten übliche Koordination über Verbände eher nachrangig bleibt. Die Projekte der Film- und Fernsehproduktion werden nicht durch das ansonsten vorherrschende „Hausbankenmodell" finanziert. Vielmehr haben die Kölner Kreditinstitute spezielle Medienabteilungen ausdifferenziert, die für Film- und Fernsehprojekte Finanzierungspakete bereitstellen, die eher an ein sektoral angepasstes „Venture Capital Business" erinnern. Gewerkschaftliche Standards, die ansonsten als zentrales Element des deutschen Produktionsmodells angeführt werden, spielen in der Film- und Fernsehproduktion nur eine untergeordnete Rolle. Wenn in der Film- und Fernsehproduktion von Köln überhaupt von „industriellen Beziehungen" gesprochen werden kann, entsprechen die Muster zumindest im privaten Bereich (im Unterschied zu den Verhältnissen bei den öffentlich-rechtlichen Fernsehanstalten) nicht dem herkömmlichen „dualen Modell", das im „Modell Deutschland" zwischen der betrieblichen Ebene (betriebliche Mitbestimmung) und der überbetrieblichen Ebene (Tarifautonomie) differenziert und auf beiden Ebenen eine vergleichsweise starke gewerkschaftliche Einflussnahme vorsieht. Um überhaupt einen „Fuß in die Tür zu bekommen", profiliert sich die zuständige Gewerkschaft Ver.di neuerdings als Interessenvertretung selbständiger „Arbeitskraftunternehmer" und bietet sich als Dienstleistungsorganisation mit zahlreichen Informations- und Beratungsangeboten (insbesondere in der Vertragsgestaltung) an. Die Koordinationsfunktionen der Wirtschafts- und Arbeitgeberverbände und der Gewerkschaften in der Film- und Fernsehproduktion entsprechen damit nicht dem Bild, das ansonsten in der international vergleichenden Forschung über den „Verbändestaat" Deutschland gezeichnet wird.

Am Beispiel der Film- und Fernsehproduktion in Köln und in London wird damit zusammenfassend deutlich, dass regionale Wirtschaftscluster mit ihren Sektorschwerpunkten innerhalb ihres nationalen Umfeldes eine eigenständige „Governance-Struktur" bilden können, die sich von ihrem nationalen Kontext unterscheidet, um den sektoralen Besonderheiten und Koordinationserfordernissen besser entsprechen zu können. Eine wichtige Erklärung des Phänomens der räumlichen Konzentration von Betrieben eines Wirtschaftssektors bzw. einer bestimmten Wertschöpfungskette dürfte darin liegen, dass die Betriebe innerhalb des regionalen Wirtschaftsclusters mit „kollektiven Wettbewerbsgütern" versorgt werden, die den sektoralen Besonderheiten bzw. dem spezifischen Koordinationsbedarf des Wirtschaftssektors bzw. der Wertschöpfungskette entsprechen.

Das regionale Wirtschaftscluster bietet zur Bewältigung der sektoralen Koordinationsprobleme angepasste Lösungen an, was die Wettbewerbsfähigkeit der Betriebe innerhalb des regionalen Wirtschaftsclusters gegenüber anderen Betrieben außerhalb des Clusters erhöht. Entscheidend ist das „glückliche" Zusammentreffen von sektoraler Nachfrage und regionalem Angebot. Sofern das Cluster Lösungsvarianten für die sektoralen Probleme bietet, die anderswo in gleichwertiger Qualität nicht zu erhalten sind, führt dies zur Verstärkung der regionalen Konzentration.

4.6.2 Sektorale Governance und produktive Inkohärenzen

Aufgrund ihrer sektoralen Ausrichtung können sich auf der „Meso-Ebene" von regionalen Wirtschaftsclustern durchaus institutionelle Innovationen – also Umstellungen in den institutionellen Arrangements – durchsetzen. Innerhalb der politischen Ökonomie der Volkswirtschaft entkoppelt sich das regionale Wirtschaftscluster und bildet eine eigenständige institutionelle Ordnung, die den sektoralen Anforderungen des regionalen Wirtschaftsclusters folgt. Die regionale Differenzierung erlaubt die Kombination nationaler und sektoraler „Governance-Komponenten", die ein eigenständiges Innovations- und Produktionssystem etablieren, das sich von dem übergeordneten Gefüge des „nationalen Modells" erkennbar unterscheidet.

Institutionelle Besonderheiten

Damit schließen wir an eine Überlegung an, die der Wirtschaftshistoriker Werner Abelshauser angesichts der institutionellen Besonderheiten regionaler Wirtschaftscluster vorgestellt hat:

> „Das Netzwerk kleiner und mittlerer Unternehmer, das sich in solchen Industrieregionen auf der Suche nach Synergieeffekten herausbildet, sichert dem Wirtschaftsraum auch komparative institutionelle Kostenvorteile und lässt mit der Zeit eine kollektive Identität des Wirtschaftsraumes entstehen, die sich im Idealfall auch als good will vermarkten lässt. Es modifiziert aber auch das nationale Produktionsregime in regionalspezifischer Weise und schafft eine Art ungeschriebener regionaler Wirtschaftsverfassung, die das Verhalten und das Denken der Wirtschaftssubjekte ‚regelt' und damit zu stabilen Marktbeziehungen beiträgt" (Abelshauser 2000: 29).

Die Unternehmen eines Wirtschaftsclusters haben demnach durchaus ihre (kollektiven) Möglichkeiten, im Rahmen eines regionalen Wirtschaftsclusters innerhalb einer Volkswirtschaft ein neuartiges institutionelles Arrangement zu finden, das nicht deckungsgleich sein muss mit dem übergeordneten institutionellen Arrangement des nationalen Innovations- und Produktionssystems.

Dies lässt den Schluss zu, dass sich regionale Wirtschaftscluster durch institutionelle Besonderheiten auszeichnen können, die von den nationalen Mustern abweichen. Wenn sich solche institutionellen Besonderheiten in der Governance der regionalen Wirtschaftscluster nachweisen lassen, spricht alles dafür, dass solche „Alleinstellungsmerkmale" auch als Erklärung für die besondere Leistungsfähigkeit der regionalen Ökonomie herangezogen werden können. Sofern die Besonderheiten in der Governance der regionalen Ökonomie auch deren Leistungsfähigkeit begründen, könnte von „produktiven Inkohärenzen" gesprochen werden, weil sich die Wettbewerbsfähigkeit eines Clusters in diesem Fall

Produktive Inkohärenzen

gerade daraus ergibt, dass die Akteure darin etwas völlig anders machen, als die nationalen Institutionen dies vorgeben, wodurch sie also eine Inkohärenz mit dem nationalen Produktionssystem erzeugen. Wenn sich solche „produktiven Inkohärenzen" empirisch nachweisen lassen, ist zugleich ein neues Erklärungsangebot für die räumliche Konzentration der Betriebe in einem regionalen Wirtschaftscluster gewonnen, denn die räumliche Konzentration lässt sich dann darauf zurückführen, dass die institutionellen Besonderheiten in der „Governance" der regionalen Ökonomie für die Betriebe Wettbewerbsvorteile gegenüber den konkurrierenden Betrieben *außerhalb des Wirtschaftsclusters* erbringen. Das vorangegangene Beispiel der Medienindustrie in Köln weist zum Beispiel im Bereich der beruflichen Bildung und des Arbeitsmarktes sowie aufgrund der informellen Kooperationsstrukturen zwischen Firmen durchaus einige dieser Besonderheiten auf, die den bisherigen Erfolg dieses Clusters erklären. Es ist indes unklar, ob sich diese Strukturen dauerhaft als stabil erweisen werden oder ob nicht vielmehr durch die für deutsche Verhältnisse unorthodoxe Bereitstellung kollektiver Wettbewerbsgüter ein zu hohes Maß an Unsicherheit erzeugt wird. Der Verzicht auf konventionelle Ausbildungsverhältnisse zum Beispiel könnte auch dazu führen, dass nicht zertifizierte Arbeiter, wenn sie durch eine Konjunkturkrise keine Tätigkeit mehr innerhalb des Clusters finden, ins berufliche und soziale Abseits geraten. Hierdurch entstünde ein Problem, das die lokalen und die nationalen Wohlfahrtsinstitutionen wieder kompensieren müssen. Akteure in nationalen staatlichen Institutionen besitzen daher ein langfristiges Interesse daran, fehlende Regulierungen und Unterstützungsleistungen für ein solches Cluster „nachzureichen", um soziale Verwerfungen zu verhindern, welche anderenfalls als Kehrseite einer produktiven Inkohärenz entstehen können. Es steht indes nicht fest, dass diese neuen Probleme zwangsläufig folgen. Aber auch solche Produktionssysteme, die zunächst einen außergewöhnlichen Erfolg verzeichnen, unterliegen einem permanenten Prozess des Wandels. Dies trifft ebenso auf Cluster in etablierten Industrien wie dem Maschinenbau zu. Der folgende Abschnitt soll diese Adaptionsprozesse an die Herausforderungen der Internationalisierung anhand weiterer Fallstudien etwas genauer beleuchten.

4.7 Die Governance-Strukturen regionaler Wirtschaftscluster im Wandel

Wandel   In diesem Abschnitt werden die Forschungsergebnisse zweier Fallstudien zusammengefasst. Untersucht werden die Maschinenbauindustrie in Bologna und Stuttgart. Der Zweck dieses Vergleiches besteht darin herauszufinden, inwiefern sich die in den Abschnitten 5 und 6 beschriebene Kombination aus nationalen, regionalen und sektoralen Mustern der Güterbereitstellung in den Fallstudien wiederfindet und inwiefern dies dazu führt, dass sich diese Ökonomien im Prozess der wirtschaftlichen Internationalisierung behaupten können oder nicht. Zunächst soll kurz dargestellt werden, dass regionale Wirtschaftscluster im Zeitverlauf Wettbewerbsvorteile erringen und verlieren können. Dies gilt nicht erst seit der Zeit, die in der Literatur als eine Epoche der verstärkten Internationalisierung bezeichnet wird. Wie bereits zuvor angedeutet, können regionale Wirtschaftscluster produktive Inkohärenzen erzeugen, oder aber sie reflektieren eher die Governance-Strukturen des nationalen Produktionsmodells. Beide Strategien sind indes kein Garant für dauerhaft bestehende Wettbewerbsvorteile. Im Anschluss, bevor die Fallstudien analysiert werden, wird der generelle Einfluss der Internationalisierung auf die politische Ökonomie von Regionen in den beiden Ländern dieser Fallstudien skizziert.

4.7.1 Aufstieg und Niedergang regionaler Wirtschaftscluster – auch eine Frage der Governance?

Regionale Wirtschaftscluster, wo auch immer sie sich in Europa mit ihrer jeweiligen sektoralen Spezialisierung gebildet haben mögen, entwickeln sich recht unterschiedlich. Die räumliche Konzentration allein ist zumindest kein Garant für dauerhaften wirtschaftlichen Erfolg. Das Phänomen der räumlichen Konzentration kann zwar als Beleg der Überlegenheit der Betriebe innerhalb des Clusters gegenüber der Konkurrenz außerhalb des Clusters gelten. Aber regionale Wirtschaftscluster können auch wieder schrumpfen oder sogar völlig von der Bildfläche verschwinden (vgl. dazu Enright 1996: 205ff.). *Aufstieg und Niedergang*

So kann sich beispielsweise die Spezialisierung der regionalen Wirtschaftscluster auf bestimmte Güter oder Dienstleistungen als eine Sackgasse erweisen, wenn sich die Nachfrage nach eben diesen Gütern oder Dienstleistungen rückläufig entwickelt. In diesem Fall ist der Rückgang der Nachfrage die erklärende Variable für den ökonomischen Einbruch der regionalen Ökonomie. Ein Beispiel für diese Krisenvariante ist die Computerindustrie der Route 128, die von dem Erfolg der Personalcomputer und Workstations hart in Mitleidenschaft gezogen wurde. Ein anderes Beispiel ist die Luft- und Raumfahrtindustrie des südlichen Kaliforniens, die erhebliche Einbrüche durch Einsparungen im Bereich der militärischen Aufträge hinnehmen musste. In Deutschland ist ein solcher Krisenverlauf vor allem durch die Montanregionen des Ruhrgebietes bekannt, wo die Veränderungen auf den Weltmärkten für Kohle, Eisen und Stahl erhebliche Anpassungsprobleme erzeugt haben (Voelzkow 2004). *Nachfrage*

Ein anderer Weg in die Krise eines regionalen Wirtschaftsclusters kann darin bestehen, dass die spezifischen Wettbewerbsvorteile dieser Produktion verloren gehen. So können sich die optimalen Betriebsgrößen verändern. Denkbar ist beispielsweise, dass eine eher handwerklich geprägte Produktion mehrerer Spezialunternehmen, die ein regionales Cluster flexibler Spezialisierung bildeten, durch ein vertikal integriertes Großunternehmen abgelöst wird, weil dieses Unternehmen zusätzlich economies of scale realisieren kann, die eine Nachfrageverschiebung zugunsten des integrierten Großunternehmens auslöst. Vorstellbar ist auch, dass im Zuge des Lebenszyklusses eines Produkts die zunächst räumlich konzentrierten Wissensvorsprünge des regionalen Wirtschaftsclusters durch eine Diffusion an Wert verlieren, wodurch die Betriebe außerhalb des Wirtschaftsclusters wettbewerbsfähiger werden. *Vertikale Integration*

Ein dritter Krisenfall kann auftreten, wenn mehrere regionale Wirtschaftscluster in unmittelbare Konkurrenz geraten. Ein interessantes Beispiel dafür liefert der klassische Fall der Messer- und Klingenindustrie. Im 18. Jahrhundert konnte sich Sheffield als Industriedistrikt weltweit durchsetzen. Im späten 19. *Die Konkurrenz von Wirtschaftsclustern*

Jahrhundert wurde Sheffield von dem Industriedistrikt in Solingen, der mit einem vergleichbaren Produktspektrum um Weltmarktanteile kämpfte, überflügelt. In der zweiten Hälfte des 20. Jahrhunderts sah sich der Standort Solingen einer neuen Konkurrenz aus Japan ausgesetzt. Der japanische Industriedistrikt Seki, der als das „japanische Solingen" bezeichnet wurde, trat einen für Solingen schmerzhaften Siegeszug an. In den 90er Jahren kämpften die 300 Spezialfirmen aus Solingen und die 600 Firmen aus Seki um ihre Absatzmärkte.

Die Erosion sozialer Grundlagen

Die bislang genannten möglichen Krisenphänomene haben harte wirtschaftliche Gründe, aber noch keine unmittelbaren Bezüge zur Governance eines regionalen Wirtschaftsclusters. Ein vierter Krisenfall aber könnte darin liegen, dass ein regionales Wirtschaftscluster die internen sozialen Grundlagen seines Erfolgs verliert. Insbesondere der Verlust an interner Kooperationsbereitschaft könnte zum Auslöser einer regionalen Krise werden. Aber auch die umgekehrte Konstellation ist denkbar. In diesem Krisenszenario bleiben die Grundlagen des vorausgegangenen Erfolgs zwar im Prinzip erhalten, aber sie wirken in die entgegengesetzte Richtung. In diesem Fall kommt es zu einem Verlust an Innovationsdynamik durch Lock-In-Effekte: Die zentralen Schwächen des regionalen Wirtschaftsclusters erwachsen aus den ehemaligen Stärken.

Entwicklungsdynamik der Governance-Architektur

Einer der Vorzüge des Governance-Ansatzes besteht darin, die Entwicklungsdynamiken der institutionellen Grundlagen wirtschaftlicher Transaktionen im Zeitverlauf erfassen zu können. Ausgehend von der generellen Annahme, dass sich kollektive Bedarfslagen über unterschiedliche institutionelle Varianten einlösen lassen, die sich analytisch den verfügbaren Modellen sozialer Ordnung zuordnen lassen und entsprechend in gemeinschaftliche, marktförmige, organisatorisch-hierarchische, staatliche und verbandliche Lösungsmuster differenzieren lassen, bleibt es eine empirische Frage, welche konkreten Verschiebungen im institutionellen Ordnungsgefüge zu beobachten sind. So mag die Produktion eines spezifischen kollektiven Wettbewerbsgutes (bspw. Qualifizierung oder der Transfer von Wissen und Technologie) in einem regionalen Wirtschaftscluster zunächst einer Gemeinschaft (Familien, Clans, Unternehmen einer lokalen Ökonomie) überantwortet gewesen sein. Aber Gemeinschaften können im Zuge von Modernisierungsprozessen erodieren. Oder es werden über den Strukturwandel neue Herausforderungen (neue kollektive Bedarfslagen) deutlich, die das Leistungspotential der vorhandenen gemeinschaftlichen Lösungen überfordern. Solche Entwicklungen mögen dann eine Art Ersatzlösung – bspw. eine Intervention und Regulierung des politisch-administrativen Systems – provozieren. Die Regelungsmaterie wechselt in diesem Fall von dem Gemeinschaftsmodell zu dem Modell staatlicher Versorgung. Aber auch staatliche Lösungen können sich – aus welchen Gründen (z.B. Informationsdefizite, Legitimationsengpässe, Finanzierungsprobleme) auch immer – als defizitär erweisen. Denkbar ist auch eine „Verschiebung" der Regelungsmaterie in den Marktsektor, eingeleitet durch „Privatisierung" oder „Deregulierung". Aber auch Märkte können – gerade wenn es um kollektive Güter geht – versagen. Als Ausweg eines Zusammentreffens von Markt- und Staatsversagen mag sich dann bspw. eine verbandliche Lösung anbieten, die von „privaten Regierungen" angeboten wird. Aber natürlich können auch neokorporatistische Arrangements einem Erosionsprozess unterliegen, der die Tragfähigkeit dieses Modells sozialer Ordnung untergräbt.

In diesem Kapitel sollen solche Entwicklungsdynamiken am Beispiel aktueller Veränderungen in der Governance der regionalen Ökonomien in Baden-Württemberg und im Dritten Italien näher analysiert werden. Ausgangspunkt ist die Überlegung, dass sich beide Regionalökonomien in den letzten Jahren insofern einer veränderten Wettbewerbssituation ausgesetzt sehen, als die laufenden Globalisierungsprozesse natürlich auch hier spürbar werden. Aber die Globalisierung der Wirtschaft trifft die beiden Regionalökonomien, so ist zu vermuten, in unterschiedlicher Weise, weil die institutionelle Ausgangssituation der beiden Regionalökonomien (und der beiden Volkswirtschaften, in die sie „eingebettet" sind) unterschiedlich ist. Es gibt nicht nur einen Kapitalismus, sondern verschiedene (nationale) Kapitalismen, die sich durch ihre jeweiligen institutionellen Settings ihrer Volkswirtschaften (und damit auch ihrer Regionalökonomien) voneinander unterscheiden, was auch bedeutet, dass die Folgeprobleme der Globalisierung sowie die darauf abgestellten Reaktionsmuster jeweils anders aussehen. Deshalb wird unter Anwendung des Governance-Ansatzes auch nachvollziehbar, warum verschiedene regionale Wirtschaftscluster auf dieselben ökonomischen Herausforderungen („Globalisierung") in unterschiedlicher Weise reagieren. Die Herausforderungen „von außen" werden innerhalb der regionalen Wirtschaftscluster aufgrund der Unterschiede in der institutionellen Ausgangslage als jeweils spezifische interne Probleme oder Engpässe wahrgenommen.

Gleiche Herausforderungen, unterschiedliche Antworten

Um die Besonderheiten in der Betroffenheit und in den Reaktionsmustern deutlich zu machen, werden hier in einer groben Vereinfachung zwei Diagnosemuster angeführt, die in der Literatur über die Entwicklung der beiden hier im Mittelpunkt stehenden regionalen Ökonomien angeführt werden, um zu erklären, warum sich spezifische Anpassungsprobleme bzw. „Krisen" zeigen:

Zwei Diagnosemuster

1. In dem ersten Fall bleibt die regional- bzw. nationalspezifische Governance regionaler Ökonomien auch im Zeitalter der Globalisierung (zunächst) stabil, sie erweist sich aber vor dem Hintergrund der neuen Anforderungen, die aus der Globalisierung erwachsen, zunehmend als dysfunktional. Die spezifischen Governance-Elemente werden in diesem Fall nicht mehr als Gründe für überdurchschnittliche Wettbewerbsfähigkeit, sondern für Schwächen in der Wirtschaftsentwicklung verantwortlich gemacht. In dieser Perspektive wird gewissermaßen die andere Seite der Medaille der Governance regionaler Ökonomien deutlich.

Stabilität als Krisenursache

2. In dem zweiten Fall lässt die Globalisierung gerade jene spezifischen Elemente der regionalen Governance erodieren, die in den Analysen der Schule der flexiblen Spezialisierung als die tragenden Säulen des regionalen Erfolgs identifiziert worden waren. In diesem Fall hält die bisherige Funktionsweise der regionalen Ökonomie dem kalten Wind der Globalisierung nicht stand.

Wandel als Krisenursache

Beide Standarddiagnosen sind sowohl im Hinblick auf Baden-Württemberg als auch im Hinblick auf das Dritte Italien zum Einsatz gekommen. Sie sollen hier nur exemplarisch angedeutet werden. Entscheidend ist, dass die Globalisierung offensichtlich regionale Anpassungsprobleme erzeugt, die in den verschiedenen regionalen Ökonomien deshalb völlig unterschiedlich aussehen, weil sie bislang auf der Grundlage von regionalspezifischen Governance-Modi gearbeitet haben. Daraus folgt, dass je nach Ausgangslage jeweils spezifische Anpassungsleistungen vollbracht werden müssen.

4.7.2 Die Internationalisierung der Volkswirtschaften und ihr Einfluss auf die Governance-Strukturen regionaler Wirtschaftscluster in Italien und in Deutschland

Italiens politische Ökonomie im Wandel

Gegenüber der ursprünglichen Skizze einer dreigeteilten politischen Ökonomie hat sich in Italien unterdessen einiges verändert. Im Süden Italiens sind einige Großbetriebe angesiedelt worden, und auch einige Formen industrieller Organisation, wie es das Dritte Italien aufweist, zeigen sich dort an manchen Orten (Burroni/Trigilia 2001). Den Nordwesten (Piemont und die Lombardei) kennzeichneten ehemals zwei unterschiedliche Organisationsformen, nämlich zum einen die wirtschaftlichen Aktivitäten erfolgreicher Unternehmerfamilien, dazu zählten Familien wie die Agnellis (Automobilproduktion), die Familie Pirelli (Reifenherstellung) oder Feltrinelli (Holzverarbeitung und Verlagswesen), zum anderen das Prinzip der staatskapitalistischen Organisationsform.

Der Zerfall des Staatskapitalismus und die Bedrohung des Familienkapitalismus

Durch eine Holding-Gesellschaft, dem aus der Zeit des Faschismus stammenden und ursprünglich zur Bekämpfung der Finanzkrise der dreißiger Jahre gegründeten *Istituto per la Ricostruzione Industriale* (IRI), kontrollierte der Staat eine Vielzahl öffentlicher Betriebe, die zum einen dazu dienten, unbewältigte Infrastrukturaufgaben im Bereich der Energieversorgung oder der Telekommunikation zu lösen, zum anderen aber auch die Funktion nationaler Innovationsvorbilder übernehmen sollten. Beide dieser wirtschaftlichen Organisationsformen hat die Internationalisierung der Volkswirtschaften und der europäische Binnenmarkt zerschlagen. Der italienische Staat ist in den neunziger Jahren gezwungen gewesen, seine staatlichen Betriebe zu privatisieren. Die familienkapitalistischen Arrangements sind vor allem aufgrund des offeneren Kapitalmarktes extrem unter Druck geraten. Da das System des italienischen Familienkapitalismus auf der Verpflichtung zwischen einigen nationalen Banken und Unternehmen gründete, sich in Krisenzeiten wechselseitig zu unterstützen, hat der neue Einfluss ausländischer Investoren diese Verhältnisse destabilisiert. Einerseits sind die Unternehmen darauf angewiesen, sich durch ausländische Geldgeber zu kapitalisieren, andererseits zerstören sie damit die Grundlagen lokaler Wirtschaftskraft, weil diese Investoren keinerlei „nationales" bzw. „lokales" Interesse verfolgen, wenn sie Aktien eines italienischen Unternehmens erwerben. Da solche Investoren vorrangig an einer hohen Rendite für ihre Investitionen interessiert sind, muss der Produktionsprozess so kostensparend wie möglich reorganisiert werden. Dadurch wird in vielen Industrien der Preisdruck auf das lokale Zuliefergeschäft enorm erhöht. Die Forcierung von Konkurrenzverhältnissen über den Preis für ein Zulieferprodukt hat häufig zerstörerische Konsequenzen für die zwischenbetrieblichen Verhältnisse in lokalen Ökonomien. Die lokalen Produktionssysteme dieser Regionen verändern sich folglich ebenfalls im Zuge dieses Wandels. Im Dritten Italien zeigen sich schließlich Veränderungen, die damit zusammenhängen, dass das dort operierende Kleinunternehmertum nur geringe Chancen hat, autonom am Weltmarkt zu operieren. Deshalb prägen sich dort verstärkt vertikale Unternehmensbeziehungen und größere Betriebsstrukturen aus (vgl. die bolognesische Fallstudie). Dennoch bleibt die lokale Produktionsbasis, das weitverzweigte Subunternehmertum dieser Kommunen, gerade durch die Unterstützung dieser größeren Firmen erhalten.

Deutschlands Dilemma ist dem der Lombardei und Piemonts sehr vergleichbar. In vielen deutschen lokalen Ökonomien ist beobachtbar, dass ein oder mehrere Großbetriebe als Flaggschiff für eine lokale Ökonomie fungieren. Das bedeutet, dass es in einer Kommune einen Großbetrieb gibt, um den herum viele kleinere Betriebe, insbesondere in der Ausrüster- und Zulieferindustrie agglomerieren, die ihrerseits von diesen Großbetrieben mit Wettbewerbsgütern versorgt werden, zum Beispiel mit Marktinformationen oder Innovationsleistungen. Deutschland hat sich in einigen wirtschaftlichen Sektoren einen Wettbewerbsvorteil gesichert, in denen solche größeren Betriebsstrukturen generell auffindbar sind, z.B. in der Chemieindustrie oder der Automobilproduktion. Die ambivalente Rolle von Flaggschiffunternehmen in Deutschland

Es ist in den neunziger Jahren in Deutschland beobachtbar gewesen, vor allem in den Zeiten der Rezession, beginnend mit dem Jahr 1992, dass dieses Modell der Produktion, in dem ein Flaggschiff für die Bereitstellung von kollektiven Wettbewerbsgütern sorgte, eine gewisse Ambivalenz in Bezug auf die Unterstützung der lokalen Industrie entwickelte. Ähnlich wie in den nordwestlichen Regionen Italiens gerieten viele deutsche Zulieferer unter einen Veränderungsdruck, der von den Großbetrieben ausging. Während die Großbetriebe in Deutschland auf den Internationalisierungsdruck antworteten, indem sie ihre Produktionsprozesse kosteneffizienter reorganisierten, entstand die Frage, ob die bisher beauftragten Zulieferer und Subunternehmer diesen betriebswirtschaftlichen Kriterien am besten entsprachen. In der Automobilindustrie wurden die Zulieferer erster Ordnung, also solche Firmen, die als Systempartner größere Bauteile des Endproduktes fertigen, im Zuge dieser Restrukturierung noch enger als zuvor an das Flaggschiffunternehmen gebunden. Das Management bei Mercedes-Benz zum Beispiel forcierte dadurch einen besseren Austausch von Wettbewerbsgütern, insbesondere im Bereich der Innovation zwischen der eigenen Firma und den größeren Zulieferern (Glassmann 1999). Gemeinsam setzten diese Betriebe nun aber die Produzenten kleinerer Bauteile, die u.U. in osteuropäischen oder asiatischen Ländern billiger produziert werden konnten, unter einen massiven Preisdruck. Diesen Preiskampf haben viele deutsche Firmen in den neunziger Jahren nicht überlebt.

Im Ergebnis zeigte sich ein massiver Anstieg der Unternehmensinsolvenzen während der neunziger Jahre. Auf den Arbeitsmarkt wirkte dieser Veränderungsdruck ebenfalls verheerend, denn in vielen Produktionsbereichen, wie in der Maschinenbauindustrie, blieben zu Beginn der neunziger Jahre nicht nur die Aufträge aus, sondern es kam auch hinzu, dass diejenigen Aufträge, die noch zu erledigen waren, für einen kaum machbaren Preis ausgeführt werden mussten. Aus diesen Gründen verlor z.B. die Maschinenbauindustrie in der Region Stuttgart von ehemals über 85.000 Arbeitsplätzen mehr als 18.000 Stellen in nur vier Jahren (1990-1994) (Statistisches Landesamt Baden-Württemberg 1990-1995). In deutschen lokalen Produktionssystemen fiel die zwischenbetriebliche Arbeitsteilung häufig viel geringer aus als in Italien. Viele der größeren Firmen sahen sich gegenüber der lokalen Produktionsbasis daher auch viel weniger verpflich- Preiskampf tet, allerdings waren sie auch viel weniger von dieser abhängig, denn schließlich brachten ja viele öffentliche Institutionen in Deutschland Wettbewerbsgüter hervor, welche in Italien vielfach durch unternehmerische Kooperation ausgetauscht werden können. Aus diesem Grund zeigte sich in den lokalen Ökonomien Deutschlands auch eine etwas andere Veränderungsdynamik als in denen Italiens.

Die Abhängigkeit kleiner Betriebe von Großbetrieben in Deutschland

Ebenso wie in Italien sind auch in Deutschland viele staatliche Betriebe in den neunziger Jahren privatisiert worden. Jedoch gab es in Deutschland keine mit italienischen Verhältnissen vergleichbare Staatswirtschaft. Privatisiert wurden in Deutschland vor allem das Telekommunikationswesen und der Transportsektor. Da die Unternehmen in diesen Sektoren nicht die Aufgabe besaßen, als innovative Motoren für die deutsche Volkswirtschaft zu fungieren, ging mit ihrer Privatisierung nicht gleichzeitig ein besonderes Steuerungskonzept zugrunde, das für lokale Ökonomien in Deutschland besonders wichtig gewesen wäre. Es ist indes auffällig, dass, obwohl im Jahr 2002 61% aller deutschen Betriebe in die Betriebsgrößenklasse von 20-99 Mitarbeitern fielen (Institut der deutschen Wirtschaft 2004), somit also kleineren und mittleren Betrieben auch eine hohe Bedeutung für die Wirtschaft zukommt (wenngleich eine viel geringere als in Italien), diese Betriebe in der Versorgung mit Wettbewerbsgütern weniger von anderen Kleinbetrieben als viel häufiger von Großbetrieben und öffentlichen Institutionen abhängig sind. Die Erschütterung dieser großbetrieblichen Unternehmenswelt durch die verstärkte Internationalisierung hatte daher auch gravierende Konsequenzen für die kleinbetrieblich organisierte Wirtschaft in lokalen Produktionssystemen. Im Folgenden werden diese Veränderungen anhand von Fallbeispielen etwas detaillierter erläutert.

4.7.3 Die Maschinenbauindustrie in Italien und Deutschland: Bologna und Stuttgart im Wandel

Bologna

Bologna ist die Hauptstadt der Region Emilia-Romagna. Im Jahr 2001 zählte Bologna ca. 370.000 Einwohner. Die Region Emilia-Romagna gehört zum Kernland des Dritten Italien und wurde seit jeher von der kommunistischen Partei regiert. Es finden sich dort eine ganze Reihe von lokalen Ökonomien, die sich auf sehr spezifische Herstellungsverfahren in bestimmten Subsektoren verschiedener Branchen spezialisiert haben. Parma ist beispielsweise bekannt für Produkte der Nahrungsmittelindustrie, Forli für die Möbelproduktion, Ravenna für die Schuhindustrie und Bologna u.a. für den Verpackungsmaschinenbau (Bianchi/ Gualtieri 1990). Wie kam es zu dieser Spezialisierung in Bologna?

Geschichte

In der zweiten Hälfte des sechzehnten Jahrhunderts wurde Bologna aufgrund seiner Produktion von Seidenstoffen berühmt, allerdings verlor die Stadt gegenüber dem Lyoneser Industriedistrikt gegen Ende des siebzehnten Jahrhunderts seinen Wettbewerbsvorteil, weil die französischen Konkurrenten in dieser Branche ein höheres Maß an Flexibilität in der Produktion sicherstellen konnten (Poni 1997; Cottereau 1997). Aus dieser Niederlage entstand ein Veränderungsdruck, der einige bolognesische Forscher dazu veranlasste, nach alternativen Spezialisierungsmöglichkeiten zu suchen. Giovanni Aldini (1762-1834), ein Physiker, und Luigi Valeriani (1758-1828), ein Ökonom, unternahmen einige

Reisen in Europa, um sich über die neueren Entwicklungen des Maschinenbaus zu informieren. In ihrem Testament forderten sie den bolognesischen Stadtrat auf, eine lokale Schule zu gründen, durch die eine Lehrlingsausbildung für Maschinenbauer angeboten werden sollte. Das von den beiden Forschern auf ihren Reisen gewonnene Wissen sollte der lokalen Ökonomie auf diese Weise erhalten bleiben.

Erstaunlicherweise ist die nach ihren Gründervätern benannte Aldini-Valeriani-Schule noch heute das qualifizierende Rückrat der lokalen Maschinenbauindustrie. Zwar ist sie heute in das reguläre Schulsystem integriert und unterliegt somit einigen zentralstaatlichen Reglements, aber die Kommune von Bologna, welche diese Schule finanziell unterhält, hat sich bisher immer erfolgreich gegen Eingriffe von außen wehren können. Diese Schule ist keine Berufsschule oder eine Fachhochschule. Aldini-Valeriani ist eine weiterführende Schule, welche die Schüler nach der Mittelschule besuchen, um die Sekundarstufe II zu absolvieren. Dabei finden sie die Gelegenheit, sich wie an einer Kollegschule zugleich auf ein bestimmtes berufliches Aufgabenfeld vorzubereiten. Die Schule bildet vor allem in technischem Zeichnen und im Maschinendesign aus. Ein weiterführender Weg, sich im Bereich des Maschinenbaus formal zu qualifizieren, besteht in einem ingenieurwissenschaftlichen Hochschulstudium an der Universität von Bologna. Dass jedoch dieser zweite Weg lange Zeit kaum von Interesse war, so dass Ingenieure in dem heute existierenden Verpackungsmaschinencluster nur eine untergeordnete Rolle spielen, hat u.a. schichtspezifische Gründe.

Kommunale Schulen

1991 wies die Statistik 482 spezialisierte Maschinenbaubetriebe in Bologna aus. Die meisten dieser Betriebe sind Hersteller von Verpackungsmaschinen. Diese Maschinen werden zum Beispiel in der Nahrungsmittelindustrie zum Verpacken von Nahrungsmitteln oder in der pharmazeutischen Industrie zum Einfüllen, Abpacken und Umverpacken von Medikamenten benutzt. Die Gründer dieser Firmen stammen jedoch nicht aus reichen italienischen Unternehmerfamilien, sondern vielfach aus der Arbeiterklasse. In den meisten Fällen erhielten sie ihre fachliche Qualifizierung in den Kursen der Aldini-Valeriani-Schule und lernten dort technisches Zeichnen. In der Folge begannen die meisten ihre Karriere in einer der wenigen am Ort ansässigen Maschinenbaufirmen, insbesondere der Firma ACMA. Bis in die Nachkriegszeit gehörte die 1924 gegründete Firma ACMA (*Anonima Costruzioni Macchine Automatiche*) zu den wenigen Betrieben, die bereits ein so spezialisiertes Wissen über das Design von Verpackungsmaschinen erworben hatte. Andere Firmen wie Ducati spezialisierten sich zunächst auf Apparate für Funk und Film oder Rizzoli auf die Herstellung chirurgischer und orthopädischer Instrumente. Arbeiter, die in der Aldini-Valeriani-Schule ihre Ausbildung erhalten hatten, dann zu ACMA kamen und dort ein spezialisierteres know-how über Verpackungsmaschinen erwarben, gründeten in der Nachkriegszeit eigene Firmen, mit denen sie als Zulieferer, Teilelieferant oder Subunternehmer auftraten. Die Firma ACMA wird heute als „Mutterfirma" dieser lokalen Ökonomie bezeichnet, weil fast alle neuen Firmen quasi aus ihr ausgegründet wurden. Dabei funktionierte die Weitergabe von Wissen über Teilschritte der Produktion fast immer auf dieselbe Weise: Es gab eine schulische Vorbildung, die Arbeiter praktizierten ihr Wissen eine Zeit lang als abhängig

Der bolognesische Maschinenbau

Beschäftigte, lernten durch die praktische Anschauung und gründeten schließlich ihre eigene Firma.

Die Regional-
regierung der Emilia-
Romagna

Heute wird es auch der Regionalregierung in der Emilia-Romagna zuge-schrieben, dass sie so gute politische Rahmenbedingungen für diese Welle der Unternehmensgründungen geschaffen habe. Tatsächlich hat die Regionalregie-rung ein weitverzweigtes Netzwerk von Instituten aufgebaut, durch das die in der Emilia-Romagna jeweils kommunal spezialisierten Unternehmen mit subsektoral ausgerichteten Innovationsleistungen unterstützt werden. So existiert z.B. in Faenza ein Institut zur Innovationsförderung in der Keramikindustrie, in Forli ein ähnliches Institut zur Förderung der Ausbildung und der Erforschung von Mode-trends im Schuhsektor, in Reggio-Emilia ein Institut zur Forschungsförderung im Bereich der Landmaschinenproduktion usw. Diese Institute gehören alle zu einer regionalen Planungsagentur (ERVET), aber letztlich verfügt die regionale Ebene über zu geringe finanzielle Mittel, um eine überkommunale und breite Förderpo-litik zu betreiben. Die genannten Institute sind häufig von einer Kofinanzierung der Europäischen Union abhängig. So war selbst die Regionalregierung gezwun-gen, ihre Förderpolitik an der bereits bestehenden kommunal organisierten und sektoral spezialisierten Industrie auszurichten. Für das Verpackungsmaschinen-baucluster ist nie ein solches Institut gegründet worden. Einige Industriedistrikte müssen ohne diese öffentliche Förderung durch die Regionalregierung auskom-men. Die Förderung des Technologietransfers durch die Regionalregierung stellt somit zwar eine zusätzliche Variante der Güterbereitstellung dar, aber für die wichtigen Unterstützungsmaßnahmen sorgten in der Vergangenheit häufiger die Kommunen als die Region. Die Aldini-Valeriani-Schule ist hierfür ein gutes Beispiel.

Das emilianische
Modell

Sebastiano Brusco (1982) hat das Geheimnis des emilianischen Modells, welches sich aus den Einzelerfolgen spezialisierter Industriebetriebe in den Kommunen zusammensetzt und weniger ein primär regionales Erfolgsmodell darstellt, in einem vielbeachteten Aufsatz über die politische Ökonomie dieser italienischen Region enthüllt. Es sind zwar auch die öffentlichen Institutionen, welche diesem Modell zumindest in Italien Vorbildcharakter verleihen, weil sich zum Beispiel die Verbändearbeit in der Region durch einen überaus kooperativen Stil auszeichnet. Zudem ist es gelungen, ein dezentralisiertes Wohlfahrtsregime zu etablieren. Dieses beinhaltete eine vorbildliche Frauengleichstellungspolitik, die Subventionierung von Energiepreisen, eine verantwortliche Stadtplanung usw. Letztlich entscheiden aber die zwischenbetrieblichen Verhältnisse, die viel-fach durch eine gemeinschaftliche Klammer auf kommunaler Ebene forciert wurden, über den eigentlichen Wettbewerbsvorteil.

Betriebliche
Parallelwelten

In der Emilia, so argumentiert Brusco, existieren zwei betriebliche Paral-lelwelten, die dennoch von einander abhängig sind. In dem einen Sektor wirt-schaften größere Betriebe mit guten Kontakten zu den Endabnehmermärkten, die zugleich hohe Löhne zahlen und einen wesentlichen Anteil an der Mitarbeiter-qualifizierung und den Innovationsleistungen in der lokalen Ökonomie tragen. In einem zweiten Sektor arbeiten die Mitarbeiter vieler 1-2-Mann-Betriebe entwe-der in Heimarbeit oder in einer kleinen Werkstatt als Subunternehmer für die Firmen des ersten Sektors. Der zweite Sektor ist gekennzeichnet durch die Mit-hilfe von Familienmitgliedern und Rentnern. Die Löhne dort fallen sehr viel geringer aus als im ersten Sektor. In diesem zweiten Sektor handelt es sich häufig um Schwarzarbeit. Subunternehmer aus diesem Bereich fordern daher auch keine festen Verträge, sondern erledigen Aufträge nach der Bedarfslage der größeren Unternehmen. Sie machen ihre Arbeit nicht dauerhaft von bestimmten Kundenfirmen abhängig, so dass sie keinen schweren Einbruch befürchten müssen, wenn es einer Firma, mit der sie kooperieren, schlechter geht. Dieses Netzwerk von Subunternehmern, wenngleich nicht alle diese Firmen schwarz arbeiten, basiert dennoch auf informellen Austauschverhältnissen; es arbeitet schnell, extrem flexibel, und seine Mitarbeiter werden für eine sehr geringe Entlohnung tätig. Im Grunde ist diese Vorgehensweise überhaupt charakteristisch für die italienische Wirtschaft (Regini 1997). Als eine Besonderheit der Emilia galt indes die Entschärfung des Klassenkonfliktes, weil selbst viele Firmen des ersten Sektors von Unternehmern gegründet wurden, die ihr Wissen über das spezialisierte Design von Maschinen als ehemals abhängig Beschäftigte eines anderen Unternehmens erwarben. In den Anfängen der Clusterbildung in Bologna trug die kommunistische Subkultur ohne Zweifel dazu bei, die zwischenbetriebliche Kooperation zu stärken.

Heute spielt diese gemeinschaftliche Variante der Güterbereitstellung keine so große Rolle mehr, weil auch der kommunistischen Subkultur heute nicht mehr diese Bedeutung zukommt. Andererseits haben sich in Bologna genau diese von Brusco zu Anfang der achtziger Jahre beschriebenen Firmenverhältnisse erhalten; sie sind sogar durch die Internationalisierung noch verstärkt worden. Heute haben sich die Firmen des ersten Sektors immer mehr vergrößert, um als *leader firms* am Weltmarkt operieren zu können. Sie agieren jedoch zugleich als Agenten für die lokale Produktionsbasis, denn die kleinen Subunternehmer in Bologna verfügen weder über das Firmenkapital noch über das know-how, das für eine international wettbewerbsfähige Produktion in diesem Subsektor benötigt wird. Zwar erfuhr die lokale Ökonomie durch die Stärkung der vertikalen Firmenbeziehungen zwischen den *leader firms* und dem kleinbetrieblichen Subunternehmertum eine Hierarchisierung, aber andererseits kommt dieses Arrangement den Firmen in beiden Sektoren zugute. Die großen Firmen schützen ihre lokale Produktionsbasis und erhalten sich auf diese Weise ein hoch flexibel agierendes Netzwerk, in das sie Teilschritte der Produktion outsourcen können, und die Subunternehmer überleben trotz der rigiden Wettbewerbsbedingungen, indem sie sich von den *leader firms* qualifizieren lassen und diesen die Kontaktpflege zu den Endabnehmermärkten überlassen.

Zwar ist in den neunziger Jahren ein Konzentrationsprozess im bolognesischen Maschinenbaucluster zu beobachten gewesen, aber die meisten Firmen fanden sich auch in den neunziger Jahren immer noch in der ersten Betriebsgrößenklassenkategorie. Von 482 Firmen wies die Statistik 1991 ca. 350 in der Größenklasse von 1-15 Mitarbeitern aus. Dem gegenüber standen lediglich 4 Betriebe mit über 500 Mitarbeitern. Die lokale Ökonomie Bolognas bezieht ihren Wettbewerbsvorteil immer noch aus einem flexibel arbeitenden, kleinbetrieblichen Subunternehmertum. Diese Kleinbetriebe wurden jedoch von den öffentlichen Institutionen in den neunziger Jahren nicht unbedingt besser mit kollektiven Wettbewerbsgütern versorgt als zuvor. Im Gegenteil, die Maastrichter Kriterien haben gerade den italienischen Staat zu einer rigiden Haushaltsdisziplin gezwungen. Aus diesem Grund blieb der Regionalregierung immer weniger Geld für die Bereitstellung direkter Dienstleistungen übrig. Sie hat daher, der Not gehorchend, einige neoliberale Leitlinien adaptiert, so dass sie jetzt einige Aufgaben in der Innovationspolitik den Teilnehmern des lokalen Marktes überlässt. Während der Technologietransfer früher vornehmlich den ERVET-Serviceagenturen überantwortet wurde, konkurrieren jetzt private Firmen mit den öffentlichen Institutionen um die staatlichen Fördergelder. Es bleibt abzuwarten, ob die Reform des italienischen Zentralstaates den Regionen langfristig mehr Finanzmacht und politische Kompetenzrechte zusprechen wird oder nicht. Die Gestaltung der beruflichen Bildung ist nun zum ersten Mal ganz in die Hand der Regionen gelegt worden. Vielleicht kompensiert dieser Zugewinn an Kompetenzrechten die finanzielle Armut der intermediären Ebene ein wenig. Die mächtigsten Akteure im Beziehungsgeflecht der bolognesischen Ökonomie sind die *leader firms*, denn diese werden immer entscheidender für die Versorgung des kleinbetrieblichen Unternehmertums mit kollektiven Wettbewerbsgütern. Bislang füllen sie diese Rolle in Bologna gut aus. Insgesamt gesehen lässt sich sagen, dass wirtschaftliche Erfolgsgeschichten in der italienischen Ökonomie vorrangig durch endogenes Wachstum in kommunalen Grenzen erzeugt werden. Dieses Prinzip kann sich in rückständigen oder altindustriellen Regionen auch nachteilig auswirken, weil hier eine externe Flankierung der lokalen Wirtschaft mit Wettbewerbsgütern fehlt (vgl. 8.1).

Der Stuttgarter Maschinenbau

Die Stuttgarter Maschinenbauindustrie ist hingegen von anderer Beschaffenheit als die bolognesische. Der auffälligste Unterschied zeigt sich im Vergleich der Betriebsgrößenstruktur. 1995 bestand das Stuttgarter Maschinenbaucluster aus 452 Firmen. Von der Gesamtanzahl der Firmen her sind die beiden Ökonomien also gut vergleichbar. In der ersten Betriebsgrößenklasse finden sich in Stuttgart jedoch nur 11 Firmen gegenüber 353 in Bologna. Hingegen in der letzten Größenklasse (500 Mitarbeiter u.m.) wies die Statistik 40 Maschinenbaubetriebe in Stuttgart gegenüber 4 Firmen in Bologna aus. Die meisten Firmen finden sich in Stuttgart, anders als in Bologna, in der zweiten Betriebsgrößenklasse (20-49 Mitarbeiter). Allerdings massierte sich die Zahl der Betriebe hier ebenfalls nicht so deutlich wie in Bologna in einer Klasse. Nur ca. 160 Betriebe fanden sich 1999 in dieser zweitgrößten Kategorie. Auch wenn die subsektorale Spezialisierung des Werkzeugmaschinenbaus, auf den sich die meisten Stuttgarter Firmen spezialisieren, vernachlässigt wird, zeigt sich in der Statistik kein anderer Trend als in Stuttgart. Die deutschen Maschinenbauunternehmen sind im Durchschnitt größer als ihre italienischen Konkurrenten.

Hausinterne Produktion von Wettbewerbsgütern

Was folgt aus diesem Unterschied für die Bereitstellung kollektiver Wettbewerbsgüter? Die Stuttgarter Unternehmen sind viel eher in der Lage, Wettbewerbsgüter hausintern zu produzieren als die bolognesischen Firmen. Sie verfügen über eine andere Kapitaldecke und häufig auch über eine längere unternehmerische Tradition in ganz verschiedenen Bereichen des Maschinenbaus, weshalb das Ingenieurstudium ein durchaus wichtiger Qualifikationsbestandteil für die Entwickler und die Geschäftsführer dieser Unternehmen darstellt. Das ganze Innovationsparadigma dieser Ökonomie ist sehr viel aufwendiger, sehr viel stärker an kodifiziertes Wissen in formalen Institutionen gebunden und daher viel stärker technologiegetrieben als in Bologna. Als Resultat dieser völlig anderen betrieblichen Struktur sowie des sehr viel größeren Zuschnitts der intermediären Ebene verzeichnet die Region Stuttgart auch einen viel höheren Beschäftigtenstand als die lokale Ökonomie Bolognas. Obwohl die Anzahl der Firmen nahezu gleich groß ist, arbeiteten in Bologna im Jahr 1991 11,573 Personen in der Maschinenbaubranche, in Stuttgart im Jahr 1994 hingegen ca. 67,000 Personen. Allerdings weist die Statistik in Stuttgart auch deshalb eine höhere Beschäftigtenzahl aus, weil dort kein dualer Arbeitsmarkt in der Form existiert, wie Brusco ihn für den italienischen Fall beschreibt (DiGiovanna 1996), so dass die Dunkelziffer der illegal Tätigen hier geringer ausfallen dürfte als in Italien, wo die Statistik nur einen gewissen Teil der tatsächlich Beschäftigten ausweist.

Aufgrund der größeren Betriebsstrukturen sind die Unternehmen in Stuttgart sehr viel weniger darauf angewiesen gewesen, miteinander zu kooperieren, um Wettbewerbsgüter zu produzieren. Vor allem in den achtziger Jahren versuchten die meisten Maschinenbaufirmen, so ziemlich jedes Wettbewerbsgut betriebsintern bereitzustellen. Diese Mentalität hat sich jedoch in den neunziger Jahren als die Achillesverse der lokalen Ökonomie herausgestellt, denn zu den hohen Löhnen und Lohnnebenkosten für die Mitarbeiter in den Stuttgarter Firmen kamen so generell sehr hohe betriebliche Kosten für Maschinen etc. An dieser Prozessrationalität scheiterten viele Firmen, die ihre Arbeitsorganisation nicht restrukturierten. Es stellte sich heraus, dass die Stuttgarter Unternehmer eine Form der Flexibilität darin sahen, möglichst viele Maschinen im eigenen Park zu besitzen, so dass es nicht notwendig ist, einen hohen Prozentsatz einzelner Teilschritte der Produktion outzusourcen. So behielten sie jederzeit die Kontrolle über die Innovation und die Herstellung einzelner Bauteile. Dies hat sich in den neunziger Jahren etwas geändert. Heute werden sehr viel mehr Arbeitsprozesse an andere Firmen weitergegeben, so dass die Betriebskosten gesenkt werden können, was für die internationale Wettbewerbsfähigkeit dieser Firmen von hoher Bedeutung ist.

Wenig zwischenbetriebliche Kooperation in Stuttgart

Gerade die häufig gut funktionierenden öffentlichen Einrichtungen in der lokalen Ökonomie verstärken den Trend, wenig zwischenbetriebliche Kooperation in Gang zu setzen, denn in vielen Fällen lassen sich Wettbewerbsgüter von externen Institutionen zukaufen, so dass sie nicht über zwischenbetriebliche Kooperationen erzeugt werden müssen, wie in Bologna. In Stuttgart können Firmen auf eine Vielzahl von Forschungseinrichtungen zurückgreifen, vor allem auf ein Fraunhofer-Institut vor Ort, das sich mit der Automatisierung der Prozesstechnik beschäftigt, aber auch auf Fachhochschulen, mit denen häufiger kleine Kooperationen eingegangen werden, zudem auf Max-Planck-Institute und die vielen universitären Forschungsinstitute.

1989 richtete die Universität von Stuttgart ein Zentrum für Fertigungstechnik (ZFS) ein. Es koordiniert die Unterstützung lokaler Firmen mit spezialisierten Forschungseinrichtungen, darunter das Institut für Werkzeugmaschinen (IfW) oder das Institut für Steuerungstechnik der Werkzeugmaschinen und Fertigungsverfahren (ISW). Diese Institute kofinanzieren Forschungsprojekte durch die Trägerschaft von lokalen Firmen einerseits, darunter großen Flaggschiffunternehmen des Landes wie Bosch, Siemens, DaimlerChrysler oder IBM, und mittelständischen Maschinenbauunternehmen sowie öffentlichen Finanzmitteln andererseits. Gelder können indes nur eingeworben werden, sofern die beantrag-

Grenzüberschreitende Innovationsnetzwerke in Baden-Württemberg

ten Projekte eine Verbesserung der ökonomischen Performanz des *Landes* in Aussicht stellen. Da die Landesebene, anders als die Regionalregierung in der Emilia-Romagna, über einen sehr viel größeren Haushalt verfügt als diese, kann sie in ganz anderer Weise für die externe Produktion von Wettbewerbsgütern sorgen. Zugleich fördert sie damit aber nie ausschließlich ein lokales Kompetenzzentrum mit einer räumlich exklusiven sektoralen Spezialisierung, sondern sie versucht, diese Wettbewerbsgüter möglichst flächendeckend im Raum bereitzustellen. Dies lässt sich u.a. an der räumlichen Ausdehnung der Technologietransferstellen erkennen. Ähnlich wie die emilianische Regierung versuchte, mit der ERVET-Planungsagentur für einen Technologietransfer aus öffentlichen Institutionen an private Firmen zu sorgen, hat die Landesregierung mit dem Aufbau der Steinbeis-Stiftung einen solchen Technologietransfer in ganz Baden-Württemberg (und sogar über die Landesgrenzen hinaus) organisiert. Zwischen 1983 und 1990 hat die Stiftung als halb-öffentliche Institution des Landes 93 Transferstellen allein in Baden-Württemberg eingerichtet. Solche Zentren wurden häufig an dem Lehrstuhl einer Fachhochschule oder einer Universität realisiert, d.h. sie waren auch nicht an die kommunale Spezialisierung der Industrie gebunden. Aufgrund der reichen infrastrukturellen Basisausstattung mit Fachhochschulen u.ä. konnte dieses Konzept viel eher räumlich dekonzentriert umgesetzt werden als in der Emilia.

Unternehmerischer Individualismus

Den Namen Steinbeis hat die Stiftung von dem Präsidenten der Zentralstelle für Handel und Gewerbe, Ferdinand Steinbeis (1807-1893), der während seiner Amtszeit für die Einführung einer neuen Gewerbeordnung sorgte, das Fachschulwesen auszubauen begann und verschiedene andere Innovationen einführte, welche die externe Förderung der lokalen Wirtschaft mit kollektiven Wettbewerbsgütern begründete. U.a. organisierte Steinbeis Messen, vergab Auslandsstipendien und vermittelte ausländische Fachkräfte an heimische Betriebe. Die Zentralstelle gründete ein Lager mit ausländischen Maschinen, die ausgeliehen werden konnten. Noch heute setzt das Landesgewerbeamt der Landesregierung die Tradition von Steinbeis mit der Förderung kleinerer und mittlerer Betriebe in Baden-Württemberg fort (Semlinger 1993 und 1995). Auch in Baden-Württemberg lässt sich also ein historischer Pfad der Güterproduktion erkennen, der noch heute verfolgt wird. Dieser Pfad hat historisch jedoch, wie einige Autoren annehmen, durch den südwestdeutschen Pietismus begünstigt, einen unternehmerischen Individualismus ausgeprägt, der dazu führte, dass Wettbewerbsgüter in großen Betriebseinheiten intern produziert werden. Längerfristige Kooperationen entstehen häufig lediglich durch vertikale Unternehmensbeziehungen, also zwischen Zulieferern und Kundenfirmen sowie zwischen externen Forschungseinrichtungen und einzelnen Firmen. Außerdem hat dieser Pfad immer einen tätigen Staat vorausgesetzt, der die lokale Wirtschaft mit der Bereitstellung direkter Dienstleistungen unterstützt. Die Konstruktion des deutschen Föderalismus ermöglichte es in der Nachkriegszeit, diese Tradition durch die starke Landesebene aufrechtzuerhalten, wobei die Besonderheiten dieses Föderalismus (Finanzausgleich, Verfassungsgebot der Gleichwertigkeit von Lebensverhältnissen, horizontale Koordination der Länderpolitiken, Gemeinschaftsaufgabe) dafür gesorgt haben, dass Baden-Württemberg keinen völlig anderen Weg der Wirtschaftsförderung eingeschlagen hat als andere Länder (auch wenn das verschiedentlich behauptet wird). Auch lokale Sonderwege sind nicht so sehr die Regel wie in Italien. Die externe Flankierung der lokalen Ökonomie mit kollektiven Wettbewerbsgütern erfolgt, das zeigt auch das Stuttgarter Beispiel, zumeist mit den konventionellen Instrumenten und den föderalen wie korporatistisch organisierten Institutionen des deutschen Modells.

Es wird oft vergessen, dass viele der Regulierungen, von denen z.B. die lokale Ökonomie Stuttgarts profitiert hat, dazu zählt zum Beispiel auch das duale System der beruflichen Bildung, nationale Regulierungen sind. Die Profile, nach denen in diesem System ausgebildet wird, legt das korporatistisch organisierte Bundesinstitut für Berufliche Bildung (BiBB) fest. Daher ist die lokale Wissensbasis viel weniger als im italienischen Vergleichsfall an relativ unstrukturierte Lernprozesse gebunden, die zudem vorrangig durch die praktische Anschauung in Betrieben gewonnen werden müssen. Vielmehr sorgt die Möglichkeit der beruflichen Ausbildung für einen theoretischen Grundstock an Wissen bei den Facharbeitern, mit dem zum Beispiel die Umstellung auf die CNC-Technik moderner Drehmaschinen in den achtziger Jahren relativ leicht bewältigt worden ist.

Nationale Regulierungen

Oben wurde bereits erwähnt, dass die Herausforderungen für dieses Modell der Produktion darin bestehen, dass die Flaggschiffunternehmen in Stuttgart, anders als die *leader firms* in Bologna, ihre Zuliefer- und Subunternehmerkontakte mit der lokalen Produktionsbasis eher aufkündigen. Wenn die öffentliche Infrastruktur aufgrund knapper Kassen ebenfalls ihre Güterproduktion einschränken muss, dann entstehen für die vielen kleineren Unternehmen schwere Engpässe, insbesondere im Bereich der Produkt- und der Prozessinnovation. In Stuttgart haben sich daher in den neunziger Jahren ganz neue Kooperationsformen dieser kleineren Maschinenbauunternehmen beobachten lassen. Die Governance-Formen wandeln sich also in beiden Fällen in Richtung auf mehr zwischenbetriebliche Kooperation und die stärkere Herausbildung lokaler Netzwerke. Der entscheidende Unterschied ist in der Bereitstellung der öffentlichen Güterproduktion zu sehen, wobei die Fallbeispiele ganz klar zeigen, wie sich nationale Muster in den Einzelfällen wiederfinden. Die reiche und räumlich flächendeckende externe Bereitstellung kollektiver Wettbewerbsgüter in Deutschland bewirkt zugleich, dass sich lokale Ökonomien mit einer gewissen sektoralen Spezialisierung raum-unabhängiger wiederholen. In Italien ist die Produktion dieser Güter so sehr an kleine, miteinander kooperierende Betriebe und spezielle Einrichtungen wie lokale Schulen etc. gebunden, dass sich solche Spezialisierungen weniger häufig im Raum reproduzieren lassen. Die letztere Steuerungsvariante setzt in extremer Weise auf endogenes Wachstum am Ort, die erstere auf eine exogene Beeinflussung dieses Wachstums im Sinne eines nationalen Produktionsmodells, in dem durchgängig hohe Löhne für eine gut ausgebildete Belegschaft gezahlt werden können etc. Das deutsche Produktionssystem gerät somit durch den internationalen Wettbewerb unter Druck, weil es versucht, diese hohen Standards von Produktion, Innovation, Qualifizierung und Wohlfahrt flächendeckend aufrechtzuerhalten, das italienische Produktionssystem gerät vor allem dort unter Druck, wo kein endogenes Wachstum stimuliert werden konnte, wie im Mezzogiorno oder in altindustriellen Regionen. Dies belegen die nächsten beiden Fallstudien.

Muster der Produktion im Vergleich

4.8 Die politische Neugründung regionaler Wirtschaftscluster in Deutschland und Italien

Neugründung von Clustern in niedergehenden Regionen

Die nachfolgende Fallstudie untersucht den Aufstieg und den Niedergang alter Stahlstädte anhand eines deutschen und eines italienischen Fallbeispiels. Dabei geht es um die Frage, inwiefern der Staat regionale Wirtschaftscluster kreieren kann, indem er dazu beiträgt, dass sich an Orten, die von einem industriellen Niedergang betroffen sind, sektoral spezialisierte kleine und mittlere Firmen aus einer anderen Wirtschaftsbranche ansiedeln. Dieses Szenario wird anhand zweier Stahlstädte in Deutschland und Italien untersucht: Duisburg und Piombino. Es stellt sich hier demnach die etwas andere Frage, ob der Niedergang der Stahlfirmen durch die Produktion in einem anderen wirtschaftlichen Sektor kompensiert werden kann und ob die Initiativen von externen Institutionen einen positiven wirtschaftlichen Wandel unterstützen können, bzw. ob der Staat ein Wirtschaftscluster „künstlich" zu erzeugen vermag.

4.8.1 Duisburg und Piombino im Vergleich

Der Stahlsektor

Das Problem stellt sich für die beiden untersuchten Kommunen ähnlich dar: Der Stahlsektor hat aus technologischen Gründen andere Betriebsstrukturen hervorgebracht als zum Beispiel die Maschinenbauindustrie. Gigantische, vertikal integrierte Unternehmensstrukturen kennzeichnen diese Industrie. Tausende von Mitarbeitern sind oft in nur einem einzigen Betrieb beschäftigt. Aus diesem Grund sind vielerorts ganze Städte von der Stahlindustrie abhängig. Zwar unterliegt der Markt für Stahlprodukte ähnlichen Konjunkturschwankungen wie die Wirtschaft anderer Sektoren auch, jedoch fällt es aufgrund der betrieblichen Struktur, der Art des Verarbeitungsprozesses und den dadurch anfallenden Betriebskosten äußerst schwer, die Produktion von Stahl der Marktlage anzupassen. Es kann daher schnell geschehen, dass Stahlfirmen eine Überproduktion erzeugen, was sich wiederum nachteilig auf die Preisstruktur der Produktmärkte von Stahlunternehmen auswirkt. Zwischen den Betrieben des Stahlsektors kommt es aufgrund dieser sektorspezifischen Schwierigkeiten also schnell zu einem Preiskrieg.

EGKS

Obgleich die europäische Politik durch die Gründung der Europäischen Gemeinschaft für Kohle und Stahl (EGKS) im Jahr 1951 bemüht war, genau diese sektorspezifischen Probleme durch eine supranationale Politik zu lösen – einerseits wurde dadurch versucht, den europäischen Stahlmarkt gegen andere Märkte abzuschotten, andererseits ließen sich die deutschen Kohle- und Stahlunternehmen, die in den Zeiten des Nationalsozialismus von entscheidender Bedeutung für die Aufrüstung Deutschlands waren, unter eine supranationale Kontrolle stellen –, gelang es der EGKS nicht, die verschiedenen, mehrfach auftauchenden Europäischen Stahlkrisen abzuwenden.

Die 1. Stahlkrise

Die erste gravierende Stahlkrise der Nachkriegszeit erlebten die europäischen Stahlunternehmen im Jahr 1974. Insbesondere neue Werkstoffe erlaubten es, alternatives Verarbeitungsmaterial zu benutzen, wodurch die Nachfrage nach Stahlerzeugnissen weltweit sank. Da die Produktion nicht angemessen eingeschränkt werden konnte, intervenierte die Europäische Kommission mit mehreren Plänen. 1976 unterstützte sie sogar die Gründung des EUROFER-Kartells, um den ruinösen Preiskampf zwischen den europäischen Unternehmen einzudämmen (Voelzkow 2004). Unter den Rahmenbedingungen der zweiten Ölkrise gegen Ende der siebziger Jahre zerbrach jedoch auch dieses Kartell. Die einzelnen Unternehmen suchten ihren Vorteil gegenüber europäischen Konkurrenten zu maximieren. Die nationalen Regierungen handelten nicht anders, als sie gegen Artikel 4 c des EGKS-Vertrages verstießen, indem sie nationale Stahlunternehmen stark subventionierten. Italien subventionierte seine Stahlindustrie allerdings mit weitaus höheren Finanzmitteln als Deutschland, weil die italienischen Stahlproduzenten ohnehin staatliche Unternehmungen waren, während sich die Stahlbetriebe im Ruhrgebiet in privatem Besitz befanden (Conrad 1997).

Während die politischen und wirtschaftlichen Akteure nach der ersten Stahlkrise noch geglaubt haben mussten, diese äußerst sektorspezifischen Probleme ließen sich irgendwie politisch steuern, ohne dass eine Welle von Entlassungen und die Schließung mehrerer großer Betriebsstätten notwendig würde, zeigte die zweite Europäische Stahlkrise von 1992/93, dass dies ein Irrglaube gewesen ist. Duisburg und Piombino, beides alte Stahlstädte, die von diesem Sektor hochgradig abhängig waren, erlebten einen Niedergang der lokalen Produktion und mussten nach alternativen Produktionsmöglichkeiten suchen. **Die 2. Stahlkrise**

Zwar produzierte Duisburg, eine Stadt des Ruhrgebietes mit ca. 513.000 Einwohnern (2000), im Jahr 2000 immer noch 33,8% des in Deutschland hergestellten Rohstahls, aber für diese gute Wettbewerbsposition, insbesondere getragen von der dort ansässigen Thyssen-Krupp Stahl AG, bezahlte die Kommune einen hohen Preis. Im Jahre 1976, also bereits zwei Jahre nach der ersten Stahlkrise, waren in Duisburg 67.501 Beschäftigte in lokalen Stahlunternehmen angestellt. Im Jahre 1980 hatte sich die Beschäftigtenzahl bereits um 10.000 reduziert. Im Jahr 1999 blieben in diesem Sektor nur noch 20.515 Arbeitsstellen übrig (Amt für Statistik Duisburg 2002, div. Jg.). Duisburg musste also innerhalb von 23 Jahren einen Verlust von 46.986 Arbeitsplätzen verarbeiten, den Einzelhandel, die Zuliefererbranche etc. nicht mitgerechnet. 1975 verzeichnete Duisburg eine Arbeitslosenquote von ca. 4,8%, was damals fast dem nationalen Durchschnitt entsprach, im Verlauf der neunziger Jahre hingegen machte Duisburg zeitweise als die westdeutsche Stadt mit der höchsten Arbeitslosigkeit von sich reden. **Der Zusammenbruch des Arbeitsmarktes in Duisburg**

Die ersten großen Werksschließungen erlebte die Stadt in der Mitte der achtziger Jahre mit der Schließung des Thyssen-Werkes „Gewerkschaft Deutscher Kaiser". Damals beschloss der Stadtrat jedoch, die Produktionsanlagen für den symbolischen Wert von 1 DM zu kaufen und gründete die Duisburg Landschaftspark Nord GmbH, um einen Prozess ökologischer Stadtentwicklung zu forcieren. Diese Bemühungen sind ein Teil des Emscher Landschaftspark-Projektes, an dem 17 Gemeinden der Region teilnehmen und das durch ein zehnjähriges Strukturprogramm der Europäischen Union und der Unterstützung der Landesregierung finanziert wurde, beginnend im Jahre 1989 (Glassmann/Voelzkow 2004). Hinter diesem Konzept steckte die Idee, niedergehenden Städten im Ruhrgebiet die Möglichkeit zu bieten, ihr sozio-ökonomisches und kulturelles Erbe zu erhalten. Aus diesem Grund wurden das Gelände und die Produktionsan- **Werksschließungen** lagen des alten Stahlwerkes in einen Landschaftspark und ein Museum umgewandelt.

Dass die Stadt Duisburg sich ebenso wie das Land seinerzeit auf dieses Konzept einließ, hat den Grund, dass die Akteure zu diesem Zeitpunkt noch davon ausgingen, dass nur Überkapazitäten in der Stahlindustrie abgebaut werden müssten und dass ein Krisenfall dieser Größenordnung sich nicht so schnell wiederholen werde. Er wiederholte sich jedoch bereits 1993 mit der Schließung des legendären Werkes von Krupp in Rheinhausen. Die landesweite Aufmerksamkeit in den Medien und der Kampf der Belegschaft gegen die Stillegung des Werkes hatten keine positiven Ergebnisse erbracht. Spätestens die zweite Stahlkrise besiegelte das Schicksal von Rheinhausen.

Ein neues
Logistikcluster Zu diesem Zeitpunkt erkannten sowohl die Stadt als auch das Land, dass ein ähnliches Vorgehen wie im Falle des stillgelegten Thyssen-Werkes untragbar war, weil die Kommune dringend für eine neue wirtschaftliche Perspektive sorgen musste. Da Duisburg über einen der größten Binnenhäfen Europas verfügt, verkehrstechnisch günstig liegt und sowohl durch die nahegelegenen Flughäfen in Köln-Bonn und Düsseldorf, aber auch über die Autobahnen und das Schienennetz in der Lage ist, Frachtgüter aufzunehmen und weiterzuleiten, entschloss sich sowohl die Stadt als auch das Land Nordrhein-Westfalen, Duisburg für Firmen attraktiv zu machen, die sich in der Logistikbranche spezialisiert haben.

Von sektoraler
zu räumlicher
Wirtschaftsförderung Die Landesregierung machte dieses Anliegen zu einem ihrer dringlichsten Vorhaben und bezeichnete die Arbeit für Duisburg als Leuchtturmprojekt, womit die Signalwirkung dieses Projektes für andere strukturschwache Kommunen der Region bezeichnet werden sollte. Zu recht wird dieser Fall auch in der Landespolitik besonders hervorgehoben, weil er einen Wendepunkt markiert, an dem die Wirtschaftsförderung sich von einem sektoralen Ansatz wegbewegt hat, um stattdessen einen regionalen, räumlichen Ansatz der Wirtschaftsförderung zu implementieren, wie das im übrigen auch allgemein die EU-Kommission für die Implementation der europäischen Strukturpolitik verlangt hat (Ferner/Keep/Waddington 1997).

Logport Der Duisburger Fall zeigt deutlich, wie ungeheuer aktiv die intermediäre Ebene im politischen System der Bundesrepublik zu werden vermag, wenn es darum geht, regionale Planungskonzepte umzusetzen und zu finanzieren. Die Duisburg-Ruhrorter Häfen AG erhielt die Verantwortung für die Umsetzung eines groß angelegten Nutzungskonzeptes für das Gelände in Rheinhausen, auf dem bis dahin die Firma Krupp produziert hatte. Das 265 ha große Areal wurde von Krupp für einen Kaufpreis von 65 Mio. DM von der Häfen AG erstanden. Auf dem alten Gelände des ehemaligen Stahlwerkes sollte nun eine neue Agglomeration von kleinen und mittleren Unternehmen der Logistikbranche entstehen: ein lokales Produktionssystem mit einer entsprechenden sektoralen Spezialisierung. Dieses Produktionssystem erhielt den Namen Logport. Die Ansiedlung der Unternehmen inklusive des Flächenmarketings und verschiedener Infrastrukturaufgaben wurden einer Entwicklungsagentur übertragen, der Logport Center Duisburg GmbH. Zunächst jedoch mussten die alten Industrieanlagen in Rheinhausen abgerissen und das Areal ökologisch erneuert werden. Logistikfirmen aus aller Welt sollten nun hier ihre Lagerhäuser, Frachtumschlagplätze und Distributionsnetze aufbauen.

272

Im Jahr 1998 nahm Logport seine Arbeit auf. Im Jahr 2002 hatte die Entwicklungsagentur 50% des Areals an nationale und internationale Firmen vermarktet. P&O, eine wichtige Firma im Bereich der logistischen Dienstleistung u.a., investierte 50 Mio. DM für ein neues Container Terminal und ein Logistikzentrum. Dort sollen 200-300 Arbeitsplätze geschaffen werden. Die Tochterfirma der japanischen NYK, New Wave Logistics, investierte 15 Mio. DM für ein Lagerhaus, von wo aus Konsumgüter, die vom asiatischen Markt nach Europa gelangen, weitergeleitet werden sollen. Für dieses Distributionszentrum werden ca. 150 Arbeitsplätze projektiert (Glassmann/Voelzkow 2004). Ob insgesamt die vom Land avisierten 5000 neuen Arbeitsplätze durch Logport geschaffen werden können, ist noch unklar. Fest steht indes, dass es einer Kommune alleine unmöglich gewesen wäre, dieses Projekt auch nur ansatzweise umzusetzen. Wie ist es möglich gewesen, dass die Kommune diese Gelder von anderen Regierungsebenen erhalten konnte und dass die Vorhaben in Duisburg auch vor Ort koordiniert werden, ohne dass es zu systematischen Vollzugsdefiziten bei der Implementation dieses Projektes auf der unteren Ebene kommt?

Dem inzwischen klassischen Procedere für die Gestaltung der europäischen Strukturpolitik Strukturpolitik in Deutschland folgend, wurde im Jahr 1993, also im Jahr der Schließung von Krupp-Rheinhausen, eine Regionalkonferenz für den Niederrhein einberufen. Wie in solchen Fällen üblich, nahmen an dieser Konferenz alle möglichen Interessengruppen und Verbände, kurz alle relevanten gesellschaftlichen und politischen Akteure teil, die später die Umsetzung dieses Projektes hätten verhindern können. Um Strukturgelder zu erhalten, musste die Region einen Entwicklungsplan vorlegen. Bereits dieser Plan enthielt das Konzept, Duisburg als Logistikzentrum zu stärken. So arbeiten an der Umsetzung, wie bereits für andere Fallbeispiele in Deutschland belegt, verschiedene korporative Akteure mit, deren Aktivitäten von der Landesebene koordiniert werden, wobei die Konzepte der Landesregierung lokal implementiert und durch die Institutionen des gesamten Mehr-Ebenen-Systems bis hin zur Europäischen Union mitfinanziert und evaluiert werden. Dieses nationale Muster der Güterbereitstellung (bzw. der Einbeziehung anderer Regierungsebenen) findet sich also auch im Duisburger Fall wieder. Als sektorale Besonderheit tritt hinzu, dass die gesamte Kommune von wenigen Stahlfirmen abhängig war, deren Krise zugleich in eine Krise der lokalen Ökonomie transformierte, weshalb die üblichen Maßnahmen regionaler Wirtschaftsförderung hier nicht gegriffen hätten. Es musste ein lokales Produktionssystem implantiert werden. Auch wenn die Beschäftigungseffekte dieser Aktivitäten noch unklar sind, so lässt sich zumindest ein erstaunlicher Transformationsprozess bilanzieren, den die Politik eingeleitet hat, indem sie für die Bereitstellung kollektiver Wettbewerbsgüter sorgte.

Wie ist nun der italienische Vergleichsfall verlaufen? Piombino ist eine Piombino Stadt im Süden der Toskana und wesentlich kleiner als Duisburg. Die Einwohnerzahl beträgt nur ca. 35.000 Personen. Wie Duisburg ist die Stadt schon seit dem Ende des 19. Jahrhunderts geprägt durch die Unternehmen der Stahlindustrie. Eine weitere Parallele besteht darin, dass diese sektorale Spezialisierung, wenngleich sie, anders als in Duisburg, mit der italienischen Staatswirtschaft verbunden war, andere Spezialisierungen zurückgedrängt hat. Die sonst für das

„Dritte Italien" so typischen Netzwerkstrukturen kleiner und mittlerer Unternehmen fehlen in Piombino gänzlich.

Die Agglomeration der Stahlbetriebe und ihr gesamter Beschäftigtenstand ist in Piombino nicht so groß und hoch wie in Duisburg. Es existierten vor allem drei wichtige Stahlfirmen vor Ort: Acciaierie e Ferriere, Magona d'Italia und Tubificio Dalmine. Insgesamt waren in diesen drei Betrieben im Jahr 1981 10.238 Mitarbeiter angestellt. Auch in Italien hinterließ die Stahlkrise gravierende Einbrüche am Arbeitsmarkt. Da die meisten Stahlbetriebe jedoch in staatlicher Hand waren, oblag es der von Romano Prodi zu dieser Zeit geführten IRI-Holding, in diesem Sektor für Restrukturierungen zu sorgen. Prodi legte bereits 1983 einen Plan vor, demzufolge 25.000 Arbeitsplätze in der italienischen Stahlindustrie wegfallen sollten. Diese Maßnahmen hatten auch Werksschließungen in Piombino zur Folge (Tonarelli 2004). Bereits im Jahre 1991 verzeichneten die drei besagten Firmen insgesamt nur noch einen Beschäftigtenstand von 6.100 Mitarbeitern.

Das Kuriose dieses Falles besteht nun darin, dass, obwohl die Arbeitslosenquote zwischen 1981 und 1991 von 10% auf 15% anstieg, doch der Niedergang der Stahlindustrie keine soziale Krise in der Kommune bewirkte, wie dies in Duisburg ganz zweifellos zu beobachten gewesen ist. Dieser Umstand kann nicht nur mit den unterschiedlichen Dimensionen des räumlichen Zuschnitts der Kommunen und den Gesamtbeschäftigtenzahlen in den jeweiligen Stahlunternehmen erklärt werden. Vielmehr ist es auf die spezifische Verarbeitungsweise des sektoralen Niedergangs und (paradoxerweise) auf die Abwesenheit von endogenen Wachstumstendenzen zurückzuführen, dass diese Krise nicht auftauchte. Denn in einem Punkt hat der italienische Staat bisher selten versagt, nämlich in der extensiven Gewähr von Sonderleistungen in Einzelfällen, z.B. durch die Anerkennung von Rentenansprüchen. So wurde angesichts der unabwendbaren Werksschließungen durch das Gesetz Nr. 193 (1984) das Rentenalter für Beschäftigte in der Stahlindustrie herabgesetzt, und es wurden Pläne für Frühverrentungsmaßnahmen gemacht. Zwischen 1985 und 1995 akzeptierte die Gemeinde von Piombino 4.117 Anträge auf Frühverrentung, ungefähr so viele, wie sie zuvor im Stahlsektor Arbeitsplätze verloren hatte.

Dies führte zu der abstrusen Situation, dass im Jahre 1996 über 50% des persönlichen Einkommens in Piombino aus Rentenzahlungen erfolgte, während das Einkommen aus abhängiger Beschäftigung lediglich 36,5% ausmachte. Ähnliche Anstrengungen wie in Duisburg wurden auch hier unternommen, um für eine ökologische Revitalisierung der Region zu sorgen, und ebenso wie in Duisburg wurden diese Maßnahmen mit Strukturgeldern der Europäischen Union finanziert. Was im italienischen Fall jedoch gänzlich fehlt, ist ein kohärentes Konzept zur Ansiedlung neuer Unternehmen in anderen Produktionsbranchen als dem Stahlsektor. Es wurden zwar Programme implementiert, um die Tourismusindustrie in Piombino wettbewerbsfähiger zu machen, und zu einem Teil ist das auch gelungen, was aber misslang, ist der Versuch, Netzwerke von KMU in Piombino anzusetzen – und dies im Kernland des handwerklich basierten Kleinunternehmertums, im „Dritten Italien". Wie lässt sich dieser Misserfolg erklären?

Dieser Misserfolg resultiert zweifellos aus dem Umstand, dass lokale Ökonomien in Italien das Ergebnis endogenen Wachstums auf der lokalen Ebene verkörpern. Dort müssen die relevanten Wettbewerbsgüter bereitgestellt werden, die zu den bekannten Formationen industrieller Distrikte führen. In einem Fall allerdings, in dem eine ganze Stadt einen sektorbedingten Niedergang erlebt, sind diese Kommunen mit der Bereitstellung solcher Wettbewerbsgüter in dem Ausmaß, wie es notwendig wäre, völlig überfordert. Die relativ ohnmächtige intermediäre Ebene, die Region, verfügt nicht über die gleichen Handlungsinstrumente wie die deutsche Landesregierung. Zudem verfügt sie nicht über die notwendige Einflussmacht auf der Ebene des Zentralstaates, um Mittel für Projekte einzuwerben, die von dort kofinanziert werden. Dies gelang eher noch der Kommune, denn Piombino war tatsächlich erfolgreich mit der Einwerbung solcher Mittel. Beschäftigungseffekte zeitigten sie indes keine. Aber um einen Koordinationsaufwand betreiben zu können wie die Stadt Duisburg und das Land NRW, hätte es einer funktionstüchtigen überkommunalen Verwaltungsstruktur bedurft. Eine Kommune wäre auch im deutschen Fall nicht zu einer solchen Leistung in der Lage gewesen. Daher ist es naheliegend, dass der Staat sich mit finanziellen Mitteln an die Beseitigung der Beschäftigungskrise macht: durch Rentenzahlungen. Immerhin konnten auf diese Weise soziale Verwerfungen vermieden werden, wie sie das Ruhrgebiet zweifellos verwüstet haben.

4.9 Synthese: die Governance regionaler Wirtschaftscluster als Kombination von nationalen und sektoralen Komponenten

In der sozialwissenschaftlichen Forschung über die Governance-Strukturen der Wirtschaft dominiert – aus guten Gründen – der internationale Vergleich. In diesem Beitrag stand die internationale vergleichende Analyse der Governance-Strukturen von regionalen Wirtschaftsclustern im Vordergrund. Die Ergebnisse dieser Forschung dürfen aber nicht isoliert betrachtet werden, sondern müssen im Zusammenhang mit den internationalen Analysen der Governance von nationalen Volkswirtschaften und der Governance von einzelnen Wirtschaftssektoren gesehen werden. *(Nationen und Sektoren)*

Bei den Analysen nationaler Volkswirtschaften, die sektorale oder lokale Besonderheiten ausblenden, ergeben sich vergleichsweise kohärente Modelle der Governance der Wirtschaft, die entweder als liberal oder als koordiniert eingestuft werden (vgl. Hall/Soskice 2001). *(Nationale Volkswirtschaften)*

Die international vergleichenden Analysen der Governance von Wirtschaftszweigen (Hollingsworth et al. 1994a) kommen demgegenüber zu einem ambivalenten Ergebnis: Einerseits bestätigen sie die Befunde des Vergleichs der Governance nationaler Volkswirtschaften, weil sich die internationalen Unterschiede der „Varieties of Capitalism" naturgemäß in der Governance einzelner Wirtschaftssektoren wieder finden. Andererseits betonen die Analysen der Governance von Wirtschaftssektoren die Besonderheiten der einzelnen Wirtschaftszweige, die jeweils spezifischen Koordinationsbedarf erzeugen. Deshalb lassen sich auch gewisse Gemeinsamkeiten in der Governance von einzelnen Wirtschaftszweigen über alle Länder hinweg beobachten. Hier schlagen dann die sektoralen Besonderheiten durch, und die nationalspezifischen Besonderheiten treten unter Umständen etwas zurück. *(Wirtschaftszweige erzeugen spezifischen Koordinationsbedarf in nationalen Volkswirtschaften)*

Ähnlich ist auch das Ergebnis der Analysen der Governance von regionalen Wirtschaftsclustern. Auch diese Studien lesen sich einerseits wie eine Bestätigung der „Varieties of Capitalism", denn die internationalen Unterschiede in der Governance finden sich auch in der Governance einzelner regionaler Wirtschaftscluster wieder. Dies ist wenig überraschend, denn die regionalen Wirtschaftscluster sind ja jeweils ein Teil eines Landes mit einer nationalspezifischen Governance seiner Wirtschaft. Andererseits aber finden sich wiederum Abweichungen und Andersartigkeiten in der Governance regionaler Wirtschaftscluster, die im internationalen Vergleich wiederum als Gemeinsamkeit trotz aller Unterschiede im nationalen Umfeld erscheinen.

Wirtschaftscluster bedienen sektoralen Koordinationsbedarf durch eine Variation des nationalen Modells in räumlicher Nähe: produktive Inkohärenz

Eine mögliche Synthese könnte darin gesehen werden, dass regionale Wirtschaftscluster es über die räumliche Nähe der Betriebe (und der damit erreichbaren „kritischen Masse" der Austauschbeziehungen) ermöglichen, eine „eigene Governance" zu entwickeln, die den sektoralen Besonderheiten (der räumlich konzentrierten Betriebe) Rechnung trägt und doch zugleich mit dem nationalen Umfeld kombiniert werden kann. Diese „regionale Governance" sieht gewisse Inkohärenzen zum nationalen Modell vor. Über diese „Inselbildung" des regionalen Wirtschaftsclusters kann den sektoralen Anforderungen entsprochen werden. Diese Inkohärenzen in der Governance sind für die Betriebe und ihre Wettbewerbsposition vorteilhaft, weil sie den spezifischen Koordinationsbedarf, der sich aus den sektoralen Besonderheiten ergibt, über Koordinationsmodi lösen können, die im „nationalen Modell" so eigentlich nicht üblich sind.

Wandel: Globalisierung bedeutet Verflechtung, nicht die Koordination durch den Markt allein

Indes sind alle diese Prozesse einem permanenten Wandel unterworfen, der von verschiedenen externen Variablen beeinflusst wird. Diese Variablen werden häufig unter dem Sammelbegriff der Globalisierung subsumiert. Wenn von solchen ökonomischen Globalisierungsprozessen die Rede ist, dann wird vielfach unterstellt, dass Globalisierung mit einer weltumspannenden „Anarchie des Marktes" gleichgesetzt werden kann, dem sich keine nationale Volkswirtschaft und damit keine nationale Governance-Konstellation entziehen könne. Diese Vorstellung ist insofern irreführend, als die zunehmend globale Verflechtung von Wirtschafts- und Finanzsystemen von einer institutionellen Globalisierung bzw. einer transnationalen Bildung von Institutionen begleitet wird. Es kommt zur Entstehung und Verfestigung internationaler, supranationaler oder globaler Regelungen, die eben nicht ohne weiteres mit dem einen Begriff des „Marktes" gleichgesetzt werden dürfen, selbst wenn sie – durch politische Vereinbarungen – gemeinsame Märkte konstituieren.

Nicht der Markt, sondern die Politik schafft neue Spielregeln

Als Beispiel für internationale Organisationen seien beispielsweise die Vereinten Nationen, die OECD, die Weltbank oder die Welthandelsorganisation (WTO) genannt, deren transnationale Regelsetzung durch Repräsentanten der einzelnen Nationalstaaten betrieben wird. Daneben sind supranationale Einheiten wie die Europäische Union an der transnationalen Regelsetzung für grenzüberschreitende wirtschaftliche Transaktionen aller Art beteiligt. Darüber hinaus sind auch transnationale Regelungssysteme zu nennen, die gemeinsame „Spielregeln" für konkurrierende Wirtschafts- und Finanzsysteme festschreiben wollen, wie dies aktuell für Finanz- und Kapitalmärkte versucht wird. Zumeist sind es also nicht irgendwelche naturwüchsigen Marktprozesse, sondern die (ökonomischen oder rechtlichen) Folgen politischer Regelungen, die nationale Governance-Konstellationen unter Anpassungsdruck setzen.

Vieles spricht dafür, dass die Zeiten konsistenter und in sich geschlossener nationaler Kapitalismusmodelle vorbei sind. Einzelne institutionelle Sektoren der nationalen Governance einer Volkswirtschaft werden stark durch globale Entwicklungen (ökonomische oder institutionelle Globalisierung) in Mitleidenschaft gezogen. In anderen institutionellen Sektoren nationaler Governance ist der „Zug in die Regionen" spürbar. Lokale oder regionale Ökonomien lösen sich mit der Etablierung eigener Governance-Konstellationen von ihrem nationalen Modell. *Nationale Modelle von Kapitalismus zerbrechen*

Angesichts der parallel verlaufenden Globalisierungs- und Regionalisierungsprozesse wird in der aktuellen Governance-Forschung danach gefragt, welche ökonomischen Teilfunktionen auf welchen politischen Ebenen mit welchen Governance-Konstellationen koordiniert werden (Hollingsworth/Boyer 1997). Die Finanzmärkte und die Handelsbeziehungen zwischen den führenden Industrieländern werden zunehmend durch internationale Organisationen oder andere transnationale Regelsysteme (WTO, GATT, Basel II etc.) koordiniert. Durch die Europäische Union oder supranationale Konstruktionen werden mehrere Volkswirtschaften in einen gemeinsamen Markt überführt, teilweise mit vereinheitlichten Wettbewerbsregeln, teilweise sogar mit einer gemeinsamen Währungsordnung. Aber die nationale Politik bestimmt weiterhin über das Wohlfahrtsregime, zumeist auch über die industriellen Beziehungen. Die berufliche Bildung, der Technologietransfer und die Bereitstellung weiterer kollektiver Wettbewerbsgüter werden hingegen zunehmend Gegenstand lokaler Politik. *Die Kompetenzen werden neu verteilt*

In einer Gesamtbetrachtung der aktuellen Veränderungen in der Governance von Wirtschaftssystemen ergibt sich damit letztlich ein neues Mehr-Ebenen-System. Ein Teil dessen, was vormals zu der Governance einer nationalen Volkswirtschaft gehörte, wird nun Gegenstand transnationaler Regelungen, ein anderer Teil wird zunehmend dezentralisiert und der politischen Ökonomie regionaler Wirtschaftscluster zugewiesen. Die nationale Politik zieht sich aus verschiedenen Teilfunktionen der Governance wirtschaftlicher Transaktionen zurück. Innerhalb einer solchen vertikal ausdifferenzierten Mehr-Ebenen-Struktur mag sich die eine oder andere Besonderheit in der nationalen Governance als komplementär (im Sinne von „vorteilhaft" und „passgenau") zu den übergeordneten transnationalen Governance-Strukturen erweisen. Es kann aber auch sein, dass sich die eine oder andere Inkohärenz für das „abweichende" Wirtschafts- und Finanzsystem als vorteilhaft erweist, weil es für die Betriebe mit kollektiven Wettbewerbsvorteilen verbunden ist. Dieses gilt für die Governance regionaler Wirtschaftscluster. *Ein neues Mehr-Ebenen-System*

4.10 Literatur

Abelshauser, Werner, 2000: Bibliographie zur Wirtschaft Ostwestfalen-Lippes seit 1815. Essen: Klartext Verlag.
Amin, Ash, 1989: Flexible specialization and small firms in Italy: myths and realities, in: Antipode 21 (1), 13-34.

Amin, Ash, 1993: The Globalization of the Economy. An Erosion of Regional Networks?, in: Grabher, Gernot (Hrsg.): The Embedded Firm. On the Socioeconomics of Industrial Networks. London/New York: Routledge, 278-295.

Amt für Statistik, Stadtforschung und Europaangelegenheiten Duisburg, 2002: Beschäftigtenstatistik, diverse Jahrgänge.

Aniello, Valeria/Le Galès, Patrick, 2001: Between Large Firms and Marginal Local Economies: The Making of Systems of Local Governance in France, in: Colin Crouch/Patrick Le Galès/Carlo Trigilia/Helmut Voelzkow (Hrsg.): Local Production Systems in Europe. Rise or Demise? Oxford: Oxford University Press, 117-153.

Bagnasco, Arnaldo, 1977: Tre Italie. La problematica territoriale dello sviluppo italiano. Bologna: Il Mulino.

Bathelt, Harald, 1994: Die Bedeutung der Regulationstheorie in der Wirtschaftsgeographischen Forschung, in: Geographische Zeitschrift 82, 63-90.

Baumann, Arne, 2002: Informal Labour Market Governance: The Case of the British and German Media Production Industry, in: Work, Employment and Society 16, Nr. 1, 27-46.

Baumann, Arne/Voelzkow, Helmut, 2004: Recombining Governance Modes: The Media Industry in Cologne, in: Crouch, Colin/Le Galès, Patrick/Trigilia, Carlo/Voelzkow, Helmut (Hrsg.): Changing Governance of Local Economies. Responses of European Local Production Systems. Oxford: Oxford University Press, 261-282.

Becattini, Giacomo, 1987: Mercato e Forze Locali: Il Distretto Industriale, Bologna, Il Mulino.

Benz, Arthur, 2001: Themen, Probleme und Perspektiven der vergleichenden Föderalismusforschung, in: Benz, Arthur/Lehmbruch, Gerhard (Hrsg.): Föderalismus. Analysen in entwicklungsgeschichtlicher und vergleichender Perspektive. PVS Sonderheft 32, 9-52.

Bianchi, Patrizio/Gualtieri, Giuseppina, 1990: Emilia-Romagna and its industrial districts: the evolution of a model, in: Leonardi, Robert/Nanetti, Raffaella Y. (Hrsg.) 1990: The Regions and European Integration. The case of Emilia-Romagna. London/New York: Pinter Publishers, 83-108.

Biehler, Hermann/Genesko, Joachim/Sargl, Manfred/Sträter, Detlev, 2003: Standort München. Medienwirtschaft und Fahrzeugbau. Marburg: Schüren.

Boyer, Robert, 1996: The Convergence Hypothesis Revisited: Globalization but Still the Century of Nations?, in: Berger, Suzanne/Dore, Ronald (Hrsg.): National Diversity and Global Capitalism. Ihaca, N.Y.: Cornell University Press, 29-59.

Brusco, Sebastiano, 1982: The Emilian model: productive decentralization and social integration, in: Cambridge Journal of Economics, 6 (2), 167-184.

Brusco, Sebastiano, 1992: Small Firm and the Provision of Real Services. In: Frank Pyke/Werner Sengenberger (Hrsg.), Industrial Districts and Local Economic Regeneration. Genf: ILO, 177-196.

Burroni, Luigi/Trigilia, Carlo, 2001: Italy: Economic Development through Local Economies, in: Crouch, Colin/Le Galès, Patrick/Trigilia, Carlo/Voelzkow, Helmut (Hrsg.): Local Production Systems in Europe. Rise or Demise? Oxford: Oxford University Press, 46-78.

Capecchi, Vittorio, 1997: In search of flexibility: the Bologna metalworking industry, 1900-1992, in: Sabel, Charles F./Zeitlin, Jonathan (Hrsg.): World of Possibilities. Flexibility and Mass Production in Western Industrialization. Cambridge: Cambridge University Press, 381-418.

Conrad, C. A., 1997: Europäische Stahlpolitik zwischen politischen Zielen und ökonomischen Zwängen. Baden-Baden: Nomos.

Cooke, Philip/Morgan, Kevin, 1998: The Associational Economy. Firms, Regions and Innovation. Oxford: Oxford University Press.

Cottereau, Alain, 1997: The fate of collective manufactures in the industrial world: the silk industries of Lyons and London, 1800-1850, in: Sabel, Charles F./Zeitlin, Jonathan (Hrsg.): World of Possibilities. Flexibility and Mass Production in Western Industrialization. Cambridge: Cambridge University Press, 75-152.

Crouch, Colin/Farrell, Henry, 2001: Great Britain: Falling through the Holes in the Network Concept, in: Crouch, Colin/Le Galès, Patrick/Trigilia, Carlo/Voelzkow, Helmut (Hrsg.) : Local Production Systems in Europe. Rise or Demise? Oxford: Oxford University Press, 154-211.

Crouch, Colin/Le Galès, Patrick/Trigilia, Carlo/Voelzkow, Helmut (Hrsg.), 2001: Local Production Systems in Europe: Rise or Demise. Oxford: Oxford University Press.

Crouch, Colin/Le Galès, Patrick/Trigilia, Carlo/Voelzkow, Helmut (Hrsg.) 2004: Changing Governance of Local Economies. Responses of European Local Production Systems. Oxford: Oxford University Press.

Crouch, Colin/Streeck, Wolfgang (Hrsg.), 1997: Political Economy of Modern Capitalism. Mapping Convergence and Diversity. London: Sage.

Dannenbring, Silvia, 1999: 25 Jahre italienischer Regionalstaat. Zur Kompetenzverteilung zwischen Staat und Regionen in der Verfassung und Praxis. Aachen: Shaker Verlag.

DiGiovanna, Sean, 1996: Industrial Districts and Regional Economic Development: A Regulation Approach. In: Regional Studies 30 (4), 373-386.

DIW, 1999 (Deutsches Institut für Wirtschaftsforschung): Wirtschaftliche Bedeutung des TV-Marktes für die deutsche Filmwirtschaft 1997. Studie im Auftrag der Bayrischen Landeszentrale für neue Medien. München: BLM.

Drüke, Helmut, 2004: Europas Stiefel drückt und zwickt – Grundprobleme der Wirtschaft Italiens, in: Aus Politik und Zeitgeschichte, 23. August 2004 (B 35-36), 18-25.

Enright, Michael J., 1996: Regional Clusters and Economic Development: A Research Agenda, in: Staber, Udo H./Schaefer, Norbert V./Sharma, Basu (Hrsg.), Business Networks. Prospects for Regional Development. Berlin/New York: Walter de Gruyter, 190-213.

Fabbrini, Sergio/Brunazzo, Marco, 2003: Federalizing Italy: The Convergent Effects of Europeanization and Domestic Mobilization, in: Regional and Federal Studies, 13, (1), 100-120.

Ferner, A./Keep, E./Waddington, J., 1997: Industrial Restructuring and EU-wide social measures: broader lessons from the ECSC experience, in: Journal of European Public Policy, 4, (1), 56-72.

Fressura, Nicola (Hrsg.), 1995: Vocational Education and Training in Italy. Luxembourg: CEDEFOP.

Garmise, S., 1997: Institutional Networks and Industrial Restructuring: Local Institutions towards the Textile Industry in Nottingham and Prato. London: Unpublished Ph.D. Thesis, University of London.

Gehrke, Birgit/Legler, Harald, 1999: Innovationspotentiale in den Regionen. Niedersachsen im europäischen Vergleich. Forschungsberichte des NIW, 27. Hannover: Niedersächsisches Institut für Wirtschaftsforschung e.V.

Geschwandtner-Andreß, Petra, 1999: Medienwirtschaft in Köln. Theoretische Erklärungsansätze und politische Bestimmungsfaktoren eines regionalen Produktionsclusters, Working Paper No. 116, Institut für Rundfunkökonomie, Universität zu Köln.

Glassmann, Ulrich, 1999: Der Einfluss von Internationalisierungsstrategien auf die baden-württembergische Zulieferindustrie. Das Beispiel Mercedes-Benz, in: Eckardt, Andrea/Köhler, Holm-Detlev/Pries, Ludger (Hrsg.): Global Players in lokalen Bindungen. Unternehmensglobalisierung in soziologischer Perspektive. Berlin: edition sigma, 189-209.

Glassmann, Ulrich, 2002: Refining National Policy: The Machine Tool Industry in the Local Economy of Stuttgart, in: Crouch, Colin (Hrsg.): Challenges to European Economic Governance: Responding to Change in the Machinery Industries. EUI Working Paper SPS No 13/2002. Florence: European University Institute.

Glassmann, Ulrich, 2005: Die politische Ökonomie lokaler Produktionssysteme. Deutschland und Italien im Vergleich. Osnabrück: Dissertation.

Glassmann, Ulrich/Voelzkow, Helmut, 2001: The Governance of Local Economies in Germany, in: Crouch, Colin/Le Galès, Patrick/Trigilia, Carlo/Voelzkow, Helmut (Hrsg.): Local Production Systems in Europe. Rise or Demise? Oxford: Oxford University Press, 79-116.

Glassmann, Ulrich/Voelzkow, Helmut, 2004: Restructuring Duisburg: A New Local Production System Substitutes An Old Steel Plant, in: Crouch, Colin/Le Galès, Patrick/ Trigilia, Carlo/Voelzkow, Helmut (Hrsg.): Changing Governance of Local Economies. Responses of European Local Production Systems. Oxford: Oxford University Press, 139-159.

Grabher, Gernot 2002: The Project Ecology of Advertising: Tasks, Talents and Teams, in: Regional Studies, 36, (3), 245-262.

Greenhut, Melvin L./Norman, George (Hrsg.), 1995: The Economics of Location. Location Theory, Volume I. Aldershot: Edward Elgar.

Hall, Peter/Soskice, David (Hrsg.), 2001: Varieties of Capitalism. Oxford: Oxford University Press.

Harrison, Bennett 1994a: The Italian industrial districts and the crisis of the cooperative form: Part I, in: European Planning Studies, Bd. 2, (1), 3-20.

Harrison, Bennett 1994b: The Italian industrial districts and the crisis of the cooperative form: Part II, in: European Planning Studies, Bd. 2, (2), 159-169.

Heidenreich, Martin 2000: Regionale Netzwerke in der globalen Wissensgesellschaft, in: Weyer, Johannes (Hrsg.): Soziale Netzwerke. Konzepte und Methoden der sozialwissenschaftlichen Netzwerkforschung. München/Wien: Oldenbourg Verlag: 87-110.

Herrigel, Gary, 1993: Large Firms, Small Firms, and the Governance of Flexible Specialization: The Case of Baden-Württemberg and Socialized Risk, in: Kogut, Bruce (Hrsg.): Country Competitiveness. Technology and the Organization of Work. New York/Oxford: Oxford University Press, 15-35.

Hine, David, 1996: Federalism, Regionalism and the Unitary State: Contemporary Regional Pressures in Historical Perspective, in: Levy, Carl (Hrsg.): Italian Regionalism. History, Identity and Politics. Oxford/Washington, D.C.: Berg, 109-130.

Hollingsworth, J. Rogers/Boyer, Robert (Hrsg.), 1997: Contemporary Capitalism. The Embeddedness of Institutions. Cambridge: Cambridge University Press.

Hollingsworth, J. Rogers/Schmitter, Philippe C./Streeck, Wolfgang (Hrsg.) 1994a: Governing Capitalist Economies. Performance and Control of Economic Sectors. New York/Oxford: Oxford University Press.

Hollingsworth, J. Rogers/Schmitter, Philippe C./Streeck, Wolfgang, 1994b: Capitalism, Sectors, Institutions, and Performance, in: Hollingsworth J. Rogers/Schmitter, Philippe C./Streeck, Wolfgang (Hrsg.): Governing Capitalist Economies. Performance and Control of Economic Sectors. New York/Oxford: Oxford University Press, 3-16.

Hollingsworth, J. Rogers/Streeck, Wolfgang, 1994c: Countries and Sectors. Concluding Remarks on Performance, Convergence, and Competitiveness, in: Hollingsworth J. Rogers/Schmitter, Philippe C./Streeck, Wolfgang (Hrsg.): Governing Capitalist Economies. Performance and Control of Economic Sectors. New York/Oxford: Oxford University Press, 270-300.

Isadi, Alexander, 1999: Auslagerung von Aufgaben und Leistungserstellung durch Dritte im Rundfunk. Grundsätzliche Überlegungen von RTL, in: Media Perspektiven 1999, Nr. 1, 14.

Kern, Horst, 1994: Globalisierung und Regionalisierung bei industrieller Restrukturierung, in: Krumbein, Wolfgang (Hrsg.), Ökonomische und politische Netzwerke in der Region. München/Hamburg, Lit-Verlag: 141-152.

Kern, Horst/Sabel, Charles F., 1990: Gewerkschaften in offenen Arbeitsmärkten, in: Soziale Welt 41, 140-166.

Kerst, C./Steffensen, B., 1995: Die Krise des baden-württembergischen Maschinenbaus im Spiegel des NIFA-Panels. Arbeitsbericht 49. Stuttgart: Akademie für Technikfolgenabschätzung.

Lau, Dirk, 1997: Sektorale, räumliche Konzentration und ihre Bedeutung für die Industriepolitik. Die Bedingungen und internationalen Handelsimplikationen der räumlichen Konzentration von Wirtschaftszweigen mit empirischen Ergebnissen für das Verarbeitende Gewerbe in ausgewählten europäischen Ländern. Veröffentlichungen des HWWA-Institut für Wirtschaftsforschung – Hamburg, Band 34. Baden-Baden: Nomos Verlagsgesellschaft.

Le Galès, Patrick/Voelzkow, Helmut, 2001: Introduction: The Governance of Local Economies, in: Crouch, Colin/Le Galès, Patrick/Trigilia, Carlo/Voelzkow, Helmut (Hrsg.): Local Production Systems in Europe. Rise or Demise? Oxford: Oxford University Press, 1-25.

Locke, Richard M., 1995: Remaking the Italian Economy. Ithaca/London: Cornell University Press.

Locke, Richard M., 1996: The composite economy: local politics and industrial change in contemporary Italy, in: Economy and Society, 25, (4), 483-510.

Lijphart, Arend, 1999: Patterns of Democracy. Government Forms and Performance in Thirty-Six Countries. New Haven/London: Yale University Press.

Mai, Manfred, 1998: Strukturwandel in der Medienwirtschaft. Konsequenzen für die Medienpolitik, in: Mai, Manfred/Neumann-Braun, Klaus (Hrsg.): Von den neuen Medien zur Multimedia. Gesellschaftliche und politische Aspekte. Baden-Baden: Nomos, 93-117.

Marshall, Alfred, 1919: Industry and Trade. London: Macmillan.

Mühlbacher, Georg, 2000: Italien – Auf dem Weg zu einer neuen Spielart des Föderalismus, in: Jahrbuch des Föderalismus 2000. Föderalismus, Subsidiarität und Regionen in Europa. Europäisches Zentrum für Föderalismus-Forschung Tübingen, Bd. 1. Baden-Baden: Nomos, 207-224.

Nachum, L./Keeble, D., 2000: Foreign and indigenious firms in the media sector of Central London. Cambridge University ESCR Centre for Business Research, Working Paper 154.

Onida, Valerio, 1990: Landesbericht Italien, in: Ossenbühl, Fritz (Hrsg.): Föderalismus und Regionalismus in Europa. Baden-Baden: Nomos, 239-262.

Piore, Michael J./Sabel, Charles F., 1984: The Second Industrial Divide: Possibilities for Prosperity. New York: Basic Books.

Piore, Michael/Sabel, Charles F., 1989: Das Ende der Massenproduktion. Studie über die Requalifizierung der Arbeit und die Rückkehr der Ökonomie in die Gesellschaft. Frankfurt am Main: Fischer Verlag.

Pohlmann, Markus/Sauer, Dieter/Trautwein-Kalms, Gudrun/Wagner, Alexandra (Hrsg.), 2003: Dienstleistungsarbeit: Auf dem Boden der Tatsachen. Befunde aus Handel, Industrie, Medien und IT-Branche. Berlin: edition sigma.

Pongratz, Hans J./Voß, G. Günther, 2003: Arbeitskraftunternehmer. Erwerbsorientierungen in entgrenzten Arbeitsformen. Berlin: edition sigma.

Poni, Carlo, 1997: Fashion as flexible production: the strategies of the Lyons silk merchants in the eighteenth century, in: Sabel, Charles F.; Zeitlin, Jonathan (Hrsg.): World of Possibilities. Flexibility and Mass Production in Western Industrialization. Cambridge: Cambridge University Press, 37-74.

Porter, Michael, 1998: Clusters and the new Economics of Competition, in: Harvard Business Review, 77-90.

Putnam, Robert D., 1987: Institutional Performance and Political Culture in Italy: Some Puzzles about the Power of the Past. Working Paper Series No. 8, Center for European Studies, Harvard University.

Putnam, Robert D., 1993: Making Democracy Work. Civic Traditions in Modern Italy. Princeton, New Jersey: Princeton University Press.

Putnam, Robert D. et al., 1983: Explaining Institutional Success: The Case of Italian Regional Government, in: The American Political Science Review, 77, (1), 55-74.

Pyke, Frank/Sengenberger Werner (Hrsg.) 1992: Industrial districts and local economic regeneration. Genf: International Institute for Labour Studies.

Regini, Marino, 1997: Social Institutions and Production Structure: The Italian Variety of Capitalism in the 1980s, in: Crouch, Colin/Streeck, Wolfgang (Hrsg.): Political Economy of Modern Capitalism. Mapping Convergence and Diversity. London: Sage Publications, 102-116.

Sabel, Charles F., 1989: Flexible Specialisation and the Re-emergence of Regional Economies, in: Hirst, Paul/Zeitlin, Jonathan (Hrsg.), Reversing Industrial Decline? Industrial Structure and Policy in Britain and Her Competitors. Oxford/New York/Hamburg: Berg, 17-70.

Schmidt, Vivien A., 1990: Democratizing France. The political and administrative history of decentralization. Cambridge u.a.: Cambridge University Press.

Schmitter, Philippe C., 1999: Levels of Spatial Coordination and the Embeddedness of Institutions, in: Hollingsworth, J. Rogers/Boyer, Robert (Hrsg.): Contemporary Capitalism. The Embeddedness of Institutions. Cambridge: Cambridge University Press, 311-317.

Seidel, Norbert, 1999: Outsourcing und Leistungserstellung durch Dritte beim WDR. Konkrete Vorhaben und Konzeptionen, in: Media Perspektiven 1999, Nr. 1, 15-20.

Semlinger, Klaus, 1993: Economic Development and Industrial Policy in Baden-Württemberg: Small Firms in a Benevolent Environment, in: European Planning Studies, 1, (4), 435-463.

Semlinger, Klaus, 1995: Industrial policy and small-firm cooperation in Baden-Württemberg, in: Bagnasco, Arnaldo/Sabel Charles (Hrsg.): Small and Medium-Size Enterprises. London: Pinter, 15-30.

Seufert, Wolfgang, 2000: Informations- und Kommunikationswirtschaft räumlich stark konzentriert, in: DIW-Wochenbericht 32/33, 526-534.

Staber, Udo H., 1996: Accounting for Variations in the Performance of Industrial Districts: The Case of Baden-Württemberg, in: International Journal of Urban and Regional Research 20, 299-316.

Statistisches Landesamt Baden-Württemberg, 1990-1995: Monatsbericht für das Verarbeitende Gewerbe für die Stadt Stuttgart und die Landkreise Böblingen, Esslingen, Göppingen, Ludwigsburg und Rems-Murr-Kreis nach der Klassifikation der Wirtschaftszweige SYPRO.

Storper, Michael/Scott, Allen J. (Hrsg.), 1992: Pathways to Industrialization and Regional Development. London: Routledge.

Strange, Susan, 1986: Casino Capitalism. Oxford: Blackwell.

Strünck, Christoph, 2002: Mit Sicherheit flexibel? Chancen und Risiken neuer Beschäftigungsverhältnisse. Bonn: Dietz Verlag.

Tonarelli, Annalisa, 2004: Industrial Decline and Local Development Policies in the Steel Area of Piombino, in: Crouch, Colin/Le Galès, Patrick/Trigilia, Carlo/Voelzkow, Helmut (Hrsg.): Changing Governance of Local Economies. Responses of European Local Production Systems. Oxford: Oxford University Press, 197-217.

Tocqueville, Alexis de, (1856) 1978: Der alte Staat und die Revolution. München: Deutscher Taschenbuch Verlag.

Trigilia, Carlo, 1990: Work and politics in the Third Italy´s industrial districts, in: Pyke, Frank/Becattini, Giacomo/Sengenberger, Werner (Hrsg.): Industrial districts and inter-firm co-operation in Italy. Geneva: International Labour Organisation, 160-184.

Trigilia, Carlo, 1991: The paradox of the region: economic regulation and the representation of interests, in: Economy and Society 20 (3), 307-327.

Voelzkow, Helmut, 1996: Der Zug in die Regionen. Politische Regionalisierung als Antwort auf die Globalisierung der Ökonomie, in: Berliner Debatte INITIAL. Zeitschrift für sozialwissenschaftlichen Diskurs, (5), 68-78.

Voelzkow, Helmut, 2002: Die „neue Kultur der Selbständigkeit" und ihr institutionelles Umfeld: Erfahrungen aus der Medienwirtschaft in Köln, in: Heinze, Rolf G./Schulte, Frank (Hrsg.): Unternehmensgründungen. Zwischen Inszenierung, Anspruch und Realität. Wiesbaden: Westdeutscher Verlag, 130-148.

Voelzkow, Helmut, 2004: The Reconstruction of Declining Local Economies in Europe, in: Crouch, Colin/Le Galès, Patrick/Trigilia, Carlo/Voelzkow, Helmut (Hrsg.): Changing Governance of Local Economies. Responses of European Local Production Systems. Oxford: Oxford University Press, 131-138.

Wand, Christian, 2001: Die Medienbranche in Köln – eine transaktionskostenbezogene Standortanalyse. Examensarbeit, Köln, Geografisches Institut der Universität zu Köln.

Windeler, Arnold, 2000: Unternehmensnetzwerke. Wiesbaden: Westdeutscher Verlag.

Windeler, Arnold/Sydow, Jörg von (Hrsg.), 2003: Organisation der Content-Produktion. Opladen: Westdeutscher Verlag.

Ziegler, J. Nicholas, 1997: Governing Ideas: Strategies for Innovation in France and Germany. Ithaca: Cornell University Press.

Verzeichnis der Autorinnen und Autoren

PD Dr. Jürgen Beyer ist wissenschaftlicher Mitarbeiter am Max-Planck Institut für Gesellschaftsforschung in Köln.

Prof. Dr. Richard Deeg ist Associate Professor am Department of Political Science der Temple University, Philadelphia, USA.

Dr. Ulrich Glassmann ist wissenschaftlicher Mitarbeiter am Lehrstuhl für Vergleichende Politikwissenschaft der Universität zu Köln.

Prof. Dr. Susanne Lütz ist Leiterin des Lehrgebietes Politische Regulierung und Steuerung am Institut für Politikwissenschaft der FernUniversität in Hagen.

Prof. Dr. Susanne K. Schmidt lehrt Politikwissenschaft an der Universität Bielefeld.

Prof. Dr. Helmut Voelzkow ist Professor am Fachbereich Sozialwissenschaften an der Universität Osnabrück.

The manufacturer's authorised representative in the EU is Springer
Nature Customer Service Centre GmbH, Europaplatz 3, 69115 Heidelberg,
Germany. If you have any concerns regarding our products, please
contact ProductSafety@springernature.com

Printed and bound by CPI Group (UK) Ltd, Croydon, CR0 4YY
27/04/2026
02097639-0011